O REGIME MILITAR E A PROJEÇÃO MUNDIAL DO BRASIL

Autonomia Nacional, Desenvolvimento Econômico e Potência Média / 1964-1985

CB042434

Paulo G. Fagundes Visentini

O REGIME MILITAR E A PROJEÇÃO MUNDIAL DO BRASIL

Autonomia Nacional, Desenvolvimento Econômico e Potência Média / 1964-1985

O REGIME MILITAR E A PROJEÇÃO MUNDIAL DO BRASIL
AUTONOMIA NACIONAL, DESENVOLVIMENTO ECONÔMICO E POTÊNCIA MÉDIA
1964-1985
© ALMEDINA, 2020

AUTOR: Paulo G. Fagundes Visentini
DIAGRAMAÇÃO: Almedina
EDITOR DE AQUISIÇÃO: Marco Pace
REVISOR: André P. Souza
DESIGN DE CAPA: Roberta Bassanetto
IMAGEM DE CAPA: "A passeata dos cem mil", foto de Evandro Teixeira. (fonte: Portal G1)
ISBN: 978-65-86618-06-8

Dados Internacionais de Catalogação na Publicação (CIP)
(Câmara Brasileira do Livro, SP, Brasil)

Visentini, Paulo G. Fagundes
O regime militar e a projeção mundial do Brasil:
autonomia nacional, desenvolvimento econômico
e potência média/1964-1985 / Paulo G. Fagundes
Visentini. – São Paulo: Almedina Brasil, 2020.

Bibliografia
ISBN 978-65-86618-06-8

1. Brasil – Forças armadas – Atividades políticas – História – Século 20
2. Brasil – Política e governo – 1964-1985
3. Brasil – Relações exteriores – 1964-1985 4. Ditadura
5. História do Brasil 6. Relações internacionais I. Título.

20-36071   CDD-327.81

Índices para catálogo sistemático:

1. Brasil: Regime militar: 1964-1985: Ciências políticas 327.81

Maria Alice Ferreira – Bibliotecária – CRB-8/7964

Este livro segue as regras do novo Acordo Ortográfico da Língua Portuguesa (1990).

Junho, 2020

EDITORA: Almedina Brasil
Rua José Maria Lisboa, 860, Conj. 131 e 132, Jardim Paulista | 01423-001 São Paulo | Brasil
editora@almedina.com.br
www.almedina.com.br

"As mudanças na posição [mundial] do Brasil refletiam a determinação dos líderes militares brasileiros em desenvolver um papel internacional mais amplo e independente. (...) o Brasil deve ser visto [nessa fase] como uma potência média em ascensão, que realizou progresso substancial rumo à crescente autonomia e independência."

Andrew Hurrell

"Democracia é quando eu mando em você. Ditadura é quando você manda em mim."

Millôr Fernandes

"Há tendência de muita gente de acabar com o monopólio [estatal do petróleo]. Eu não penso assim. (...) A desestatização está em plena moda (...) e possivelmente há muita coisa que pode e deve ser privatizada. Contudo, o processo não pode ser generalizado, mas deve levar em conta o que pode e deve ser vendido e, principalmente, o que não deve."

Ernesto Geisel

Agradeço ao
CNPq, que financiou a pesquisa com Bolsa de Produtividade
e Bolsa de Pós-Doutorado no Departamento de Relações Internacionais
na London School of Economics;

SUMÁRIO

I.
A DIALÉTICA RUPTURA-CONTINUIDADE 1964-1969

II.
APOGEU DA DIPLOMACIA AUTONOMISTA 1969-1979

III.
CRISE E RESISTÊNCIA EM CONDIÇÕES ADVERSAS

INTRODUÇÃO

O objetivo desta obra não é o estudo do Regime Militar, que não constitui nossa especialidade, mas da diplomacia do Brasil no período de 1964 a 1985, como continuação de pesquisa anterior sobre a fase da chamada "democracia populista" (1945-1964). Paradoxalmente, a política externa do Regime Militar constituiu um dos momentos de maior projeção mundial e autonomia nacional do Brasil, contrastando com a dimensão doméstica. Todavia, segue sendo caracterizada por uma grande lacuna historiográfica, apesar de constituir uma das fases mais relevantes da diplomacia brasileira. Há poucos trabalhos analíticos e descritivos de conjunto. Tema incômodo à esquerda e à direita, faz com que a visão superficial e ideológica predomine como a mais conveniente aos diversos espectros do campo político. Zonas cinzentas e temas sensíveis são numerosos, geralmente analisados de forma sensacionalista. Estudos pontuais de excelente qualidade existem, mas geralmente estão concentrados no Governo Geisel ou em temas muito específicos.

Sem dúvida a dificuldade de acesso às fontes representa um sério problema para os estudiosos. Todavia, para os que se aventuram, o tema se revela surpreendente, mesmo que politicamente possa ser incômodo por abordar acontecimentos e processos ainda recentes e traumáticos. Eles projetam seus paradoxos sobre a narrativa política forjada pela redemocratização e pela Nova República. A relação entre política externa e interna, nesse contexto, se revela um componente teórico e metodológico crucial, bem como o vínculo entre as relações exteriores e o desenvolvimento nacional. A tendência dominante é que, em face de sua política interna autoritária e repressiva antiesquerdista, a diplomacia seja considerada "entreguista", isto é, subordinada aos Estados Unidos e às grandes corporações transnacionais. Entretanto um estudo aprofundado mostra que não foi exatamente assim. Na verdade, os governos democráticos neoliberais posteriores foram os reais subservientes à agenda de Davos.

Além disso, a ascensão de Jair Bolsonaro à presidência, em 2019, provocou a retomada do debate sobre o Regime Militar, com narrativas eivadas de contradições. Hoje, situação e oposição travam uma disputa político-ideológica não no presente, mas *"em algum lugar do passado"*, ambos assumindo que o governo atual seria a continuidade do Regime Militar. Todavia, em termos de projeto econômico e de política externa, o novo governo pode ser considerado o oposto dos governos militares de 1964 a 1985. Estes consideravam o papel do Estado fundamental para o desenvolvimento nacional e a autonomia diplomática, uma condição indispensável para a ascensão na hierarquia do poder mundial. Ressalvados certos aspectos, a projeção internacional do Brasil de então superou discursos ideológicos fundamentados na dinâmica da Guerra Fria.

Em certo sentido, os Generais de 1964 representavam os Tenentes das décadas de 1920 e 1930 (alguns eram os mesmos)[1]. Entre 1930 e 1990 o Brasil teve regimes políticos muito diferentes, os quais, apesar de determinados hiatos, perseguiram o desenvolvimento de um capitalismo industrial e uma posição de autonomia e projeção no plano mundial. Desta forma, é importante lembrar que o Regime Militar não foi apenas "militar", pois foi impulsionado ao poder e apoiado em seu exercício pelo empresariado, pela hierarquia da Igreja e por amplos setores da classe média, tendo, aos poucos, criado uma base de apoio popular baseada no ufanismo econômico e até no futebol. Além disso, representa uma etapa orgânica do processo de seis décadas de desenvolvimento industrial por substituição de importações, ainda que caracterizado por uma forte dimensão ideológica e repressiva.

Mais imediatamente, a Política Externa Independente dos governos Jânio Quadros e João Goulart (1961-64) representou um ponto de inflexão, com a tentativa de projetar a política exterior brasileira para fora das Américas, superando a aliança subordinada aos Estados Unidos. Contudo, esta nova diplomacia ocorria durante a (e em decorrência da) crise do populismo e da industrialização substitutiva de importações; a ascensão das lutas sociais; e a reação norte-americana gerada em decorrência da Revolução Cubana. Assim, a implantação do Regime Militar interrompeu essa experiência precoce.

---

[1] Ver FERREIRA, Oliveiros. *Vida e morte do Partido Fardado*. São Paulo: Editora SENAC-SP, 2000.

Uma nova fase do processo de projeção mundial da diplomacia brasileira inicia-se em 1964, quando ela se torna efetiva e passa a representar o vetor dominante da política externa. É preciso ressaltar, contudo, que o início do novo regime (Governo Castelo Branco, 1964-67) se caracterizou por um retrocesso conjuntural à diplomacia hemisférica e alinhada com os EUA. Essa nova fase, enfatizava a ordem interna, as fronteiras ideológicas da Segurança Nacional antiesquerdista e o ajuste econômico interno e externo de perfil liberal. Entretanto, segundo Amado Cervo, a diplomacia do Governo Castelo Branco constituía *"um passo fora da cadência"*. Já com a *Diplomacia da Prosperidade* de Costa e Silva, ocorreu uma inflexão rumo à projeção mundial e autonomista, e mesmo a *Diplomacia do Interesse Nacional* de Médici, apesar das aparentes convergências com os Estados Unidos, mantiveram a mesma linha.

O Governo Geisel, com seu *Pragmatismo Responsável e Ecumênico*, afirmou a autonomia e a mundialização da política externa brasileira, que teve uma continuidade explícita durante os seis anos de governo Figueiredo, e prosseguiu, apesar do contexto adverso, durante o Governo Sarney (que não será tratado neste estudo). No final da década de 1980, tanto por fatores internos como externos, o processo de inserção mundial e autônoma mergulhou num impasse ainda não plenamente superado. Os anos 1990 foram os da crise do padrão da política externa brasileira, mas não obrigatoriamente do esgotamento deste modelo.

Entende-se por mundialização das relações exteriores a busca de novos espaços, regionais (outros continentes) e institucionais (multilaterais), para além dos relacionamentos tradicionais (que não são interrompidos) de atuação política e econômica da diplomacia brasileira. Esse processo de mundialização permite, na perspectiva da diplomacia brasileira, contornar uma dependência exclusiva face aos Estados Unidos, exercida no plano hemisférico. O principal fator propulsor desse processo consiste na confluência interativa de dois movimentos históricos: a crescente subordinação da diplomacia brasileira às necessidades do desenvolvimento econômico nacional; e o progressivo desgaste da hegemonia norte-americana no sistema mundial, a partir do início dos anos 1970. Tais movimentos tornaram problemáticas as relações do Brasil com os EUA, até então privilegiadas do lado brasileiro. Pode-se agregar a isto, o crescente declínio da complementaridade entre as duas economias.

O Brasil buscou acercar-se do mundo afro-asiático, do Campo Soviético, da Europa Ocidental e do Japão e da América Latina, além do aprofundamento da atuação nas Organizações Internacionais (OIG) de caráter multilateral, especialmente as vinculadas ao desenvolvimento econômico. A busca desses novos espaços foi apoiada na construção de um capitalismo semiperiférico de porte médio, o qual demandava uma atitude diplomática de *autonomia na dependência*, conforme a expressão de Gerson Moura. A proposta de análise da *multilateralidade horizontal* (eixo Sul-Sul) e *diagonal* (eixo Sul-Leste), foi sugerida por José Luís Werneck da Silva, aqui incorporadas nas hipóteses deste trabalho.

A busca de novos parceiros no mundo capitalista desenvolvido (Europa Ocidental e Japão) já configura uma política multilateral, explorando os espaços de atuação internacional existentes durante a *détente*. Entretanto são as relações com potências médias do Terceiro Mundo e com o Campo Socialista que conferem um perfil ainda mais acentuado a esta estratégia, por se tratar de um tipo de cooperação não baseado em uma relação de dependência, mas em uma inter-relação autônoma entre parceiros de grandeza equivalente. No caso do Campo Soviético (URSS e Leste Europeu) e da África subsaariana, retoma-se e aprofunda-se um contato já iniciado na passagem dos anos 1950 aos 1960. A Ásia (especialmente a Oriental) e o Oriente Próximo tornam-se, também, novas e importantes áreas de interesse e relacionamento para o Brasil.

As relações do Brasil com a África subsaariana e com a América Latina já têm sido objeto de estudos sistemáticos e aprofundados por diplomatas e acadêmicos, além de clássicos como José Honório Rodrigues. Contudo os vínculos do país com o Oriente Próximo, desde o primeiro choque petrolífero, e com a Ásia Oriental (particularmente com a China, mas não exclusivamente), ainda carecem de reflexões e investigações mais sistemáticas, em uma perspectiva histórica. O próprio Campo Soviético, apesar dos níveis limitados de comércio, adquire uma nova dimensão para a diplomacia brasileira, ainda não analisada em seus aspectos qualitativos e estratégicos.

Apesar das relações do Brasil com a União Soviética e com seus aliados do Leste Europeu serem aparentemente modestas em termos comerciais e políticos, há que observar alguns aspectos particulares. O comércio com estes países era caracterizado por um perfil diferente do sistema de mercado, sendo benéfico para o Brasil, na medida em que incluía o acesso privilegiado a bens de capital, créditos a juros baixos e regras compensadas de intercâmbio, que permitiam ao país escoar seus produtos primários. Por outro lado, implicitamente esta relação possuía um caráter de afirmação da autonomia política e criava um espaço de barganha frente aos EUA, além de projetar a diplomacia brasileira no plano mundial.

As relações com a República Popular da China, a par destes aspectos, possuíam ainda outras características importantes para a política externa brasileira. Apesar de os EUA haverem reconhecido a China e franqueado seu acesso ao Conselho de Segurança da ONU, no lugar de Taiwan, isto não significava que Washington desejasse que países de sua periferia aproveitassem por conta própria as possibilidades de atuação que se abriam com a reinserção internacional da China. Por outro lado, nesta época este país possuía uma diplomacia anti-hegemonista e terceiro-mundista de elevado perfil, o que dava um significado especial às relações com o Brasil. Finalmente, a gradual abertura de sua economia e de seu imenso mercado, criavam excelentes oportunidades para o comércio brasileiro.

As relações com os países produtores de petróleo e/ou aspirantes à posição de potência regional no Oriente Médio, por sua vez, abriam um novo espaço para a diplomacia brasileira. Não se tratava apenas de garantir as importações de petróleo e aceder a um amplo mercado consumidor de produtos agrícolas, manufaturas, serviços e armamentos. As relações com países como o Irã, o Iraque, a Arábia Saudita, o Egito, a Argélia e a Líbia, criavam a possibilidade de um relacionamento horizontal, de cooperação estratégica nos planos diplomático, econômico e militar. Assim, nasceram projetos conjuntos que envolviam a Petrobras, a indústria de armamentos e os setores industriais construídos pelo desenvolvimento brasileiro dos anos 1950-1970. Tratava-se do esboço de um eixo de cooperação entre potências médias emergentes no Terceiro Mundo (o Sul Geopolítico).

No tocante à América Latina, a situação foi algo diferente. Durante o Regime Militar a rivalidade com a Argentina foi sendo gradativamente superada, passando-se à cooperação econômica, diplomática, militar e tecnológica, especialmente a partir do governo Figueiredo. Já no que diz respeito aos países menores, a diplomacia brasileira desenvolveu um esforço constante no sentido de ampliar sua influência estratégica e os mercados externos para os novos produtos industriais. Muito dessa política foi implementada por meio da cooperação bilateral nos campos da assistência técnico-financeira, particularmente a partir do governo Médici. Além disso, a política externa brasileira passou gradualmente a dirigir sua atuação rumo à novas regiões, como a América Central e o Caribe, em relação às quais havia estado praticamente ausente até então. Finalmente, no âmbito multilateral passou a haver uma presença constante e ativa.

Segundo nossa interpretação, o Brasil desenvolveu nos anos 1970 e 1980 uma projeção de longo alcance, especialmente graças ao processo de multilateralização. Todavia, as pretensões de *Potência Média* foram perturbadas pelas profundas alterações do cenário internacional, durante os anos 1980, com a reestruturação mundial, o processo de globalização e o fim da bipolaridade sistêmica com o encerramento da Guerra Fria. Isso se refletiu nos impasses em que se encontrava o modelo substitutivo de industrialização, o qual havia sido redimensionado pelos militares. Contudo a reafirmação de qualquer projeto nacional, combinando desenvolvimento econômico com relações exteriores voltadas ao "interesse nacional", passa pela redefinição dos vínculos brasileiros com essas regiões.

O legado do Regime Militar é contraditório, devendo ser rejeitados tanto o ufanismo de uma suposta "época de prosperidade e estabilidade (ordem)" quanto a narrativa ressentida de que foi apenas um "governo ditatorial de direita que reprimiu o povo e arruinou e 'entregou' o país". Inclusive porque o próprio regime teve lutas internas e projetos contraditórios. Nessa obra manteve-se a denominação tradicional de *Regime Militar* porque as Forças Armadas foram as protagonistas que articularam o *bloco histórico conservador*. Obviamente o empresariado brasileiro e outros grupos civis foram associados ativos desde a conquista do poder e se beneficiaram enormemente, com muitos, inclusive, participando ativamente da repressão. Como em qualquer regime que mobiliza um "baixo clero" previamente legitimado, as consequências foram trágicas. Todavia as elites econômicas e setores políticos abandonaram o barco no início dos anos 1980, se tornando invisíveis, ao contrário dos fardados.

Historicamente, em um país onde houve quatro séculos de escravidão, a elite brasileira não aprova modernização com participação e, junto com as desigualdades sociais, acaba sendo gerada uma dupla consequência nefasta: não foram mobilizados os recursos humanos e tributários internos necessários ao desenvolvimento, como nos Tigres Asiáticos, e persistiu uma mentalidade "colonial" que toma a Europa e os EUA como referência, assumindo-se a postura de inferioridade nacional. Nesse sentido, o que se observa é que os militares foram além e mantiveram o projeto de desenvolvimento iniciado em Vargas, apesar de partir de uma perspectiva tecnocrática. Os avanços econômicos e diplomáticos foram possíveis porque o processo de tomada de decisões hipercentralizado (autoritário) permitiu ao Estado suplantar as resistências setoriais do empresariado e do formalismo do Itamaraty. O Estado foi um megaempresário e um megadiplomata. Mais uma razão para utilizar o termo *Militar* para o Regime e, inclusive, para sua política externa, que alguns consideram "positiva" por, supostamente, ter sido obra apenas dos diplomatas. O "Príncipe militar" encontrou no MRE, isto sim, um setor altamente profissionalizado do Estado, gerando-se uma simbiose estratégica, onde era indispensável a ousadia e o poder de implementação.

Por fim, é importante ressaltar que o Regime não foi idêntico ao das ditaduras do Cone Sul. O Golpe ocorreu uma década antes, quando a economia mundial não estava em recessão, permitindo um salto industrial (por mais que possa ser criticado), e quando a esquerda brasileira ainda não possuía projeto estratégico nem havia ganho densidade. Assim, o terror de Estado foi qualitativamente inferior ao do Chile, Uruguai e Argentina, países que, além disso, promoveram elevado grau de desindustrialização. É possível que, se a tomada do poder houvesse ocorrido dez anos depois, como nos vizinhos meridionais, teria havido repressão semelhante. Mas vale lembrar que as tentativas iniciaram uma década antes, em 1954, e o Regime de 1964 manteve as instituições funcionando, ao contrário do Cone Sul. Mesmo que o judiciário, o legislativo e a imprensa tenham sofrido limitações e até intervenções, os dirigentes tentaram manter uma certa institucionalidade democrática. Os Generais eram eleitos pelo Congresso, mesmo que tutelado, enquanto nos três vizinhos sequer havia legislativo. Por que manter uma aparência de democracia?

O Regime Militar durou 21 anos e transformou radicalmente o país, modernizando-o, embora legando problemas como a megaurbanização caótica, a "desigualdade social dinâmica" e a apropriação desordenada dos recursos naturais. Criou uma moderna infraestrutura logística, universitária (onde o pensamento crítico tinha espaço), científico-tecnológica e uma rede universal de assistência social, previdenciária e de saúde públicas (que não existe nos EUA e agora está sendo sucateada). Em seu conjunto, se assemelha mais a um regime autoritário conservador de direita, recorrente na história brasileira, como o Estado Novo de Vargas (1937-1945), que não foi "fascista" ou subserviente a potências estrangeiras[2]. A razão parece ser tanto a de manter certo grau de legitimidade internacional, como a de evitar uma estratégia radical arriscada, que poderia ter resultados negativos inesperados.

---

[2] CORSI, Francisco Luiz. E*stado Novo: política externa e projeto nacional*. São Paulo: Ed. Unesp, 2000.

Todo militar sabe que, estrategicamente, uma retirada é preferível à derrota. E assim foi, porque o próprio regime, exatamente na metade de seu ciclo, preparou a transição democrática quando ainda tinha a situação sob controle. A bem da verdade, o período mais duro do regime (os "anos de chumbo"), em que ocorreu a maioria das mortes, prisões, desaparecimentos e torturas, foi o decênio de dezembro de 1968 (decretação do AI-5) a dezembro de 1978 (sua revogação). Foi a fase em que houve guerrilhas de esquerda (até 1974) e graves disputas internas no grupo no poder (até 1978). Mas foi nesse período que teve início o projeto de abertura política, lançado pelo governo Geisel.

Esta obra constitui o resultado de uma pesquisa realizada com Bolsa de Produtividade CNPq e de meu Pós-Doutorado junto ao Departamento de Relações Internacionais da London School of Economics, igualmente financiado pelo CNPq. Gostaria de agradecer e mencionar o trabalho de Bolsistas de Iniciação Científica que, sob minha orientação, coletaram boa parte das informações para a pesquisa: Cíntia Souto, Júlio Steglich, Eduardo Menuzzi, Rodrigo Martins, Jorge Fernandez, André da Silva e Sérgio Cunha.

I.

A DIALÉTICA RUPTURA-CONTINUIDADE
1964-1969

1.

CASTELO BRANCO E A SEGURANÇA NACIONAL: UMA "POLÍTICA EXTERNA (INTER)DEPENDENTE" (1964-1967)

O NOVO REGIME, SEU PROJETO ECONÔMICO E SUA POLÍTICA EXTERNA

Fundamentos da Política Externa Brasileira

Pode-se considerar que houve, até 1990, três grandes fases na história da política externa brasileira, segundo José Werneck da Silva. A primeira fase abrange o período que inicia com o Tratado de Tordesilhas e se estende até a gestão do chanceler Barão de Rio Branco, no início do século XX. Esse longo período abarca a Colônia, o Império e a o início da República oligárquica. Caracteriza-se pela problemática dominante da definição do espaço territorial (a quase totalidade da expansão ocorreu antes da independência, ao contrário dos EUA), e pela dependência em relação, primeiramente, ao mercantilismo português e, posteriormente, ao capitalismo industrial inglês em expansão, de viés liberal-concorrencial.

A segunda fase abrange desde a gestão Rio Branco (1902-12) até a Operação Pan-americana do governo Juscelino Kubitschek (1956-61), e tem como vetor principal as relações hemisféricas. A inserção brasileira no sistema interamericano nesta fase caracteriza-se por uma "aliança não-escrita" com os EUA (segundo a expressão de Bradford Burns), país em relação ao qual nossa economia passou a depender prioritariamente. Durante este período, variaram as formas dessa "aliança": "de acordo, sempre que possível", "nobre emulação"; "parceiros prediletos" ou "satélites privilegiados". Entretanto, não se duvidava que todas essas nuances se inseriram em uma mesma perspectiva, a de que a "aliança" com Washington constituía a espinha dorsal da política exterior brasileira.

A terceira fase inclui o período que se inicia com a Política Externa Independente (1961-64) e se encerra no final dos anos 1980. As caraterísticas básicas do período são a multilateralização das relações exteriores e os componentes ideológicos nacionalistas, quando o alinhamento automático em relação aos Estados Unidos passa a ser questionado. Por multilateralização entende-se o estabelecimento de novas parcerias externas, que estabelece uma alternativa à subordinação unilateral, e não apenas à diplomacia desenvolvida no âmbito das organizações internacionais. Ainda que a dependência face ao Norte industrializado persista, o aprofundamento do caráter multinacional do capitalismo permite a introdução de elementos novos.

Conforme Werneck da Silva, "até este terceiro 'momento' o eixo Norte-Sul dominava as diretrizes que formulavam a nossa política externa, configurando-se uma dependência tão forte e exclusiva ao mundo Norte-atlântico nas relações internacionais, que elas ficaram marcadas pelo traço da unilateralidade. Neste terceiro 'momento', extremamente polêmico e diversificado nas nuanças conjunturais, começamos a praticar, no possível, a multilateralidade. Vislumbra-se a primeira oportunidade de horizontalizar (eixo Sul-Sul) ou de diagonalizar (eixo Sul-Leste) nossa política externa, mas isto sem negar totalmente a verticalização (eixo Norte-Sul). Com a horizontalização passaríamos a valorizar mais as nossas relações com a América Latina e a África. (...) Ora, para que ocorra este reposicionamento nos sistemas interamericano e mundial, é preciso discutir a liderança dos EUA"[3]. Esta periodização e, em particular, as caraterísticas mais importantes da segunda e terceira fases afinam-se em grande medida com o marco teórico deste estudo.

A Política Externa Independente e a Crise do Populismo

Durante os anos 1950 a industrialização brasileira conheceu um salto com o *desenvolvimentismo-associado* do governo Juscelino Kubitschek (JK, 1956-61), depois do impasse do *nacional-desenvolvimento* do último governo Vargas (1951-54) e da contraofensiva dos grupos vinculados aos interesses primário-exportadores e pró-norte-americanos (1946-51 e 1954--55). O desenvolvimento nacionalmente centrado de Vargas e, em menor medida, de JK, se apoiava nas teses da CEPAL (Comissão Econômica Para a América Latina, da ONU) e, internamente, nas reflexões do ISEB (Instituto

---

[3] SILVA, José Luis Werneck da. *A outra face da moeda: a política externa do Brasil monárquico*, Rio de Janeiro: Univerta, 1990, p.31.

Superior de Estudos Brasileiros, criado em 1955) e numa gama de partidos como PTB, o PSD e o PCB (na ilegalidade)[4]. Os adversários conservadores desta estratégia, vinculados ao pensamento da ESG (Escola Superior de Guerra) e apoiados na UDN (União Democrática Nacional) e na maior parte das forças armadas, propugnavam o liberalismo econômico e tentavam implantar uma ditadura militar "saneadora" para "defender a democracia" ameaçada pelo suposto "perigo comunista", que acompanhava a radicalização do populismo.

Contudo, o notável crescimento econômico da Era JK deixou enormes problemas para o governo Jânio Quadros, que assumiu em janeiro de 1961. Ainda que a produção industrial e a população urbana houvessem ultrapassado a agrícola e a rural, respectivamente, o país vivia uma inflação e uma dependência crescentes em relação ao capital internacional, além do clima de descontentamento e radicalização social reinantes. Eleito pela UDN, enquanto a vice-presidência ficava com João Goulart da ala sindicalista do PTB (a eleição não era por chapa, mas individual), Jânio ficaria apenas sete meses no poder, durante uma gestão tumultuada e contraditória.

Jânio recebera a maior votação da história brasileira, comprometendo-se a *"governar acima dos partidos"*. Aos humildes prometia reformas; à classe média, moralidade administrativa e austeridade; e ao empresariado, saneamento financeiro na linha do FMI. Ao mesmo tempo, aparentemente sinalizando em sentido contrário, Jânio e seu chanceler Afonso Arinos lançavam a *Política Externa Independente* (PEI), que tinha como princípios a expansão das exportações brasileiras para qualquer país, inclusive os socialistas, a defesa do direito internacional, da autodeterminação e a não-intervenção nos assuntos internos de outras nações, uma política de paz, desarmamento e coexistência pacífica, apoio à descolonização completa de todos os territórios ainda dependentes e a formulação autônoma dos planos nacionais de desenvolvimento e encaminhamento da ajuda externa. A raiz de tal diplomacia encontrava-se nas necessidades do desenvolvimento brasileiro, que sinalizavam para a mundialização da política externa, autonomizando-a dos EUA, que não contribuíam para a economia nacional como desejavam as elites em troca de seu anterior alinhamento com Washington. Além disso, a PEI, com o chanceler San Tiago Dantas,

---

[4] Partido Trabalhista Brasileiro, Partido Social-Democrata Brasileiro e Partido Comunista do Brasil.

também estabeleceu como parte de sua estratégia a implementação da reforma social no plano interno[5].

Tentando agradar ao capital internacional pelo programa de austeridade, os setores populares pela reforma e à classe média através da onda moralizadora com que enfrentava os escândalos de corrupção, Jânio Quadros ia na verdade ampliando o descontentamento e a oposição ao seu governo. A direita doméstica e os EUA reprovavam sua política externa, enquanto a esquerda e os segmentos populares criticavam duramente o programa econômico-financeiro. Enquanto o presidente, com seu estilo personalista, isolava-se das diversas forças políticas, os atritos se multiplicavam. As iniciativas para estabelecer relações diplomático-comerciais com os países socialistas (URSS e leste europeu), o apoio à luta pela independência das colônias africanas de Portugal, a defesa da não-ingerência em relação à Revolução Cubana, a aproximação e cooperação com a Argentina (Tratado de Uruguaiana) e a retórica nacionalista e terceiro-mundista descontentaram Washington e as forças armadas.

A gota d'água veio em agosto de 1961, quando o presidente condecorou o ministro da Economia cubano, *Che* Guevara, quando este voltava da Conferência de Punta del Este, que lançara a Aliança para o Progresso (ALPRO), como sinal de desagrado em relação aos termos desta. A crise desencadeada levou-o à renúncia, a qual constituía uma tentativa sua de golpe para tentar governar com poderes excepcionais (a serem concedidos pelo Congresso), uma vez que o vice-presidente se encontrava em visita à China Popular e era considerado "esquerdista" pelos militares. Para surpresa de Quadros, o Congresso aceitou sua renúncia e os militares vetaram a posse do vice. O país então dividiu-se entre uma facção golpista que desejava o *impeachment* de Goulart, e os que defendiam a ordem constitucional. O governador Leonel Brizola, do Rio Grande do Sul, desencadeou a mobilização popular da *Legalidade*, para garantir a posse do vice (que era também seu cunhado), criando-se um impasse. Para evitar-se um confronto armado, chegou-se a um compromisso com a implantação de um regime parlamentarista. Goulart retornou ao Brasil, assumindo a presidência, enquanto Tancredo Neves, do PSD, assumia como primeiro-ministro.

Marcado pela suspeição ideológica, o governo Goulart seria caracterizado pela instabilidade e pelo imobilismo. No plano diplomático, o novo

---

[5] DANTAS, San Tiago. *Política Externa Independente*. Rio de Janeiro: Civilização Brasileira, 1962.

chanceler, San Tiago Dantas, aprofundou a PEI como "defesa do interesse nacional", voltada ao desenvolvimento, à soberania e, explicitamente, à reforma social. Apesar de não haver sido implementada plenamente, a PEI gerou atritos crescentes com os EUA, devido à recusa brasileira quanto à expulsão de Cuba da OEA (Punta del Este, 1962); à política de encampação de empresas estrangeiras por Brizola e outros governadores e a aproximação em relação aos países socialistas (restabelecimento de relações com a URSS em 1962); e aos regimes nacionalistas da América Latina.

Além disso, a radicalização do trabalhismo, no quadro da crescente mobilização popular por reformas socioeconômicas e pela volta do presidencialismo, alarmava a Casa Branca, que ainda não havia assimilado o impacto provocado pela Revolução Cubana. Enquanto as greves se generalizavam e acuavam o governo, que não podia romper com sua base social, surgiam novos movimentos, como as Ligas Camponesas no miserável nordeste brasileiro. Tudo isto em meio à paralisação do crescimento econômico e à falta de iniciativa governamental.

A crise do regime agravou-se a partir de janeiro de 1963, com a restauração do presidencialismo, as crescentes pressões internas e externas sobre o presidente, o caos econômico, a radicalização política e a crescente paralisia do governo. No plano exterior, a Crise dos Mísseis em outubro de 1962 produziu um endurecimento por parte dos Estados Unidos em relação à PEI. A Casa Branca considerou então o governo Goulart como um "caso perdido", passando a apoiar setores militares e civis (UDN, empresários, Igreja, entre outros) na articulação de um golpe de Estado. Enquanto agentes norte-americanos agiam quase abertamente, articulando-se com os militares, organizações empresariais como o IBAD e o IPES[6] tratavam de organizar as forças civis conservadoras. A ajuda da Aliança Para o Progresso passou a ser distribuída diretamente aos governadores "competentes" (de oposição), à revelia do governo federal, enquanto o Itamaraty (Ministério das Relações Exteriores) renovava, sem conhecimento do presidente, o Acordo Militar de 1952 com os Estados Unidos (que serviria como instrumento jurídico para socorrer os golpistas).

Acuado, Goulart assinou, em janeiro de 1964, uma Lei que controlava a remessa de lucros para o exterior, e se deixou levar por suas bases radicalizadas, prometendo as Reformas de Base em um gigantesco comício

---

[6] Instituto Brasileiro de Ação Democrática e Instituto de Pesquisas Econômicas e Sociais, respectivamente.

popular no Rio de Janeiro em 13 de março. Como resposta, dias depois os grupos de direita organizaram em São Paulo a gigantesca Marcha da Família com Deus pela Liberdade. Na noite do dia 31 de março para 1º de abril de 1964, várias unidades militares sublevaram-se, marchando sobre Brasília e Rio de Janeiro. Deflagrado o golpe, o regime populista não reagiu, temendo colocar em risco a estrutura social brasileira.

Enquanto amplos setores aguardavam alguma mobilização semelhante à da Legalidade, o presidente saia do país, refugiando-se em uma de suas fazendas no Uruguai, para *"evitar derramamento de sangue"*. Face à falta de reação e rápida consolidação do golpe, o Pentágono desmobilizou a *Operação Brother Sam*, que previa o desembarque de tropas em defesa do novo governo brasileiro, o qual Washington reconheceu imediatamente. Com a queda de Goulart, encerrava-se um ciclo da história brasileira, a do populismo nacionalista. E a bem da verdade, como Goulart apoiava reformas que contrariavam a Constituição, os militares e seus aliados puderam argumentar que defendiam o regime democrático, o que dificultou uma reação ampla como foi o caso da Legalidade, quando eram os conservadores que desejavam burlar a Constituição. Mas é interessante que o regime implantado se autodenominou *Revolução de 1964*.

O Regime Militar e Seu Projeto Econômico

Dia 2 de abril de 1964, o deputado Ranieri Mazzilli, presidente da Câmara, assumiu a presidência, enquanto o Supremo Comando da Revolução (integrado pelos comandantes das três armas) decretava o Ato Institucional n.º 1, conferindo poderes ao executivo para expurgar as principais instituições do país, visando a eliminar o "populismo subversivo" do cenário político. Um congresso expurgado elegeu um dos líderes golpistas, o general Humberto de Alencar Castelo Branco (então promovido à Marechal) como novo presidente, sendo empossado dia 15. O novo presidente deu garantias de breve retorno à normalidade democrática, e apresentou a plataforma da "revolução redentora": ordem e paz social (eliminação do "perigo comunista"), combate à corrupção e a retomada do crescimento através do estímulo ao capital privado.

A repressão que se seguiu visava a "colocar a casa em ordem", preparando o terreno para *um modelo de desenvolvimento dependente e associado*. O capital internacional (sobretudo norte-americano), o setor da burguesia associada aos interesses estrangeiros, a moderna classe média urbana, a maior parte da elite burocrática civil e militar, o setor agroexportador e a oligarquia agrária tradicional constituíam a base do novo regime, com apoio do governo dos EUA e interesses empresariais norte-americanos. Os governos dos EUA e dos países latino-americanos estavam sob impacto da Revolução Cubana e do apoio de Castro a movimentos armados no continente.

Ao longo dos meses seguintes, configura-se o "golpe no golpe", pois os militares assenhoram-se do poder, marginalizando lideranças civis tradicionais, como Kubitschek e Lacerda (que esperava ser colocado no poder pelos militares), e passaram a governar apoiados em tecnocratas liberais. A razão disso é que, apesar desses políticos apoiarem o golpe, sua expectativa era de usar os militares para conquistarem o poder sem, contudo, alterar as estruturas de políticas existentes. Ou seja, foram afastados por representarem a contraface do populismo. Contudo, o caráter repressivo do regime devia-se, por um lado, as necessidades conjunturais, e por outro (e em consequência disso), ao estabelecimento de uma aliança entre o chamado grupo liberal-internacionalista pró-norte-americano e o nacionalista autoritário. As necessidades conjunturais se referiam tanto à eliminação das instituições e movimentos populares quanto à aplicação do programa econômico, pois este provocaria recessão e exclusão (massas populares e setores "atrasados" da burguesia) e, em consequência, nova onda de oposição. Todavia o discurso democrático-legalista de Castelo Branco era estratégico, e não meramente demagógico, como se verá adiante, pois o liberalismo político e econômico constituía um elemento estrutural do novo regime.

Economistas liberais e pró-norte-americanos como Otávio Gouveia de Bulhões e Roberto Campos (apelidado pelos nacionalistas de *Bob Fields*), foram colocados à testa dos Ministérios da Fazenda e Planejamento, respectivamente. Uma das primeiras medidas do novo governo foi revogar a Lei de controle sobre a remessa de lucros e aplicar um pacote de medidas econômico-financeiras para conter a inflação e o déficit orçamentário. Este constava da compressão salarial e do crédito, elevação da taxa de juros, corte nos gastos públicos, eliminação de subsídios explícitos e implícitos (que elevaram o preço do trigo e derivados de petróleo), elevação das tarifas dos serviços de utilidade pública, desvalorização cambial e redução da emissão monetária. Paralelamente, os ministros da área econômica chegaram a um acordo com os EUA para o pagamento de indenizações referentes às empresas encampadas pelo governo Goulart, como a mineradora Hanna e a

AMFORP (energia elétrica). Contudo, o programa econômico ambicionado pelos liberais finalmente poderia ser implantado, devido a neutralização dos movimentos sócio-políticos de oposição pelo regime autoritário.

Embora o FMI julgasse as medidas "gradualistas", o governo norte-americano (via USAID) e instituições sob seu controle (ALPRO, BID) socorreram imediatamente os militares brasileiros, liberando centenas de milhões de dólares, que estiveram bloqueados durante a presidência de Goulart. No início de 1965 também o FMI e o Banco Mundial passaram a liberar recursos, enquanto igualmente tinha início o afluxo de novos investimentos, embora em escala muito modesta. Assim, estabilizaram-se as finanças, embora num quadro recessivo bastante forte. Em 1965 o governo promulgou uma lei dando garantias aos investimentos e empresas estrangeiras, favorecendo especialmente os interesses norte-americanos. Isto, aliado à desarticulação dos partidos, sindicatos e do movimento popular, recuperava a confiança da comunidade financeira internacional no Brasil.

Costuma-se considerar a política econômica do primeiro governo militar como meramente conjuntural e saneadora. Contudo, o Programa de Ação Econômica do Governo (PAEG), introduzia também certas reformas de médio e longo prazo, fundamentais para a construção de um capitalismo moderno no Brasil. A reforma tributária centralizava, tornava eficiente e aumentava a arrecadação; criava-se o Banco Central e o Conselho Monetário Nacional, dotados de amplos poderes; introduziam-se as Obrigações Reajustáveis do Tesouro Nacional (ORTN, títulos do governo corrigidos pela inflação) e a Correção Monetária também para as cadernetas de poupança; finalmente, o governo implantava o Fundo de Garantia por Tempo de Serviço (FGTS) e o Banco Nacional da Habitação (BNH). O FGTS destinava-se a indenizar empregados demitidos, que a partir de então perdiam a estabilidade que antes possuíam após cumprirem dez anos de serviço, o que reestruturava o mercado de trabalho. Os recursos do fundo deveriam ser investidos no BNH, fomentando o setor da construção civil. Teoricamente destinados à moradia popular, grande parte dos recursos também acabou sendo empregado em habitações de classe média, infraestrutura para empresas e em projetos viários urbanos.

As medidas repressivas do novo governo consistiram principalmente na cassação de direitos políticos, exílio de opositores, transferência de militares nacionalistas para a reserva e prisão de centenas de pessoas, principalmente políticos, líderes sindicais, intelectuais e militares. Geralmente tais medidas eram tomadas por meio dos Inquéritos Policiais-Militares

(IPM). Comparado com os golpes militares desencadeados no Cone Sul nos anos 1970, a repressão inicial no Brasil foi branda. A razão conjuntural disso foi a ausência de reação organizada ao golpe, pois o movimento popular dependia do comando de uma liderança populista que preferiu não lutar. A verdadeira reação e repressão ao regime viria a ocorrer mais tarde. Paralelamente, Castelo Branco tomava uma série de medidas políticas que iam, gradativamente, estruturando um novo regime e dando-lhe um caráter permanente. Em outubro de 1965 o Ato Institucional n.º 2 (AI-2, um decreto presidencial) decretou a extinção dos partidos e autorizou apenas dois novos movimentos políticos (que não poderiam ter o nome de *Partido*), a ARENA (Aliança Renovadora Nacional, governista) e o MDB (Movimento Democrático Brasileiro, oposicionista), além de tornar indireta a eleição de presidente e vice, bem como conferir ao presidente amplos poderes para caçar direitos políticos de cidadãos.

O AI 3, de fevereiro de 1966, tornou a eleição de governadores e vice-governadores também indireta. Em janeiro de 1967 era promulgada uma nova Constituição, que incorporava as medidas implantadas pelo governo, centralizava as estruturas político-administrativas, mas alterava o nome do país de *Estados Unidos do Brasil* para *República Federativa do Brasil*. Simultaneamente à nova Constituição, foram promulgadas uma Lei de Imprensa e uma Lei de Segurança Nacional, institucionalizando as medidas coercitivas do novo regime. Com relação à educação, especialmente universitária, foi assinado um importante acordo com a USAID para a reforma do ensino no Brasil. Contudo, todas estas medidas destinavam-se mais a preparar um novo quadro institucional democrático do que à manutenção de uma ditadura propriamente dita, pois, como lembra Carlos Estevam Martins, "justamente porque propõe a abertura da economia para fora, o liberal-imperialismo reclama a abertura do Estado para dentro". Em análise acurada, Martins afirma que "a segunda política é vista como garantia da primeira, [pois] o Estado de Direito (desde que mantido nos limites da concepção liberal) caracteriza-se por ser extremamente suscetível de manipulação por parte dos interesses que dominam o setor privado da economia. Como num país que optou pelo desenvolvimento dependente esses interesses dominantes que controlam os polos dinâmicos do sistema econômico são justamente os interesses da burguesia internacionalizada, [é] compreensível a resistência que o liberal-imperialismo opõe tanto às tendências populistas que deslocam os centros de poder em direção às classes dominadas, quanto às tendências autoritárias, estrito senso, que retêm o poder no interior do aparelho de Estado. A democracia representativa de corte liberal surge, assim, como a fórmula que permite a maximalização do poder político da burguesia internacionalizada, dado um contexto em que a outra alternativa disponível maximalizaria o poder da burocracia estatal". Além disso, é preciso considerar que o próprio capital estrangeiro é capitaneado por um segmento interessado no mercado nacional ou regional (por oposição ao que volta-se para o mercado metropolitano ou extra-hemisférico), que "erige em ideal o método democrático-liberal de resolução de conflitos e alocação de valores, (...) [capaz de] lograr um equilíbrio mais 'natural' entre o planejamento da produção e as possibilidades do consumo"[7].

Roberto Campos, o principal expoente desta corrente, argumentou que "a opção política que nos convém é a da democracia participante com um executivo forte. O modelo apropriado é o da reconciliação"[8]. Este modelo caracteriza-se pela estruturação de uma sociedade aberta de classes através da diversificação de canais de participação e estímulo à mobilidade social, o apoio ao setor privado numa economia de mercado temperada por certa participação e coordenação estatal, a reorganização de um sistema partidário capaz de permitir à burguesia o acesso ao executivo e a vigência do Estado de Direito, sobretudo através da liberdade de imprensa. Esta constituiria o principal mecanismo de inculcação ideológica, formação da opinião pública e defesa da sociedade civil frente a eventuais excessos do Estado.

No campo da política exterior, o novo governo procedeu a importantes mudanças no Ministério das Relações Exteriores (MRE), profundamente marcado pela experiência diplomática dos anos 1961-64. Em 5 de abril de 1964, Araújo Castro transmitiu o cargo de ministro das Relações Exteriores do Brasil ao embaixador Vasco Leitão da Cunha, que afirmou nada saber sobre a nova orientação política externa do país (sic), porque ainda não havia conversado com o presidente Ranieri Mazzilli, pois segundo este, "estamos vivendo um governo transitório". Apesar da suposta indefinição, o Itamaraty passou a ser adequado ao novo regime, através do afastamento de diplomatas mais ostensivamente vinculados à Política Externa Independente.

---

[7] MARTINS, Carlos Estevam. *A evolução da Política Externa Brasileira na década 64/74*. Cadernos CEBRAP. Nº 9, 1975, p. 27.

[8] O Estado de São Paulo, 17/6/1979, p. 2.

O novo chanceler deu início, em abril de 1964, a uma série de alterações na alta chefia do Itamaraty, começando por designar o embaixador Antônio Borges Castelo Branco para o cargo de Secretário Geral. Em junho foram demitidos 23 funcionários ligados ao antigo governo. Segundo o Itamaraty, as demissões deviam-se à adequação dos SERPROS às suas finalidades, a propaganda e expansão comercial. Duas aposentadorias *ex officio* foram decretadas no Ministério das Relações Exteriores, em 28 de agosto de 1964, atingindo os diplomatas Antônio Alves e Hugo Gauthier. Em dezembro de 1965 Castelo Branco designou Vasco Leitão da Cunha como embaixador em Washington, substituindo-o em janeiro de 1966 por Juracy Magalhães, que até então ocupava aquele cargo. Esta segunda alteração se deveu ao fato de Juracy Magalhães deixar o MRE para ocupar a pasta da Justiça, por necessidade do governo de reforçar esse ministério, passando então Vasco Leitão da Cunha a ocupar a chancelaria.

Na posse do novo chanceler, o presidente afirmou que "a política externa do Brasil deixou de ser mero e variável fator de circunstância, manipulado com mesquinhos objetivos de demagogia interna, para se transformar em vigoroso instrumento para consecução da grandeza nacional. Por isso mesmo desvencilhou-se ela de preconceitos e deformações que a perturbavam, impedindo-a de alcançar a sua plena independência. Hoje, nossa política externa é absolutamente independente quanto ao seu objetivo, que não é outro senão o de assegurar ao Brasil o acesso a todos os meios necessários ao desenvolvimento, segurança e bem-estar nacionais. Justamente por querermos preservar de maneira peremptória e decidida aquela independência é que, frente ao panorama do mundo contemporâneo, consideramos do nosso dever optar por uma íntima colaboração com o sistema ocidental, em cuja preservação assenta a própria sobrevivência das nossas concepções de vida e dignidade humana. [Contudo], essa atitude em nada afeta a independência da nossa política externa, até porque não devemos dar adesão às atitudes de qualquer grande polêmica, nem mesmo das potências guardiãs do mundo ocidental. Em relação a essas devemos distinguir entre o que representa a preservação dos interesses básicos do sistema, e o que exprime interesses específicos de uma grande potência".[9]

O ministro Juracy Magalhães definiu então as bases de sua atuação na pasta do exterior, dizendo que o Brasil não pode ignorar as bases históricas e culturais, que o colocam como membro nato do mundo ocidental

---

[9] MRE. Documentos de Política Exterior, 1966, p. 37.

e livre, mas que "nossa fidelidade ao ocidente não conflita, ao contrário, justifica e enobrece nossa solidariedade com os povos subdesenvolvidos. Com a Europa ocidental queremos enriquecer a nossa tradição cultural; com o Leste Europeu pretendemos uma convivência e o alargamento de nossas linhas comerciais, desde que reciprocamente vantajosas; com os países da Ásia e da África, queremos ampla cooperação e amizade fraternal; com a América Latina, que é nosso habitat natural, desejamos mais do que nunca uma necessária integração econômica". Ao final, o chanceler reafirmou a importância das relações do Brasil com os Estados Unidos, que classificou como "o líder do mundo ocidental"[10].

A ausência de reação séria ao golpe, a recessão econômica e a exclusão-subordinação dos golpistas civis produziram importantes divergências internas no primeiro governo militar, o que se refletiu na escolha do futuro presidente, o general Arthur da Costa e Silva, então ministro do Exército. O segmento da burguesia que dependia do mercado interno ou que sofreu a concorrência das empresas transnacionais favorecidas pelo governo, manifestavam seu descontentamento através das entidades empresariais, como a Federação Nacional das Indústrias, ou de personalidades como Magalhães Pinto e Carlos Lacerda. Sobre a diplomacia do governo, Lacerda declarou ao Jornal do Brasil que "a política exterior do atual governo estava atrasada dez anos e calculada no modelo do velho Foster Dulles".

A CIESP, em 1965, denunciou que o governo, "com sua política financeira, acabará atirando a indústria nacional num abismo", considerando ainda que "está errada a tese de que o governo deve parar de financiar a ineficiência, pois isso significa a negação de amparo e estímulo às organizações de um país que só recentemente encetou a marcha de seu desenvolvimento"[11]. Na mesma linha, a Comissão Parlamentar de Inquérito sobre a Desnacionalização da Economia denunciou a Instrução 289 da SUMOC (Superintendência da Moeda e do Crédito) como "um mecanismo pelo qual as empresas estrangeiras passaram a usufruir de uma faixa privilegiada de crédito e, o que é mais importante, a juros extremamente baixos".

A eles logo se juntaram os militares da chamada linha-dura nacionalista, pois além das dificuldades conjunturais da implantação do modelo econômico (que requeriam um governo autoritário), havia resistências estruturais. "A luta pelo poder não tinha sido concluída em 1964. Ao contrário,

---

[10] Correio do Povo, 18/1/1966, p. 1.
[11] Correio da Manhã, 14/5/1965, p. 2.

deveria ainda continuar, agora numa etapa eminentemente intraburguesa, para que o liberal-imperialismo pudesse" institucionalizar a Revolução[12]. Castelo Branco era próximo do grupo da ESG (cujo grande ideólogo era o general Golbery do Couto e Silva), de linha "liberal-internacionalista", isto é, adepto de uma intervenção política mais limitada e defensor da estreita cooperação com os EUA e o capital estrangeiro.

Já a chamada "linha-dura", se era favorável a métodos políticos mais violentos e a uma intervenção mais profunda na sociedade, por outro lado possuía um forte segmento que apoiava o nacionalismo desenvolvimentista, como seus colegas e rivais de esquerda, que haviam sido expulsos ou marginalizados das Forças Armadas. Assim, a indicação de Costa e Silva representou uma resposta da "burguesia nacional" e da linha-dura nacionalista, contrariando o grupo castelista. Este, teve que entregar as principais posições de mando aos adversários, numa situação que implicou na alteração das relações do regime com os EUA. Daí as pressões que seriam exercidas sobre o novo presidente e as divergências expressas durante a viagem de Costa e Silva a vários países antes de tomar posse, e a de Juracy Magalhães, que praticamente seguiu seus passos em janeiro de 1967. Isto viria a implicar, por outro lado, na passagem de um *governo autoritário* a um *regime autoritário*.

A matriz da Política Externa e de Segurança

Como diretrizes da política externa do governo Castelo Branco, pode-se identificar a dimensão hemisférica voltada aos EUA, uma abertura favorável ao capital estrangeiro e a ênfase nas relações bilaterais. Ao assumir, Castelo Branco tratou de desmantelar as realizações e princípios da PEI, o ideário da OPA e a autonomia brasileira diante da divisão bipolar do mundo e da hegemonia norte-americana na América Latina. Ao lado do bilateralismo, estão os conceitos de ocidentalismo e anticomunismo, defendidos ardorosamente num momento em que, passada a Crise dos Mísseis de outubro de 1962, o confronto bipolar perdia intensidade, ainda que regionalmente a figura de Fidel Castro crescesse e, mundialmente, o envolvimento norte-americano no Vietnã se agravasse. A política externa do novo governo posicionava os países subdesenvolvidos dentro

---

[12] Martins, op. cit., 1975, p.29.

do conflito Leste-Oeste, abandonando o enfoque do antagonismo Norte-
-Sul. Segundo Mario Gibson Barboza, a política externa do governo Castelo
Branco consagrou "a dicotomia maniqueísta da guerra fria, para proclamar
uma necessidade de alinhamento do Brasil (com os Estados Unidos), para
evitar uma 'híbrida ineficiência'. Dessa conceituação é que resultou a política de realinhamento automático com os Estados Unidos, cuja expressão
máxima foi a participação militar do Brasil na intervenção da República
Dominicana"[13]. Contudo, tal política objetivava, segundo Oliveiros Ferreira,
"construir um Poder Nacional que faça do Brasil uma potência ouvida no
concerto dos fortes e respeitada naquele dos fracos; seus objetivos, sempre
pragmáticos, carrear recursos externos para fortalecer o Poder Nacional;
[a ideia] do campo em que se exerce, (...) a teoria dos círculos concêntricos de atuação"[14].

Esta política, como foi visto, representava principalmente os interesses
virtuais da burguesia internacionalizada, através da implantação de um
modelo de desenvolvimento dependente e associado. Este, da mesma forma
que o desenvolvimentismo de JK, procurava incrementar a expansão do
Departamento 2 da economia industrial, ou seja, a produção de bens de
consumo durável destinados à classe média. Tal projeto permitia convergir com os interesses transnacionais, abandonando-se a produção de bens
de consumo popular (Departamento 3) aos segmentos mais débeis da burguesia nacional e só desenvolvendo os bens de capital (Departamento 1),
sobretudo com apoio estatal, quando isto fosse demandado pelo núcleo
dinâmico da economia, evitando, portanto, atritos com o capital estrangeiro. Este projeto, como foi analisado, estava intimamente vinculado à
implantação de um modelo político elitista de viés liberal-democrático,
que não incluía a ideia de reforma social. Como consequência disso, o mercado interno teria um incremento insuficiente, forçando a diplomacia do
país a buscar novos mercados no exterior. Para o governo, estes mercados
seriam principalmente os latino-americanos, o que permitiria estabelecer
uma associação mutuamente vantajosa com os Estados Unidos.

Nesta linha, o presidente Castelo Branco afirmou, ao prestar o jura-
mento constitucional ante o Congresso Nacional, que "o Estado não será
estorvo à iniciativa privada", afirmando ainda que "entregaria o governo ao

---

[13] BARBOZA, Mário Gibson. *Na diplomacia, o traço todo da vida*. Rio de Janeiro:
Record, 1992, p. 158.
[14] O Estado de São Paulo, 31/3/1974, p. 29.

seu sucessor legitimamente eleito pelo povo no dia 31 de janeiro de 1966". Sobre as relações exteriores, destacou que "a independência do Brasil constituirá o postulado básico da nossa política internacional. Todas as nações amigas contarão com a lealdade dos brasileiros, que honrarão os tratados e os pactos celebrados. Todas as nações democráticas e livres serão nossos aliados, assim como os povos que quiserem ser livres pela democracia representativa, contarão com o apoio do Brasil para a sua autodeterminação. As históricas alianças que nos ligam as nações livres das Américas serão preservadas e fortalecidas. Farei o quanto em minhas mãos estiver para que se consolidem os ideais do movimento cívico da nação brasileira nestes memoráveis dias de abril, quando se levantou unida, esplêndida de coragem e decisão, para restaurar a democracia e libertá-la de quantas fraudes e distorções que a tornaram irreconhecível. Não através de um golpe de Estado, mas como uma revolução que, nascida nos lares, ampliada na opinião pública e nas instituições e, decisivamente, apoiada nas forças armadas, traduziu a firmeza de nossas convicções. Nossa vocação é a da liberdade democrática — governo da maioria com a colaboração e o respeito das minorias"[15]. Tratava-se de uma nova e peculiar concepção de autodeterminação.

O discurso de Castelo Branco aos formandos do Instituto Rio Branco, em 31 de julho de 1964, explicitou o conceito de interdependência das decisões de política internacional, legitimador de muitas posturas adotadas pela diplomacia brasileira. Segundo o presidente, "na presente conjuntura de confrontação de poder bipolar, com radical divórcio político-ideológico entre os respectivos centros de poder, a preservação da independência pressupõe a aceitação de um certo grau de interdependência, seja no campo militar ou no político. Consideramos nosso dever optar por uma íntima colaboração com o sistema ocidental, em cuja preservação repousa a própria sobrevivência de nossas condições de vida e dignidade humana"[16]. A ideia de interdependência, por sua vez, vincula-se a de fronteiras ideológicas, na medida em que é preciso constituir uma forte aliança interamericana para o combate às novas ameaças à soberania dos Estados (subversão). O momento demanda novos conceitos e novas opções por parte do governo brasileiro, a fim de que ele ajude a manter a integridade do Ocidente,

---

[15] Jornal do Brasil, 16/4/1964, p. 3.
[16] SCHILLING, Paulo. *O expansionismo brasileiro: a geopolítica do general Golbery e a diplomacia do Itamaraty*. São Paulo: Global, 1981, p. 23.

impensável sem o respeito à hegemonia norte-americana e sem a luta contra o comunismo[17].

Neste contexto, o Itamaraty, em documento confidencial, aceitou a tese norte-americana de integração continental, inclusive no seu componente militar: "O governo brasileiro considera útil o novo conceito do princípio da soberania, que deveria estar fundamentado na existência de um sistema político-social, e não nas obsoletas fronteiras físicas ou políticas. O princípio de interdependência deve ter sentido prático, tanto na aliança proposta como na OEA, que poderia se encarregar de certos deveres, obrigações e direitos até agora de competência exclusiva dos governos dos respectivos países. A ideia de interdependência já tem raízes profundas e cada dia se enraíza mais, por meio de vários tipos de contatos e atitudes comuns, não apenas no campo cultural e político, mas também na estreita colaboração e cooperação militar"[18].

Dentro da concepção dos círculos concêntricos de atuação, a noção de interdependência implicava a revisão do conceito de Segurança Nacional e a limitação do conceito de soberania, em defesa da interdependência. Ao analisar os conceitos de autodeterminação e não-intervenção, o chanceler Juracy Magalhães argumentou que, no contexto das relações internacionais de então, ambos só seriam conciliáveis através da segurança coletiva e do sacrifício da noção de soberania nacional.

Quando embaixador em Washington, Juracy Magalhães proferira palestra na Escola de Estudos Internacionais da American University, ressaltando que "a política exterior brasileira assenta nos princípios da autodeterminação e da não intervenção e preza a sua independência, mas não uma independência com objetivos maquiavélicos e extorsivos, e sim uma independência que tem compromissos do país e da situação mundial"[19].

Os círculos concêntricos da política externa brasileira foram definidos pelo chanceler Vasco Leitão da Cunha a partir da crítica ao globalismo da PEI: "Esta correção consiste no estabelecimento de uma perspectiva de círculos concêntricos que vão alargando seu alcance, tornando naturalmente prioritária e imediata a política no Rio da Prata, na América do Sul, no Hemisfério e, finalmente, voltada para o Ocidente"[20]. Seu sucessor salien-

---

[17] CUNHA, Vasco Leitão da. *Diplomacia em alto mar.* Rio de Janeiro: Fundação Getúlio Vargas, 1994, p. 270-1.
[18] SCHILLING, op. cit., p. 24.
[19] Diário de Notícias, 12/2/1965, p. 3.
[20] O Estado de São Paulo, 30/4/1964, p. 2.

tou, em seu discurso de posse, que além de reconhecer a primazia dos EUA no mundo livre, a América Latina constituía "o nosso âmbito natural de comércio. Aqui desenvolve-se a nossa história e gera-se o nosso futuro. Integrar-se no mundo através e com a América Latina é um dos objetivos centrais de nossa política exterior"[21]. Assim, o interesse brasileiro estendia-se ao hemisfério, só buscando outros espaços em caráter excepcional. Além disso, como se verá na questão da segurança, os círculos concêntricos tinham um caráter essencialmente defensivo, desprezando a noção de expansão, que futuramente viria a fazer parte do *Pragmatismo Responsável*.

Este conjunto de posições ganha sentido como parte da estratégia do "liberal-imperialismo". Este, no plano econômico, objetivava o interesse do capital estrangeiro pelo mercado nacional, ampliado por suas ramificações "subimperialistas" na América do Sul. No âmbito político, acolhia o desejo norte-americano na manutenção de um padrão de *associação vertical* e na subdivisão do sistema de relações centro-periferia em subsistemas regionais, garantindo aos EUA a posição de polo de gravitação dos países latino-americanos, subordinados à sublideranças regionais. Em contrapartida, os Estados Unidos deveriam transferir recursos para o desenvolvimento; brindar apoio financeiro-tecnológico; proceder a investimentos produtivos; conceder empréstimos de longo prazo; enviar técnicos; garantir uma melhor estrutura de preços que compensasse a degradação dos termos de troca de produtos primários; o recuo das matrizes das corporações transnacionais do mercado latino-americano para favorecer as subsidiárias do Brasil; e, finalmente, a abertura do mercado norte-americano aos produtos primários e industriais das empresas transnacionais aqui localizadas. Em troca do apoio político-diplomático, ideológico e militar, a diplomacia brasileira esperava um tratamento diferenciado na região, em função do *status* internacional de cada país, conferindo ao Brasil o papel de uma subliderança.

Este novo tipo de barganha baseava-se no que a diplomacia brasileira supunha serem as necessidades norte-americanas no então estágio da Guerra Fria, fenômeno que os dirigentes brasileiros consideravam ser a base da vida internacional contemporânea. A ameaça de guerra nuclear estava afastada devido à superioridade militar do Ocidente, mas a segurança externa era vista como ameaçada pela insegurança interna, fomentada pelas guerras

---

[21] MAGALHÃES, Juracy. *Minha experiência diplomática*. Rio de Janeiro: José Olympio, 1971.

de libertação nacional, tais como as da Coréia, Indochina, Argélia, Cuba, do Brasil de Goulart e, logo, da República Dominicana. Tais processos eram vistos, ao menos no plano do discurso, como instrumentos manipulados por Moscou. Assim, era natural o rechaço do terceiro-mundismo da PEI. Atacando a *Terceira Posição* das nações neutralistas na Guerra Fria como impraticável, o embaixador Juracy Magalhães declarou que a política internacional do Brasil tinha como objetivo converter o seu país em traço de união entre as grandes potências ocidentais e "os povos que apenas estão começando a despertar para a vida internacional". Defendendo os princípios da não-intervenção como um complemento da autodeterminação dos povos, disse que a segurança coletiva do hemisfério ocidental "não está imediatamente ameaçada pelo perigo de um golpe nuclear, senão pela agressão ideológica de características marxistas-leninistas e por movimentos subversivos dirigidos de fora"[22].

A resposta a este novo desafio encontrava-se na reformulação dos conceitos e mecanismos de defesa, com a adoção da Segurança Coletiva. A este respeito, o ministro Juracy Magalhães, em discurso no Rio de Janeiro, salientou que "o conceito relativamente novo de Segurança Coletiva coincide com o processo de universalização das relações internacionais, (tais como) a ONU e sua inúmeras agências especializadas, associações regionais como a OEA e, no campo econômico, a Comunidade Econômica Europeia, ALALC, CIEES, e CIAPs. Essa universalização coincide com o conceito de Segurança Coletiva, que diz respeito [e garante] os dois princípios básicos de nossa política exterior, a não-intervenção e a autodeterminação. A pertinência e a essencialidade deste conceito tornam-se particularmente flagrantes quando se atenta para formas insidiosas de intervenção que os países comunistas têm posto em prática em todas em todas as partes do mundo com o fito de sufocar, muitas vezes por meios não armados, mas nem por isso menos eficazes, a autodeterminação de outros povos"[23].

Interpretando esses conceitos, Carlos Estevam Martins frisou que "se a cada país fossem atribuídas determinadas funções, e se cada qual cumprisse a sua parte, daí resultaria um todo harmonioso, próspero e imbatível. No caso específico do sistema interamericano, os EUA ver-se-iam aliviados de algumas de suas responsabilidades tradicionais no campo político, militar e ideológico, passando ao exercício mais adequado e menos oneroso,

---

[22] Diário de Notícias, 17/7/1965, p. 1.
[23] Correio do Povo, 16/8/1966, p. 1.

de uma liderança em última instância. Desde que fosse criada uma Força Interamericana de Paz, desapareceriam para os Estados Unidos os custos políticos envolvidos nas ações unilaterais que normalmente empreendiam para a manutenção da ordem no continente. A potência líder seria igualmente poupada de uma série de esforços e sacrifícios, acarretados pela defesa de seus interesses econômicos e de seu prestígio político na região, caso a unidade continental fosse robustecida por meio de uma reestruturação da OEA, tendo em vista a transformação desta entidade num instrumento efetivo de integração interamericana".[24]

Assim, havia uma tentativa de reestruturação do sistema interamericano com vistas à solução dos problemas decorrentes do aumento da transferência de capital do centro para a periferia, do estreitamento do mercado interno e da pressão sobre o balanço de pagamentos, devido à remuneração do capital estrangeiro e da importação de bens e serviços necessários ao desenvolvimento. Daí a proposição e o estabelecimento de um mecanismo de coparticipação na exploração da periferia latino-americana.

A PRIORIDADE DAS RELAÇÕES COM OS EUA E A AMÉRICA LATINA

Estados Unidos

A política externa do governo Castelo Branco teve como principal característica um projeto estratégico centrado na estreita associação com os EUA. A própria derrubada do governo Goulart e implantação do novo regime ocorreu com o apoio direto de Washington, apesar dos constantes desmentidos das autoridades norte-americanas na época. Além de um intenso relacionamento político e econômico bilateral, a cooperação entre os dois países deu-se principalmente no âmbito latino-americano, razão pela qual o tema é tratado conjuntamente. O apoio brasileiro aos EUA também teve lugar no âmbito global do conflito Leste-Oeste, particularmente nas organizações internacionais, o que é tratado no respectivo capítulo. Contudo, considerando-se que a diplomacia castelista abandonou a mundialização esboçada pela PEI, refluindo à dimensão hemisférica, este tema teve mais importância retórica que prática, constituindo-se principalmente no que

---

[24] MARTINS, Carlos Estevam. *Capitalismo de Estado e modelo político no Brasil*. Rio de Janeiro: Graal, 1977, p. 371.

o Brasil deixou de fazer contra os interesses americanos do que efetivamente realizou a seu favor.

Castelo Branco nunca falou, explicitamente, em "alinhamento automático" do Brasil com os EUA, declarando que era "necessário fazer a distinção entre os interesses básicos da preservação do sistema ocidental e os interesses específicos de uma grande potência". O projeto do governo, teórica e praticamente, induzia o Brasil a abdicar de sua aspiração ao status de potência, já que os interesses nacionais eram menos importantes que a unidade do hemisfério ocidental. Na realidade, ele realizou em sua política externa e interna quase todos os atos que os EUA reclamavam. O período abrangido por seu governo foi de clara subordinação brasileira aos EUA[25]. Valendo-se de termos como "fronteiras ideológicas" e "interdependência", o governo implementou uma relação de alinhamento automático com os EUA[26]. É importante ressaltar, contudo, que isto se dava dentro de um projeto articulado de política externa, que implicava em determinadas contrapartidas, as quais, quando não cumpridas, geravam certos atritos. Não se tratava, obviamente, de uma subordinação completamente assimétrica como a das ditaduras centro-americanas, por exemplo.

No momento subsequente ao golpe, Washington reconheceu imediatamente o novo governo, saudou formalmente as mudanças ocorridas no país e forneceu apoio diplomático e econômico-financeiro para estabilizar o novo regime, como foi visto. O Secretário de Estado norte-americano, Dean Rusk, declarou no dia 6 de abril de 1964 que os EUA iriam aumentar sua ajuda ao Brasil, reduzida durante o governo João Goulart, afirmando ainda que a Revolução foi um processo democrático e constitucional e que os EUA não interferiram no movimento, como acusava o governo de Havana. Dois dias depois, o chanceler Vasco Leitão da Cunha disse à imprensa que estreitaria suas relações com os Estados Unidos, e que "o Brasil está disposto a fazer os esforços necessários para revitalizar os laços políticos, econômicos e culturais no continente americano, tendentes a concretizar objetivos da Aliança para o Progresso". No dia seguinte o Secretário de Comércio norte-americano, Luther Hodges, declarou que o afastamento do presidente brasileiro João Goulart "criou uma atmosfera infinitamente melhor para comércio e investimentos dos Estados Unidos no Brasil".

---

[25] BANDEIRA, Moniz. *Brasil-Estados Unidos: a rivalidade emergente (1950-1988)*. Rio de Janeiro: Civilização Brasileira, 1989, p. 146-9.

[26] *Retrato do Brasil*. São Paulo: Política, 1984, vol. 2, p. 279.

Dia 18 de abril daquele ano Castelo Branco reuniu-se com o embaixador Lincoln Gordon, o qual declarou que "a revolução brasileira foi um acontecimento de grande importância, mas que nunca existiu influência dos EUA nos acontecimentos". Reconheceu, em última análise, "que desde a renúncia de Jânio Quadros tornaram-se mais difíceis as relações econômicas entre os dois países. (...) O Plano Trienal deveria receber do seu país relevante colaboração e ajuda, e que nele depositavam os norte-americanos grande esperança. No entanto, pelas razões bem conhecidas, foi abandonado e as esperanças, infelizmente, desapareceram". Falou da nomeação de seu amigo e colega Roberto Campos para o cargo de ministro do Planejamento. Segundo ele, "com outras providências que se espera do governo brasileiro, as relações entre Brasil e EUA deverão melhorar"[27]. Alimentando a percepção brasileira de que fora estabelecida uma aliança privilegiada e, exagerando a importância do Brasil para os EUA, o mesmo Gordon declarou em agosto que as duas nações compartilhavam "uma comunidade não apenas de ideais mas de interesses", sendo ambos "dois entre os poucos gigantes deste pequeno globo, e que tamanho e localização geográfica impõem sobre nossos países responsabilidades especiais neste hemisfério"[28].

Tal afirmação reforçava a percepção da diplomacia castelista, expressa pelo embaixador Juracy Magalhães: "Tendo constituído um sério golpe no movimento comunista internacional, a Revolução alterou a correlação de forças da guerra fria. Antes, cabia somente aos Estados Unidos a garantia da manutenção do sistema democrático-ocidental. Com o movimento de 64, este sistema ganha um novo e forte aliado, o Brasil, (o qual) assume, no concerto das nações, o posto que lhe cabe de líder incontestável da causa da democracia e da liberdade na América Latina"[29]. Esta referência, tendo como pano de fundo o forte impacto que a Revolução Cubana desencadeara, era empregada para legitimar a nova "aliança não-escrita".

Neste sentido, em suas relações com o continente o Brasil optou por duas linhas de ação. Em primeiro lugar, eliminar atritos com os EUA para associação de mercados, capitais e tecnologia e, em segundo, enquadrar as relações interamericanas nesse esquema[30]. Nesta linha, encontram-se atitu-

---

[27] Correio do Povo, 8 e 19/4/1964.
[28] Correio do Povo, 22/4/1964, p. 1.
[29] O Estado de São Paulo, 15/8 e 10/4/1964.
[30] CERVO, Amado, e BUENO, Clodoaldo. *História da Política Exterior do Brasil*. São Paulo: Ática, 1992, p. 337-40.

des como a ruptura com Cuba, o afastamento em relação à China Popular, o apoio à constituição de uma Força Multinacional de Paz no âmbito da OEA, a participação na intervenção na República Dominicana, o pedido norte-americano para que o Brasil enviasse tropas ao Vietnã, o "saneamento" econômico e político interno, a abertura ao capital estrangeiro e a fixação de uma diplomacia calcada na Segurança Nacional antiesquerdista e nas fronteiras ideológicas do conflito Leste-Oeste. Na tentativa de convergir com Washington, o Brasil chegou a encaminhar um projeto solicitando recursos para um programa de controle de natalidade, no qual se configurava o ideal canadense de "menos gente vivendo melhor". Tais posturas lembravam as chancelarias de Raul Fernandes durante os governos Dutra e Café Filho, quando *dar* aos EUA constituía um ato de dignidade, esperando *receber* algo em troca.

Agora, contudo, o que se desejava em troca não eram apenas quotas de exportação de café. O Brasil esperava apoio econômico e diplomático dos EUA no âmbito regional. Juracy Magalhães, quando embaixador em Washington, pronunciou sua famosa frase, segundo a qual "o que é bom para os Estados Unidos é bom para o Brasil", precisando posteriormente que isto não significava "uma adesão incondicional aquele país, [pois] a recíproca era igualmente verdadeira"[31]. Como foi visto, em troca das facilidades econômicas concedidas aos EUA, o governo aspirava receber investimentos, empréstimos, ajuda técnica e financeira, uma estrutura de preços mais compensadora para seus produtos, a abertura do mercado norte-americano e o recuo regional das transnacionais em proveito de suas subsidiárias instaladas no Brasil. No campo político-estratégico, em troca da aliança incondicional, Castelo Branco esperava que, através de um sistema de defesa coletiva, se estabelecesse uma divisão de funções no âmbito hemisférico, atribuindo ao Brasil um *status* de subliderança regional, por conta de um tratamento preferencial em relação ao dos demais países.

No fundo, tratava-se de uma velha fórmula tentada no passado, revivida no contexto da Revolução Cubana e da contenção da "subversão" no país. A diplomacia castelista esperava, interpretando os interesses estratégicos norte-americanos, criar um quadro econômico favorável ao capital estrangeiro, bem como acatar a subordinação vertical, dentro de um cenário em que o sistema centro-periferia fosse subdividido em polos regionais (coordenados por um aliado local), onde a liderança dos EUA se exercesse

---

31 MAGALHÃES, Juracy. *Minha experiência,* op. cit., p. 275.

a um menor custo. Contudo, o que este esquema não levou em conta é que quanto mais o Brasil colaborasse, menos se faria necessário pagar por sua colaboração, desviando-se os recursos norte-americanos para outros cenários mais problemáticos. A isto se somará o insuficiente montante da cooperação, comércio e investimentos destinados pelos Estados Unidos ao seu aliado, elemento que enfraquecerá os liberais-internacionalistas no bloco de poder do regime.

A Questão Cubana

A implantação do Regime Militar colocou as relações com Cuba em dificuldades, pois a aliança privilegiada com os EUA e a força dos setores de direita dentro do novo governo implicavam em uma ruptura. Setores do Itamaraty, interessados na manutenção das relações com os países socialistas, esboçaram certa resistência à ideia da ruptura. O chanceler Vasco Leitão da Cunha reafirmou, em 24 de abril de 1964, a resolução do Brasil de não precipitar qualquer decisão quanto às relações com Cuba, assinalando a preocupação do governo, *apesar das pressões existentes*, de manter regularmente o intercâmbio com a área socialista, no quadro das relações normais com outros países. Face à esta posição, o MRE passou a sofrer ataques dos grupos de direita e pró-norte-americanos, através de críticas explícitas à PEI e às tentativas de conservá-la, com sugestões explícitas de expurgo em seus quadros.

Duas semanas após, em 13 de maio, efetivou-se o rompimento com Cuba. Oficialmente, o Itamaraty acusou o governo de Fidel Castro de interferências em assuntos internos do Brasil, com entendimentos notórios entre Havana e grupos marxistas brasileiros. A medida foi justificada por razões ideológicas, argumentando que o governo cubano, ao se declarar marxista-leninista, teria excluído a si próprio do "hemisfério livre", e por razões concretas, já que Fidel propunha uma política atuante no continente, exportando sua doutrina por meio de propaganda ideológica, apoiando a subversão no Brasil e efetuando um desembarque de armas na Venezuela, conforme teria sido constatado por uma comissão especial da OEA. O rompimento de relações pretendia influir na IX Reunião de Consulta dos ministros das Relações Exteriores desta organização, que seria realizada em julho de 64, em Washington. Segundo Vasco Leitão da Cunha insistiu em destacar, o rompimento de relações com Cuba teria obedecido a causas ideológicas, sem ter havido pressão dos EUA[32]. Em junho de 1964 a Câmara Federal anulou a concessão de medalha da Ordem do Cruzeiro do Sul a Ernesto Che Guevara pelo ex-presidente Jânio Quadros.

O isolamento de Cuba, com aplicação das sanções previstas no artigo 8 do Tratado do Rio de Janeiro, foi apoiado pelo governo do Brasil, que, contudo, posicionou-se contra qualquer ação militar contra o regime de Fidel Castro, embora o emprego de força armada fosse o ponto principal das sanções previstas no acordo. A mensagem brasileira, que circulou na Conferência em 22 de julho, manifestava a esperança de que o povo de Cuba pudesse, "fortalecido pela confiança na solidariedade nos demais povos e dos governos americanos, por seus próprios meios, em futuro muito próximo, libertar-se da tirania do regime comunista", procurando justificar a condenação, sem, entretanto, propor medidas concretas contra a ilha. A solidariedade do regime militar com Washington configurou-se através da iniciativa conjunta de um projeto de resolução à conferência, advertindo o governo cubano para que não prosseguisse "em suas atividades subversivas no hemisfério, sob pena de expor-se aos riscos de sanções coletivas". Mais tarde, um segundo projeto de resolução foi apresentado pelos Estado Unidos no qual o governo norte-americano pedia às nações de todo o mundo, que compartilhavam dos ideais da OEA, para que não prestassem ajuda econômica, direta ou indireta, ao governo cubano[33].

América do Sul, OEA e Segurança Hemisférica

Contudo, se os regimes socialistas eram considerados ilegítimos por alguns países, os ditatoriais militares eram condenados por outros, e aqui o Brasil representava o lado vulnerável. A Venezuela, por exemplo, que havia recentemente sido redemocratizada, após longo regime militar, negou-se a reconhecer o governo Castelo Branco, por este haver sido implantado por meio de um golpe de Estado, em conformidade com a Doutrina Betancourt, e suspendeu as relações diplomáticas. A nota do Itamaraty afirmou que "o Brasil só tem a lamentar que um país irmão, justamente aquele que tem sido mais duramente atingido pela subversão extremista, não tenha ainda compreendido a posição brasileira, para assim reforçar os laços que unem

---

[32] CUNHA, Vasco Leitão da. *Diplomacia...*, op. cit., 1994, p. 281.
[33] Zero Hora, 24/7/1964, p. 8.

os dois países, em benefício do sistema Interamericano e da segurança do Continente" (MRE, Docum. Pol. Ext 1964). O embaixador da Venezuela, ao embarcar de volta para seu país em 22 de abril de 1964, disse que "não há dúvida que, em 1966, eleito um novo governo de livre escolha, o restabelecimento das relações diplomáticas entre Venezuela e o Brasil pode ser dado como certo", frisando ainda que, apesar disso, as relações comerciais não deveriam sofrer solução de continuidade, pois o país era o quarto comprador do petróleo venezuelano[34]. Quando se aproximava a sucessão de Castelo Branco, em 30 de dezembro de 1966, a Venezuela restabeleceu relações diplomáticas com o Brasil, o que se negava a fazer naquele momento em relação ao governo do general Onganía na Argentina. Da mesma forma, durante o ano de 1964 as relações com outro regime democrático, o México, também foram tensas, sem a nomeação de novos embaixadores em ambos os países até janeiro de 1965, quando enfim ocorreu a normalização.

As relações com o Uruguai também foram perturbadas, devido a presença de personalidades do regime anterior na Embaixada Uruguaia no Brasil e no território daquele país. Em novembro o governo manifestou sua preocupação com as atividades políticas que os exilados brasileiros desenvolviam no Uruguai. As tensões só foram se diluindo aos poucos, sem que tivesse havido um choque mais direto entre os dois países. Da mesma forma, as relações com o governo chileno do presidente Eduardo Frei foram marcadas por divergências, particularmente no que se refere ao sistema interamericano, inclusive com críticas explícitas à diplomacia do Chile. Em 2 de setembro de 1965 o chanceler Vasco Leitão da Cunha declarou ao Diário de Notícias que a política internacional independente do Chile se assemelhava à de Goulart. Ironizando, desejou ao presidente Frei mais sorte do que a do ex-presidente brasileiro.

Além das relações bilaterais com Washington, o terreno onde a associação da diplomacia brasileira com os interesses norte-americanos manifestou-se com maior intensidade foi em relação à política hemisférica exercida por meio da Organização dos Estados Americanos (OEA). Além da questão cubana, na qual o Brasil endossou a posição americana com algumas reservas, a defesa coletiva constituiu o problema mais relevante. A sugestão da criação da Força Interamericana de Paz (FIP), que Brasil e Estados Unidos desejavam, não contou com apoio da maioria dos países latino-americanos, temerosos de que ela viesse a se tornar instrumento de uma

---

[34] Correio do Povo, 23/4/1964, p. 1.

política exacerbada de intervencionismo formalmente anticomunista. O chanceler brasileiro contra-argumentava, na tentativa de convencer seus colegas latino-americanos e a justificar-se perante a opinião pública, que a FIP seria "uma maneira também de controlar os Estados Unidos, que seriam obrigados a refletir e a conversar antes de fazer uma ação"[35].

O problema adquiriu contornos mais concretos em maio-junho 1965, durante a X Reunião de Consulta dos Chanceleres Americanos, em Washington, que debateu a situação da guerra civil na República Dominicana, e na II Conferência Interamericana Extraordinária, ocorrida em novembro no Rio de Janeiro, com vistas à reforma da Carta da OEA. Neste ponto, a Doutrina da Segurança Nacional antiesquerdista do regime militar brasileiro manifestou-se com intensidade. Em maio de 1965 o chanceler Vasco Leitão da Cunha declarou, em tom legalista, que o envio de um contingente militar brasileiro à República Dominicana teria que ser autorizado pelo Congresso, e isto depois que a OEA aprovasse a formação de uma força policial interamericana com a cooperação militar de todos os países que integram o sistema latino-americano. Dia 3 de maio de 1965 o embaixador itinerante dos Estados Unidos, Averil Harrimann, veio a Brasília a fim de expor ao presidente Castelo Branco os motivos da intervenção americana na República Dominicana, declarando que a Revolução Dominicana caíra sob a direção dos comunistas.

Após o encontro, o Itamaraty distribuiu a seguinte nota à imprensa: "Consciente de seus deveres como membro da OEA, o governo brasileiro decidiu dar seu voto favorável à proposta apresentada pelos EUA à X Reunião de Consulta dos ministros das Relações Exteriores, no sentido de que fosse constituída uma comissão de bons ofícios e mediação, para examinar *in loco* a situação da República Dominicana. Como integrante da Missão que já ali se encontra, o governo brasileiro não poupará esforços, através de seu representante, embaixador Ilmar Penna Marinho, em prol de uma solução que, sem o sacrifício dos princípios da autodeterminação, contribua não apenas para a restauração da ordem em São Domingos mas, também, para a preservação das liberdades democráticas, da paz e da segurança no continente"[36].

Dia 16 de maio o governo brasileiro decidiu participar da intervenção na República Dominicana, de acordo com o pedido feito pela OEA.

---

[35] CUNHA, Vasco Leitão da. *Diplomacia...*, op. cit., 1994, p. 291.
[36] Diário de Notícias, 4/5/1965.

Por 190 votos contra 99, a Câmara aprovou dias depois o envio de tropas. O Brasil enviou 1.300 soldados para a força da OEA, a qual designou o general brasileiro Hugo Panasco Alvim como comandante do contingente militar da organização. A participação brasileira na intervenção, que duraria um ano, e a cooperação estreita com os EUA neste episódio, além de contrariarem frontalmente a política externa seguida pelo país antes de 1964, criou fortes prevenções na América Latina em relação ao Brasil, cuja postura diplomática no continente passou a ser considerada como "subimperialista". Em janeiro de 1966, na esteira da realização da Conferência Tricontinental em Havana, o Brasil defendeu também a competência da OEA para encaminhar à ONU a denúncia peruana de intervenção cubano--soviética no continente, contra a opinião da maioria dos demais membros, os quais consideravam que o Conselho da OEA não tinha faculdades legais para fazê-lo.

Apesar disso, o apoio brasileiro à Washington não era incondicional. Na reunião da OEA, em março de 1966, esboçou-se uma controvérsia entre os Estados Unidos e o Brasil, apoiado pelas nações maiores da América Latina, em torno de um aspecto da reforma da Carta do Sistema Interamericano. O Brasil defendia a reforma da Carta, propondo um sistema equilibrado, cuja força expeditiva se reforçaria pela periódica reunião do órgão máximo (possivelmente anual), que seria a Conferência Interamericana, chamada de Assembleia, à imagem da ONU, com poderes legislativos e descentralizada. Os EUA, abandonando as posições discretas que vinham mantendo desde a Conferência do Rio, decidiram defender publicamente sua posição, apresentando um projeto de reforma cuja essência consistia exatamente na ampliação das funções do Conselho da OEA, que assumiria também o encargo da resolução dos conflitos bilaterais entre os membros do sistema Interamericano[37].

A razão de tal desacordo encontrava-se principalmente no campo econômico. O secretário-geral do Itamaraty, Manuel Pio Corrêa, declarou à imprensa que "as relações entre os Estados Unidos e o Brasil são excelentes, mas que de qualquer modo existem áreas de desacordo"[38], aludindo, entre outras coisas, à iniciativa brasileira para que os Estados Unidos dessem tratamento preferencial aos nossos produtos de exportação. Nesta altura do governo Castelo Branco, já estava emergindo a decepção brasileira com

---

[37] O Estado de São Paulo, 12/3/1966, p. 3.
[38] Correio do Povo, 15/3/1966, p. 3.

a falta de retorno econômico como contrapartida ao apoio político-estratégico prestado aos EUA.

Com relação à questão nuclear, o delegado brasileiro José Sette Câmara rejeitou com veemência a tese mexicana sobre a desnuclearização da América Latina, à qual pretendia a assinatura de um tratado com ou sem a participação de todos os países do continente, sem garantias das potências nucleares. O delegado brasileiro na respectiva comissão da OEA considerou que a renúncia perene às armas nucleares seria uma atitude suicida por parte do continente, lembrando a posição de Cuba e a crise nuclear de 1962. Também a Argentina criticou a tese mexicana em termos duros. Em resposta, o Brasil apresentou um anteprojeto de tratado que exigia a participação de todos os países do hemisfério, além das garantias de não intervenção no continente por parte das potências nucleares. A tese brasileira acabou sendo vitoriosa. Defendeu o pré-requisito da assinatura também por parte de Cuba não seria abandonado pelo Brasil em seu projeto, pois considerava que a desnuclearização, para ser efetiva, deveria abranger toda a região, sem exceções, manifestando ainda que seriam feitos esforços também para que a China comunista assinasse o acordo.

Os atritos com Washington também cresceram no campo político-militar. O programa de assistência militar dos EUA à América Latina foi questionado pelo congresso norte-americano, com as críticas se concentrando sobre a Argentina e o Brasil. O presidente da Comissão de Relações Exteriores do Senado, J. W. Fulbright, manifestou preocupação "pela magnitude com que os regimes militares governam a América Latina", em uma interpelação ao secretário de defesa, Robert McNamara, sobre a Lei de Assistência ao Exterior[39]. Fulbright observou que o Brasil recorria a "métodos de Estado policial", onde se mantinham presas pessoas por tempo prolongado, sem processo, concluindo que a ação dos Estados Unidos na América Latina deveria se dar através da Aliança para o Progresso. Em agosto o presidente Lyndon Jonhson condenou publicamente as ditaduras da América Latina, levando o Itamaraty a afirmar que o Brasil também estava do lado dos que desejavam governos constitucionais. A imprensa manifestou na ocasião que a provável vitória dos democratas nas eleições parlamentares norte-americanas deveria intensificar este tipo de atritos entre Washington e alguns países latino-americanos.

---

[39] Correio do Povo, 12/5/1966, p. 1.

Neste contexto, o golpe militar na Argentina em 1966 trouxe a este país problemas semelhantes aos enfrentados pelo Brasil anteriormente, pois a próxima Conferência da OEA deveria realizar-se em Buenos Aires. Face ao adiamento desse evento e à própria ameaça à sua realização, o Brasil passou a buscar apoio ao governo argentino junto aos demais membros da organização. Em outubro de 1966 o chanceler brasileiro visitou a Argentina, levando apoio ao novo regime e lançando apelo em favor do estabelecimento da FIP, ideia igualmente defendida por este país. Contudo, muitas nações, lideradas pelo México e Chile, eram contrárias, temendo que ela pudesse se transformar em órgão de intervenção em seus assuntos internos. Depois de referir-se à oposição à FIP como manifestação de "nacionalismo jacobino", declarou-se esperançoso de que com o apoio do governo Onganía, a ideia pudesse ser tratada na conferência, com chances de sucesso.

Na Conferência o Brasil considerou que o estabelecimento da força continental de segurança não poderia ser adiado por tempo indeterminado, indicando, todavia, que a decisão deveria ser tomada por acordo geral entre todos os países da comunidade americana. O Brasil propôs também que os Estados americanos concordassem não somente em reduzir suas compras militares, mas também as despesas com a manutenção de suas instalações militares. Segundo o chanceler brasileiro, todos os meios possíveis deveriam ser colocados em função do desenvolvimento econômico, a necessidade mais premente da região. Apesar de tudo, a proposta brasileira não chegou a ser tão enfática quanto outra apresentada pelos EUA, na qual afirmou-se que os países latino-americanos deveriam renunciar aos armamentos que não fossem absolutamente necessários.

Juracy Magalhães enfatizou na reunião as questões econômicas, afirmando que "outra ideia que precisa ser efetivamente consagrada é a da solidariedade econômica que inspirou em 1958 a Operação Pan-americana, e que veio a tomar corpo em 1961 com a Aliança para o Progresso". Acrescentou que esta questão tinha a mesma "urgência que a Segurança Coletiva, da qual era uma contraparte legítima. Na verdade, no mundo em que está se tornando cada vez mais interdependente, não é possível permitir que a persistência de ilhas de abundância em mares de pobreza ou separar a assistência aconselhada pela solidariedade econômica da cooperação exigida pela segurança coletiva". Afirmou, ainda, que a incorporação na Carta da OEA da ideia de solidariedade econômica que "não é possível que um país imponha a outro obrigações econômicas que vão contra o conceito da soberania nacional"[40].

Tal enfoque representava uma significativa e sintomática inflexão na diplomacia do governo Castelo Branco. À insatisfação brasileira pela insuficiente cooperação econômica por parte dos EUA somou-se à preocupação de Washington em relação ao enfoque adotado pelo governo do general Costa e Silva, que deveria assumir dentro de poucos dias. Um dia antes da posse do novo presidente, Brasil e EUA anunciaram a concessão de um empréstimo de 100 milhões de dólares, no quadro da contínua participação dos dois países na Aliança para o progresso, destinado a apoiar os programas de desenvolvimento e estabilização do Brasil. A assinatura do empréstimo revestiu-se de grande efeito mediático anunciando-se na ocasião que o empréstimo, concedido pelo USAID, seria o primeiro de uma série a serem concedidos naquele ano. É interessante lembrar que, neste momento, os EUA pressionavam Costa e Silva para que conservasse a mesma equipe econômica em seu Ministério.

A integração hemisférica, como foi visto, constituía um elemento importante da política externa do regime militar, desde que efetuada na ótica das relações prioritárias com os Estados Unidos. Tanto na esfera econômica quanto política, tal integração deveria se dar no âmbito pan-americano, e não latino-americano. A este respeito, o embaixador brasileiro em Washington, Juracy Magalhães, preconizou na sociedade Pan-Americana, em outubro de 1964, um novo impulso na recuperação política, social e econômica de todos os países latino-americanos. Assinalou que com essa orientação política e com a certeza de que a ação coletiva não poderia frutificar sem os fatores de estabilidade tanto social quanto econômica, o Brasil atribuía fundamental importância aos objetivos interamericanos. Reconhecia a existência de fatores de discórdia no Hemisfério, representados pelos maus conselheiros que são a fome, as doenças e a estagnação econômica, ressaltando que a unidade interamericana poderia ser facilmente preservada contra tentativas do comunismo, se os EUA e outros países ocidentais desenvolvidos entendessem o problema da América Latina e concordassem em participar da cooperação política e econômica de que esta necessitava. Finalmente, afirmou ser muito importante que a América Latina, nas relações com os EUA, sempre desse ênfase à comum herança ocidental do Hemisfério, que

---

[40] Correio do Povo, 27/2/1967, p. 1.

se manifestava de maneira inegável, não obstante a diferença econômica entre o Norte e o Sul[41].

A oposição brasileira à unidade latino-americana também foi expressa na conferência que o então chanceler Magalhães proferiu no Instituto Rio Branco em 21 de novembro de 1966: "a tônica foi sempre a do total e franco apoio ao ideal da integração econômica (...) sem antagonismos vãos, e com boas relações com os países amigos não-comunitários, especialmente os Estados Unidos". Como lembrou Carlos Estevam Martins, "concebíamos a integração econômica em termos continentais, sob a égide da Aliança para o Progresso e da Organização dos Estados Americanos"[42].

Neste sentido, quando o presidente Eduardo Frei do Chile propôs, em 1965, a criação de um mercado comum latino-americano com base na ALALC, o Brasil se opôs firmemente ao projeto. A ALALC, integrada pela Argentina, Brasil, Chile, Colômbia, Equador, México, Paraguai, Peru, Uruguai e Venezuela, realizaria sua primeira conferência de chanceleres em novembro de 1965. O ângulo negativo era que o intercâmbio de artigos novos não crescera, pois até então as negociações só haviam considerado os artigos tradicionais. A reação brasileira foi de tentar aproximar-se da Argentina, onde o regime militar liderado por Onganía fora implantado em 1966. Conforme Roberto Campos reconheceu posteriormente, o Brasil propôs à Argentina uma união aduaneira a ser concretizada em cinco anos, e aberta aos demais países da região[43]. Tal proposta constituiria uma medida preventiva à fragmentação do continente em blocos autônomos em relação aos grandes (Brasil, Argentina e México), os quais não apenas abrigariam os países menores, como também estruturariam uma base econômica à oposição do Chile, Peru e Venezuela ao eixo autoritário Brasília-Buenos Aires. O projeto não foi concretizado devido às dificuldades argentinas em abrir sua economia à concorrência com os produtos brasileiros. De qualquer maneira, a chancelaria brasileira passou a desenvolver um maior protagonismo sub-regional, com a viagem de Juracy Magalhães ao Chile, Bolívia, Argentina e Uruguai em outubro de 1966 e à Colômbia, Equador e Peru no mês seguinte.

Em novembro Magalhães visitou Bogotá, Quito e Lima, acompanhado de uma missão comercial. Na Colômbia, o chanceler brasileiro defendeu a

---

[41] Diário de Notícias, 10/10/1964, p.2.
[42] MARTINS, op. cit.,1977, p. 379.
[43] O Estado de São Paulo, 29/5/1974.

integração econômica da América Latina, levando em consideração os diferentes graus de desenvolvimento dos países da região, a qual propiciaria a complementação industrial e a criação de um mercado que favorecesse o aumento do intercâmbio comercial. Propôs, na ocasião, a colaboração recíproca no desenvolvimento da Amazônia, por meio da realização de uma conferência da qual participariam os chanceleres de todos os países integrantes da Bacia.

Aliás, a Amazônia foi um dos problemas enfrentados pela política externa e interna brasileira, devido aos constantes e fundados rumores sobre a existência de ameaças à soberania brasileira sobre a região. Em maio de 1965 Castelo Branco teve de prestar esclarecimentos sobre uma iniciativa de cooperação internacional, destinada à criação de centros de formação de pessoal, visando a solução de problemas científicos e tecnológicos das regiões tropicais úmida e árida do Brasil. O presidente declarou que a atuação de tais centros seria controlada pelo CNPq, afirmando ser contra qualquer ideia de internacionalização da Amazônia, sendo o mesmo tom empregado pela nota distribuída pela embaixada dos EUA na ocasião. Em novembro de 1966, o MRE afirmou, em nota oficial, não ter conhecimento de qualquer projeto de arrendamento, cessão ou contratação de áreas territoriais para exploração e colonização por empresas privadas ou estatais estrangeiras, seja na Amazônia ou em qualquer outra região do país. A chancelaria brasileira cogitava apenas, segundo o comunicado, a realização de uma reunião preliminar dos embaixadores do Brasil nos países condôminos da região para a preparação de uma conferência internacional a ser proposta aos chanceleres destes países. Todos estes desmentidos deviam-se a uma série de pressões internacionais concretas, as quais contavam com a complacência do chanceler brasileiro, além de outros. Poucos anos depois o Projeto Jari seria instalado na região.

Argentina e Paraguai

Dentre os países latino-americanos, as relações bilaterais mais importantes foram mantidas com a Argentina, especialmente após o golpe militar do general Onganía, que defendeu em seu programa a *brasileirização da Argentina*. Ambas nações se apoiaram mutuamente no momento da implantação dos regimes de segurança nacional, procurando geralmente manter-se de acordo nos fóruns regionais como a OEA. Logo após o golpe no Brasil, em abril de 1964, o governo argentino reconheceu sem demora o novo regime, e os chanceleres Vasco Leitão da Cunha e Zavala Ortiz, estabeleceram uma posição comum para a conferência dos chanceleres da OEA, a realizar-se no Rio de Janeiro.

Menos de um ano depois, em julho de 1966, o Brasil reconhecia o governo Onganía, implantado por um golpe militar um mês antes. Em nota à imprensa, o chanceler Juracy Magalhães afirmou que "o Brasil não tem ideias preconcebidas sobre a situação política em qualquer país amigo e, em nenhuma hipótese, se afastará da observância do direito de autodeterminação inerente a todos os países"[44], afirmando ainda que as dificuldades da Argentina não representavam fenômeno isolado, pois correspondiam à causas comuns em nossa comunidade continental. Contrariando todo discurso diplomático do governo, neste caso invocava-se o princípio da autodeterminação e não ingerência. Da mesma forma, a diplomacia brasileira lutou pela realização da ameaçada conferência da OEA em Buenos Aires, retribuindo integralmente a atitude argentina de dois anos antes. Quando a Argentina decretou um mar territorial de 200 milhas, poucos meses depois, o Brasil também aceitou a nova realidade, embora declinasse (ao menos momentaneamente) da proposta de Onganía para também tomar a mesma atitude.

Entre o Brasil e o Paraguai as relações também evoluíram no sentido da convergência de interesses, apesar da eclosão de um conflito localizado. Em julho de 1965 o chanceler Leitão da Cunha afirmou que ambos os países estavam empenhados "na luta contra a guerra subversiva que se desenvolve no nosso hemisfério"[45]. Três meses depois ocorria um incidente prosaico de fronteira em Porto Coronel Renato, quando militares brasileiros prenderam autoridades paraguaias que, segundo Assunção, encontravam-se em território litigioso. A nota de protesto paraguaia referiu-se ao termo "zona em litígio" nos Saltos de Guaíra (Sete Quedas), que a resposta do Itamaraty negou existir, uma vez que a fronteira fora demarcada em 1872. O conflito arrastou-se por quase um ano, fortemente instrumentalizado pela imprensa de ambos os países, permeado por exaltações nacionalistas. Em meio a troca de discursos duros e movimentações militares, o embaixador paraguaio foi chamado de volta em março de 1966, embora dias depois o Brasil afirmasse aceitar arbitramento internacional.

---

[44] Correio do Povo, 27/7/1966, p. 1.
[45] Diário de Notícias, 16/7/1965, p. 1.

Segundo Mario Gibson Barboza, embaixador brasileiro em Assunção, o incidente fora grave, tendo configurado a possibilidade de uma guerra iminente entre os dois países. Para amenizar a situação, diga-se de passagem, possibilitadora de uma "diplomacia pendular" por parte do Paraguai, em junho de 1966 foi assinada a Ata das Cataratas, documento pelo qual ambos os governos assumiam compromissos de avaliar as potencialidades energéticas das Sete Quedas para futuro benefício dos dois países. Nesse documento vislumbrava-se a construção de Itaipu, como forma de pôr fim às pendências territoriais brasileiro-paraguaias. Assinada a Ata, criou-se a Comissão Técnica Mista Brasileiro-Paraguaia, encarregada dos estudos de viabilidade da hidrelétrica[46].

Considerando-se as excelentes relações existentes entre Stroessner e os militares brasileiros, muitos dos quais foram seus colegas quando estudou no Brasil (onde nasceu), os sinais de uma cooperação íntima no terreno ideológico-diplomático, expressos na visita do chancelar paraguaio acima mencionada, e a inauguração festiva da nova ponte internacional sobre o Rio Paraná, com a presença dos dois presidentes, é de se questionar o caráter deste conflito. Sem descartar a possibilidade de um desenvolvimento de graves consequências do problema, referida por Gibson Barboza, nem a recorrente eclosão de incidentes pitorescos como este na história latino-americana, há evidências de um certo jogo de cena. Uma hipótese a ser aventada seria a das necessidades políticas interna e externa do Paraguai, dando popularidade a Stroessner ou permitindo-lhe barganhar sua inserção regional (a "diplomacia pendular", referida por Barboza) entre Brasil e Argentina. Outra seria o interesse brasileiro em gerar um fato político (com a cumplicidade paraguaia) destinado a legitimar e desencadear uma ampla política de construção de barragens na Bacia do Prata, apresentando-a como solução de um conflito, sem gerar reação argentina.

Em junho, os chanceleres dos dois países reuniram-se em Foz do Iguaçu, dando por encerrado o contencioso e normalizando as relações. Foi assinada a Ata das Cataratas, onde proclamavam a disposição dos seus respectivos governos de proceder ao estudo das possibilidades econômicas de parte dos recursos hidrelétricos, pertencentes em condomínio aos dois países. Para tanto. concordaram em estabelecer que a energia elétrica eventualmente produzida seria dividida em partes iguais, sendo reconhecido a cada um deles o direito de preferência para a aquisição desta energia a

---

[46] BARBOZA, op. cit., 1993, p. 21-22.

justo preço, de qualquer quantidade que não viesse a ser utilizada para o suprimento das necessidades do consumo de outro país. Tratava-se de uma medida que, convenhamos, era destinada a suprir as crescentes necessidades energéticas do Brasil.

AS RELAÇÕES EXTRA-HEMISFÉRICAS: EUROPA OCIDENTAL, PAÍSES SOCIALISTAS, ÁFRICA E ÁSIA

Europa Ocidental

Durante o Governo Castelo Branco, a política externa e as relações exteriores do Brasil fora da área hemisférica foram marcadas por um caráter *reativo e complementar*, tanto em suas dimensões político-diplomáticas como econômicas. Este fenômeno decorreu tanto das opções ideológico-estratégicas dos militares quanto de um certo descompasso existente entre a conjuntura brasileira e a das demais regiões. Com relação à Europa Ocidental, as relações mantiveram-se num nível bastante modesto, considerando-se a afirmação do velho continente como polo capitalista desenvolvido alternativo aos EUA naquele momento. Mesmo a utilização da cooperação com a Europa como elemento de barganha com Washington, como havia sido esboçada durante a PEI, foi abandonada.

O primeiro problema enfrentado pela diplomacia brasileira, de caráter reativo no plano político, foi a fricção com o nacionalismo *gaullista*. Isto se deveu tanto à influência que esta concepção política exerceu sobre a PEI, quanto ao desagrado francês pela reafirmação da hegemonia americana sobre a América Latina, fortemente impulsionada com a implantação do regime militar no Brasil. É preciso lembrar, ainda, que De Gaulle encontrava-se no auge de seu antagonismo com Washington. Em abril o ministro da Relações Exteriores francês, Maurice de Murville, afirmou que "seria um absurdo que a França ou qualquer outro país europeu procurasse competir com a influência dos EUA na América Latina".[47] O chanceler declarou também que a Europa então influía na América Latina por vínculos múltiplos, que se desenvolveram ao longo de séculos. O tom empregado no "desmentido", denotava precisamente o contrário.

---

[47] Diário de Notícias, 25/4/1964, p. 4.

Em 25 de abril de 1964 o governador Carlos Lacerda concedeu uma entrevista crítica sobre a projetada visita do general De Gaulle ao Brasil, em sua viagem à América do Sul. A entrevista foi recebida como francamente inamistosa para com a França, tornando incerta a vinda do presidente francês ao Brasil. Aliás, um mês antes da queda de Goulart, o presidente francês mandara preparar dois programas para a sua viagem à América do Sul, cogitada para o segundo semestre, um incluindo o Brasil e outro não. Segundo fontes ligadas aos meios oficiais franceses "o putsch brasileiro estava em preparo e De Gaulle sabia disso" (Ibid).

Depois de várias críticas e desmentidos nos meios jornalístico e diplomático, a visita de De Gaulle ao Brasil ocorreu, finalmente, em outubro de 1964. O primeiro dirigente francês a visitar o país declarou a Castelo Branco, referindo-se à trajetória das duas nações, "que esta visita é, ao mesmo tempo, uma consagração e um ponto de partida".[48] Em discurso no Congresso, fez apelos ao Brasil e à França para que liderassem, respectivamente na América e na Europa, um esforço conjunto em prol do equilíbrio e da paz, tão necessários aos destinos do mundo. Ficando no meio do caminho entre a decepção pelo maior país da América Latina haver voltado a colocar-se em posição de subordinação aos EUA, e o discreto encorajamento ao adormecido nacionalismo brasileiro, a visita de De Gaulle perdeu grande parte do seu significado, tendo sido atribuída ao dirigente francês a expressão de que "o Brasil não era um país sério".

Outra questão política que levou o Brasil a uma atitude reativa em relação à Europa em sentido geográfico, foi a crise gerada pela animosidade de bispos do nordeste a propósito do regime militar. Após vários incidentes, Dom Helder Câmara, arcebispo de Olinda e Recife e principal alvo de crítica de lideranças militares, não compareceu à posse do novo Comandante do IV Exército. O chanceler Juracy Magalhães decidiu ir ao Vaticano, durante sua visita à Europa em setembro de 1966, para esclarecer em audiência com o papa Paulo VI o incidente ocorrido no Nordeste. Notava-se a intenção de demonstrar publicamente que desejava considerar o assunto superado e manter relações normais com a Igreja. Todavia, o fato de se dirigir diretamente ao Papa Paulo VI, sem tratar previamente o assunto com hierarquia eclesiástica brasileira, revelava certa desconfiança na posição que esta poderia assumir, bem como a extensão da divergência que surgia entre o Estado e a Igreja.

---

[48] Correio do Povo, 21/10/1964, p. 3.

No campo econômico, a diplomacia brasileira manifestou-se também reativamente em relação à Europa, buscando reverter ou atenuar medidas comerciais discriminatórias, sobretudo da Comunidade Econômica Europeia (CEE), bem como obter o reescalonamento da dívida externa contraída com os europeus. Tal política manifestou-se tanto através da atuação em organismos multilaterais como por meio de relações bilaterais. O caráter *reativo* destas ações, normalmente conjunturais, logo se confundirá com a busca de relações econômicas *complementares*.

Dentre os países europeus, a Alemanha Ocidental (RFA) continuou sendo um dos principais parceiros econômicos do Brasil. O governo da RFA viu com bons olhos a queda de Goulart, embora mais discretamente que os Estados Unidos, sobretudo devido à cooperação que a PEI estabelecera com o Leste Europeu, particularmente em relação à República Democrática Alemã (RDA). O presidente alemão Heinrich Lübke, visitou o Brasil em maio de 1964, afirmando que o novo governo não precisava se preocupar com o Mercado Comum Europeu, pois, desde a sua constituição, as exportações da América Latina para os países do MCE haviam aumentado 35%, enquanto, no mesmo período, as exportações totais da América Latina subiram somente 13,8%. Em agosto de 1964, o Brasil chegou a um acordo com a Alemanha sobre o pagamento de suas dívidas, facilitando a reunião dos fundos necessários ao pagamento dos débitos contraídos através do convênio de 1961, cujo vencimento se daria em 1964/65. Esses acordos completaram as negociações multilaterais realizadas em junho com o Clube de Haia.

O ministro das Relações Exteriores da RFA, Karl Carstens, visitou o Brasil em julho de 1966, mantendo conversações políticas visando o incremento da cooperação entre os dois países. O que se depreende das relações com a Alemanha Federal durante o governo Castelo Branco foram interesses econômicos complementares, a necessidade de legitimação internacional pela parte brasileira e um campo comum que tange à Guerra Fria, que interessava à Bonn para afastar o Brasil da RDA, embora não existisse menção oficial a respeito deste ponto.

Em janeiro de 1967, com Costa e Silva já indicado como presidente e realizando viagem pelos EUA, Europa e Ásia, o chanceler Juracy Magalhães efetuou uma segunda visita à Europa. Além de Portugal, Magalhães esteve na França, Dinamarca e Noruega. As relações com Portugal vinculavam-se a uma dimensão complementar de caráter ideológico-estratégico, envolvendo principalmente a posição anticomunista comum e os interesses brasileiros na África. Em sua visita à Lisboa, Juracy Magalhães reuniu-se com o chanceler português e com o primeiro-ministro Antônio de Oliveira Salazar, discutindo a normalização das relações entre os dois países, perturbadas pela a diplomacia anticolonial da PEI. O regime salazarista maximizou o conteúdo ideológico do discurso diplomático brasileiro, esperando o retorno à posição dos anos 1950. Contudo, a atitude brasileira, se por um lado rejeitava os postulados africanistas da PEI, por outro lado exprimia certo pragmatismo, privilegiando concretamente aspectos econômicos, sem comprometer-se politicamente de forma automática.

Como resultado das conversações, Brasil e Portugal assinaram seu primeiro acordo importante em mais de um século. No terreno econômico, onde o comércio entre os dois países encontrava-se estagnado desde a II Guerra Mundial, foram eliminados obstáculos técnicos, estipulando-se transações em divisas conversíveis. O convênio aplicava-se também aos territórios africanos de Portugal, estipulando que uma comissão mista se reuniria para estudar o estabelecimento de zonas francas. Comprometeram-se ambos os países a se esforçar para conseguir a extinção de barreiras alfandegárias em cinco anos.

Contudo, os assuntos políticos foram abordados cuidadosamente, especialmente os relacionados com a política portuguesa na África. Juracy Magalhães agiu com extrema cautela durante sua visita à Lisboa, antes de assistir à inauguração da Assembleia Geral das Nações Unidas, em Nova York. Portugal procurava obter apoio de sua ex-colônia nas votações que surgissem na ONU e em outros fóruns políticos, sustentando que o Brasil deveria ter interesse em outorgar-lhe ao menos apoio moral em sua luta contra os rebeldes em Angola, Guiné e Moçambique, que recebiam apoio financeiro comunista. O ministro de Relações Exteriores português qualificou o Atlântico como um lago que separava duas zonas de cultura semelhante, afirmando que "nossos interesses comuns são espirituais, materiais e inclusive de defesa".

Juracy Magalhães, todavia, evitou todo o compromisso, dizendo apenas que "queremos reafirmar a confiança do Brasil nos destinos eternos de Portugal, [porque] estamos interessados no desenvolvimento de uma cultura Ocidental e democrática na África, (...) e esta é a maneira em que os portugueses vem agindo ali há quatro séculos". Contudo, durante sua entrevista com a imprensa o ministro não prometeu o voto do Brasil a favor de Portugal nos debates da ONU, pois "não existe tratado militar entre Portugal e o Brasil, segundo qual devemos considerar que nossas fronteiras se enquadram nos territórios portugueses da África, [e] o apoio que daremos a Portugal será por meio de discursos"[49].

Europa Socialista, África e Ásia

Outro campo onde o discurso diplomático calcado na Guerra Fria e nas fronteiras ideológicas não correspondeu plenamente à prática, foi nas relações com os países socialistas, isto é, a União Soviética e seus aliados europeus. O Brasil, mesmo com a situação política oriunda do golpe militar, manteve relações com a URSS. Nos meios diplomáticos indicava-se em abril de 1964, que uma das preocupações mais imediatas do novo governo era manter relações com todos os povos, resguardados os interesses nacionais. Neste sentido, não se cogitava qualquer iniciativa de rompimento de relações com países do bloco comunista (isto é, soviético), apesar das relações com os países ocidentais estarem, a partir de então, em faixa de absoluta prioridade. Tal postura devia-se tanto a necessidades comerciais, que se intensificaram ao longo do governo, quanto ao fato da URSS manter uma diplomacia tradicional e legalista, e não revolucionária como a de Cuba e da China neste momento. Contudo, é importante notar que a dimensão política de barganha destas relações, existentes durante a PEI, foi abandonada neste governo.

Em julho de 1964, o presidente Castelo Branco enviou uma mensagem especial à Nikita Kruchov, na qual afirmava o interesse brasileiro em incrementar o intercâmbio comercial com a União Soviética. O intercâmbio entre Brasil e os países socialistas deveria ser incrementado, aproveitando-se os créditos cobertos até 400 milhões de dólares, fornecidos pelo bloco soviético. O embaixador Luiz Nogueira de Almeida Porto, secretário-adjunto do Itamaraty para assuntos da Europa Oriental e da Ásia (que instalara a embaixada em Moscou e chefiara as missões diplomáticas na Bulgária e Iugoslávia), revelou em agosto estar autorizado a proceder estudos imediatos sobre o tema. Afirmou que "está na hora de rompermos com nossas inibições psicológicas, com restrições de ordem ideológica e comerciar bastante, pura e simplesmente"[50].

---

[49] Correio do Povo, 7/9/1966, p. 1.

[50] *Textos e declarações sobre política externa (abril de 1964 a abril de 1965)*. Ministério das Relações Exteriores, 1965, p.13-14.

A Comissão de Relações Exteriores da Câmara dos deputados informou em setembro de 1964, que as nações socialistas deviam ao Brasil aproximadamente 40 milhões de dólares. A Iugoslávia era a maior devedora (8 milhões), enquanto a União Soviética devia 2,7 milhões de dólares. Alguns parlamentares argumentaram não haver vantagem em comerciar com os países socialistas, enquanto outros afirmavam que poderíamos ter uma balança comercial equilibrada e até ampliada, se levássemos em conta as características e potencialidades dos países socialistas, de acordo com os estudos econômicos da Operação Pan-Americana, objeto de relatório confidencial do Itamaraty à época do governo Kubitschek.

Em agosto de 1965 o ministro do Planejamento Roberto Campos declarou à imprensa que "pretend(ia) discutir em Moscou um acordo de cooperação econômica, que dará ao Brasil, entre outras coisas, os meios de importar equipamentos procedentes dos setores industriais, onde os russos são mais adiantados". Os financiamentos porventura obtidos não implicariam, obviamente, em compromissos políticos, destinando-se à mais rápida retomada do desenvolvimento econômico pelo Brasil, conforme fez questão de salientar, acrescentando que "insistimos em separar o comércio das ideologias. Não devemos nos preocupar com questões ideológicas porque estas já não se confundem mais com negócios no mundo de hoje. O Brasil já é um país adulto, politicamente. Temos de ir buscar o capital onde ele estiver"[51].

Em novembro de 1966 ocorreu uma série de iniciativas no relacionamento com o leste europeu. O ministro do Interior da União Soviética, Nicolai Patolichev, visitou o Brasil, firmando o novo protocolo comercial entre o Brasil e a URSS, que estabelecia normas para utilização, pelo Brasil, de um crédito de até 100 milhões de dólares para compra de máquinas e equipamentos soviéticos, tanto por empresas estatais como por firmas privadas. As condições de pagamento previam prazo de carência de dois a oito anos de amortização, após a entrega, e juros de 4%. No mesmo mês, a SUNAB acertou com a Bulgária e a Hungria a compra de 200 mil toneladas de trigo para o consumo no país. Ainda nesta ocasião Polônia e Brasil assinaram um protocolo comercial. A agência noticiosa polonesa informou que o país aumentaria a venda de máquinas e instalações ao Brasil, importando café, minério de ferro e matérias-primas para a indústria têxtil. Em 1965, o intercâmbio comercial entre os dois países atingiu 12

---

[51] Diário de Notícias, 1/9/1965, p. 3.

milhões dólares. Em Belgrado, foi firmado acordo entre o porto de Rijeka e a Companhia Vale do Rio Doce, para exportação de minério de ferro para a Europa Oriental. Em Moscou, foram discutidas as listas de mercadorias para o triênio 1965-68 e as modalidades de financiamento em cruzeiros às pequenas e médias indústrias.

Em janeiro de 1967, uma delegação comercial brasileira, chefiada pelo ministro da Indústria e Comércio, Paulo Egídio, reuniu-se em Moscou com o comitê estatal soviético para relações econômicas com países estrangeiros, acertando o fornecimento de ajuda técnica russa na construção de uma fábrica petroquímica de 5 milhões de dólares no Brasil. Na Polônia, Paulo Egídio assinou um protocolo prevendo o aumento do intercâmbio comercial. Segundo o ministro de Comércio Exterior polonês, Witold Ocanpiski, ao se concretizar o tratado, o Brasil passaria a ser o segundo fornecedor da Polônia, no mundo ocidental, depois dos EUA.

Já a política africana do Brasil no governo Castelo Branco, era orientada por dois impulsos: a) cortejar as delegações do Terceiro Mundo em órgãos multilaterais; e b) buscar ampliar mercados. Porém essas iniciativas foram diluídas pelo ocidentalismo e pelos compromissos com Portugal[52]. Os estrategistas brasileiros receavam a instalação de regimes hostis ao bloco Ocidental na costa atlântica da África. Para evitar que isto acontecesse, o discurso diplomático brasileiro, rechaçando a posição do governo anterior, buscou um estreitamento de vínculos com o governo português, o que refletia o pensamento de que era melhor a manutenção do colonialismo português do que constituição de países comunistas na região[53]. O presidente Castelo Branco propôs, em 31 de agosto de 1964, em discurso de formatura de diplomatas pelo Instituto Rio Branco, a formação gradual de uma comunidade Afro-luso-brasileira, "em que a presença do Brasil fortificasse economicamente o sistema"[54]. Justificou sua proposição, dizendo que qualquer forma realista de descolonização não pode desconhecer nem o problema específico de Portugal, nem os perigos de um engajamento prematuro do Ocidente.

---

[52] CERVO e BUENO, op. cit., p 342.

[53] MIYAMOTO, Shiguenoli, e GONÇALVES, Williams. "Os militares na política externa brasileira: 1964-1984", in *Estudos Históricos*. Rio de Janeiro: Fundação Getúlio Vargas, 1992, vol. 12, p. 220.

[54] *Textos e declarações sobre política externa (abril de 1964 a abril de 1965)*. Ministério das Relações Exteriores, 1965, p. 16.

Contudo, a força inicial deste discurso logo se diluiu, como foi visto, durante a visita de Juracy Magalhães à Portugal em setembro de 1966. Um mês depois o MRE distribuiu nota desmentindo notícias de que o Brasil cederia aviões e tripulações militares à Portugal para utilização em Angola, pois o país não possuía qualquer compromisso de ordem militar com Lisboa. Apesar disso, em fevereiro de 1967 uma flotilha brasileira efetuou visita de uma semana à Angola. A visita dos navios de guerra brasileiros assinalava um gesto de apoio brasileiro a Portugal na luta para reter seus grandes territórios africanos. O presidente Castelo Branco havia prometido, anteriormente, apoiar a posição de lusa na ONU de que referidos territórios e províncias continuassem a formar parte integral de Portugal. Segundo Carlos Castello Branco, "marinha de guerra do Brasil estimulava em particular a aproximação luso-brasileira, a tal ponto que, em dado momento, chegou a tomar providências para a participação de nossa esquadra em operações combinadas com Portugal e a União Sul-Africana no Atlântico Sul"[55].

Em setembro de 1964, ocorreu a visita ao Brasil do presidente do Senegal, Léopold Senghor. Castelo Branco e Senghor assinaram uma declaração conjunta e diversos acordos visando ao estreitamento das relações nos campos econômico-financeiro e cultural. Previam a constituição de comissões mistas, propondo medidas para fortalecer o desenvolvimento e o intercâmbio bilateral. O acordo comercial previa tratamento favorável em matéria comercial e aduaneira, buscando o equilíbrio das exportações e importações. Em novembro o ministro das Relações Exteriores do Marrocos também visitou o Brasil a convite do Itamaraty, entregando uma mensagem especial do seu governo ao presidente Castelo Branco.

A primeira missão comercial brasileira à África Ocidental, em 1965, visitou Senegal, Libéria, Gana, Nigéria, Camarões e Costa do Marfim. Em setembro e outubro de 1966, ocorreu a visita da segunda missão comercial brasileira à África, desta vez visitando África do Sul, Moçambique, Angola, Gana e Costa do Marfim. Os países visitados revelavam um interesse comercial limitado aos países neocoloniais do Golfo da Guiné e ao "bastião branco" da África Austral. Além de um discreto apoio ao colonialismo português, o Brasil mantinha vínculos de cooperação com a África do Sul do *Apartheid*, embora procurasse publicamente minimizar a dimensão de tais relacionamentos, numa atitude realista que visava garantir a simpatia dos países recentemente libertados, tanto com vistas a

---

[55] Jornal do Brasil, 5/8/1974, p. 2.

estabelecer alianças nas organizações multilaterais quanto a buscar mercados para seus produtos.

Com relação ao continente asiático, a ausência brasileira foi quase completa. Apenas episódios ligados à diplomacia de Guerra Fria e interesses econômicos em relação ao Japão mereceram certo destaque. Fora isto, os contatos foram limitados. Em junho de 1964 uma delegação de parlamentares brasileiros visitou o Japão e Formosa (Taiwan, República da China) e, em maio de 1965, o Xá do Irã, Mohamed Reza Pahlevi visitou o Brasil, fomentando um incipiente acercamento no campo político e comercial. Evidência do pouco interesse brasileiro na região ocorreu em setembro do mesmo ano, quando eclodiu a guerra entre Índia e Paquistão. O Itamaraty não havia preenchido as vagas de chefe da missão, há muito abertas em Nova Délhi e Karachi, respectivamente por morte e aposentadoria dos embaixadores naquelas duas capitais, mantendo em ambas primeiros-secretários como Encarregados de Negócios. Além disso representar uma descortesia para com os dois países, que mantinham seus embaixadores no Brasil, o MRE ficou em posição delicada frente aos protagonistas do conflito, por sua dificuldade em avaliá-lo e acompanhá-lo.

Com relação à diplomacia de Guerra Fria, o antagonismo do Brasil para com a República Popular da China (RPC) e a possível participação militar brasileira no conflito vietnamita foram os pontos marcantes. A aproximação de Brasília com Beijing durante a PEI foi violentamente interrompida, com a prisão dos nove membros da delegação de jornalistas chineses que se encontrava no Brasil na época do golpe. O episódio, protagonizado pelo governador Carlos Lacerda, da Guanabara, destinava-se a reverter a aproximação entre os dois países, o que foi conseguido, devido à violenta reação chinesa. A agência Nova China denunciou que os presos estavam sendo torturados, enquanto Mao Zedong enviava, através do representante da Cruz Vermelha Internacional, uma carta ao chanceler Vasco Leitão da Cunha reiterando o pedido de liberação dos chineses.

O Itamaraty respondeu, em 21 de abril, que os detidos no Rio estavam sendo acusados de crime contra a Segurança Nacional e respondendo inquérito, não havendo, antes disso, possibilidade de atender ao pedido de libertação do grupo. O ministro da Guerra, Costa e Silva, declarou em maio que a CGT mandava líderes para serem treinados na China, Rússia e Cuba, exibindo documentos comprobatórios, constantes de cartas enviadas pela CGT a entidades destes países. A justiça militar condenou os chineses a 10 anos de prisão, admitindo-se, porém, que o presidente Castelo

Branco poderia indultá-los na véspera de Natal, expulsando-os posteriormente, o que veio a ocorrer em fevereiro de 1965. Em consequência deste incidente, o Brasil perdeu o acesso ao mercado da China, que se voltou para o México (algodão) e Cuba (açúcar).

A postura brasileira em relação à RPC era a mesma que em relação à Cuba, revoluções socialistas ainda em sua fase militante. Contudo, o governo Castelo Branco instrumentalizou mais o episódio como forma de marcar sua nova posição diplomática. Apesar de manter excelentes relações com Formosa, a atitude do Itamaraty tendeu, posteriormente, a acompanhar a dos demais países sobre o problema chinês nos fóruns internacionais. Assim, em novembro de 1966, o Brasil propôs na ONU, juntamente com Bélgica, Bolívia, Chile, Itália e Trinidad-Tobago, que a Assembleia Geral nomeasse uma comissão para estudar a questão do ingresso da China comunista na organização e recomendar uma solução, levando em conta a realidade política asiática.

As relações com a China nacionalista, tal como o conflito vietnamita, eram enfocadas pelo Brasil como parte da diplomacia calcada nas fronteiras ideológicas do novo governo, carecendo de significado regional propriamente dito. Da mesma forma como 15 anos antes em relação ao conflito coreano, o Brasil recusou-se a enviar tropas ao Vietnã do Sul. Em janeiro de 1965 o chanceler Vasco Leitão da Cunha refutou a notícia de que as autoridades brasileiras estariam estudando a possibilidade de atender ao pedido de ajuda militar formulado por Saigon, informando que a única ajuda concedida pelo Brasil àquele país consistiu num carregamento de café e medicamentos. Dois meses depois o presidente exonerava o embaixador brasileiro na Tailândia, Nelson Tabajara de Oliveira, por haver declarado que o Brasil poderia enviar tropas ao Vietnã. Em agosto de 1966 o conselheiro da Embaixada da República do Vietnã em Washington, Nguyen Quoc Ian, em visita ao Brasil, agradeceu o envio de medicamentos, e expressou o reconhecimento de seu governo pela instalação da Embaixada do Brasil em Saigon. Assim, o Brasil marcava sua posição no conflito Leste-Oeste, sem se envolver diretamente nele.

As relações com o Japão, por seu turno, também não possuíam uma dimensão propriamente regional, vinculando-se mais ao perfil da cooperação com países capitalistas desenvolvidos, como os europeus. A ascensão econômica japonesa e a presença do maior contingente de imigrantes nipônicos do mundo, depois dos EUA, criaram as bases para uma aproximação, iniciada nos anos 1950, e que prosseguiu. Em setembro de 1966,

Etsusaburo Shiina foi o primeiro chanceler japonês a visitar o Brasil, discutindo o aumento das exportações brasileiras e a retomada dos investimentos japoneses. Em janeiro de 1967 o chanceler Juracy Magalhães retribuiu a visita, poucos dias após a estada de Costa e Silva, assinando em Tóquio um tratado de tributação entre o Brasil e o Japão. Magalhães declarou que Brasil, cuja população de origem nipônica atingia então 600 mil pessoas, gostaria de receber ainda mais imigrantes jovens e com conhecimento técnico. Acrescentou que os estreitos laços entre os dois países estavam sendo consolidados pela cooperação industrial automobilística e siderúrgica, navegação e pelas inversões japonesas de capitais, salientando que o Brasil constituía o mais importante mercado do Japão em inversões estrangeiras.

A DIPLOMACIA MULTILATERAL, ECONÔMICA E DE SEGURANÇA

Organizações Internacionais

A perspectiva predominantemente bilateralista e hemisférica da política externa de Castelo Branco, implicou forte redução do conteúdo multilateralista incrementado pela Política Externa Independente antes de 1964. Na atuação do Brasil em órgãos multilaterais de âmbito mundial como a UNCTAD, o GATT, a Conferência de Desarmamento, a ONU, bem como no relacionamento com o FMI, o Banco Mundial e o BID, o enfoque predominante foi o de afastar-se do discurso terceiro-mundista e estruturalmente contestatário da ordem internacional. A participação em alguns órgãos, como a UNCTAD, sofreu considerável esvaziamento político. O Itamaraty atuou nestes órgãos em convergência com o "Ocidente cristão e democrático", apoiando os interesses estratégicos norte-americanos no plano mundial, como forma de obter de Washington compensações no plano regional.

Contudo, o Brasil manteve a luta pela melhoria das condições do comércio internacional para os países em desenvolvimento, embora a partir de uma posição individual e de um enfoque predominantemente técnico e menos político. Nas negociações em Genebra, as declarações do ministro Vasco Leitão da Cunha e o comportamento da delegação brasileira na conferência de comércio foi de manter os compromissos assumidos na Carta de Alta Gracia. O Brasil voltou a levantar a ideia da criação de uma Organização Internacional de Comércio e Desenvolvimento.

Quanto à I Conferência das Nações Unidas para o Desenvolvimento (UNCTAD), a participação brasileira foi prejudicada pela deflagração do golpe militar durante a sua realização, em Genebra. O Itamaraty chamou de volta vários diplomatas que dela participavam, por serem comprometidos com o ideário da PEI. Isto reduziu drasticamente o peso da delegação brasileira, considerando-se a afinidade existente entre a diplomacia pré 31 de março de 1964 e o espírito que norteava a concepção e os trabalhos da UNCTAD. Contudo, apesar deste impacto, o Brasil não chegou a inverter sua posição na conferência, limitando-se a esvaziar sua participação quanto as questões de maior dimensão política.

Desde a implantação do regime militar o governo brasileiro acatou a doutrina do FMI para combater a inflação, recusada pelos governos anteriores. Como medidas práticas o governo adotou a política monetarista do ministro Otávio Bulhões, já analisada, manifestando ainda a necessidade de se atrair capitais estrangeiros. Apesar do esforço feito, em outubro de 1965, ao regressar de Washington, onde integrou a delegação brasileira junto à Assembleia de governadores do FMI, declarou que, embora os círculos governamentais e das altas finanças dos Estados Unidos "entendam os esforços do governo brasileiro para sanear as finanças, a maioria dos investidores ainda permanece hesitante"[56]. Contudo, a política brasileira neste campo não foi completamente subordinada quanto se apregoa, como foi visto. Em julho de 1964 foi obtido o reescalonamento das dívidas do Brasil (que então superava 3 bilhões de dólares), sob a forma de ajuda financeira, a ser concedida pelos países credores do Brasil (membros do Clube de Haia). Essa ajuda foi recomendada em 70% do total das dívidas com vencimento marcado para o decorrer de 1963 e 1964, com pagamentos previstos a médio prazo. Os pagamentos reescalonados foram feitos mediante acordos bilaterais do Brasil com cada um dos países credores.

Além de empréstimos, o Brasil passou a contar com o apoio a projetos econômicos, concedido por organismos como o Banco Interamericano de Desenvolvimento, o Banco Mundial e o Banco Internacional de Reconstrução e Fomento. O significado desta e de outras missões, que liberaram recursos para projetos da economia brasileira, evidenciava confiança e apoio à política econômica do novo governo. Contudo, suas expectativas se frustraram parcialmente, visto que o volume foi insuficiente, devido aos reduzidos

---

[56] Jornal do Brasil, 24/10/1965, p. 10.

investimentos privados. Geralmente a cooperação mais proveitosa deu-se com os organismos multilaterais.

Isto, somado à recessão interna, obrigou o governo a aprofundar um dos pilares de sua diplomacia econômica: a política exportadora. Em julho de 1964, o ministro Vasco Leitão da Cunha, numa das palestras Noventa dias de Revolução em rede nacional de rádio e televisão, destacou a dinamização do Itamaraty em relação ao incremento do comércio exterior, afirmando que o Brasil precisava comerciar com todas as nações, pois deveria exportar ou sucumbir. O chanceler, segundo acerto feito com o presidente Castelo Branco, procedeu à mobilização do MRE para uma grande ofensiva, destinada a dar um novo impulso às exportações brasileiras, que representavam apenas 1% do comércio mundial. O esforço associou outros ministérios, sob a coordenação do Itamaraty, pois unicamente um aumento das exportações brasileiras poderia, segundo Vasco Leitão da Cunha, eliminar o déficit da balança de pagamentos e permitir o reequipamento do setor industrial do país. Nesta linha, em 1966 foi criado o Conselho Nacional de Comércio Exterior, cujas funções eram centralizar a execução interna da CACEX e propiciar a operação das *trading companies*, de inspiração japonesa.

Na ONU, o Brasil seguiu uma política de alinhamento com as grandes potências Ocidentais, particularmente os EUA, enquanto, paralelamente, adotava uma postura mais discreta e modesta na organização. Isto devia-se tanto à nova orientação diplomática do país, quanto à certa carência inicial de legitimidade internacional por parte do regime militar. Nesta linha, o chanceler Vasco Leitão da Cunha abriu os trabalhos da XX Sessão da Assembleia Geral. Sobre a questão do desarmamento, afirmou que este "deve ser universal e controlado. Essa tarefa requer o melhor dos esforços de todos aqueles que, sem perder de vista a nota última do desarmamento sob efetivo controle internacional, temem os riscos de uma comunidade internacional cuja sobrevivência depende de frágil correlação de forças baseadas exclusivamente no equilíbrio nuclear."[57]

---

[57] O Estado de São Paulo, 25/9/1965, p. 3.

Questões de Segurança

Com relação a duas questões em que o Brasil havia avançado sua posição durante a PEI, uma relativa à Guerra Fria e outra à descolonização, houve um retrocesso quanto à atuação nas organizações internacionais. O Brasil manteve sua oposição, de princípio e de fato, ao ingresso da China Popular na ONU. Em relação ao problema das colônias de Portugal na África, depois de contatos mantidos entre os chanceleres dos dois países, o delegado brasileiro apoiou, discreta, mas positivamente, a posição de Portugal. Aqui, nitidamente a diplomacia brasileira buscava convergir com a norte-americana no plano global e, parcialmente no caso das colônias portuguesas, atendia às aspirações da geopolítica da ESG. Contudo, a medida em que evoluía o regime militar, notou-se certa inflexão, com a defesa de certos interesses pontuais e retomada de teses convergentes com os Não-Alinhados, tais como a vinculação do desarmamento à cooperação econômica com os países em desenvolvimento. Percebe-se também um atenuamento do discurso calcado na Guerra Fria e a defesa de certos aspectos da coexistência pacífica.

Na Conferência sobre desarmamento o embaixador Correia do Lago exortou as grandes potências a conterem a corrida armamentista, empregando os recursos assim poupados na ajuda aos países subdesenvolvidos: "essa medida, [proposta pela Suécia], sem dúvida, abriria novos panoramas, combinando seu saudável efeito sobre o clima político do mundo com um testemunho implícito de que as grandes potências estão prontas a destinar parte de seus recursos ao programa de desenvolvimento". O delegado brasileiro também mostrou interesse pelas propostas norte-americanas para transferir certa quantidade de material de desintegração contido nas armas nucleares, para uso pacífico, sob garantias internacionais[58].

Com relação à questão nuclear, em outubro de 1964 o Brasil apresentou à Conferência de Desarmamento, como parte das chamadas Oito Nações Não-Comprometidas (Brasil, Birmânia, Etiópia, Índia, México, Nigéria, Suécia e República Árabe Unida), um memorando conjunto pedindo às potências nucleares que tomassem medidas imediatas para a assinatura de um acordo proibitivo de todos os testes atômicos. O delegado norte-americano, William C. Foster, disse que os EUA estavam preparados para negociar um tratado que determinasse a proibição total dos testes nucleares.

---

[58] Correio do Povo, 25/3/1966, p. 3.

Mas a questão do desarmamento nuclear, para o Brasil, estava também vinculada à iniciativa do controle sobre a tecnologia atômica, ainda que, alegadamente, para fins pacíficos. Neste aspecto, as fricções com os EUA eram crescentes. A Comissão de Energia Atômica declarou que o nosso país não iria firmar acordo atômico com os Estados Unidos ou qualquer outra nação, cogitando-se apenas um convênio de assistência técnica com a Agência Atômica Internacional, órgão de caráter exclusivamente técnico.

Contudo, em 1966 o Brasil assinou um acordo de cooperação nuclear com Israel, e em março de 1967 ratificou acordo com Portugal, visando à cooperação na utilização da energia atômica com fins pacíficos, com vigência de 20 anos. Face às pressões externas, em março de 1967 o Brasil concordou em colocar três reatores atômicos sobre o controle da Agência Internacional de Energia Atômica, para que não viessem a ser utilizados para fins bélicos. O governo acrescentou que o acordo demostrava a firme vontade do Brasil em participar do programa de não-proliferação de armas nucleares.

Durante o governo Castelo Branco houve significativa cooperação militar com os EUA e outros países. Em setembro de 1964 a marinha brasileira participou das manobras UNITAS V, juntamente com os Estados Unidos, Argentina e Uruguai, ao longo do litoral brasileiro e argentino. Em novembro do ano seguinte, a FAB e a marinha participaram das manobras UNITAS VI, que envolveram os mesmos países, com o objetivo de adestrar-se na luta contra submarinos.

Igualmente merece referência o programa brasileiro de lançamento de foguetes. Em janeiro de 1965 Costa e Silva, então ministro da Guerra, ultimou as providências para o lançamento de foguetes pelo Exército. Em janeiro do ano seguinte, o governo anunciou que seriam lançados naquele ano 47 foguetes destinados à pesquisas meteorológicas, na base espacial da Barreira do Inferno, como parte do programa EXAMETNET, supervisionado pela NASA. O programa previa, ainda, lançamentos idênticos nos EUA, Canadá e Argentina. No mesmo mês foi lançado o foguete CNAE 6201, impulsionado por combustível sólido. Enquanto anunciava-se a ampliação da base de lançamentos, informou-se a existência de apenas duas bases destinadas exclusivamente à estudos científicos, ligados à meteorologia e a sondagens ionosféricas. A primeira, localizada em Thumba, na Índia, se achava sob orientação da ONU. A segunda, da Barreira do Inferno, teria o controle da NASA. Ainda que as iniciativas no campo da pesquisa atômica tenham sido formalmente colocados sob controle internacional e o projeto espacial estivesse intimamente associado (e supervisionado) pelo governo dos EUA, é interessante destacar que mesmo o governo mais alinhado à diplomacia norte-americana, durante o regime militar, manteve a iniciativa de capacitar tecnologicamente o país nessas áreas sensíveis e financeiramente dispendiosas.

<h1 style="text-align:center">2.</h1>

COSTA E SILVA E A *DIPLOMACIA DA PROSPERIDADE*: A AUTONOMIA MULTILATERAL FRUSTRADA (1967-1969)

A REORIENTAÇÃO ECONÔMICA, O CONFRONTO POLÍTICO E A *DIPLOMACIA DA PROSPERIDADE*

Da reorientação econômica ao confronto político

Eleito pelo Congresso, o Marechal Arthur da Costa e Silva assumiu o poder em março de 1967, tendo como vice um civil da ARENA, Pedro Aleixo. Sua ascensão ao poder representava uma derrota para o grupo castelista e era resultado das frustrações geradas pelo governo anterior. No terreno da política externa, Castelo Branco demonstrara uma crença ingênua na fraternidade norte-americana em relação ao Brasil. O afluxo de capitais foi modesto (na verdade, apenas liberação de recursos bloqueados durante o governo Goulart), bem como a vinda de técnicos nos marcos da USAID; a transferência de tecnologia não ocorreu; a estrutura econômica mundial se manteve a mesma, como mesmo piorara; os países latino-americanos rechaçaram a integração tal como fora proposta pelos EUA e Brasil; a cooperação com a Argentina transformou-se em rivalidade e inviabilizou a FIP; a Aliança para o Progresso, ao invés de diminuir, aumentou a distância em relação aos países desenvolvidos; e, finalmente, a política de defesa coletiva não propiciou relações de *interdependência*, e sim aprofundou as de *dependência*. Enfim, como ressaltou Carlos Estevam Martins, o pacto "subimperialistas" só existia na imaginação do governo brasileiro[59].

Assim, as relações exteriores do governo Costa e Silva buscaram uma ruptura profunda em relação ao governo anterior, contrariando frontalmente Washington. A *Diplomacia da Prosperidade* do chanceler Magalhães Pinto, como política externa voltada à autonomia e ao desenvolvimento, assemelhava-se muito à PEI, embora sem fazer referência à reforma social.

---

[59] MARTINS, op. cit., 1977, p. 384.

Ressaltava que a *détente* entre os EUA e a URSS fazia emergir o antagonismo Norte-Sul, e em função disso se definia como nação do Terceiro Mundo e propugnava uma aliança com este, visando a alterar as regras do sistema internacional, as quais considerava injusta. Tal foi a tônica na II UNCTAD, onde o discurso do representante brasileiro valeu-lhe a indicação para liderar o recém-criado Grupo dos 77, bem como na recusa em assinar o Tratado de Não-Proliferação Nuclear (TNP).

Na América Latina, o Itamaraty passou a criticar a criação de uma Força Interamericana de Paz, propôs a integração regional "horizontal" e a cooperação no campo nuclear, além de buscar relacionar-se com a hispanoamérica através da CECLA (Comissão Especial de Coordenação Latino-Americana) e não da OEA, dentro de um enfoque que se afastava do pan-americanismo e buscava o latino-americanismo. Tal política agravou as relações com os Estados Unidos, que passaram a criticar Costa e Silva e a estabelecer novas alianças e estratégias para recolocar o Brasil no rumo traçado pelo movimento de 1964.

No plano doméstico, como foi visto, a indicação de Costa e Silva foi resultado de uma forte luta interna dentro do novo regime, bem como do descontentamento gerado pela política econômica do primeiro governo, junto a amplas bases sociais. Castelo Branco e sua equipe econômica foram atacados, a partir de dentro, pela linha-dura nacionalista e pelo empresariado nacional. Em 1966, o senador e megaempresário José Ermírio de Morais denunciava "o deliberado propósito de esmagar a empresa nacional", enquanto Dias Leite, membro do Conselho Consultivo de Planejamento, criticava a ênfase essencialmente monetarista do PAEG. Tais posicionamentos eram reflexo da forte recessão, bem como das numerosas falências e concordatas. E tudo isto para um resultado duvidoso, pois em 1966 a inflação ficou em 40%, quatro vezes o previsto pelo governo. A isto deve-se acrescentar o profundo mal-estar do conjunto da sociedade, em particular dos trabalhadores, que eram os mais atingidos pela política econômica liberal do governo. A diplomacia pró-americana, por seu turno, saldou-se pela frustração das expectativas econômicas de cooperação. Neste contexto, o grupo "liberal-imperialista" perdeu o controle do poder para os elementos da linha-dura, respaldados pelo empresariado nacional e por grande parte da tecnocracia estatal.

Neste sentido, o novo governo assumiu suas funções prometendo retomar o desenvolvimento econômico e liberalizar o regime, o que visava promover uma ampla União Nacional e a permitir uma maior participação da "burguesia nacional". Numa estratégia de tentativas e erros, o grupo nacionalista-autoritário viria a encontrar grandes dificuldades, pois pressupunha um grau de unidade política difícil de obter. A tentativa de articular os nacionalistas para controlar o núcleo dirigente, promovida pelo general Albuquerque Lima e pelo Almirante Silvio Heck, foi frustrada pela reação dos demais protagonistas. Na verdade, a luta pelo poder prosseguia, com a oposição do grupo castelista ("liberal-imperialista"), dos EUA e, em seguida, pela reação da própria oposição ao regime. Nesta perspectiva, os EUA pressionaram pela manutenção da antiga equipe econômica, produzindo-se o primeiro atrito e ameaças veladas. Aliás, em junho de 1966 ocorreu um atentado à bomba no aeroporto de Recife, onde o recém indicado Costa e Silva deveria desembarcar. Um ano depois, Castelo Branco morria num acidente aéreo, quando seu pequeno avião colidiu com um caça da Força Aérea no Ceará, que saiu ileso.

A base socioeconômica do regime permanecia a mesma, o tripé constituído pela empresa estatal, capital estrangeiro e burguesia nacional. Contudo, ainda que baseado na solidariedade orgânica dos dois protagonistas principais, o desenvolvimento desse tripé fez emergir certas contradições explícitas. O crescimento econômico e o ingresso de capital estrangeiro, longe de limitarem o papel do Estado, ampliaram-no qualitativamente no plano econômico e político, num processo que tivera suas origens nos anos 1930. De agência de regulação e planejamento, atuando através de instrumentos de política econômica, o Estado passou a exercer funções de agente econômico direto, procedendo a atividades de poupança, investimentos, empréstimos, produção e até mesmo consumo. Isto foi particularmente visível nos chamados setores estratégicos, em que a empresa pública encarregou-se da petroquímica, siderurgia, mineração, geração de energia elétrica, comunicação e transporte.

Politicamente, o Estado passou gradativamente de uma posição de subordinação barganhada em relação às transnacionais, para uma postura de negociação ativa e, inclusive, de antagonismos localizados. Além disso, desenvolveu um núcleo dirigente através da criação e revitalização de órgãos aparentemente técnicos, mas dotados de um poder de decisão estratégica. Estes, com o esvaziamento das funções dos partidos políticos, tornaram-se o verdadeiro centro do poder, através da emergência de uma burocracia pública e privada inter-relacionada, responsável pela mediação entre a base social do regime e a cúpula dirigente. Dentro desta burocracia, os militares passaram a exercer um controle ainda maior (inclusive na economia), com o avanço da linha-dura, com a tarefa de manter a estabilidade política. A quase fusão dos componentes político e econômico nas mãos dos militares, geraram nestes uma concepção de que *Segurança e Desenvolvimento eram componentes inseparáveis.*

O verdadeiro jogo político restringiu-se a três forças, assim definidas por Carlos Estevam Martins: "a) o liberal-imperialista, projeto sustentado por um segmento específico da burguesia internacionalizada em aliança com os setores militares, da burocracia civil e da tecnoburocracia (...) 'castelistas'; b) o reacionário-oportunista (...), partido menor sem chances reais de empolgar o poder, vinculado a ideologias meramente negativas do anticomunismo e antiprogressismo em geral, cujos membros são recrutados em órgãos periféricos do Estado (Aeronáutica ou Marinha; comandos menos expressivos do Exército; segmentos marginais do setor público da economia; órgãos do aparelho repressivo; ministérios de segunda grandeza como o da Justiça, cuja importância correlaciona-se com situações de crise), e são provenientes das esferas secundarizadas da economia e da sociedade (interesses agrários e mercantis de tipo tradicional, segmentos conservadores da Igreja, órgãos obscurantistas do sistema educacional e cultural), [e] em seu conjunto representa uma força relativamente inexpressiva desde que o sistema seja capaz de assegurar um nível mínimo de ordem social e prosperidade econômica; c) o nacional-autoritário que constitui a corrente ascendente desde a queda do castelismo e, mais notadamente, desde a posse de Médici, [uma] espécie de partido burocrático da emancipação nacional"[60].

Tendo sido definido neste enunciado o grupo "reacionário-oportunista", e no capítulo anterior o "liberal-imperialista", cabe analisar então o "nacional-autoritário", que a partir de agora passará a ter uma importância crescente. Este grupo tem sua matriz socioeconômica no setor público, ao contrário do nacional-populismo, que se vinculava diretamente à burguesia nacional. Na medida que seu modelo social enfatiza a manutenção do *status quo,* e que seu modelo econômico supõe que o ingresso de capital necessita ter uma contrapartida num aumento proporcional das exportações de mercadorias, seu nacionalismo se projeta para fora. Isto torna necessário a aceitação do projeto internacional brasileiro pelos EUA, bem como da realocação dos mercados para produção das transnacionais para fora da área hemisférica. O objetivo do grupo nacional-autoritário consistia

---

[60] MARTINS, op. cit., 1975, p. 34.

em lograr o desenvolvimento industrial por substituição de importações, priorizando um ritmo acelerado para o mesmo, sem levar em conta os custos, sobretudo sociais. Daí a necessidade de um modelo político repressivo, excludente e desmobilizador de massas, com um poder fortemente concentrado num pequeno grupo de *policy makers*, uma espécie de "despotismo esclarecido". Como resultado, produz-se um agrupamento de forças em que os setores populares e a oposição ao regime atuam em convergência com os "liberal-imperialistas" e os interesses norte-americanos, o que de fato viria a ocorrer como resultado da estratégia de abertura política e União Nacional tentada por Costa e Silva.

No plano econômico, o novo governo contou com a reforma e modernização institucional e estrutural de longo prazo que fazia parte do PAEG, como foi visto anteriormente. Além disso, a ruptura com os compromissos políticos anteriores a 1964, permitiram ao Estado cortar gastos de atendimento a reivindicações da burguesia nacional e dos segmentos populares, empregando os recursos na modernização do setor público, racionalização da administração e ampliação da atuação empresarial do Estado. Como resultado, a tributação passou, entre 1963 e 1968, de 18% para 26,7% do PIB. Assim, os novos ministros do Planejamento e Fazenda, Hélio Beltrão e Delfim Netto, respectivamente, atenuaram a política monetarista de seus antecessores, considerando que a inflação era causada pelos custos (tarifas públicas elevadas e altos custos financeiros das empresas) e não pela demanda. O Programa Estratégico de Desenvolvimento (PED) do ministro Beltrão ampliou o crédito para bens de consumo durável, ampliou os meios de pagamento, tabelou os juros, estabeleceu um relativo controle administrativo de preços (futuro Conselho Interministerial de Preços — CIP) e favoreceu o setor da indústria pesada e energia. Assim, retomou-se o desenvolvimento econômico, que atingiu um crescimento de 4,8% do PIB em 1967 e 9,3% em 1968, enquanto a inflação caía para 23% em 1967.

Tal crescimento devia-se também à utilização da capacidade ociosa existente desde o Plano de Metas de JK. O governo passou a isentar as importações de máquinas sem similar nacional, enquanto as minidesvalorizações estabeleciam um câmbio flutuante que, aliado a uma ativa diplomacia exportadora, incrementou as exportações, anteriormente estagnadas. Estas alcançariam 1,6 bilhões de dólares em 1967 e 2,3 em 1969. Na pauta de exportações, os manufaturados, que em 1960 representavam 2% do total, atingiram 11% em 1970. O mercado interno também cresceu, apesar da estagnação do salário mínimo, devido ao aumento do salário dos técnicos e a introdução dos consórcios, sobretudo de automóveis. Além disso, a política habitacional, que havia ficado no papel durante o governo anterior, teve um crescimento de 17% em 1968 graças ao uso dos recursos do FGTS pelo BNH. Neste processo, como foi visto, consolidou-se o papel do Estado na economia. Curiosamente, o regime militar, que tinha como um dos seus objetivos reverter o estatismo inerente ao nacional-populismo, acabou lançando mão dos mesmos métodos.

Esta política de crescimento industrial e inclusive de enfrentamento com os Estados Unidos no plano internacional tiveram, contudo, sua contrapartida nas relações relativamente harmoniosas do governo com o Fundo Monetário Internacional. A razão disto residia no fato de que o Brasil continuava seguindo a receita monetarista, embora heterodoxa, e lograva melhores resultados que o governo Castelo Branco, como era o caso da redução da inflação. Além disso, criavam-se oportunidades vantajosas para as empresas transnacionacionais e para o capital estrangeiro.

Como lembra Moniz Bandeira, a ampla abertura ao capital estrangeiro, promovida pelo governo Castelo Branco, custara ao sucessor uma grande recessão. O problema deveria ser resolvido com a retomada da expansão industrial do país. Caso contrário, o governo poderia pôr a perder a coesão empresarial e o apoio da direita nacionalista dentro do Exército, confusamente expressa através dos coronéis de linha dura. Apesar de definir a política exterior como um elemento de suporte ao desenvolvimento econômico, em padrões semelhantes à Política Externa Independente, o governo Costa e Silva manteve a política econômica de acordo com as recomendações do FMI[61]. O bom relacionamento com os organismos financeiros internacionais ficou patente na concessão de inúmeros financiamentos e empréstimos. Em junho de 1967 o BID concedeu 50 milhões de dólares ao Brasil, para serem aplicados em projetos para a formação de mão de obra qualificada, no financiamento de indústrias no Nordeste, no melhoramento e ampliação dos sistemas de água potável em várias capitais, e no financiamento da exportação para o México de navios mercantes construídos por estaleiros brasileiros.

Em novembro de 1967 a comissão diretora da Aliança para o Progresso solicitou às Agencias internacionais de crédito que fornecessem ao Brasil 168 milhões de dólares em financiamento externo em 1968. Essa cifra era destinada a auxiliar o país em seus planos de desenvolvimento durante

---

[61] BANDEIRA, Moniz. op. cit, 1989, p. 157-172.

este período. Ao finalizar o exame completo da situação econômica brasileira e analisar suas perspectivas, a CIAP julgou necessário um substancial aumento de financiamento externo para complementar a mobilização de recursos nacionais. Em dezembro o ministro Delfim Netto anunciou a ultimação das negociações com as autoridades norte-americanas e dirigentes de organismos internacionais, com vistas a captar em 1968 financiamentos num montante de 611 milhões de dólares. Os setores beneficiados foram os seguintes: 150 milhões em créditos para importação de equipamentos e matérias-primas; 25 milhões para programas de educação; 35 milhões para agricultura; 90 milhões para projetos específicos de desenvolvimento industrial; e 35 milhões para exportação de trigo. Foram beneficiados ainda dos seguintes setores: um programa de expansão da usina de Volta Redonda e da Companhia Siderúrgica Nacional, a Embratel e a Companhia Vale do Rio Doce. Em abril de 1968 o FMI concedeu ao Brasil um crédito de estabilização monetária no valor de 85,5 milhões de dólares. A operação destinava-se a consolidar a posição brasileira em relação aos seus pagamentos e reduzir o ritmo da inflação.

Contudo, as divergências se manifestavam em certos pontos específicos. Em agosto de 1967 o ministro da Fazenda, Delfim Netto, teve que desmentir oficialmente as divergências entre o Brasil e o FMI, resultantes da Resolução n.º 62 do Banco Central, que disciplinou as operações do mercado manual de câmbio. Segundo o ministro, isto não afetou as relações do Brasil com o FMI, "principalmente porque o controle cambial do país ainda é muito liberal em relação às demais nações"[62]. Da mesma forma, o discurso inaugural pronunciado pelo presidente Costa e Silva à XXII reunião da junta de governadores do FMI-BIRD (com delegados de 107 países), realizada no mesmo mês no Rio de Janeiro, manifestou certos desacordos brasileiros.

O discurso de Delfim Netto, na liderança do bloco latino-americano e das Filipinas, afirmou sua posição nos seguintes itens: mercado de manufaturas dos países em via de desenvolvimento; defesa contra as oscilações de preços dos produtos primários; mais recursos para os países subdesenvolvidos e maior agilidade nas reformas econômicas do Banco Mundial e do Fundo Monetário contra as nações do Terceiro Mundo. O discurso de Delfim Netto refletia a doutrina exposta pelo presidente Costa e Silva na abertura da reunião do BIRD-FMI, apresentava a tese de que nos balanços

---

[62] Correio do Povo, 25/8/1967, p. 3.

de responsabilidade de pagamentos o déficit não deve recair somente sobre os países deficitários, e afirmava que não aceita novas restrições, que porventura surjam na redação jurídica do novo estatuto do FMI.

Contudo, as novas perspectivas do governo vão enfrentar problemas crescentes. Em setembro de 1967 políticos tradicionais como Kubitschek e Lacerda lançam a Frente Ampla, visando explorar os novos espaços políticos de oposição. No início do ano seguinte, enquanto a Frente crescia, eclodiu o movimento estudantil, que saiu às ruas em passeatas gigantescas, enfrentando as forças da ordem. Quando foi morto o primeiro estudante, a Igreja passou a manifestar-se abertamente contra a falta de liberdade no país, enquanto reapareciam as greves operárias, especialmente em Osasco e Contagem. Num clima de radicalização e escalada, os atentados de direita e de esquerda tornavam-se frequentes (bombas em jornais e instituições de oposição e quartéis, assalto a bancos, e o assassinato de um oficial americano ligado à CIA). O regime reagiu com crescente violência e proibições, só conseguindo passar à ofensiva em 1969.

Neste quadro de conflito, o governo solicitou autorização do Congresso para processar o deputado Márcio Moreira Alves, que pregara o boicote às comemorações do dia da independência (7 de setembro de 1968). Face à recusa do legislativo, o presidente baixou o AI-5, que colocou o Congresso em recesso por tempo indeterminado, suspendeu os direitos políticos e civis constitucionais e deu ao presidente plenos poderes para intervir em estados e municípios, e legislar por decreto. Contudo, o governo estava então também dividido e minado por lutas internas. Em agosto de 1969 o presidente sofreu uma trombose, que viria a incapacitá-lo definitivamente dia 31, quando uma junta composta pelos ministros militares assumiu o poder. Era integrada pelo general Lyra Tavares, Almirante Augusto Rademaker e Marechal do Ar Márcio de Souza e Mello. Costa e Silva desaparecia da cena política e viria a morrer meses depois.

O fim abrupto do governo Costa e Silva decorreu da conjunção de fatores externos e internos. Externamente, a *Diplomacia da Prosperidade* contrariou frontalmente os interesses do governo norte-americano e de certos setores do capital internacional, como será analisado. Internamente, sua presidência foi marcada pela interação de graves conflitos dentro do grupo no poder, e entre este e a oposição, que emergiu com força em 1968, como foi visto. Embora seu programa econômico propiciasse a aliança dos grupos "nacional-autoritário" e "reacionário-oportunista" com segmentos expressivos da burguesia nacional, o projeto de abertura política e união nacional produzia certos problemas estruturais. De um lado, abria espaço para a manifestação da oposição externa ao grupo dirigente, que via no projeto governamental um espaço para tal, além de permitir, com isso, a atuação do grupo castelista e convergência com estes e, seguramente, com apoio dos Estados Unidos. Por outro, esta situação inquietava o segmento "reacionário-oportunista" da linha-dura, que também via o governo como fraco e incapaz de manter a ordem interna. Daí o trágico desfecho, e a emergência de uma nova coalizão, contando com o apoio deste último segmento, e excluía a abertura política e evitava um confronto aberto com Washington.

Diplomacia da Prosperidade: contestação e autonomia

A mudança na situação política internacional, no sentido da progressiva e crescente diluição dos blocos, tornou a política brasileira de alinhamento mais e mais inócua, e deslegitimou a diplomacia do grupo castelista. A estratégia "subimperialista" é abandonada também em decorrência da diferença existente entre as conjunturas internas dos dois governos. Com Costa e Silva, se não há ruptura, há pelo menos trânsito para uma posição diferente. As bases principais dessa nova postura de inserção brasileira no mundo, a *Diplomacia da Prosperidade*, eram a passagem da prioridade da segurança para o desenvolvimento e a percepção de que o desenvolvimento, ao invés de estar condicionado à ajuda externa, deveria ser resultado de um processo endógeno. Nesse sentido, a política externa deveria consistir, conforme Magalhães Pinto, "na constante e acurada avaliação da dinâmica internacional, a fim de identificar e procurar remover os obstáculos externos que se opõem ou podem vir a opor-se ao projeto nacional"[63].

A política exterior de Costa e Silva, colocada no rumo do interesse do país, ou seja, da sua soberania, representou o abandono da doutrina da interdependência e das fronteiras ideológicas, formulada pelo governo Castelo Branco[64]. Os resultados obtidos com o alinhamento automático ficaram muito distantes do prometido. Percebeu-se que o conflito Leste-Oeste cedera lugar ao Centro-Periferia (Norte-Sul), bem como chegou-se à conclusão de que convinha reforçar o poder e ampliar a margem de

---

[63] PINTO, Magalhães. *A política externa do Brasil* Conferência na Escola de Aperfeiçoamento de Oficiais do Exército, 29/11/1968.
[64] BANDEIRA, Moniz. op. cit., 1989, p.167.

ação protagônica do Sul. Por outro lado, havia um sentimento de traição: enquanto o Brasil permanecia fielmente impermeável a qualquer entrosamento mais prolongado com os países do mundo socialista, os EUA, sob o pretexto de um comportamento realista, obtinham todas as vantagens de poder que tal relacionamento podia trazer. A percepção das relações de poder do período era a de que maneira o Brasil deveria posicionar-se, e sofreu influências profundas da teorização de Araújo Castro (chefe da Missão brasileira junto à ONU, de 1968 a 1971)[65].

Com a *Diplomacia da Prosperidade*, a nacionalização da segurança tornou-se um elemento estrutural da política externa brasileira. Ela foi impulsionada principalmente pela convergência de dois fatores: o temporário congelamento da bipolaridade no sistema internacional, que se seguiu à crise dos mísseis em Cuba, e o malogro do diálogo Norte-Sul, consubstanciado nos impasses da UNCTAD e outros fóruns. A argumentação do representante brasileiro na ONU em 1963, durante a PEI, sobre a situação internacional, foi retomada integralmente pelo novo governo. Em conferência proferida na 11ª Região Militar, em junho de 1967, o embaixador Paulo Nogueira Batista argumentava que "a um contexto bipolar de tensões mundiais Leste-Oeste, sucede gradualmente uma situação de policentrismo e [de] divisão do mundo no sentido Norte-Sul. (...) O aumento da área de coincidência entre a URSS e os EUA se realiza à custa da coesão dentro das respectivas alianças, [com] (...) ambos entrando em choque com seus aliados tradicionais. [Neste contexto], enquanto em 1950 os países subdesenvolvidos detinham uma participação de um terço no comércio mundial, em 1962 essa participação se havia reduzido a um quinto. [Daí], a grande fonte de tensões passa a ser cada vez mais o subdesenvolvimento, [com] os problemas de segurança cedendo prioridade aos de desenvolvimento"[66]. Considerando que o desenvolvimento é o principal problema latino-americano, propõe a substituição dos conceitos de segurança coletiva e soberania limitada, pelos de segurança e soberania nacionais: "recai essencialmente sobre as forças armadas de cada país latino-americano a responsabilidade, eminentemente soberana, de defender as instituições nacionais contra agressões externas e subversões internas".

---

[65] MIYAMOTO e GONÇALVES, op. cit., p. 25-9.
[66] Apud MIYAMOTO, Shiguenoli. Do discurso triunfalista ao Pragmatismo Ecumênico. SP: Tese de Doutorado USP, vol. 1, 1995, p. 93.

Assim, com o governo Costa e Silva o conceito segurança e o de desenvolvimento passaram a associar-se estreitamente. A diplomacia brasileira procurou ampliar e diversificar mercados externos, obter preços melhores e estáveis para os produtos nacionais, além de esforçar-se pela atração de tecnologia e capital estrangeiros, com o intuito de manter o esforço de desenvolvimento. A integração regional passou a ser vista como um processo a ser concretizado através de entendimentos intergovernamentais, repudiando a vertente supranacional ditada pelos EUA e pelo capital internacional. No plano mundial, o desenvolvimento era concebido via cooperação terceiro-mundista, com a aliança dos pobres contra os ricos, num quadro de confrontação com as nações industrializadas e solidariedade militante com o Terceiro Mundo. Isto, devido ao fato que, ainda segundo a referida conferência do embaixador Nogueira Batista, "o crescente entendimento Leste-Oeste, a crise de balanço de pagamentos dos Estados Unidos, o esforço militar desse país no conflito do Vietnã, a existência de melhores condições para a atração de investimentos no mercado americano, na Comunidade Econômica Europeia e no Commonwealth branco [constituíam] indicações de possível redução na cooperação dos desenvolvidos com os subdesenvolvidos".[67]

As responsabilidades mundiais dos EUA, por outro lado, inviabilizariam os benefícios de qualquer associação regional com este país. Assim, já em Punta del Este realizaram-se duas conferências paralelas, uma pan-americana e outra exclusivamente latino-americana, onde o Brasil apoiava ativamente a integração via aperfeiçoamento e convergência dos subsistemas regionais. No mesmo contexto, o Itamaraty participou na criação da CECLA, à margem da OEA, visando excluir os Estados Unidos e esvaziar seu projeto de associação hemisférica. Além de críticas abertas à ALPRO, Costa e Silva propôs ainda a criação de uma Comunidade Latino-Americana do Átomo.

No plano mundial, foi nos fóruns multilaterais que a *Diplomacia da Prosperidade* concentrou seus maiores esforços. Nelas, o Brasil atacou com veemência a divisão internacional do trabalho, que discriminava os países em desenvolvimento. Na II UNCTAD, realizada em Nova Délhi em 1968, a delegação brasileira recebeu instruções para "*virar a mesa*", numa atuação que valeu a escolha de Azeredo da Silveira como presidente do Grupo dos 77. A primeira reunião de ministros desta organização, realizada em

---

[67] Ibid.

Argel, teve no Brasil um de seus principais mentores. Isso, no entanto, não permite considerar que Costa e Silva retomou exatamente os mesmos objetivos da PEI, como sustentou Moniz Bandeira[68]. Contudo, apesar de ter sido mais retórica, implicou em importante alteração de rumos, a qual levou à emergência de crescentes divergências com os EUA e críticas de membros do governo anterior. A viagem que Costa e Silva realizou à Europa, Ásia e Estados Unidos, pouco antes de tomar posse, foi acompanhada, poucos dias depois, pela do chanceler Juracy Magalhães. Além do caráter insólito e "pouco diplomático" do fato, a divergência de discursos de ambos em cada etapa da viagem, serviu para evidenciar a mudança na política exterior. Isto para não mencionar o grave incidente em Washington, ocorrido entre o recém-eleito presidente e Lincoln Gordon, então subsecretário de Estado para a América Latina nos Estados Unidos.

Em maio Castelo Branco criticou a política externa de seu sucessor, procurando, contudo, não demonstrar publicamente a rivalidade com Costa e Silva. O ex-presidente reiterou, em tom reservado, suas críticas ao trabalho do chanceler Magalhães Pinto, que acusava seu governo de haver dado maior importância à segurança que ao desenvolvimento nacional. Segundo os porta-vozes do ex-presidente, seu objetivo não fora o de atingir o conjunto do governo, mas apenas algumas de suas áreas. Negaram existir fatores que pudessem opor os dois Marechais, "ambos comprometidos em preservar os princípios revolucionários e os métodos democráticos de governo", salientando, contudo, em tom de ameaça, que "não se pode minimizar o empenho de intriga e de manipulação com dados falsos, capaz de levar [os marechais] a choques, perigosos não apenas para a permanência dos princípios e critérios da revolução, mas para o esforço de recuperação e desenvolvimento nacional, empreendido desde março de 1964"[69]. No mesmo contexto, o Palácio do Planalto, por meio do Itamaraty, interpelou em junho o embaixador brasileiro na França, Bilac Pinto, sobre a maneira pela qual conseguira uma audiência do ex-presidente Castelo Branco com o presidente Charles de Gaulle, não conseguindo igual audiência ao Marechal Costa e Silva, quando de sua passagem pela capital francesa, como presidente eleito.

Depois de assumir o poder, em solenidade realizada em abril, no Itamaraty, Costa e Silva fez um pronunciamento em cadeia nacional sobre

---

[68] BANDEIRA, Moniz. op. cit., 1989, p.168.
[69] Correio do Povo, 19/5/1967, p. 1.

a política externa do Brasil. Vale a pena uma longa citação, pois o discurso definiu o conjunto da *Diplomacia da Prosperidade*: "Quero demonstrar a importância que atribuo às relações internacionais. O nome Itamaraty evoca Rio Branco, o estadista que deu a consolidação do nosso patrimônio territorial e a prioridade de tratamento exigida pelas circunstâncias históricas, desenvolvendo ação diplomática que consagrou a nossa vocação pacifista. Cumpre agora valorizar o patrimônio recebido em benefício do homem brasileiro. Para tão importante tarefa, desejo mobilizar a nossa diplomacia em torno de motivações econômicas, de maneira a assegurar a colaboração externa necessária para a aceleração do nosso desenvolvimento. A capacidade de adaptar-se as exigências de cada época, figura entre as melhores tradições do Itamaraty. A diplomacia do Brasil sempre se baseou na clara identificação dos interesses e na apreciação serena e realista do momento internacional, em busca de soluções mais compatíveis com os propósitos e necessidades nacionais. Essa tradição de objetividade e pacifismo será mantida. A política exterior do meu governo refletirá, em sua plenitude, as nossas justas aspirações de progresso econômico e social, no inconformismo com o atraso, a ignorância, a doença e a miséria, em suma, a nossa intenção de desenvolver intensamente o país".

Neste ponto, o presidente enfatizou as questões sociais no plano internacional: "Estamos convencidos de que a solução dos problemas do desenvolvimento, que condiciona em última análise, a segurança interna e a própria paz internacional. A História nos ensina que um povo não poderá viver em clima de segurança enquanto sufocado pelo subdesenvolvimento e inquieto pelo seu futuro. Não há, tampouco, lugar para segurança coletiva em um mundo em que cada vez mais se acentua o contraste entre a riqueza de poucos e a pobreza de muitos. De fato, a questão social deixou de ser apenas um problema de cada país para adquirir dimensões mundiais. A Justiça social é agora indispensável não só nas relações entre os indivíduos, mas também entre as nações. Recebo por isso com grande entusiasmo a Encíclica de Sua Santidade o Papa Paulo VI (...). Esses são também os nossos objetivos, convictos que estamos de que o desenvolvimento é o novo nome da paz. Daremos, assim, prioridade aos problemas do desenvolvimento. A ação diplomática em meu governo visará, em todos os planos, bilaterais ou multilaterais, a ampliação dos mercados externos, a obtenção de preços justos e estáveis para os nossos produtos, a atração de capitais e de ajuda técnica, havendo de particular importância a cooperação necessária à rápida nuclearização pacífica do país".

A seguir, a questão da soberania, ainda que no âmbito exclusivo do bloco capitalista, adquiria vulto "Dentro do condicionamento geográfico, coerente com as tradições culturais e fiel à sua formação cristã, o Brasil está integrado ao mundo ocidental, e adota o modelo democrático de desenvolvimento. Estaremos, porém, atentos a novas perspectivas de cooperação e de comércio resultantes da própria dinâmica da situação internacional, que evoluiu da rigidez de posições, característica da Guerra Fria, para uma conjuntura de relaxamento de tensões. Ante o esmaecimento da controvérsia Leste-Oeste, não faz sentido falar em neutralismo, nem em coincidências, nem posições automáticas. Só nos poderá guiar o interesse nacional, fundamento permanente de uma política externa soberana". Com relação aos países da América Latina, salientou que "temos afinidades naturais e profundas, ao que se soma a solidariedade decorrente do estágio similar de desenvolvimento. A integração na América Latina, diz o Papa Paulo VI na sua Encíclica Populorum Progressio, é um progresso e marcha irreversível.".

Com relação à cooperação com os EUA, Costa e Silva argumentou que "o Brasil vê nesse processo associativo um meio seguro de conferir caráter eminentemente positivo à solidariedade latino-americana, e de reforçar substancialmente a própria solidariedade hemisférica. Com efeito, abrem-se novas e significativas oportunidades à cooperação dos Estados Unidos com os demais países do continente. Refiro-me de modo particular ao financiamento de comércio interamericano e de projetos multinacionais de infraestrutura, que constituirão a base física da integração. É, assim, auspiciosa a atitude dos EUA no tocante aos problemas do desenvolvimento regional, principalmente sua decisão de dar incentivo à Aliança para o Progresso e de propiciar recursos para a integração latino-americana. O bom entendimento entre EUA e Brasil muito contribuirá para a realização de tais objetivos. Nesta oportunidade, desejo reafirmar os nossos propósitos de cooperar intensivamente com a nação norte-americana. A recente reforma da carta da OEA, criando outras instituições americanas e reafirmando novos princípios de cooperação econômica, está destinada a fundir em nosso sistema regional a substância há muito reclamada, e tirando do fórum continental a retórica e o academismo. Por essas razões, antevejo com otimismo o próximo encontro dos chefes de Estado americanos".

No tocante às relações extra-hemisféricas, o presidente afirmou que "na busca de capital e de mercados, teremos igualmente em vista os países da Europa ocidental, em particular a Comunidade Econômica Europeia, que hoje constitui a segunda grande unidade de comércio internacional.

Desejamos reforçar nossas identidades culturais e políticas com os países desta área através do intercâmbio econômico, científico e técnico. Com Portugal, procuraremos estreitar ainda mais os vínculos especiais que nos unem. Na Europa Oriental, pretendemos expandir as bases do intercâmbio econômico, buscando participar, de forma crescente, das novas modalidades de cooperação que se delineiam nas relações entre os países socialistas e os do ocidente. Na África e na Ásia tencionamos dar maior expressão às nossas afinidades e interesses. São tradicionais e significativos os nossos laços com o Japão e nos empenharemos pelo seu constante fortalecimento. Com os países menos desenvolvidos daquele continente já está consagrada nos fóruns internacionais a ação conjunta para desenvolver os problemas de comércio e desenvolvimento. Procuraremos agora incrementar a cooperação e estendê-la ao plano das relações bilaterais".

No âmbito das organizações internacionais, prosseguiu, "o Brasil continuará a dar plenos apoio à consecução dos grandes objetivos das Nações Unidas: A paz e a segurança internacionais, a liquidação do colonialismo e a criação de condições propícias ao desenvolvimento econômico e social. Continuaremos a emprestar nossa cooperação às operações de paz empreendidas pela ONU. No âmbito da conferência de comercio e desenvolvimento, pleitearemos com empenho o cumprimento das resoluções destinadas a rever as bases do sistema de troca internacionais. Apoiaremos as medidas de desarmamento, bem como o fortalecimento da segurança geral, liberando recursos para financiar o desenvolvimento. Estaremos, assim, contribuindo para eliminar uma das mais grandes fontes de tensões internacionais que é a divisão do mundo no sentido Norte-Sul. Devemos ter consciência de que o programa do nosso desenvolvimento tem de ser feito no quadro da revolução científica-tecnológica, que abriu para o mundo a idade nuclear e espacial. Nessa nova era que começaremos a viver, a ciência e a tecnologia condicionarão cada vez mais não apenas o progresso e o bem-estar das nações, mas a sua própria independência. O Brasil, e toda a América Latina, deverão fazer agora uma opção clara e decidida, engajando-se num programa racional e ousado de promoção da pesquisa e das aplicações práticas da ciência. Neste contexto, a energia nuclear desempenha papel saliente, se dúvida, será o mais poderoso recurso a ser colocado ao alcance dos países em desenvolvimento, para reduzir a distância que os separa das nações industrializadas".[70]

---

[70] MRE. Documentos de Política Externa, Vol. I.

Em apoio aos ambiciosos objetivos da *Diplomacia da Prosperidade*, o Chanceler Magalhães Pinto reorganizou o Itamaraty. Ainda em abril, criou a comissão de organização do serviço exterior, promoção comercial no exterior, difusão cultural, organização do serviço consular, métodos de trabalho, comunicações e documentação e a de transferência do Itamarati para Brasília. Numa clara tentativa de cooperação e reforço a seu projeto, o governo tentou incluir dois representantes da oposição na delegação do Brasil à conferência de Punta del Este, e convidou Carlos Lacerda para integrar a representação brasileira nas Nações Unidas, como parte do esforço de pacificação interna que vinha promovendo. O alto comando militar, por sua vez, manifestou apoio às medidas diplomáticas do governo, encarando com simpatia a posição que o Brasil assumiria em Punta del Este. Os militares, segundo o comandante do II exército, General Sizeno Sarmento, apoiavam a política externa e a altivez em relação aos EUA, embora não de hostilidade, "pois integramos o mesmo sistema que eles"[71].

A *Diplomacia da Prosperidade* obteve sucessos inegáveis, tais como a rejeição da política nuclear das grandes potências, da Força Interamericana de Paz, da internacionalização da Amazônia, e a promoção da Conferência Internacional sobre Fretes, onde o Brasil adotou unilateralmente a chamada *Flag discriminations*. O "nacionalismo de fins", na expressão de Amado Cervo, teve considerável influência internacional na decidida atuação ao lado dos países do Terceiro Mundo, visando a aprovação de medidas favoráveis ao desenvolvimento em fóruns como a ONU e a UNCTAD. Nelas, foi pleiteada a abertura dos mercados do Primeiro Mundo aos produtos industriais do Sul e a busca de melhores preços para os produtos primários. Contudo, os fracassos parciais ou totais também foram significativos. Recorrentemente a política externa de Costa e Silva revestiu-se de um discurso agressivo, mas sem consequências concretas, bem como de uma confiança exagerada nas possibilidades das organizações multilaterais que veiculavam o diálogo Norte-Sul.

A resistência ao pacto de defesa do Atlântico Sul, proposto por Portugal, foi, por sua vez, acompanhada do apoio ao colonialismo lusitano na África nos fóruns internacionais. A aliança com o Terceiro Mundo, além disso, excluiu importantes países socialistas, como China, Coréia do Norte e Vietnã do Norte, além de não alterar a política de Castelo Branco em relação ao campo soviético. Com relação ao chamado colonialismo tecnológico,

---

[71] Correio do Povo, 14/4/1967, p. 1.

a Operação Retorno, que visava trazer de volta os cientistas brasileiros que partiam para trabalhar no exterior, resultou em um fracasso. A rivalidade com os EUA, por seu turno, foi acompanhada por uma estreita associação ao capital internacional e cooperação com organismos como o FMI. Contudo, como ressaltou Amado Cervo, a importância da *Diplomacia da Prosperidade* não reside tanto no caminho efetivamente percorrido, mas na via integracionista e nacionalista que traçou.

A REDEFINIÇÃO DAS RELAÇÕES COM OS EUA E A AMÉRICA LATINA

Estados Unidos

A política externa brasileira para os EUA, no governo Costa e Silva, mostrou claros sinais de diferenciação em relação à aplicada pelo governo anterior. O novo presidente, para aplacar os possíveis focos de oposição interna, passou a priorizar o nacionalismo, o que provocou certo desgaste nas relações com os EUA. Como lembra Amado Cervo, apesar de o termo "relações especiais" ser ainda utilizado, ele já não expressa uma diretriz real e uma política realmente implementada; na realidade, adquiria apenas finalidades retóricas. Novas expressões passaram a qualificar as relações Brasil-EUA, especialmente a partir de 1967: *"rivalidade emergente"*; *"the missing relationship"*; *"managed conflict"*; sistemas contraditórios em suas *"visões de mundo, oferta e demanda"*. Tudo contribuía para o conflito entre os dois países, mas sua intensificação não convinha ao Brasil, que acionou uma estratégia para administrá-lo em seu benefício: manteve a negociação bilateral e procurou desenvolver um maior poder de barganha através da ampliação das relações com terceiros. As principais divergências entre os dois países em 1967 foram: o Tratado de Não-Proliferação Nuclear; limitações à importação de café solúvel; o contingenciamento dos têxteis; o Acordo Internacional do Cacau; a reação à maior participação brasileira nos fretes bilaterais; e a parcela do Brasil na redistribuição de cotas de açúcar. Entretanto Costa e Silva, de uma forma geral, conseguiu manter a relação Brasil-EUA em termos razoáveis[72].

Outra razão para essa mudança de posicionamento, foi a percepção, ainda que cronologicamente atrasada, de que as relações Leste-Oeste estavam

---

[72] CERVO e BUENO, op. cit., p 367-70.

passando, há algum tempo, por um processo de relaxamento, desde a Crise dos Mísseis de 1962. O que também pressionou para as mudanças na política exterior foram os mesmos problemas econômicos estruturais enfrentados por Vargas, Kubitschek, Quadros e Goulart, que continuavam a afetar as relações bilaterais Brasil-EUA. Neste contexto, embora Costa e Silva não desejasse uma maior aproximação com os países socialistas, via-se pressionado pelas necessidades de crescimento nacional, particularmente a expansão das exportações[73].

Em janeiro de 1967, como última etapa de sua gira internacional, o então presidente eleito visitou os EUA. O fato deste país ser a última escala da viagem, revela em si mesmo uma nova abordagem por parte da nova política externa brasileira, pois em outras oportunidades era o ponto de partida. A tônica desta visita, apesar do costumeiro ritual diplomático, foi a violenta emergência das diferenças de percepção de ambos governos, expressa no incidente ocorrido com Lincoln Gordon, então Subsecretário de Estado para a América Latina. A entrevista foi abruptamente interrompida pelo presidente brasileiro, que expulsou Gordon da sala, devido às pressões deste para que a linha e a equipe econômica de Castelo fossem mantidas, além de ameaças veladas, tais como "o senhor precisa parar de falar tanto em desenvolvimento. Tome cuidado, porque foi assim que Juscelino Kubitschek acabou exilado em Portugal", segundo relatou o jornalista Carlos Chagas, então assessor de imprensa de Costa e Silva[74].

No encontro com o presidente Johnson, foram abordadas questões de interesse imediato para os dois países, os problemas ligados ao desenvolvimento do hemisfério e a posição brasileira sobre os esforços de paz no Vietnã. A ênfase brasileira no desenvolvimento e não na segurança, a alteração da política e da equipe econômica doméstica, o afastamento em relação ao conflito vietnamita e a mudança de ênfase nas relações hemisféricas, evidenciaram uma agenda repleta de rivalidades nas relações bilaterais para o novo governo. O ministro das relações exteriores, Magalhães Pinto, declarou em maio de 1967 à Câmara dos Deputados que o Brasil se mantinha alheio à Guerra do Vietnã, não obstante o governo anterior haver enviado remédios a uma das partes, num gesto de assistência humanitária.

---

[73] BANDEIRA, Moniz. op. cit., 1989, p.170-1.

[74] CHAGAS, Carlos. *A Guerra das Estrelas: os bastidores das sucessões presidenciais/ 1964-1984*. Porto Alegre: L&PM, 1985, p. 57.

Uma questão que, indiretamente, afetava as relações Brasil-Estados Unidos, foram os rumores sobre a internacionalização da Amazônia, iniciados no governo anterior. Em dezembro de 1967, Costa e Silva declarou na ESG que o desenvolvimento seria o objetivo básico do governo, condicionando toda a política nacional, tanto no campo interno como nas relações com o exterior. Neste contexto, reafirmou a soberania nacional sobre a região, e a necessidade de desenvolvê-la economicamente. No mesmo mês, o MRE distribuiu nota oficial sobre a questão: "Conforme declaração já prestada pelo ministro Magalhães Pinto do Itamaraty, não recebi qualquer informação do Instituto Hudson sobre seu anunciado projeto de formação de um grande lago no território brasileiro da bacia amazônica. Tendo porém, conhecimento que aquele instituto, por iniciativa própria, estaria procedendo estudo sobre a criação de um sistema de grandes lagos na América do Sul, que poderia comprometer a segurança e os interesses nacionais, o MRE incumbiu um grupo de três funcionários de visitar aquele instituto, a fim de colher informações que permitam avaliar, de forma precisa, a natureza e o alcance dos referidos estudos. Desse contato informal, realizado 15 de setembro, resultou minucioso relatório que o Itamaraty apresentou dia 18 do mesmo mês, ao presidente da República, com sugestões acautelatórias da soberania nacional".[75]

O que se seguiu foi uma política de estímulos positivos e ameaças veladas por parte dos Estados Unidos, como forma de orientar a diplomacia e a economia brasileira. Em julho de 1967, o Secretário de Estado Dean Rusk afirmou em Washington, que o Brasil atingiu um grau de êxito animador na sua luta contra a inflação e que a ajuda dos EUA ao Brasil em 1968 seria a maior dentre as destinadas as nações latino-americanas, porque "um Brasil forte é essencial ao sucesso da própria Aliança para o Progresso". As declarações do Secretário de Estado norte-americano foram feitas perante a Comissão de Relações Exteriores do Senado, em virtude de pedido de autorização legislativa, solicitada pelo presidente Lyndon Johnson, para um total de 2 bilhões e 630 milhões de dólares destinados à ajuda econômica do exterior. Rusk defendeu a maior concentração da ajuda no Brasil afirmando que "um Brasil próspero é essencial para uma aliança próspera. O Brasil é tão grande que suas decisões influenciam fortemente os acontecimentos do hemisfério"[76].

---

[75] MRE. Documentos de Política Externa, Vol. I.
[76] O Estado de São Paulo, 15/7/1967, p. 34.

Em maio de 1968 os governos do Brasil e EUA assinaram um acordo de empréstimo, segundo o qual os EUA forneciam 75 milhões de dólares, no âmbito da *Aliança para o Progresso,* para promover o desenvolvimento do programa de estabilização do Brasil. O empréstimo foi fornecido através da USAID. No mês de junho de 1969, realizou-se a visita à América Latina da Missão Presidencial norte-americana, chefiada pelo governador Nelson Rockefeller, que cumpriu no Brasil programa intensivo de contatos com autoridades e representantes do setor privado. Em fins de agosto de 1969, por sua vez, o embaixador dos EUA, Burke Elbrick, pediu aos empresários norte-americanos no Rio de Janeiro, que desempenhassem um papel construtivo no desenvolvimento da indústria brasileira.

Os EUA reduziram consideravelmente as ajuda militar ao Brasil em 1968, revelaram em julho de 1969 fontes do governo norte-americano, em um relatório ao Congresso. A ajuda limitava-se, a partir de então, apenas ao programa de treinamento. A venda de armas ao Brasil foi suspensa. Durante a declaração, Charles Meyer, Subsecretário de Estado para assuntos latino-americanos, esclareceu que o governo dos EUA mantinha relações com o Brasil "de nação para nação" e que "o governo por decreto no poder há quase cinco anos (representava) a solução do Brasil para seus próprios problemas". Reconheceu, entretanto, que "o regime brasileiro é uma fonte de preocupação para os EUA", mas acrescentou que Costa e Silva "declarara publicamente sua intenção de preparar o caminho para o retorno a um governo constitucional".[77] Quando o Brasil manifestou a intenção de comprar aviões de combate franceses Mirage, os EUA reagiram sugerindo que isto poderia suscitar a questão das despesas militares da América Latina, durante a reunião do comitê diretor da Aliança para o Progresso, em janeiro de 1968. Um porta-voz do Comitê disse, em Washington, que o controvertido assunto "poderá ser alvo de análise agora".[78]

Em abril de 1969 o Brasil abriu uma terceira frente no movimento de pressão contra os EUA, visando uma liberalização do comércio mundial. Um diplomata afirmou que o Itamaraty desejava que os EUA se incorporassem aos trabalhos da Conferência de Preferências Mercantis da UNCTAD. O embaixador brasileiro Mário Gibson Barbosa convocou na ocasião os demais chanceleres latino-americanos para uma reunião secreta na sede

---

[77] MRE. Doc. de Política Externa, Vol. I.
[78] Correio do Povo, 24/1/1968, p.1.

da missão brasileira na ONU, a fim de elaborar e encaminhar um memorando exortando os EUA a adotarem tal postura.

Mas o distanciamento das relações entre os Estados Unidos e a América Latina não constituíam apenas uma decorrência das posturas latino-americanas, e brasileiras em particular. Em junho de 1969 o presidente Richard Nixon fez um apelo para que os norte-americanos não aceitassem as manifestações dos novos isolacionistas, no sentido de abandonar a América Latina. Neste contexto, o insucesso da primeira parte da missão Rockfeller na América Latina intensificou a disposição de certos círculos governamentais e privados, a pressionarem o presidente Nixon no rumo do isolacionismo, levando-o a abandonar os planos globais de ajuda que diziam respeito às repúblicas situadas ao sul do Rio Grande. Para minimizar o episódio, o embaixador brasileiro em Washington, Mário Gibson Barboza, afirmou que Nixon estava sinceramente empenhado em adotar uma nova atitude para com este continente, o que vinha demonstrando em diversas iniciativas.

América Latina e os Organismos Regionais

Além das relações bilaterais com os Estados Unidos, o Brasil desenvolveu durante o governo Costa e Silva uma ativa política hemisférica. No tocante à América Latina, especificamente, esta política processou-se sobretudo no âmbito multilateral, sobretudo por meio da OEA e da ALALC. Os temas econômicos, mais que os programas de ajuda e que a agenda de segurança, marcaram a atuação da *Diplomacia da Prosperidade*. As relações bilaterais com as nações latino-americanas sofreram, mesmo, sensível redução.

Em sua viagem aos EUA em janeiro de 1967, Costa e Silva visitou a OEA, onde exaltou os presidentes americanos a aderirem aos esforços para conter a baixa nos preços dos produtos básicos e quebrar as barreiras que a Europa impunham às exportações da América Latina, pois "tal situação existente constitui um perigo para a estabilidade social e econômica do Hemisfério". Na questão da integração latino-americana, o Marechal frisou não apoiar a ideia de um tratado geral que definisse objetivos e prazos para seu cumprimento, mostrando-se favorável a um processo de integração por setores da economia. Afirmou também que "não se pode desconhecer as preferências regionais que ameaçam as exportações latino-americanas".

Seu discurso não fez qualquer alusão ao estabelecimento de uma força interamericana de paz, nem propostas de alteração da política de segurança continental. Costa e Silva não empregou durante toda a alocução, a expressão *segurança continental*, que na linguagem interamericana comportava a ideia de aparato militar. O discurso foi breve, pois o próprio dirigente brasileiro parece ter repelido o excesso de oratória, ao dizer que "todos compreendemos que a frase filosófica e retórica da política continental, forte em declarações e fórmulas, sem amparo substancial na realidade, desprovida de soluções práticas para resolver problemas concretos, representa já uma etapa definitivamente superada". Tratava-se de uma alusão velada ao discurso de segurança nacional antiesquerdista, orquestrado pelos EUA e pelo governo Castelo Branco.

No início de abril o novo presidente declarou que, na Reunião de Punta del Este, o Brasil não iria como "pedinte", mas como força continental, propondo-se a não fazer qualquer solicitação aos Estados Unidos. Assim, o presidente Costa e Silva considerou que antes de tudo era necessário o fortalecimento da posição do novo governo no plano interno, para que sua conduta no plano internacional tivesse a repercussão e o alcance desejados, afirmando que "o Brasil é uma grande potência continental, que pode, pelo seu próprio esforço, dar aos demais países uma ideia de sua capacidade de trabalho e de realizações".[79] Daí a orientação do presidente aos ministros do planejamento e da fazenda, de que a ênfase imediata do governo devia ser o desenvolvimento, e depois o combate à inflação.

Na reunião de Punta del Este, a estruturação de um mercado comum da América Latina seria proposta como objetivo principal pelos presidentes americanos. Estes, se comprometiam a estruturar o Mercado Comum Latino-americano dentro do prazo de 15 anos, a partir de 1970, baseado no aperfeiçoamento dos sistemas de integração existentes, a ALALC e o Mercado Comum Centro-Americano. Isto produziu divergências, pois os Estados Unidos desejavam um caráter político para o encontro, enquanto a América Latina desejava discutir soluções econômicas. Enquanto as nações latino-americanas enfatizavam as diferenças que as separavam de Washington, desejando dar à Conferência de Punta Del Este um caráter estritamente econômico, os EUA pretendiam que a mesma deveria abordar posições políticas, colocando as nações do hemisfério no âmbito de sua política internacional.

---

[79] MRE. Documentos de Política Externa, Vol. I

Em seu discurso, durante a Conferência, o presidente brasileiro ressaltou, em tom prescritivo, que "estamos dispostos a apoiar o processo da integração econômica latino-americana. Essa iniciativa histórica, abrirá, além disso, oportunidade paralela de associação regional que visa aproveitamento pacífico de energia nuclear. Poderemos encontrar nessa cooperação um instrumento para modernização de nossas sociedades e sua emancipação definitiva. A arrancada para a prosperidade requer ação conjunta e solidária, mas constitui, essencialmente, responsabilidade nacional, de cada um de nossos países. Assumi com o Brasil o compromisso de dedicar todas as minhas energias à elevação das condições de vida do nosso povo e de assegurar-lhe plena satisfação de suas aspirações democráticas, num clima de estabilidade e paz. Estamos assim decididos a acelerar o desenvolvimento nacional e unir esforços dos nossos países latino-americanos para promover a formação de um mercado comum. Nesse empreendimento, buscaremos integrar riquezas, não somar dificuldades. As aspirações de progresso, de liberdade e de paz não podem depender do simples apelo à razão ou motivações materiais. É necessário superar o egoísmo, ter fé em verdadeira solidariedade continental"[80].

A reunião dos chefes de Estado da OEA, em abril de 1967, em Montevidéu, aprovou a criação do Mercado Comum Latino-Americano, a ser implantado em 15 anos, contados a partir de 1970. A posição brasileira quanto à integração continental era de ceticismo[81]. Com relação às questões de segurança hemisférica e a postura ideológica a respeito deste tema, a *Diplomacia da Prosperidade* rompeu frontalmente com a política externa do governo anterior. Em maio de 1967, embora o Brasil concordasse com a reunião de chanceleres americanos, solicitada pela Venezuela para debater a suposta infiltração de elementos cubanos na política interna daquele país, disse que somente tomaria posição após ouvir o que a Venezuela tinha a apresentar como evidências. Na reunião, realizada em Washington no mês seguinte, a posição do Brasil foi a de aceitar a discussão do assunto em pauta, ao mesmo tempo em que defendia a manutenção dos objetivos institucionais definidos no recurso da consulta. O ministro Magalhães Pinto, que participava da Assembleia Geral Extraordinária das Nações Unidas, não compareceu à XII reunião de consultas da OEA, que se realizava simultaneamente. Ficava evidente, no episódio, a tentativa da diplomacia brasileira

---

[80] Correio do Povo, 13/4/1967, p. 1.
[81] CERVO e BUENO, op. cit., p 374-8.

de dar maior dimensão ao fato, como forma de evitar sua capitalização por parte dos Estados Unidos.

No mesmo mês, o Brasil negou enfaticamente os rumores sobre sua participação num pacto militar antiguerrilhas. O ministro Magalhães Pinto afirmou que o Brasil não estava negociando pacto militar antiguerrilhas com qualquer nação continental, não sabendo a quem atribuir as notícias que estavam sendo divulgadas na imprensa internacional. Acentuou o chanceler que o Itamaraty, no atual governo, colocava a questão do desenvolvimento acima do problema da segurança, convencido de que o progresso econômico permitiria a eliminação das próprias causas geradoras da instabilidade social e da agitação subversiva. Poucos dias depois, Magalhães Pinto declarou à imprensa que, no seu entender "a conferência da OLAS (Organização Latino-Americana de Solidariedade) realizada em Havana, é um blefe. Para mim não tem a importância que estão dando a imprensa e alguns círculos"[82].

Ainda no mesmo contexto, o chanceler rechaçou a possibilidade de criação de uma Força Interamericana de Paz, argumentando que as questões de segurança e defesa interna cabiam a cada país, referindo-se ao problema representado pelas ações subversivas no continente. A proposta teria partido do presidente Onganía, da Argentina. Os chanceleres da OEA reuniram-se em Washington em setembro, debatendo a subversão cubana na América Latina, de acordo com a solicitação da Venezuela para que a organização condenasse, de alguma forma, as atividades do regime castrista. O Brasil condenou a intromissão cubana na Venezuela, apoiando o governo Leoni. Contudo, opõe-se a formação de uma força militar interamericana. Costa e Silva deu apoio à ação da Venezuela por considerar que Cuba estava intervindo em assuntos internos de outros países do continente. Em outubro Magalhães Pinto voltou ao tema, considerando que a Conferência da OLAS, realizada em Havana, fora um fracasso. As divisões que separavam as correntes subversivas, segundo o chanceler, revelavam a fraqueza do próprio movimento, argumentando que a posição do governo não diferia da assumida diante de todas as manifestações de encetamento à subversão, patrocinadas pelo governo de Cuba. Salientou, finalmente, que o governo brasileiro, contudo, não emprestava maior importância ao fato.

---

[82] Correio do Povo, 27/4/1967, p. 3.

Países Platinos

As relações bilaterais com a Argentina permaneceram as mais importantes para o Brasil. Poucos dias antes de assumir a presidência, o Marechal Costa e Silva visitou a Argentina. A visita foi qualificada como protocolar e destinada especialmente a sondagens. Em dezembro de 1967 foi constituída no Itamaraty uma Comissão Executiva Brasil-Argentina de Coordenação (CEBAC), que se reuniu sob presidência do chanceler Magalhães Pinto, para tratar de revitalização do comércio bilateral e dos problemas relacionados com a crise na ALALC. Nela, foi dada ênfase à possibilidade de assinatura de um acordo sub-regional entre os dois países, dentro da declaração dos presidentes americanos.

Argentina e Brasil puseram-se de acordo sobre o projeto de tratado de integração dos países da Bacia do rio da Prata, o qual igualmente englobaria a Bolívia, o Paraguai, e o Uruguai firmado em abril de 1969 em Brasília (Carta da Bacia do Prata). O Tratado propunha o desenvolvimento da região e sua integração física. Na I Reunião Extraordinária e na III Reunião Ordinária de chanceleres dos Países da Bacia do Prata, realizada em Brasília em abril de 1969, assinalaram a complementação da primeira fase deste processo de desenvolvimento internacional integrado. Durante o ano de 1969, as relações com a Argentina foram influenciadas pelas negociações em torno da utilização dos recursos hídricos da Bacia do Prata, assumindo características de acentuado formalismo no plano político, bilateral ou multilateral. Na III Reunião de chanceleres dos Países da Bacia do Prata, os debates sobre recursos hídricos dividiram os dois países. Posteriormente, foi aprovada uma agenda que incorporaria as teses brasileiras de focalizar o tema pelo seu aspecto técnico e jurídico, evitando a tendência essencialmente "juridicista" da Argentina. Neste sentido, técnicos e personalidades argentinas visitaram as obras hidrelétricas em execução na bacia do Paraná.

No que tange às relações com o convulsionado Uruguai, em novembro de 1967 a assessoria de imprensa do Itamaraty se manifestou sobre "a notícia originária do jornal de Washington, no sentido de que o Brasil é parte de um pacto secreto, com vistas a eventual intervenção no Uruguai. O MRE desmente categoricamente a existência de qualquer compromisso desta espécie e da intenção de assumi-la. Muito ao contrário, a política do Brasil se fundamenta no absoluto respeito à soberania e integridade territorial de todos os países". Em fevereiro do ano seguinte, o Itamaraty desmentia novamente o envio de tropas ao Uruguai. O ministro das

Relações Exteriores afirmou, em documento enviado à Câmara Federal, que "não tem procedência notícia segundo a qual o Brasil e a Argentina mantiveram entendimentos para intervir militarmente no Uruguai", assinalando que "o princípio de não-intervenção é uma das bases de nossa política internacional".

Segundo o chanceler interino, Corrêa da Costa, afirmou então ao Congresso, "as relações do Brasil com o Uruguai se desenvolvem de uma forma amplamente satisfatória e fraternal. As grandes obras de integração, na fronteira dos dois países (parte delas executada em conjunto por brasileiros e uruguaios) e o entusiasmo com que as respectivas populações acompanham aquelas iniciativas, demostram as boas relações entre o Brasil e o Uruguai". Em abril os presidentes do Brasil e do Uruguai inauguraram a ponte da Concórdia, sobre o Rio Quaraí, na fronteira entre os dois países. Costa e Silva e Jorge Pacheco Areco expediram na ocasião uma declaração conjunta, em que afirmavam que "seus governos empreenderão, ordenadamente, crescentes esforços para intensificação do desenvolvimento das regiões fronteiriças".[83]

Países Andinos, México, América Central e Caribe

A falta de conexão com os países andinos limitava as relações. Em 1969 o Banco Central iniciou estudos para a o Acordo do Fundo de Desenvolvimento, a ser constituído pelos pagamentos que efetuará a Bolívia ao Brasil, a partir de 1970, referentes à dívida decorrente da construção da ferrovia Corumbá-Santa Cruz. Ainda em 1969 foram realizados entendimentos entre o governo equatoriano e firmas construtoras brasileiras, com vistas à construção de trechos do setor terrestre da Via Interoceânica. Além disso, a Petrobras e o Ministério das Indústrias e Comercio do Equador estudaram fórmulas de cooperação bilateral no setor de combustíveis. Neste contexto, o MRE apoiou iniciativa do Ministério dos Transportes que conduziu à assinatura da Ata de Rio Branco, pela qual Brasil, Bolívia e Peru fixavam critérios para a ação coordenada dos três países, com vistas a abertura de conexões rodoviárias entre Brasília e Lima e entre La Paz e Rio Branco. Nesta ocasião, decidiu-se a criação do Subcomitê Tripartite Bolívia-Brasil-Peru, com sede em Lima.

---

[83] MRE. Doc. de Política Externa, Vol. I

Com o Chile e o Peru, o problema era o da relação entre diferentes e regimes. Em relação ao Chile, o Brasil realizou uma correção de rumos, procurando reaproximar-se deste país. As relações bilaterais estiveram distanciadas durante o governo Castelo Branco, operando-se uma reaproximação devido a nova orientação adotada no MRE, logo após a tomada de posse do novo presidente. Em maio de 1967 o chanceler brasileiro Magalhães Pinto visitou o Chile, mantendo encontro oficial com seu colega chileno Gabriel Valdez. Neste encontro definiu-se uma maior cooperação política e o incremento das relações econômico-comerciais. Outra atitude que denotou uma mudança de rumos foi o pronto reconhecimento do novo governo de perfil de esquerda nacionalista do Peru, em outubro de 1968. O Brasil foi o terceiro país do continente americano, depois da Argentina e do Chile, a reconhecer o novo governo peruano, que assumiu o poder quando o general Alvarado destituiu o presidente Belaúnde Terry.

Na América Central e Caribe, os contatos foram limitados. Em agosto de 1967 o Brasil recusou-se a entregar asilados ao Haiti. Em nota oficial, o Itamaraty afirmou que não admitiria que 44 haitianos, asilados na embaixada brasileira em Porto Príncipe, fossem retirados pelos *Tonton Macoutes* do presidente Duvalier, pois entendia que eles estavam protegidos pela convenção de asilo diplomático vigente entre as nações americanas. Em 1969, na América Central, o problema mais delicado continuou sendo o do asilo. Tendo o governo do Haiti denunciado as convenções interamericanas sobre asilo, a diplomacia brasileira adotou posição que visava a solucionar os problemas existentes e restabelecer o clima de cordialidade nas relações com o Haiti e a Nicarágua. Neste mesmo ano foi criada a embaixada brasileira em Trinidad-Tobago, pequena nação insular produtora de petróleo.

Em agosto de 1969 foi criada a Comissão Mista Brasil-México, que visava a ampliar o intercâmbio comercial entre os dois países. Ainda no mesmo mês, o ministro de Estado da Guiana, Shridath S. Ramphal, visitou o Brasil, comunicando a decisão de seu governo de criar uma Embaixada em Brasília. No ano de 1969, foram mantidos contatos bilaterais com os Ministérios do Exército e dos Transportes, a fim de articular uma eventual cooperação técnica na construção da Estrada Mackenzie-Lethem, parte da conexão rodoviária Brasil-Guiana.

AS RELAÇÕES MULTILATERAIS E BILATERAIS EXTRA-HEMISFÉRICAS

Organizações Internacionais

O traço mais marcante das relações exteriores do governo Costa e Silva foi a acentuada valorização da atuação nos fóruns multilaterais, que se demarcou do anterior e retomou vários postulados da PEI. No capítulo anterior foi descrita e analisada a intervenção brasileira nos organismos hemisféricos, abordando-se agora os de âmbito mundial. O eixo de atuação da *Diplomacia da Prosperidade* nestes fóruns foi o de reivindicar e articular alianças com vista à alteração de determinadas regras internacionais, econômicas e políticas, que obstaculizavam o desenvolvimento dos países do Terceiro Mundo. Além disso, a política externa brasileira procurou inclusive atuar em organizações exclusivamente integrada por países em desenvolvimento, como o Grupo dos 77.

Em setembro de 1967, o Brasil atribuiu a máxima importância ao trabalho da UNCTAD, segundo o representante brasileiro, embaixador Azeredo da Silveira, o qual também fora eleito presidente do Comitê de Organização do Grupo dos 77, criado durante a primeira conferência Mundial de Comércio. A Conferência de Argel, na qual tomaram parte os países em desenvolvimento, realizar-se-ia em outubro do mesmo ano, sendo o primeiro a agrupar a totalidade dos 77 países. Para esta conferência, a agenda seria exclusivamente econômica, segundo Azeredo da Silveira, não sendo tratados problemas de política mundial.

Na ONU, a *Diplomacia da Prosperidade* abandonou a filosofia "interdependente" do governo anterior. Na XXII Assembleia Geral, em setembro de 1967, o Brasil manteve posição favorável à autodeterminação dos povos e de respeito à descolonização. O chanceler brasileiro reafirmou que ela seria mantida, desmentindo que houvesse modificação face à pressão sobre o governo Costa e Silva, frisando que nosso interesse no campo nuclear era a de manter a liberdade de pesquisar com fins exclusivamente pacíficos. Quanto à denúncia da Venezuela contra Cuba, afirmou que o Brasil preferia ver o assunto tratado na própria OEA.

Magalhães Pinto, no discurso proferido nas Nações Unidas, apresentou o seguinte quadro dos principais problemas mundiais: "Os últimos meses evidenciaram sensíveis manifestações de melhor entendimento entre os EUA e a URSS, motivo de satisfação e esperança para todas as nações. Porém, (...) apesar dos esforços empregados, continua a corrida armamentista nuclear. Não foi possível encontrar ainda o caminho para a solução de conflitos que perduram, e mesmo se intensificaram nas zonas de alta sensibilidade para a segurança internacional. Ao mesmo tempo, vemos, com alarme, como grave risco para a paz e como frustração de nosso objetivo de bem-estar universal, o fato de se agravar cada vez mais, em vez de atenuar-se, o desnível entre os países altamente industrializados e aqueles que se encontram num processo de desenvolvimento. (...) Dinamizado pelos fatores econômicos e sociais, a paz não pode ser, assim, dissociada do desenvolvimento. A prosperidade, talvez a própria sobrevivência, de cada país está ligada à de todos".

Passando aos temas econômicos, o ministro enfatizou que, "é urgente que se adotem medidas de cooperação internacional que possibilitem àqueles países aumentarem sua exportação de produtos manufaturados, condição indispensável para seu crescimento econômico. E não é menos urgente que o financiamento internacional se efetue em volume e condições adequadas, e não apenas para cobrir o serviço de empréstimos anteriores. (...) É indispensável, assim, que a vontade política de agir se traduza em medidas concretas e não apenas na reiteração de boas intenções"[84].

Em Argel, em outubro, o embaixador Azeredo da Silveira, presidente do Comitê coordenador dos 77, declarou que "a melhor resposta à subversão é o desenvolvimento". Repeliu o argumento de que os países em desenvolvimento não possuem armas para conseguir concessões dos países industrializados na UNCTAD, a realizar-se em 1968 em Nova Délhi. Tal argumento "derrotista" foi continuamente empregado por diplomatas e jornalistas presentes no que foi denominada de *"Bandung econômica"*. Afirmou que, após "vinte anos, o GATT deve (...) facilitar o acesso de produtos manufaturados dos países em desenvolvimento, cujos interesses vêm sendo atingidos adversamente por várias determinações"[85].

A II UNCTAD, realizada na capital indiana em fevereiro de 1968, caracterizou-se pela controvérsia entre os EUA e o Brasil, a respeito do tratado de não-proliferação de armas atômicas. Foi abordado também o tema das tarifas preferenciais. O Brasil defendeu, com apoio do bloco latino-americano, a reforma das estruturas vigentes no cenário mundial, a necessidade de criação de normas mais realistas para o comércio internacional, a fim de eliminar as atuais desigualdades entre os países industrializados e os

---

[84] Ministério das Relações Exteriores. *Documentos de Política Externa.* vol. I.
[85] Jornal do Brasil, 18/11/1967, p. 12.

subdesenvolvidos, e que a UNCTAD se tornasse mais operativa e menos normativa. Magalhães Pinto, em sua enérgica intervenção, atacou o tratado de não-proliferação, acusando as superpotências de assim querer privar os países menos desenvolvidos dos benefícios da tecnologia nuclear. Afirmou ainda que "em todo o Terceiro Mundo reinava grande descontentamento pelas condições desumanas de vida. A paz mundial não pode ficar limitada à paz entre as grandes potências. Deve fundamentar-se, ao contrário, no progresso do equilíbrio e do bem-estar de todas as nações". Depois de acentuar que a dominação dos países pobres por parte dos países ricos ainda perdurava, em face das condições vigentes no comércio internacional, o chanceler brasileiro solicitou à conferência que ao menos aprovasse a criação de um sistema preferencial para exportação de produtos manufaturados dos países em desenvolvimento.

Em março o Brasil propôs, no encerramento da UNCTAD, a criação de um novo organismo permanente dos 77 países em desenvolvimento, o qual teria função idêntica da Organização de Cooperação e Desenvolvimento Econômico (OCDE) para os países de economia de mercado. Azeredo da Silveira ressaltou que "o resultado decepcionante da conferência demonstra demasiadamente claro que os países em desenvolvimento devem unir-se ou perecer", sugerindo examinar-se a possibilidade de criação de um organismo, em nível ministerial, destinado a aumentar o comércio e as relações econômicas entre os países em desenvolvimento. Acrescentou que "a reunião de Nova Délhi levantara a esperança entre os países em desenvolvimento, em que pese as declarações evasivas das nações desenvolvidas, [e que os 77] haviam agido de maneira flexível, negando-se a utilizar sua superioridade numérica para que suas propostas fossem aprovadas".[86]

Durante a Conferência sobre Desarmamento, realizada em Genebra em fevereiro de 1968, o Brasil denunciou o caráter discriminatório do projeto americano-soviético do tratado de não-proliferação nuclear, apesar das melhoras acrescentadas ao projeto. No geral, os países neutralistas voltaram a manifestar sérias reservas com respeito ao novo projeto de convênio, o qual não oferecia garantias suficientes à sua segurança e seu desenvolvimento técnico nuclear pacífico, nem tampouco garantia medidas efetivas de desarmamento no futuro. O delegado brasileiro, Araújo Castro, disse que "não estamos dispostos a renunciar a nossos pontos de vista essenciais, como o relativo à necessidade de se assegurar o direito inalienável

---

[86] Ministério das Relações Exteriores. *Documentos de Política Externa.* vol. II.

de todas as partes do tratado desenvolverem, por conta ou em coopera-ção com outros Estados, a pesquisa, a produção e a aplicação de energia nuclear para fins pacíficos, inclusive de artefatos nucleares explosivos para uso civil, sem discriminação"[87].

Em agosto de 1968, na Conferência do Comitê da ONU sobre a Utilização do Fundo do Mar, o ministro Magalhães Pinto expressou "a convicção de que os países desenvolvidos tenham compreensão lúcida de que o fundo dos mares e oceanos representam um desafio político, porque deve ser explorado dentro de uma cooperação internacional eficaz, justa e quali-tativa". Representantes de 35 países estavam reunidos no Rio de Janeiro, para estudar e debater os meios de utilização pacífica do fundo dos mares e oceanos, fora dos limites da jurisdição nacional. Em seu discurso o chan-celer declarou que a exploração do fundo do mar constituía um debate importante, já que somente alguns países detinham o monopólio de sua exploração, expressando que a exploração e utilização deveriam se fazer benefício de todos, principalmente dos países em desenvolvimento.

Na XXIII Sessão da Assembleia Geral da ONU, em outubro de 1968, o ministro Magalhães Pinto condenou a invasão da Tchecoslováquia pela URSS, argumentando que "a tese de que fazer parte de um pacto mili-tar implica em perda da soberania, integridade territorial e igualdade em face da lei é simplesmente inadmissível". Seu discurso também reafir-mou a posição brasileira sobre a questão nuclear, e qualificou a UNCTAD como "fracasso funesto". Da mesma forma, na sessão do ano seguinte, o chanceler Magalhães Pinto reafirmou tais princípios. Utilizou habilmente uma crítica à URSS como forma de defender o princípio de soberania nacional[88].

Outro tema que suscitou intensa participação brasileira nas organiza-ções internacionais, foi a questão nuclear. O governo Costa e Silva deu grande destaque à energia atômica. O Brasil assinou no México, em maio de 1967, o tratado que proscrevia as armas atômicas na América Latina (Tratado de Tlatelolco), mas recusou-se a assinar o TNP, nos termos pro-postos pelos Estados Unidos e União Soviética. O Brasil apoiava a renúncia à utilização dos armamentos nucleares, o desarmamento atômico e a não proliferação, mas defendia a pesquisa e a utilização da energia nuclear

---

[87] AMADO, Rodrigo. *Araújo Castro. Brasília:* Editora da Universidade de Brasília, 1982, p. 58-9.

[88] Ministério das Relações Exteriores. *Documentos de Política Externa.* vol. II.

para o desenvolvimento econômico-tecnológico, tal como faziam a Índia, o Paquistão e a Argentina. Tratava-se de obter acesso à tecnologia nuclear, acompanhada por medidas efetivas de desarmamento das potências atômicas. Assim, enquanto defendia sua posição nos organismos internacionais, o governo iniciou negociações secretas com a Alemanha, além de assinar acordos nucleares com a França em 1967 e com a Espanha e Índia em 1968, após haver firmado com Israel em 1966[89].

Quando em maio de 1967, o Brasil assinou o Tratado de Tlatelolco, ressalvou, porém que seriam necessários vários anos até que pudesse ser oficialmente comprometido com o acordo. Segundo o embaixador José Sette Câmara, todas as cláusulas do tratado deveriam ser postas em prática antes que o Brasil fosse obrigado a respeitar o acordo em sua totalidade. As cláusulas estabeleceram que todas as nações latino-americanas deveriam firmá-lo, inclusive Cuba, devendo o mesmo ser ratificado pelas grandes potências nucleares. O México e outros países ignoraram tais restrições impostas pelo Brasil, assinando imediatamente o acordo. Cuba, por sua vez, afirmou que não assinaria antes que os EUA cessassem suas agressões contra ela, enquanto, por outro lado, as grandes potências protelavam a assinatura dos protocolos de garantia. Os EUA enviaram observadores, manifestando em princípio seu acordo ao Tratado, mas negaram-se a firmar o documento, alegando que o mesmo abrangia as ilhas Virgem e Porto Rico, ambos Estados associados aos EUA. Nestes territórios, os norte-americanos mantinham instalações nucleares de vital importância para sua defesa, segundo afirmaram.

Dois meses depois, o delegado do Brasil na Conferência de Desarmamento em Genebra, Azeredo da Silveira, salientou a aspiração do país em integrar o acordo de não proliferação nuclear, mediante um adequado equilíbrio de obrigações e responsabilidades mútuas. "As nações que não dispuserem de instrumento tão poderoso para o desenvolvimento e para o progresso, que constituirá um fato econômico de efeito multiplicador, estarão se colocando na posição nada invejável de depender completamente da vontade unilateral das potências nucleares. Não buscamos um texto consertado e privado das superpotências, destinado a asserção passiva do resto das nações, mas o verdadeiro acordo das vontades nacionais. [Desejamos] um dispositivo para todos, destinado a impedir a proliferação de armas nucleares, sem

---

89 CERVO e BUENO, op. cit., p. 169-70.

prejudicar os direitos legítimos de qualquer nação ao seu desenvolvimento e a sua segurança", ressaltou o delegado brasileiro[90].

Em julho, o presidente da Comissão Nacional de Energia Nuclear (CNEN), general Oriel Ribeiro, reafirmou em nota oficial, que o Brasil continuava defendendo o direito de realizar explosões nucleares com fins pacíficos, inclusive em colaboração com terceiros. No comunicado sobre os resultados da visita de Glenn Seaborg, considerados satisfatórios, o presidente da CNEN manifestou a esperança de que os EUA viessem, futuramente, a associar-se à posição brasileira, uma vez que não via perigo para a paz a simples existência de explosivos nucleares. Face à tal evolução, Washington não permaneceu passiva. Em agosto de 1967 a embaixada norte-americana comunicou que a Comissão de Energia Atômica dos EUA achava-se disposta a ampliar a cooperação entre os dois países, para pesquisas e atividades cujas aplicações fossem relacionadas com o uso pacífico de explosivos nucleares. A nota oficial do Itamaraty mostrou interesse na oferta, desde que respeitadas as posições de cada país. Na mesma linha, em setembro de 1967 o Secretário Geral do Itamaraty, Sérgio Correa da Costa, declarou que o Brasil construiria a primeira usina elétrica provida por energia nuclear por volta de 1972, no centro-sul do país. Ressaltou que tanto o Secretário de Estado norte-americano, Dean Rusk, como o presidente da Comissão de Energia Atômica dos EUA, prometeram todo o apoio por parte das autoridades norte americanas.

Em maio de 1968, surgiram severas críticas na ONU sobre o Tratado de Não Proliferação. Magalhães Pinto declarou perante a Assembleia Geral da ONU que o tratado "está muito longe de satisfazer aos desejos e aos diretos dos países não-nucleares, além de contar deficiências graves". Instou a Assembleia a iniciar novas negociações para conseguir um verdadeiro e duradouro entendimento entre as nações que possuem armas atômicas, e as que não as possuem. O chanceler brasileiro propôs ainda que não se apressasse o debate na comissão política. Seguindo a linha adotada pela Argentina, Índia, Iugoslávia, Romênia e outros países, acrescentou que o tratado de não-proliferação, em seu presente estado, era "um acordo bilateral entre os dois poderes, que leva em consideração apenas algumas das exigências dos países nucleares".[91]

---

[90] Ministério das Relações Exteriores. *Documentos de Política Externa*. vol. I.
[91] Ministério das Relações Exteriores. *Documentos de Política Externa*. vol. II.

Europa Ocidental e Japão

As relações com outros países capitalistas desenvolvidos foram sensivelmente intensificadas sob o governo Costa e Silva, como forma de buscar alternativas aos Estados Unidos e potencializar determinados elementos estratégicos, como a questão nuclear, bem como responder aos desafios da necessidade de incremento comercial, no quadro do avanço da integração europeia. Em janeiro de 1967, o recém-eleito presidente Costa e Silva visitou vários países europeus, manifestando a importância que atribuía às relações com esta região. Contudo, a criação em 1968 de uma união aduaneira e o estabelecimento de uma pauta alfandegária exterior comum, entre os seis países membro da CEE, representou mais um elemento de fricção entre as relações brasileiro-comunitárias[92]. Em decorrência disso, Magalhães Pinto entrevistou-se com autoridades comunitárias, criticando o protecionismo europeu.

No campo das relações bilaterais, a cooperação com a Alemanha Federal configurou-se como a mais importante. Em abril de 1967 Costa e Silva afirmou que, no seu programa de *Diplomacia da Prosperidade*, um dos objetivos primordiais era o incremento das relações econômicas e culturais entre o Brasil e a Alemanha Ocidental. Em outubro do ano seguinte, o ministro das Relações Exteriores da RFA visitou o Brasil, mantendo contato com o chanceler Magalhães Pinto e com o presidente da República. Embora não houvesse problema sério nas relações entre o Brasil e a Alemanha, algumas divergências localizadas dificultavam o pleno desenvolvimento do programa de investimentos alemães no Brasil. Tais divergências foram examinadas nas conversações de Brandt com as autoridades brasileiras. Os ministros Magalhães Pinto e Willy Brandt manifestaram o desejo de assinar um acordo de colaboração entre os dois países sobre ciência e tecnologia. O referido acordo, abrangeria o campo nuclear, espacial, aeronáutico e oceanográfico. Em abril de 1969, o ministro alemão Ludwig Erhard visitou o Brasil. Na ocasião foi assinado um Protocolo sobre Cooperação Financeira Brasil-RFA, para financiamento de investimentos de pequenas e médias empresas da indústria manufatureira e ao financiamento da expansão da infraestrutura de circulação da Companhia Vale do Rio Doce. Em maio de 1969, Brasil e RFA firmam Protocolo de Concessão de Empréstimos no

---

[92] TREIN, Franklin. "Europa 92: suas consequências para as relações CE-Brasil", in *Contexto Internacional*. Rio de Janeiro: IRI-PUC/RJ, nº 9, 1989.

valor de 90 milhões de marcos às Centrais Elétricas de São Paulo, para aquisição de equipamentos e serviços de firmas alemãs no quadro do projeto da Usina Hidrelétrica de Ilha Solteira.

A visita foi retribuída em junho de 1969 pelo chanceler Magalhães Pinto. Foi assinado Acordo de Cooperação sobre Ciência e Tecnologia, que cobria campos importantes como desenvolvimento da energia nuclear, pesquisa aeronáutica, oceanografia, documentação científica e processamento eletrônico de dados[93]. Na mesma ocasião, o Brasil manifestou seu apoio à tese da reunificação alemã. Em março de 1969, a convite do governo brasileiro, esteve no Brasil o ministro da Pesquisa Científica da RFA, Gerhard Stoltenberg. V visitou o Instituto de Energia Atômica em São Paulo, o Centro Técnico da Aeronáutica em São José dos Campos e a Usina de Três Marias das Centrais Elétricas de Minas Gerais (CEMIG). Além disso, encontrou-se com o chanceler Magalhães Pinto, e com o ministro das Minas e Energias, Antônio Dias Leite, sendo firmado Acordo de Cooperação Científica e Tecnológica.

As relações do Brasil com a França também foram intensificadas, sobretudo no campo financeiro, comercial e tecnológico-cultural, sendo assinado um acordo que concedeu 41 milhões de dólares à petroquímica União. Também vários ministros brasileiros visitaram este país em 1968, entre os quais o das Relações Exteriores. Em junho de 1969, foi assinado em Paris um Protocolo Financeiro entre os dois governos, visando à aquisição de bens e serviços junto à indústria francesa, no quadro do Plano Siderúrgico Nacional e do programa de expansão da Companhia Siderúrgica Paulista (COSIPA). O Protocolo confirmou ainda a concessão de créditos privados no valor de 12,5 milhões de francos, e concedeu um empréstimo adicional do governo francês no valor de 37,5 milhões de francos.

Com relação à Itália, os problemas envolveram sobretudo as questões comerciais, com o Brasil procurando conservar sua posição naquele mercado. Em janeiro de 1967, Costa e Silva, como presidente eleito, visitou a Itália, mantendo encontro com o primeiro-ministro italiano, Aldo Moro, o ministro de Relações Exteriores, Almintori Fanfani, e outros membros do gabinete. Na mesma ocasião, Costa e Silva visitou o Papa Paulo VI, num evidente esforço de mostrar que seu governo desejava uma acomodação com a Igreja. Além da manifestação do desejo de receber uma visita do Papa, solicitou ajuda da Igreja no combate ao analfabetismo, abrindo-lhe

---

[93] Ministério das Relações Exteriores. *Relatório 1969*: p. 38.

um campo de atuação social. Em maio de 1967, no campo, o Brasil reiterou a posição que vinha defendendo junto aos países-membros da CEE, com relação aos obstáculos criados pela política econômica comunitária. A cooperação comercial e tecnológica foi a ênfase do relacionamento com o Reino Unido. Em meados de 1968 a Rainha Elizabeth II visitou o Brasil, como parte de uma ofensiva comercial na América Latina, sendo acompanhada por seu ministro da Tecnologia. Em agosto de 1969, foi concedido, por N. M. Rothschild & Sons, um financiamento à Marinha de Guerra para a compra de dois submarinos de fabricação inglesa.

As relações com Portugal continuaram sendo um aspecto particular para a diplomacia brasileira, sem que a *Diplomacia da Prosperidade* promovesse alteração significativa neste campo. Em 1967, foi estabelecido o Dia da Comunidade Luso-Brasileira (22 de abril) e em outubro do mesmo ano, o ministro de Negócios Estrangeiros de Portugal, Alberto Franco Nogueira, realizou uma visita oficial ao Brasil, tendo passado em revista os principais problemas internacionais e seus impactos nas relações luso-brasileiras. Como reflexo político desta visita, em novembro, o deputado Hélio Navarro, do MDB paulista, elogiou na Câmara a atuação do chanceler Magalhães Pinto à frente do Itamaraty, considerou, contudo, injustificável a abstenção do Brasil na ONU em relação ao colonialismo de Portugal. Alegou que então sequer podiam ser invocados os "tradicionais traços de amizade", porque Portugal não apoiou o Brasil no Acordo Mundial do Café. O deputado ressaltou que se o Itamaraty não modificasse sua política em relação à Portugal, "o Brasil poderá receber a reprovação universal por compactuar com o hediondo regime imposto por Salazar às suas colônias"[94].

Em julho de 1968, realizou-se em Lisboa uma reunião entre os ministros das relações exteriores do Brasil e de Portugal. Nesta, ficou acertado um encontro anual entre os chanceleres dos dois países. Discutiram também a conjuntura mundial, bem como os problemas enfrentados por Portugal dentro do continente africano. Ficou igualmente acertado que pretendia-se expandir o intercâmbio cultural e as trocas comerciais. Por último, decidiram que Portugal forneceria urânio ao Brasil. O chanceler manteve dois encontros reservados com o primeiro-ministro Oliveira Salazar, declarando que "estamos praticamente sem problemas com Portugal no plano bilateral, e temos bom entendimento com respeito aos problemas internacionais

---

[94] Correio do Povo, 25/4/1967, p. 3.

comuns".[95] Magalhães Pinto voltou à Portugal em outubro, mantendo conversações com o novo primeiro-ministro português, Marcelo Caetano. O chanceler reafirmou a posição de amizade do Brasil em relação a este país, manifestando igualmente o propósito brasileiro de manter sua posição de apoio à Lisboa na questão das colônias africanas. A imprensa sugeriu, na ocasião, que em caso de uma futura independência das colônias portuguesas da África, o Brasil se tornaria o principal sustentáculo de uma comunidade luso-brasileiro-africana.

No campo militar, em fevereiro de 1969, visitou Portugal uma Delegação brasileira chefiada pelo Tenente-Brigadeiro Armando Serra de Menezes, a qual foi retribuída, em junho do mesmo ano, por uma Delegação portuguesa sob chefia do general aviador Mário Telo Polleri. Finalmente, em julho de 1969, a convite do governo brasileiro, o presidente do Conselho de ministros de Portugal, Marcelo Caetano, visitou oficialmente o Brasil, tendo se encontrado com o presidente Costa e Silva, com o qual sublinhou a firme vontade de intensificar a cooperação política, econômica e cultural. Fora do âmbito tradicional das potências europeias e da Comunidade, o Brasil assinou Acordo Nuclear em 1968 com a Espanha.

Outro polo de crescente importância para o cenário internacional e para a política exterior brasileira foi o Japão. Este país, além de não possuir um lugar claramente definido na ordem mundial, conhecia um desenvolvimento econômico acelerado (o "milagre japonês"). No processo de acercamento, o Brasil tirou proveito do fato de possuir a maior comunidade de imigrantes japoneses do mundo. Neste sentido, em janeiro de 1967, o presidente eleito Costa e Silva visitou o Japão, pouco antes do chanceler de Castelo Branco, Juracy Magalhães. O programa de Costa e Silva incluiu uma reunião com o primeiro-ministro Sato e uma entrevista com o imperador Hirohito. Com o premier Sato, foram examinadas as relações bilaterais. Em maio de 1967, o Brasil recebeu a visita do príncipe herdeiro do Japão, Akihito, e da princesa Michiko.

Em 1967 foi criada a Comissão Mista Bilateral Brasil-Japão, por sugestão do Brasil, a fim de contribuir para o desenvolvimento econômico de ambos os países. Estabeleceram-se reuniões anuais alternativamente no Brasil e no Japão. Na primeira reunião, em Tóquio, 1968, o chanceler nipônico pediu maior esforço do Brasil para aumentar sua importação de produtos essenciais japoneses. Depois de afirmar que o Brasil recebeu a

---

[95] Ministério das Relações Exteriores. *Documentos de Política Externa.* vol. II.

maior colônia e as mais importantes inversões no exterior, Miki salientou a necessidade de uma colaboração mais estreita entre os dois países. Em comunicado conjunto, os dois países comprometeram-se a aumentar e diversificar suas importações e exportações, além de estimular a expansão da cooperação econômica entre ambos. Em maio de 1969 ocorreu a II Reunião da Comissão, no Rio de Janeiro. Além de propostas para financiamento de investimentos, o governo brasileiro encaminhou projetos de assistência técnica nos setores de transporte, mineração, agricultura e pesca. Esta intensa agenda bilateral evidenciava o grande interesse brasileiro em desenvolver a cooperação com uma potência industrial capitalista ascendente, sem uma posição ainda claramente definida no cenário mundial, a qual frutificará na década seguinte.

Europa Socialista, África e Ásia

Com relação aos países socialistas europeus, a *Diplomacia da Prosperidade* manteve um perfil semelhante ao da política exterior de Castelo Branco, com iniciativas essencialmente econômicas, marcadas por certa frieza política. Em dezembro de 1967 a URSS manifestou interesse em importar do Brasil Café, algodão, amendoim, produtos semiacabados e acabados, tais como, café solúvel, artigos de costura e malharia, calçados, suco de fruta, geleias, aparelhos eletrodomésticos e artigos industriais em geral. Mas as reuniões da comissão mista Brasil-URSS foram adiadas para março de 1968, visando um estudo mais detalhado. Entre os itens mais importantes da reunião, estava o crédito de 100 milhões de dólares que os soviéticos concederam anteriormente ao Brasil, e ainda não havia sido utilizado. O Brasil planejava adquirir trigo da URSS, constando da pauta itens que se referiam à compra de manufaturados brasileiros pelos soviéticos. Em março de 1968, o chanceler Magalhães Pinto reafirmou à imprensa que o Brasil precisava "alargar o seu campo de comércio, acabando com o medo de negociar com países da 'cortina de ferro', que poderiam comprar muito em nosso país, notadamente o café solúvel, e vender muito, também, principalmente os bens necessários ao nosso desenvolvimento".[96]

Em abril de 1968 um representante brasileiro, Ivo Arzua Pereira, visitou Belgrado, examinando, as possibilidades de ambos os países na promoção

---

[96] Ibid.

de sua colaboração econômica, em tratativas com o ministro da economia, Nadj. Os dois representantes trataram especialmente das exportações iugoslavas de máquinas e equipamentos agrícolas. O ministro brasileiro visitou duas importantes fábricas de máquinas agrícolas. Com relação à Romênia, país que manifestava importante autonomia em relação à Moscou, o Brasil recebeu a visita de seu ministro do Exterior em outubro de 1968, reunindo-se com o presidente Costa e Silva, tratando de temas econômicos e analisando a situação internacional. Em abril de 1969, realizou-se no Rio de Janeiro, a I Sessão da Comissão Mista brasileiro-romena, tendo sido efetuadas negociações entre os representantes romenos e os Ministérios da Agricultura das Minas e Energia, a Petrobras, o BNDE e o BNH.

A COLESTE (Comissão de Comércio com a Europa Oriental), criada em 1962, reuniu-se cinco vezes em 1969. Seu presidente visitou capitais do Leste Europeu, tendo em vista solucionar dois problemas: o saldo favorável ao Brasil nas relações comerciais e seu estrito bilateralismo. Institui-se um comércio de compensação, mas isso não eliminou o desequilíbrio na balança comercial, que residia na forma pela qual se dava o intercâmbio entre as duas regiões. A exportação brasileira era paga à vista enquanto a importação era parcelada. Em maio de 1969, por sua vez, entrou em vigor Acordo Brasil-URSS que estabelecia um novo sistema de pagamentos, abolindo o sistema bilateral e adotando o de livre conversibilidade dos meios de pagamento. Vários escritórios de países do Leste Europeu foram abertos no Rio de Janeiro[97]. No mesmo ano, no quadro do incremento comercial, Brasil e Bulgária assinam Acordo sobre Compra e Venda de Trigo.

Em 1969 o Brasil começou a participar das Feiras Comerciais dos Países Socialistas, como a OBUV-69, em Moscou, Feira especializada em couros e calçados; e, logo após, através da Confederação Nacional da Indústria, da Feira da Primavera de Leipzig, na Alemanha Oriental. Posteriormente, em maio de 1969, o Brasil, pela primeira vez, participou da Feira de Budapeste. Além do IBC, 22 firmas brasileiras estiveram presentes. Entre 8 e 17 de junho de 1969, o Brasil participou da Feira de Poznań (Polônia), com a presença do IBC e de mais 28 empresas. Em maio e junho de 1969 esteve no Brasil para negociações uma Missão Comercial polonesa. Foi acordada a prorrogação por 3 anos do Acordo de Comércio e Pagamentos a partir de 15 de outubro de 1969, a elevação de US$ 4 para US$ 6 milhões do crédito técnico estabelecido por esse Acordo e a extensão à Polônia do tratamento

---

[97] Ministério das Relações Exteriores. *Relatório 1967, 1968 e 1969.*

de nação mais favorecida, dentro do GATT. Em agosto de 1969, visitou o Brasil, em missão oficial, o vice-ministro do Comércio Exterior da Hungria, Bela Szalai. Considerando as possibilidades de expansão do comércio bilateral, Szalai referiu-se ao desejo da Hungria de fornecer trigo ao Brasil.

As relações do Brasil com o mundo afro-asiático, por seu turno, continuaram modestas, sendo que, no caso africano, balizaram-se pelos laços luso-brasileiros. O único desenvolvimento significativo deu-se em relação à países asiáticos como a Índia, por meio de fóruns internacionais como a UNCTAD e o Grupo dos 77. Repercussão importante ocorreu apenas em relação à situação brasileira face à Guerra dos Seis Dias, entre Israel e os países árabes. Quanto a este problema, a diplomacia brasileira continuou, objetivamente, a manifestar apoio à Israel, ainda que sob uma posição de "neutralidade".

A respeito desta questão, em maio de 1967 o Brasil assumiu posição contrária à decisão do Canadá, de retirar suas tropas de Gaza por determinação da Assembleia Geral da ONU. Em nota oficial divulgada pelo Itamaraty, o governo brasileiro ressaltou que "como a presença da força de emergência das Nações Unidas em território da RAU (República Árabe Unida/Egito) tem base jurídica consensual, assiste àquele país o direito de pedir sua retirada em qualquer ocasião". Quando a crise eclodiu, o MRE afirmou que a posição do país era de total isenção, sem comprometimento com as partes litigantes, com equidistância entre as partes envolvidas e a fidelidade aos princípios do direito internacional. Assim, o Brasil reconheceu o direito do Cairo para pedir a retirada da Força de Emergência das Nações Unidas da Faixa de Gaza, da mesma forma que reconhecia o direito dos navios israelenses de utilizarem o Golfo de Ácaba. Neste sentido, o embaixador brasileiro na ONU, Sette Câmara, foi instruído a votar contra o bloqueio quando o assunto foi levado a consideração do Conselho de Segurança, do qual o Brasil era então membro. Em resposta à mensagem do governo israelense recebida em 8 de junho, Costa e Silva exortou Tel Aviv a prestigiar a ONU como fórum de resolução da crise: "O Brasil, que na Assembleia Geral da ONU defendeu em 1947 a criação do Estado de Israel e votou por sua admissão ao organismo internacional em maio de 1949, acredita firmemente que as Nações Unidas sejam fórum competente para investigar a matéria e confia em que os esforços em prol do restabelecimento da paz, desenvolvidos pelos Estados-membros, representados pelo Conselho de Segurança, mereça formal endosso de ambas as partes".

Quando a guerra eclodiu, o Governo brasileiro decidiu não apoiar a proposta soviética ao Conselho de Segurança da ONU, que condenava Israel por agressão aos países árabes e exigia a retirada de suas tropas das regiões conquistadas, pois considerava "que tal proposta envolve pré-julgamento quanto à responsabilidade pela agressão, que o próprio secretário geral da ONU não logrou identificar". O chanceler Magalhães Pinto, após o encontro com o presidente Costa e Silva, revelou que a posição brasileira diante da questão do Oriente Médio era pela convocação de uma reunião do Conselho de Segurança da ONU, com a participação dos membros permanentes e não-permanentes, para examinar o problema. O Brasil foi um dos onze países que se abstiveram de votar no Conselho de Segurança, argumentando que não se podia dizer exatamente ter sido Israel o primeiro a agredir, acentuando que a ocupação, por parte de Israel, de território da Síria, Egito e Jordânia, representava apenas uma consequência do estado de beligerância existente entre estes países e Israel. "Poderia ir além e dizer que este Conselho não pediu à Israel que retire suas tropas para aquém das linhas de armistício".

Posteriormente, Magalhães Pinto apresentou, em 28 de junho, as seguintes propostas durante seu discurso perante a Assembleia Geral da ONU, que discutia a crise do Oriente Médio: "Na opinião do Governo brasileiro as Nações Unidas deveriam recomendar uma solução baseada em alguns princípios fundamentais, entre os quais: 1 — o reconhecimento, por parte dos Estados Árabes, do Estado de Israel, como Estado soberano, membro dessa organização e, portanto, portador dos privilégios e garantias que a carta assegura a todos os Estados-membros; 2 — garantia formal por parte de Israel de resolver, em bases equitativas e permanentes, o problema dos refugiados; 3 — garantia igualmente formal, por parte de Israel, de não incorporar ao seu território nacional as áreas ocupadas em virtude de seus últimos sucessos militares e, consequentemente a retirada das tropas de Israel; 4 — garantia formal, por parte da RAU de assegurar, sob o controle internacional adequado, a livre navegação pelo estreito de Tiran; 5 — negociação por parte da RAU, da abertura do canal de Suez a navios de qualquer bandeira, tendo em vista a soberania do governo egípcio e a convenção de Constantinopla de 1888, confirmada pelo governo do Cairo em sua declaração de 24 de abril de 1953; 6 — colocação de Jerusalém sobre regime internacional permanente, com garantia especiais para a proteção dos lugares santos dentro de um corpus separata, de acordo com o espírito da resolução da Assembleia Geral das Nações Unidas de 29 de novembro de

1947; 7 — negociações de todos os problemas pendentes, inclusive sobre o consentimento mútuo, a criação eventual de zonas desmilitarizadas".[98]

A participação do Brasil no Conselho de Segurança e a presença de tropas em Suez antes da Guerra dos Seis Dias, propiciou uma maior aproximação com a região. Em 1969, Brasil criou embaixada em Riad (Arábia Saudita), mas em relação à Síria, o principal problema era a cobrança dos créditos do *Commercial Bank of Syria* (encampado pelo governo de Damasco), bloqueados desde 1963, com bancos brasileiros. Contudo, as relações mais importantes foram as desenvolvidas com a Argélia. Em fevereiro de 1969, Sid Ali Merabek Brahim, presidente da ONACO, autarquia de comércio argelino, visitou o Brasil, assinando Acordo sobre contratos de venda de café à Argélia. O secretário do presidente Boumedienne visitou o Brasil em dezembro de 1969, interessado em conhecer a engenharia brasileira, após contratar uma empresa brasileira para a construção da Universidade de Constantine e a Cidade Administrativa de Argel[99]. Em 1969 o Itamaraty articulou a criação do Grupo Coordenador do Comércio com os Países Árabes (Loárabe), envolvendo os organismos brasileiros interessados na aquisição de petróleo, colocação de produtos agrícolas e manufaturados no Oriente Médio e a alocação de serviços para a região. A iniciativa evidenciava a importância desta região para o Brasil, a medida em que avançava a industrialização do país.

Em relação à região asiática, os avanços foram modestos, com destaque para a aproximação com a Índia. Em fevereiro de 1968, Índia e Brasil firmaram, em Nova Délhi, seu primeiro acordo comercial. O tratado foi a primeira manifestação concreta do desenvolvimento das relações bilaterais, realizada pelo chanceler brasileiro à Índia, comprometendo-se a abrir um consulado-geral em Bombaim, a metrópole econômica da Índia. Ao chanceler indiano, R. D. Dhegad, Magalhães Pinto salientou a coincidência de posições sobre a maioria dos grandes problemas internacionais, em particular sobre o desenvolvimento econômico então em debate em Nova Délhi, na II UNCTAD. O acordo comercial, assinado por um período inicial de três anos, previa a aquisição pela Índia sobretudo arroz do Brasil, vendendo tecidos, equipamento ferroviário e maquinaria.

Na esteira do acercamento dos dois países, em setembro de 1968 Indira Gandhi, primeira-ministra da Índia, visitou o Brasil. Em comunicado

---

[98] Ministério das Relações Exteriores. *Relatório 1967.*
[99] Jornal do Brasil. 30/12/1969, p. 12.

conjunto, assinado pelo chanceler Magalhães Pinto e pela dirigente indiana, reafirmaram sua fidelidade ao princípio da não intervenção em assuntos internos dos Estados e ao direito de todas as nações determinarem suas políticas interna e externa. O comunicado reafirmou ainda a oposição de ambos os países na condenação a todas formas de colonialismo e de discriminação racial, e o apoio aos princípios e objetivos da Carta da ONU. Em seu discurso, Indira afirmou que o problema central de seu país era o do desenvolvimento econômico e modernização da sociedade. Referindo-se ao Tratado de Não Proliferação de Armas Nucleares, de inspiração soviético-americana, ela afirmou que o desenvolvimento da tecnologia nuclear para fins pacíficos não deveria ser inibido, e que confiava na continuidade da cooperação nesse campo, já que a posição brasileira era análoga à indiana[100].

Com relação ao conflito vietnamita, além de continuar se negando a participar, o governo brasileiro tomou maior distância ainda. Neste sentido, em maio de 1969 o presidente Costa e Silva autorizou o fechamento da Embaixada do Brasil no Vietnã do Sul, que voltou ao regime de simples cumulação com a Embaixada na Tailândia, em Bangkok. Em setembro de 1969, esteve em visita ao Brasil a Missão Indonésia, chefiada pelo membro do Conselho Consultivo da Indonésia e vice-presidente do Partido Nacional Indonésio, Hardy. A Missão objetivava agradecer o apoio brasileiro à Indonésia na questão da descolonização da Nova Guiné Ocidental, agora parte do território indonésio, bem como legitimar o regime militar daquele país, implantado por um sangrento Golpe de Estado em 1965.

Na sua política externa para a África, Costa e Silva manteve a mesma postura adotada por Castelo Branco, ou seja, de apoio às pretensões coloniais europeias, a fim de evitar o surgimento e o desenvolvimento de nações ideologicamente hostis ao Ocidente. Os poucos desenvolvimentos acompanharam apenas a evolução do posicionamento das grandes potências. Neste sentido, em 1969 foi instalada a Embaixada do Brasil em Abidjã (Costa do Marfim) e foram estabelecidas relações diplomáticas com Uganda, Zâmbia e Tanzânia, e apresentou suas credenciais em Brasília o primeiro embaixador da Etiópia no Brasil[101].

---

[100] *Revista Brasileira de Política Internacional*. Rio de Janeiro: IBRI, nº 43-44, p. 152.

[101] Ver SARAIVA, José Flávio Sombra. *O lugar da África: a dimensão atlântica da política externa brasileira (de 1946 a nossos dias)*. Brasília: Editora Universidade de Brasília, 1996, p. 125 e seguintes.

Da mesma forma posicionava-se a diplomacia brasileira em relação à África do Sul. "Ressalvada, de um lado, a posição do Brasil, firmemente contrária à política de segregação racial adotada pelo governo de Pretória e, resguardados, de outro lado, os interesses econômicos e políticos que orientam a atuação da nossa diplomacia nos organismos internacionais, o governo brasileiro tem procurado ampliar as relações econômicas com a África do Sul, país exportador de capitais e principal importador de produtos brasileiros no continente africano"[102].

Assim, em 1969, foi inaugurada a linha aérea da South African Airlines para o Brasil, e esteve no Brasil, em visita não-oficial, o ministro das Relações Exteriores a África do Sul, Hilgard Muller, encontrando-se com chanceler brasileiro. Em março de 1969, foi assinado Acordo Financeiro entre o BNDE e a Industrial Development Corporation of South Africa, relativo à abertura de uma linha de crédito de US$ 5 milhões.

Contudo paralelamente, o relacionamento bilateral era perturbado por desmentidos brasileiros a propósito do estabelecimento de uma aliança naval no Atlântico Sul. Depois de várias insinuações sul-africanas, em abril de 1969 o chanceler brasileiro reagiu de maneira enfática. Sobre o apregoado "arrependimento" do Brasil em não entrar numa aliança naval, o Itamaraty manifestou, em nota oficial, "ser de competência exclusiva do governo brasileiro julgar o que corresponde ao interesse nacional".[103] A nota acrescentava que MRE não estava estudando qualquer acordo naval com África do Sul.

---

[102] Ministério das Relações Exteriores. *Relatório 1969*, p. 59.
[103] Ministério das Relações Exteriores. *Relatório 1969*.

II.

APOGEU DA DIPLOMACIA AUTONOMISTA
1969-1979

3.

MÉDICI E A *DIPLOMACIA DO INTERESSE NACIONAL*: A AUTONOMIA NO ALINHAMENTO (1969-1974)

REPRESSÃO, "MILAGRE ECONÔMICO" E A DIPLOMACIA DO INTERESSE NACIONAL

A dialética repressão política/ "Milagre Econômico"

Para uma avaliação mais abrangente dos fundamentos da política externa do governo Médici, faz-se necessário compreender a interação existente entre a situação política e econômica interna, a partir da qual o Brasil pode tirar proveito das alterações do quadro internacional. A Junta Militar, composta por elementos da linha-dura, esteve no poder por dois meses. Nesse período, extinguiu o mandato do vice-presidente civil (impedindo-o de assumir), implantou uma nova Lei de Segurança Nacional ainda mais rigorosa, introduzindo a pena de morte, e promoveu um novo expurgo nas Forças Armadas, afastando elementos que, segundo acreditava, ameaçavam a unidade da instituição. Tratava-se, obviamente, de um golpe palaciano, cujos meandros não são ainda completamente conhecidos, dando início aos "anos de chumbo". A Junta indicou o general Emílio Garrastazu Médici (Chefe do Serviço Nacional de Informações-SNI) como presidente, sendo empossado dia 30 de outubro por um Congresso "depurado" e recém-reaberto.

Quatro dias após a Junta haver assumido o poder, ocorreu o sequestro espetacular do embaixador norte-americano Charles Elbrick por um comando conjunto do MR-8 (Movimento Revolucionário 8 de Outubro) e da ALN (Ação Libertadora Nacional). O embaixador foi libertado em troca de 15 presos políticos de esquerda, que foram para o México. Até o fim de 1970 foram sequestrados os embaixadores da Suíça e da Alemanha Ocidental e o cônsul do Japão em São Paulo, tendo todos sido libertados em troca de dezenas de presos políticos, "banidos" para o exterior. Estas ações visavam chamar a atenção da opinião pública internacional para a luta contra a ditadura, bem como da população brasileira, além de libertar lideranças políticas da prisão. Como foi possível à esquerda, apanhada de surpresa em 1964, evoluir para um confronto aberto com o regime?

Em dezembro de 1967, no 6º congresso do Partido Comunista Brasileiro (de linha pró-soviética), ocorreu uma dura crítica à estratégia política do mesmo, que produziu uma série de cisões. Enquanto o PCB ("partidão") manteve sua opção por uma "política de massas" não violenta, surgiam a ALN, o MR-8 (Movimento Revolucionário 8 de Outubro), a VPR (Vanguarda Popular Revolucionária), o PCR (Partido Comunista Revolucionário), PCBR (Partido Comunista Brasileiro Revolucionário), POC (Partido Operário Comunista) e VAR-Palmares (Vanguarda Armada Revolucionária), entre outras, de "linha militarista", pregando a luta armada contra o regime. A este movimento somaram-se os quadros estudantis formados nas manifestações de 1968, o Movimento Nacionalista Revolucionário (MNR), oriundo de egressos do populismo (geralmente militares nacionalistas) e a juventude católica radicalizada da Ação Popular (AP Marxista-Leninista), que em grande parte aderiu ao PCdoB (Partido Comunista do Brasil). Este, por sua vez, originara-se de cisão do "partidão", quando este aceitou as teses do XX Congresso do PCUS e mudou o nome para "Brasileiro". O PCdoB manteve a denominação original, rejeitou o "revisionismo" (mantendo o "stalinismo") e associou-se às teses maoístas então vigentes.

Os "militaristas", com exceção do PCdoB, lançaram uma guerrilha urbana, ativa em 1969 e 1970. Estas organizações "aparelhistas", compostas geralmente por algumas centenas de militantes, mal preparadas e isoladas da massa da população, foram consideradas "terroristas", e submetidas a uma caçada feroz, sendo totalmente desbaratadas até 1971, com a morte de líderes como Lamarca e Marighella. O impacto prático da ação destes grupos foi pequeno e contraproducente, com sequestros de diplomatas, assaltos a bancos, atentados a quartéis e assassinato de militares, inclusive recrutas de sentinela. Jovens de classe média, carentes de base popular, atuaram de forma voluntarista inconsequente e sem sentido de realidade.

Já o PCdoB, montou uma guerrilha rural na região do Araguaia (Amazônia), onde havia muitos conflitos de terra, que foi ativa entre 1971 e 1975. Pouco mais de uma centena de militantes, apoiados por alguns camponeses locais, mantiveram a luta contra 10 mil soldados, num episódio que deixou marcas na região. Suas teses se baseavam na estratégia maoísta do "campo cercar as cidades", sem considerar que, ao contrário da China, havia um êxodo rural e urbanização acelerados no Brasil. E a demora em erradicar o movimento se deveu mais aos problemas logísticos em um território de floresta tropical e população extremamente dispersa.

O combate aos "terroristas" permitiu ao regime aperfeiçoar os mecanismos de repressão e censura. As possibilidades da guerrilha eram exageradas pelo governo, com o objetivo de legitimar os novos mecanismos de coerção, e de criar um clima de intimidação contra qualquer oposição, real ou potencial. Enquanto a censura imperava, as forças armadas e a polícia criavam órgãos especiais de repressão, que praticavam prisões em larga escala (muitas arbitrárias), tortura, sequestros e mortes, muitas vezes sob orientação de agentes norte-americanos. Grupos civis de extrema-direita, como o CCC (Comando de Caça aos Comunistas), também participavam da repressão e organizavam atentados, que não estavam voltados unicamente contra os guerrilheiros, enquanto surgiam departamentos especiais dentro das forças armadas, independentes de um comando centralizado pelo governo.

Outro fato interessante, foi o surgimento e a expansão dos Esquadrões da Morte nas grandes cidades. Esses, geralmente integrados por elementos da polícia agindo ilegalmente, dedicavam-se ao assassinato de criminosos comuns (geralmente assaltantes), na maior parte das vezes por encomenda de comerciantes. Assim, considerando-se a situação das camadas empobrecidas da população, estabelecia-se uma forma de repressão social, que mantinha o controle e o medo nos setores pobres, em meio a uma urbanização acelerada e caótica.

No campo econômico, contudo, as coisas eram diferentes. Como havia declarado o presidente, "o Brasil vai bem, mas o povo vai mal".[104] Durante o governo Médici, sob o comando do poderoso ministro da Fazenda, Delfim Netto (o mesmo de Costa e Silva), a economia cresceu em torno de 10% ao ano entre 1970 e 1973, fenômeno popularizado pelo regime como *milagre brasileiro*. Os governos anteriores haviam criado uma estrutura e preparado o caminho para tal crescimento, especialmente a presidência de Costa e Silva. Consolidava-se o famoso *tripé econômico*: as empresas estatais encarregavam-se da infraestrutura, energia e das indústrias de bens de capital (aço, máquinas-ferramenta); as transnacionais produziam os bens de consumo duráveis (automóveis e eletrodomésticos); e o

---

[104] Retrato do Brasil. São Paulo: Ed. Três/ Política Editora, 1984, vol. 1.

capital privado nacional voltava-se para a produção de insumos (autopeças) e bens de consumo popular. A indústria automobilística tornou-se o setor mais dinâmico da economia, atingindo uma produção anual de um milhão de unidades. Longe de gerar rivalidade, o tripé estabelecia uma divisão de trabalho e, uma vez que o crescimento econômico era expressivo, havia lugar para todos.

Apesar da compressão salarial (Delfim Netto dizia que "é preciso primeiro fazer o bolo crescer, para só depois dividi-lo"[105]), criou-se uma nova classe média de técnicos e profissionais liberais ligada ao "milagre" e fortemente consumidora. Assim, os bens de consumo popular cresceram abaixo da média, enquanto automóveis e eletrodomésticos sofisticados chagavam a crescer o dobro. Além da forte concentração de renda, também ocorreu grande concentração econômica, principalmente no setor financeiro. A poupança espontânea da classe média e compulsória dos trabalhadores (fundos governamentais como o FGTS) carreou recursos para investimentos, enquanto as aplicações na Bolsa de Valores passaram a ser comuns para os novos ricos. Assim, enquanto ocorria a pauperização e redução do nível salarial de parte da população, crescia o mercado interno, de forma estratificada. Mas isto era insuficiente para o nível de crescimento da economia, sendo necessário buscar-se mercados externos para produtos industriais, como se verá adiante.

Grande parte da expansão econômica foi obtida através de uma ativa política de obras públicas, baseada em megaprojetos. Além de estradas e obras viárias, como a gigantesca ponte Rio-Niterói, o governo investiu na construção de imensas barragens hidrelétricas, como a de Itaipu (na fronteira com o Paraguai), plantas industriais, mineração, estádios de futebol e, o maior de todos, a construção da rodovia Transamazônica. Partindo do litoral nordestino, a rodovia cortaria a Amazônia, chegando ao Acre, na fronteira do Peru, atravessando todo o território brasileiro no sentido mais longo (Leste-Oeste), com milhares de km. A rodovia ampliaria a fronteira agrícola, permitiria a ocupação da Amazônia e a exploração de madeiras e minerais, bem como o encaminhamento de uma frente de colonização, principalmente para nordestinos (que deveriam se tornar minifundiários nas agrovilas ao longo da estrada), invertendo o fluxo migratório para o Norte. Este projeto não foi concluído, e a terra desmatada pelos colonos acabou sendo entregue à megaempresas de criação de gado, mineração

---

[105] Ibid, vol.2.

e madeireiras, que criaram imensos latifúndios com subvenção estatal. Na Amazônia também foi instalada a Zona Franca de Manaus, como porto franco e centro industrial, financiado por generosos subsídios governamentais e investimentos de empresas transnacionais.

No campo educacional o regime criou um gigantesco projeto de alfabetização, o Mobral, cujos resultados foram médios, servindo também como instrumento de propaganda e legitimação. Enquanto o ensino primário e o secundário eram relegados a segundo plano, o ensino universitário conheceu uma expansão notável. A maior parte das novas vagas de graduação foram oferecidas por faculdades isoladas privadas. Contudo, na linha elitizante e desenvolvimentista, o governo introduziu o ensino de pós-graduação de qualidade, especialmente junto às Universidades Públicas, enquanto enviava milhares de professores e estudantes para estudos de doutorado no exterior, como forma de qualificar quadros na área tecnológica e acadêmica. Este fenômeno positivo, contudo, só se tornará um fator estrategicamente significativo a partir do governo Geisel. É preciso ressaltar, entretanto, que a reforma do ensino implantou um modelo norte-americano de universidade, responsável pela atomização da vida estudantil e da atividade docente.

Em meio à repressão, o regime procurou também mobilizar alguns setores. O Projeto Rondon enviava estudantes universitários a regiões pobres do Norte para prestarem serviços à comunidade, criando uma insólita forma de solidariedade e legitimação. Esta também decorreu de campanhas publicitárias com slogans do tipo "Brasil: ame-o ou deixe-o", da criação de uma indústria cinematográfica nacional popular calcada na exploração do erotismo, na utilização do futebol como "ópio do povo", a popularização da marchinha "Pra frente Brasil" (composta para a Copa de 1970, cuja vitória ajudou a legitimar o governo, que investiu milhões na mesma) e na revolução operada nos meios de comunicação de massa. Surgiram novas revistas semanais e a televisão conheceu notável desenvolvimento, sob o comando da Rede Globo (subsidiária da Time-Life). As novelas, noticiários e programas ao vivo tornaram a televisão um importante instrumento de poder, ao lado da imprensa, que o regime soube utilizar para orientar as novas gerações, a partir do "milagre brasileiro".

No plano político, é preciso considerar que o governo Médici foi precedido e marcado inicialmente por uma intensa luta interna pelo controle do processo decisório, que produziu uma espécie de revolução dentro do golpe, consolidando a liderança do que alguns autores denominaram de "burguesia estatal". Importante ressaltar que o presidente Médici era um militar "de consenso" na corporação e que, ao contrário da narrativa simplista, delegava poder aos ministros, ao contrário de Geisel, que era centralizador. Com o enfraquecimento dos partidos políticos e da própria ação do parlamento, cresceu o poder da burocracia pública e das grandes corporações a ela ligadas, no quadro de um grupo restrito. Daí a importância de participar do círculo de poder decisório. O Estado, por sua vez, enfatizou um discurso que ressaltava os aspectos de coesão, unidade, disciplina e hierarquia, como mecanismo de ocultação das divisões internas e contradições de sua base de sustentação social, bem como de autofortalecimento. Assim, "ao contrário do que acontece nas democracias liberais, é próprio [desse] regime a impossibilidade de aceitar como legítimo o governo de um partido governante. Em consequência, dado que só a nação tem o direito de governar a nação, o interesse particular representado por cada agrupamento corre o risco de ser eliminado, (...) caso se manifeste como tal, em estado puro. Daí a patológica proeminência adquirida pela palavra 'pragmatismo' no vocabulário político brasileiro"[106].

Durante o governo Médici, o nacional-autoritarismo esteve no poder, com a burocracia estatal administrando o setor público da economia e se responsabilizando pelo processo de desenvolvimento do país. Ao contrário do nacional-populismo, de cunho social reformista, e no qual a matriz encontrava-se no segmento nacional do empresariado, o nacional-autoritarismo era socialmente conservador e seu núcleo localizava-se nas empresas estatais e no Tesouro Nacional. Para esse grupo, o ritmo de acumulação e crescimento econômico era mais importante que a procedência do capital e os custos sociais que tal estratégia implicava. Em decorrência disso, o autoritarismo existente no plano interno projetava a noção de poder nacional para fora. Assim, o nacionalismo tinha seu conteúdo e âmbito de atuação alterados, pois fazia-se necessário obter um bom desempenho financeiro-comercial e diplomático no plano externo, como forma de garantir a estabilidade política e o conservadorismo social no plano interno, via crescimento econômico. Era o projeto de Brasil Potência, como será visto adiante.

---

[106] MARTINS, 1975, p. 35

A Diplomacia do Interesse Nacional e a autonomia na ordem

No âmbito interno, sob o governo Médici desenvolveu-se uma diversidade de órgãos técnicos, militares e administrativos, detentores de consideráveis parcelas de poder decisório, neutralizando uma excessiva centralização nas mãos da Presidência, que adotava muitas vezes o papel de mediadora. Nesse período, ocorreram dois fenômenos importantes: o poder de decisão assumido pelos tecnocratas, cuja figura paradigmática era o ministro Delfim Netto, e o fortalecimento da Comunidade de Informações e Segurança como núcleo detentor de uma capacidade de decisão quase autônoma. Quanto à política externa propriamente dita, durante os anos imediatamente anteriores ao governo Geisel, o próprio modelo econômico e de organização burocrático-militar, paralelamente a certa indefinição do Itamaraty no que tange a suas atribuições específicas, produziu um relativo esvaziamento das funções diplomáticas em favor da participação de outros órgãos burocráticos, essencialmente técnicos ou ligados à segurança. Durante o governo Médici, esse problema se acentuou pela existência de um Ministério da Fazenda excessivamente forte, e pela presença de uma área de segurança hipertrofiada e militarizada. Todavia, entre as duas forças havia espaço de barganha, e muitas das ações diplomáticas adotadas no Governo Geisel foram gestadas no Governo Médici.

Dessa forma, as rivalidades e disputas entre tais agências governamentais foram intensas. No âmbito econômico, os conflitos entre o ministro da Fazenda e o das Relações Exteriores, Gibson Barboza, eram frequentes e explícitos, pois estava em jogo o perfil da orientação internacional que cada um defendia para o Brasil. Delfim Netto apostava numa cooperação mais estreita com o Primeiro Mundo, pois considerava que o "milagre econômico", por sua própria dinâmica e lógica interna e externa, implicava numa parceria privilegiada. Um segmento do Itamaraty, que se tornara mais influente, por outro lado, defendia a retomada de uma orientação que se identificava com certos elementos da Política Externa Independente, invocando a necessidade de uma maior aproximação com Terceiro Mundo e os organismos multilaterais. Finalmente, no âmbito da segurança, a articulação com a política externa processava-se, ideologicamente, por meio da Doutrina de Segurança Nacional, cujo conteúdo geopolítico e estratégico definia a necessidade de preservar as 'fronteiras ideológicas'. Neste sentido, o Conselho de Segurança Nacional dava rigidez à política externa, fixando os "objetivos nacionais permanentes"[107], além das interferências do SNI sobre o Itamaraty.

Repressivo e formalmente pró-americano, mas por outro lado desenvolvimentista, o governo Médici constitui um fenômeno complexo e contraditório, de difícil explicação. Contudo ao analisar-se sua política exterior e seu projeto de *Brasil Potência*, o aparente paradoxo torna-se compreensível. A autointitulada *Diplomacia do Interesse Nacional* do chanceler Mário Gibson Barboza promoveu visíveis alterações de forma, em relação à *Diplomacia da Prosperidade* de Costa e Silva. A solidariedade terceiro--mundista foi abandonada, bem como o discurso politizado (que deu lugar ao pragmatismo), a estratégia multilateral cedeu terreno ao bilateralismo e à via solitária, e as áreas de atrito com os EUA receberam maior atenção, criando-se um relacionamento satisfatório. Estabeleceu-se, todavia, uma espécie de divisão de trabalho entre o multilateralismo e o bilateralismo, na medida em que o primeiro era voltado às questões ligadas à ordem política econômica mundial, onde o Brasil exercia uma diplomacia geralmente contestatária e geralmente voltada para questões gerais, que o país não possuía condições de enfrentar isoladamente. Já o bilateralismo, dizia respeito aos interesses materiais do país.

Durante o governo anterior, a ênfase no conflito Norte-Sul conduzia, tendencialmente, a uma aliança dos países em desenvolvimento contra os desenvolvidos, que a nova chancelaria considerava quixotesca e contraproducente. Contudo o governo Médici reconhecia a existência do fenômeno imperialista e sua vinculação intrínseca com o processo de desenvolvimento capitalista em escala mundial. Numa guinada de 180 graus, o ministro Gibson Barboza chegou a definir o terceiro-mundismo como uma "concepção ilusória" e "mito da sub-história", negando-lhe qualquer papel protagônico positivo nas relações internacionais como força política autônoma. Para ele, "os ativistas do Terceiro Mundo tentam perpetuar uma divisão estranha e inaceitável entre os povos que fazem a História e aqueles que a sofrem. O Brasil não pertence a esse grupo e nem acredita na existência de um Terceiro Mundo"[108].

Tal argumento era fundamentado no balanço negativo feito pelo governo ao analisar os resultados da primeira década de desenvolvimento.

---

[107] CAMARGO, Sônia de, e OCAMPO, José Vasquez. *Autoritarismo e democracia na Argentina e Brasil: uma década de política externa*. São Paulo: Convívio, 1988, p. 37.

[108] Apud MARTINS, 1977, p. 402

Discursando na XLIX Sessão do Conselho Econômico e Social da ONU em 1970, o chanceler brasileiro afirmou que "o saldo da década de 1960 é um saldo de fracassos. A primeira década não conseguiu reunir os recursos necessários ao desenvolvimento; e não conseguiu provocar e motivar a vontade de desenvolvimento (...). A chamada década do desenvolvimento foi, na realidade, uma década de paradoxos. Os países ricos enriqueceram, e os países pobres se tornaram ainda mais pobres"[109].

As razões apontadas para tal insucesso, consistiam numa avaliação equivocada da realidade internacional, promovida pelas gestões anteriores, na medida em que se encontrava embasada em mitos e falácias: *a do desenvolvimento autogênito, a paternalista e a gradualística.* Segundo Gibson Barboza, "a falácia do desenvolvimento autogênico toma como ponto de partida a ideia de que o mundo em desenvolvimento é uma unidade que existe em seu próprio interior, e que apenas coexiste com o mundo desenvolvido, sem que se verifique, entre os dois qualquer inter-relação. O subdesenvolvimento teria acontecido por acidente geográfico ou histórico. Essa interpretação é falsa (...). Só começaremos a enxergar os fatos quando encararmos o subdesenvolvimento como um processo mundial, com a sua lógica interna. O subdesenvolvimento é, em grande parte, o produto da divisão internacional do trabalho (...). Um tal sistema acarreta a manutenção e o agravamento da pobreza através da transferência de recursos da periferia para o centro".

"A falácia paternalista acredita que o desenvolvimento pode ser alcançado através dos laços especiais que ligam certos países desenvolvidos a certos países em desenvolvimento". Já "a falácia gradualística tem como coisa adquirida que o desenvolvimento é um processo de longo prazo (...). Essa opinião não é mais que uma extrapolação da experiência dos países desenvolvidos (...). O erro aqui reside na ignorância de dois fatos importantes. O primeiro é que, à época em que se iniciou a revolução industrial, não havia subdesenvolvimento relativo: havia apenas subdesenvolvimento absoluto (...). O segundo fato é que estamos testemunhando, hoje em dia, uma aceleração geral da História"[110].

Essas críticas a certos postulados teóricos das políticas externas dos governos anteriores, estava embasada, por sua vez, em determinada percepção do cenário internacional do início dos anos 1970. Esse se caracterizava,

---

[109] *Documentos de Política Externa.* Brasília: MRE, 1969/70, p. 143
[110] Ibid, p. 145-6.

segundo os estrategistas da política externa do governo Médici, primeiramente por um processo de diversificação do núcleo dominante do sistema mundial, devido ao desenvolvimento econômico e projeção internacional de novos centros capitalistas, como a Europa ocidental e o Japão, mas também da Europa socialista, nucleada pela URSS. Tal fenômeno, por sua vez, encontrava-se associado à tendência ao declínio relativo da hegemonia global dos Estados Unidos. Esse conjunto de mudanças propiciava novas possibilidades para potências médias, como a China e a Índia, atuarem como subcentros, com um poder de barganha ampliado, na medida em que aumentava o número de pontos alternativos de apoio capazes de respaldarem suas políticas reivindicatórias. Finalmente, esta verdadeira tendência à multipolarização das relações internacionais gerava uma maior liberdade de movimento aos países que fossem capazes de contornar os mecanismos de dominação intrínsecos à associação vertical com o hegêmona.

Assim, considerando a estrutura da economia mundial e as transformações em curso nas relações internacionais, o governo Médici optou por explorar uma linha de menor resistência, buscando tirar proveito das brechas, anomalias e desequilíbrios existentes nas relações Norte-Sul, aceitando, simultaneamente, as relações de poder estabelecidas. Já que o Terceiro Mundo não poderia elevar-se em conjunto na ordem internacional sem ameaçar o sistema vigente, seria conveniente uma via separada e individual, a qual seria mais propícia para um país com as características do Brasil. Dessa forma, rejeitava-se uma "diplomacia coletiva da prosperidade", tal como proposta pela chancelaria de Costa e Silva, em nome de uma "diplomacia do interesse nacional", preocupando-se mais com os ganhos, mesmo que as vezes modestos, do que as concessões feitas. A estratégia não era mais a do anti-imperialismo, mas a da busca de uma melhor posição para o Brasil *dentro do imperialismo*, passando-se do radicalismo ao gradualismo e oportunismo (ou "pragmatismo"), evitando-se os extremos da prepotência (de Costa e Silva) e da subserviência (de Castelo Branco).

O objetivo básico da nova estratégia, tanto no plano interno como externo era o projeto de *Grande Potência*, que possuía objetivos ambiciosos, como "o ingresso do Brasil no Primeiro Mundo. Até o final do século (...) construir-se-á no país uma sociedade efetivamente desenvolvida, democrática e soberana, assegurando-se a viabilidade econômica, social e política do Brasil como grande potência". Para tanto, a diplomacia brasileira deveria atuar "sem recursos a soluções extremadas, nem preconceito contra a colaboração procedente do exterior", devendo-se, simultaneamente, ampliar "a capacidade de manobra que terá o Brasil para estabelecer (...) o volume, a forma e a oportunidade daquela colaboração, [visando] consolidar autêntica soberania, em relação à colaboração externa, no campo da cooperação econômica e técnica e de transferência de tecnologia"[111]. Muito desse projeto baseava-se no mito do milagre japonês, com o Brasil procurando ampliar seu espaço de barganha com os EUA, sem questionar o sistema internacional (como os Não-Alinhados), objetivando lograr o desenvolvimento industrial. Assim, o Brasil esperava estabelecer um relacionamento com os EUA que não poderia ser entendido como desleal.

Para estabelecer tão complexo e contraditório curso diplomático, especialmente no que tange ao relacionamento com os Estados Unidos, o embaixador Araújo Castro forjou elementos conceituais inovadores e importantes, como a distinção entre *Política Externa Brasileira* e *Política Internacional do Brasil.* A primeira abarcava a defesa dos princípios gerais do direito internacional, tais como o conceito westfaliano da igualdade soberana entre as nações, a solução pacífica das controvérsias internacionais, a autodeterminação e não-intervenção nos assuntos internos de outros países, bem como a manutenção de relações cordiais com Washington. A inclusão deste último elemento entre os princípios de ordem genérica da *política externa* pode parecer surpreendente, mas perfeitamente compreensível quando se analisa os princípios da *política internacional.*

Esta última encontra-se voltada para as diretrizes concretas e práticas em relação às questões internacionais contemporâneas. Aqui os princípios abstratos da *política externa* são adaptados conforme as circunstâncias, para dar lugar ao cálculo racional de custo-benefício e à avaliação do valor instrumental das ações e omissões diplomáticas do país, com o objetivo de projetar o poder nacional. Assim, se éramos por princípio amigos dos EUA, a política do dia a dia poderia levar-nos a divergências pontuais, sem que isso implicasse em um antagonismo estrutural. Tal princípio de "realismo pragmático" vinha a substituir a diplomacia messiânica de Castelo Branco e a altruística de Costa e Silva.

A importância do redimensionamento das relações com Washington, que deixavam de ser avaliadas em função de princípios abstratos (favoráveis ou desfavoráveis), para levar em conta o que Araújo Castro definiu como uma "firme e indisfarçada tendência no sentido do congelamento

---

[111] Metas e Bases para a Ação do Governo, 1970, p. 9-16, grifo nosso.

do poder mundial" (grifo nosso). Tal fenômeno seria decorrente do novo equilíbrio estabelecido pelo Kremlin e pela Casa Branca a partir da crise dos mísseis em Cuba, de outubro de 1962. Assim, a relativa convergência entre as duas superpotências atenuava a Guerra Fria e abria espaço para o antagonismo Norte-Sul, permitindo a legitimação de determinadas divergências com os EUA. Segundo o embaixador, o "Brasil deve continuar a opor-se tenazmente a quaisquer tentativas de contenção, tanto mais que seria, dentre todos os países do mundo, mais acentuadamente do que, por exemplo, a Índia, o México, a Argentina e a República Árabe Unida aquele que mais seria prejudicado pela afirmação de uma política de congelamento do poder mundial".

Isto, essencialmente, decorria do fato do Brasil ser então, dentre estes países, o mais estreitamente aliado dos Estados Unidos. Desta avaliação decorre uma série de propostas concretas, sendo a primeira delas a reforma do ONU. Denunciando a tentativa das superpotências de manter inalterada a Carta das Nações Unidas, "o Brasil tem colocado, com firmeza e determinação, o problema da revisão da Carta com o argumento de que não podemos viver eternamente no ano de 1945. No fundo, trata-se de determinar se os Estados que integram a Organização aceitam ou não aceitam uma responsabilidade coletiva no campo do desenvolvimento econômico. (...) No plano da assistência bilateral, a posição das Grandes Potências geralmente coincide na tenaz resistência às reivindicações dos países em desenvolvimento, [apesar dela propor] condições justas e equitativas para a conduta do comércio internacional".

A segunda proposta se refere ao Tratado de Não-Proliferação, cuja ratificação não deveria ser efetivada, pois ele "institucionaliza a desigualdade entre as nações e parece aceitar a premissa de que os países fortes se tornarão cada vez mais fortes". Já a Conferência do Comitê de Desarmamento de Genebra, dominada pelas superpotências, enfatizavam o desarmamento convencional e regional procurando, segundo Araújo Castro, "desarmar os países já desarmados". Extremamente interessante também é a rejeição pelo Brasil das concepções de controle demográfico e ambiental, que já nessa época despontavam como instrumentos de pressão do Norte sobre o Sul, visando a manutenção do status quo. A esse respeito o embaixador Castro argumentava que "ao invés de insistir-se no aumento do dividendo, ou seja, o Produto Nacional Bruto, insiste-se na imobilização do divisor, isto é, do contingente populacional", e quanto à preservação do meio ambiente, que esse "ainda não teve a oportunidade de ser poluído".

Outro elemento empregado para congelar o poder mundial seria a adoção de critérios "técnicos" e despolitizados para tratar a agenda internacional. Assim, apesar do governo, no plano interno, defender um enfoque tecno-burocrático da política, no plano externo adotava uma postura exigente de uma maior politização, rejeitando a constituição de comitês integrados por técnicos que, essencialmente, defendiam a posição das grandes potências. Além disso, numa clara rejeição de um dos postulados básicos da diplomacia do governo Castelo Branco, o discurso oficioso de Araújo Castro atacava a noção de interdependência. Segundo o embaixador, "a fim de propiciar um melhor ordenamento internacional (...) as Grandes Potências parecem agora favorecer um conceito de interdependência que implicaria em sensível atenuação do conceito e da prática da soberania nacional. Sustentamos que a interdependência pressupõe a independência, a emancipação econômica e a igualdade soberana entre os Estados. Primeiro sejamos independentes. Depois sejamos interdependentes". Na mesma linha, em relação ao Direito do Mar, "permanece a mesma tendência para o congelamento. As Grandes Potências se opõem tenazmente à fixação de limites para o mar territorial. Ainda aqui se argumenta que a soberania nacional deve ceder terreno a normas de caráter supranacional", a qual o Brasil se opunha resolutamente.

Last but not least, Araújo Castro considerava "indispensável que as relações Brasil-Estados Unidos se conduzam num plano de Estado para Estado, isto é, que uma definição política prévia emoldure as relações bilaterais entre os dois países. (...) Um país com as realidades e potencialidades do Brasil tem de negociar com o Estado americano, e não com 'lobbies' e grupos setoriais que se agitam em seu seio"[112]. Desta forma, ao lado da aparente convergência com Washington, o país manteve seus ataques nos fóruns multilaterais (ainda que agora apenas em seu próprio nome) às estruturas do comércio e finanças internacionais, recusou-se a assinar o TNP e avançou o projeto de qualificação tecnológica e construção de uma indústria armamentista nacional. Além disso, a atração de investimentos e tecnologia foi maximizada com o estreitamento de laços com outros polos do capitalismo, como Japão e Europa Ocidental. Este processo, bem como o desenvolvimento econômico, foi também facilitado pelo desempenho positivo da economia mundial entre 1968 e 1973. Forte impacto simbó-

---

[112] Discurso na Escola Superior de Guerra — *Revista Segurança e Desenvolvimento*. Rio de Janeiro: ADESG, 1971, p. 65-75.

lico teve a ampliação do mar territorial brasileiro de 12 para 200 milhas em 1970, contra a vontade dos EUA.

Encarando a questão pelo lado norte-americano, como foi possível conciliar boas relações com os EUA com um projeto nacionalista-industrializante de grande potência, o que para os governos anteriores fora impossível? Os problemas políticos internos do Brasil (combate à guerrilha) produziram uma forma de solidariedade por parte da Casa Branca, num momento em que governos de esquerda estavam no poder no Chile e Peru, e que a Argentina e o Uruguai conheciam uma confrontação política interna que beirava a guerra civil. Assim, o Brasil era um aliado necessário para estabilizar a região, principalmente num momento em que a Doutrina Nixon preconizava um desengajamento relativo dos EUA e a transferência de determinadas tarefas a potências regionais aliadas (Irã, Israel, Brasil, África do Sul). Neste sentido, o Brasil cumpriu com o papel que Washington esperava, ao fornecer apoio aos golpes de Estado no Chile, no Uruguai e na Bolívia. Existia, portanto, um espaço internacional para a configuração de um projeto de potência média regional e uma conjuntura latino-americana altamente favorável. Também é importante considerar que a complementaridade econômica entre os dois países era cada vez menor, e que Nixon estava mais preocupado em desengajar seu país do Vietnã e buscar novas estratégias para a recuperação da desgastada hegemonia norte-americana.

A *Diplomacia do Interesse Nacional*, preocupada exclusivamente em tirar proveito das brechas existentes no sistema internacional, enfatizou uma estratégia individual de inserção, estabelecendo relações essencialmente bilaterais, especialmente em direção aos países mais fracos. Tal foi o caso da América do Sul e Central e dos países neocoloniais africanos do Golfo da Guiné, com os quais o Brasil assinou convênios culturais e tecnológicos (concedendo bolsas de estudo para estrangeiros no Brasil) e comerciais, abrindo linhas de crédito para a aquisição de produtos brasileiros. Mais ousada e repleta de consequências foi a aproximação com os países árabes, devido ao aumento gradativo do petróleo desde 1971, o que ampliava seu poder de compra e obrigava o Brasil a garantir o abastecimento, buscando simultaneamente compensações ao encarecimento das crescentes importações de combustível (que desequilibrava a balança comercial). A Guerra do Yom Kippur, em outubro de 1973, e o subsequente aumento violento do preço e o embargo parcial de petróleo, aprofundariam qualitativamente o problema no governo seguinte.

Com base no balanço da Diplomacia da Prosperidade do governo Costa e Silva, o período Médici caracteriza-se, segundo Ghisleni, por "uma reformulação de cunho não revolucionário da política externa, na qual muitos elementos foram mantidos". Mas, mesmo nesta parcela de continuidade, sobressai o redimensionamento do conteúdo da política externa: é enfática a atuação diplomática bilateral na busca do desenvolvimento, diferentemente do multilateralismo de Costa e Silva. Contudo, "o Bilateralismo de Médici visa à complementação — e não à exclusão — do Multilateralismo de Costa e Silva"[113], isto é, a política externa conjuga ambos horizontes da ação diplomática, com prioridade para o primeiro.

A legitimidade gozada por Médici por representar um governo de união militar e os elevados índices de crescimento do PIB verificados em seu governo, conferiram à diplomacia brasileira a convicção de que o desenvolvimento era resultado exclusivo da interação de fatores internos e que o caminho para o desenvolvimento deveria ser trilhado individualmente. Essa nova postura seguia as seguintes diretrizes: 1) o Brasil é contra a cristalização de posições de poder e contra a manutenção do *status quo* internacional; 2) quanto mais um país cresce, maior deve ser sua parcela de decisão no espectro internacional; 3) não há verdadeira paz, sem desenvolvimento; a paz é um conceito dinâmico, que abarca o acesso de tecnologia, mudanças nas regras do comércio e na divisão do trabalho internacionais; 4) solidariedade com os países em desenvolvimento; a responsabilidade de eliminar o subdesenvolvimento é de todos os países; 5) política externa global, de íntima cooperação com os países desenvolvidos; 6) só a correção das desigualdades entre nações altamente industrializadas e nações pobres pode instaurar um novo ordenamento das relações internacionais; 7) o Brasil rejeita o "estranho conceito de um 'terceiro mundo' ("nós, brasileiros, não pertencemos, nem queremos pertencer, a um mundo separado e reduzido a um destino empobrecido pela ressentida discórdia ou pelo isolamento", como assinalou Barboza); e 8) vinculação da segurança política à econômica"[114].

As metas e os pressupostos da política externa de Médici podem ser ilustrados com o discurso que proferiu por ocasião da instalação definitiva

---

[113] GHISLENI, Alexandre Peña. *A diplomacia do interesse nacional: aspectos da política externa do governo Médici*. Brasília: Instituto Rio Branco/ MRE, 1995, p. 5.

[114] GONÇALVES, Williams, e MYIAMOTO, Shiguenoli. "Os militares na política externa brasileira", in *Estudos Históricos*. Rio de Janeiro: Fundação Getúlio Vargas, 1993, vol. 12, p. 240, e BARBOZA, Mário Gibson, op. cit., p. 231.

do MRE em Brasília em abril de 1970): 1) "O nosso país se recusa a crer que a história se desenrole necessariamente em benefício de uns e em prejuízo de outros; não aceita que o poder seja fonte de posições irremovíveis e reafirma o direito de forjar, dentro das suas fronteiras, o próprio destino, e de escolher, fora delas, as suas alianças e os seus rumos"; 2) "A verdadeira paz reclama a transformação das estruturas internacionais. Ela não pode ser instrumento da manutenção e, muito menos, da ampliação da distância que atualmente separa as nações ricas das nações pobres"; 3) "Compete, pois, à nossa diplomacia estreitar o entendimento com os povos que travam conosco a dura batalha do desenvolvimento, como lhe cabe envidar todos os esforços para lograr a adesão dos países desenvolvidos aos postulados que desenvolvemos"[115].

Essas diretrizes, para seu chanceler, afirmaram-se, em linhas gerais, através da "correção de rumo em nossas relações com os Estados Unidos para colocá-las em bases mais compatíveis com a realidade e na conformidade dos nossos interesses, o que nos permitiria, então, identificar e expandir essas relações em bases mais sólidas e permanentes; do relacionamento o mais estreito possível com os países em desenvolvimento, com atenção prioritária para a nossa natural esfera de ação que é a América Latina, e abrindo nesta uma nova fronteira, a América Central, até então nunca sequer visitada por um ministro das Relações Exteriores do Brasil; da intensificação de nossas relações, em todos os planos, predominantemente nos campos financeiro e comercial, com os países altamente desenvolvidos, não só individual, mas também coletivamente, como no caso do Mercado Comum Europeu; da abertura de uma nova fronteira em nossa política externa, a africana, sobretudo a da África subsaariana e ocidental; da eliminação da hipoteca do colonialismo português, preservando, ao mesmo tempo, os vínculos especiais e íntimos que sempre nos uniram a Portugal; da intensificação das nossas relações ao mesmo tempo com Israel e com os países árabes, em termos de equilíbrio e equidistância"[116].

Pretendendo o reconhecimento internacional como potência emergente, o governo Médici tratou de se diferenciar do Terceiro Mundo, adotando no exterior posições conservadoras e até reacionárias como, por exemplo, o apoio à Portugal na questão do colonialismo. Médici, ainda que oficialmente defendesse princípios de autodeterminação e não-intervenção

---

[115] BARBOZA, op. cit., p. 148.
[116] Ibid, p. 197-8.

em assuntos internos de outros países, não podia tolerar experiências de esquerda em sua vizinhança. Seu governo estabeleceu vínculos comerciais com os países em que se estimulou o autoritarismo; seu ministro das Relações Exteriores visitou países da América Central e da África Ocidental; a abertura de embaixadas brasileiras no Iraque e na Arábia Saudita data desse período[117].

Em um contexto internacional favorável, o governo Médici obtinha, no plano interno, sua legitimidade essencialmente pelo desempenho de seu modelo econômico, o modelo do *Milagre,* por cujos caminhos o país, segundo a propaganda oficial, chegaria à condição de potência. O discurso oficial era compartilhado por certos brasilianistas e por setores do próprio Departamento de Estado norte-americano[118]. Mesmo marcado pela problemas estruturais, o modelo econômico de desenvolvimento do governo Médici, com crescimento acelerado e endividamento crescente, projetava o Brasil como um dos participantes mais importantes do sistema econômico mundial. Seria uma decorrência lógica, na ótica dos formuladores da política externa brasileira, que o país, forte economicamente, se tornasse forte internacionalmente, ocupando um posto relevante no cenário mundial. O bilhete de entrada no mundo desenvolvido só poderia ser comprado individualmente. O caminho do *Brasil Potência* era um caminho solitário, e um excessivo multilateralismo poderia significar um fechar de portas.

A multipolaridade e o terceiro-mundismo de Costa e Silva teriam de ser relegados a um plano de menor importância, deveriam ceder passo a formulações menos "ideológicas e emocionais". O realismo da *Diplomacia do Interesse Nacional* liberava o Brasil de pactos ou acordos de solidariedade e lhe permitia seguir caminhos exclusivamente bilaterais que não prejudicavam sua ascensão ao Primeiro Mundo. Antes disso, o Brasil encontrava-se diante de duas alternativas de desenvolvimento: 1) integração com os países da região ou 2) tentativa isolada no caminho do desenvolvimento e da autonomia internacional. A opção pela segunda foi influenciada por condicionantes externos, mas permaneceu a ambiguidade que haveria de marcar a diplomacia de Médici. Nixon reconheceu o papel do Brasil como liderança regional. Encontravam-se, assim, no campo internacional, duas racionalidades ou dois pragmatismos. O Brasil poderia ascender isoladamente ao

---

[117] BANDEIRA, Moniz. *Brasil-Estados Unidos: a rivalidade emergente (1950-1988).* Rio de Janeiro: Civilização Brasileira, 1989, p. 199-200.

[118] CAMARGO, Sônia de, e OCAMPO, José Vasquez. *Autoritarismo e democracia na Argentina e Brasil: uma década de política externa.* São Paulo: Convívio, 1988, p. 24.

nível de potência ao lado do mundo "democrático" do Norte e, ao mesmo tempo, não precisaria abrir o modelo político doméstico[119].

Sendo assim, salienta-se a questão da preservação da segurança no campo da política internacional. Inserido ainda formalmente nos marcos da teoria das fronteiras ideológicas, o governo Médici subdivide o tema da segurança em *segurança política hemisférica* e *segurança econômica coletiva*. Na primeira, há o abandono da tese de interdependência entre as nações, considerada como fator de congelamento do poder mundial. A última, representava a transposição do tema da justiça social a análises das relações internacionais, determinando exigências de superação da clivagem econômica Norte e Sul. Nos foros multilaterais, a doutrina síntese foi a segunda: a paz internacional encontrava suas condições de possibilidade não mais no confronto bipolar e sim nos parâmetros de desenvolvimento econômico da comunidade internacional[120]

Com o governo Médici também o conceito de nacionalismo foi alterado. Este passava a ser pensado (ou apregoado) como crescimento econômico no plano interno e incremento das exportações e afirmação como potência no plano externo. Como forma de compensar a entrada de capitais estrangeiros, a exportação de mercadorias deveria ser proporcionalmente aumentada em relação a este, e em escala superior ao próprio crescimento do PIB. Dessa forma, os custos e salários deveriam ser comprimidos como forma de aumentar a competitividade internacional do país. Isto, por outro lado, agravava ainda mais a debilidade do mercado interno, exercendo uma pressão adicional para a busca de novos mercados no exterior. Neste contexto, o capital estrangeiro e as empresas transnacionais instalados no país, foram condicionados pelo regime a redefinirem suas estratégias, dirigindo a maior parte de sua produção para as exportações. Além de uma série de medidas técnicas, econômicas e jurídicas criadas pelo governo visando implementar um programa consistente e sistemático de exportações, o Decreto 1.236 permitiu a importação de plantas industriais completas, desde que sua produção fosse canalizada essencialmente à exportação.

A estratégia exportadora do Brasil implicava em que os EUA aceitassem a "excessiva" projeção internacional do país, tanto para dentro do subsistema interamericano como para o sistema mundial. Tratava-se de

---

[119] Ibid, p. 26.

[120] CERVO, Amado, e BUENO, Clodoaldo. *História da política exterior do Brasil.* op. cit, p. 362.

um movimento de caráter protoimperialista, que pressupunha a cooperação com outras potências, especialmente porque a complementaridade econômica com os EUA estava declinando, enquanto ocorria a conquista de vias de acesso a novos mercados externos. Desta forma, o projeto econômico e diplomático do nacional-autoritarismo antagonizava a massa da população e chocava-se frontalmente com o grupo "liberal-imperialista", implicando num rígido fechamento do sistema político e na extensão do potencial conflitivo às relações exteriores. O resultado era o estabelecimento de um novo relacionamento entre o Estado e as transnacionais, reforçando o papel reitor do primeiro, que implicava em obter uma concentração do poder, a confiabilidade dos cargos públicos superiores e a militarização dos mesmos. Além da ampliação do poder do Conselho de Segurança Nacional, dos Estados-Maiores, da Casa Militar, da Escola Superior de Guerra e do Serviço Nacional de Informações, os militares passaram a exercer a maior parte dos cargos relevantes da administração civil e do setor público da economia, fundindo segurança e desenvolvimento num corpo único. Embora o Itamaraty não tenha sido afetado diretamente por este processo, a influência do Conselho de Segurança Nacional na formulação da política externa incrementou-se consideravelmente.

Contudo, a longo prazo o incremento das contradições internas ligadas ao próprio exercício do poder autoritário, sobretudo a questão da unidade militar e a crise econômica, decorrente em grande parte de razões externas, afetaram a legitimidade do governo. A ascensão de Geisel ao poder ocorre em momento no qual a liberalização do regime era considerada necessária, ante a conjuntura política interna marcada pela ineficiência do regime anterior para resolver os impasses. Segundo Sônia de Camargo, "o governo Geisel chega assim em um momento em que transformações na área da economia se haviam tornado urgentes, tanto em seu aspecto de mudanças estruturais do modelo de acumulação, como de abertura de novas linhas comerciais externas e assinatura de novos acordos internacionais"[121]. O Plano Nacional de Desenvolvimento torna-se a resposta, sob ponto de vista econômico, do novo governo a uma crise estrutural do modelo econômico nacional e internacional.

---

[121] CAMARGO, Sônia de, e OCAMPO, José Vasquez. *Autoritarismo e democracia na Argentina e Brasil. uma década de política exterior — 1973-1984.* São Paulo: Convívio, 1988, p. 27-29.

AS RELAÇÕES HEMISFÉRICAS: DESALINHAMENTO SEM CONFRONTO

Estados Unidos da América

Com Médici as relações brasileiras com os EUA alteraram-se, buscando uma síntese entre a postura dos dois governos anteriores, por conta da revisão do alinhamento automático. O próprio Médici declarou em dezembro de 1971 que "não pode a nossa posição ser a mesma diante de todos os problemas internacionais, nem é isso que se espera de nossa franca e leal amizade. Esforcemo-nos, contudo, para que nossas políticas sejam convergentes, sem pretendermos a coincidência em todos os casos"[122]. A diplomacia procurava atenuar a atmosfera de conflito, mas as questões de fundo permaneciam sem resolução. É certo que a propaganda do "Milagre" alimentava uma pretensão de paridade nas relações com os EUA, sendo, então, inevitáveis as discordâncias. Por trás do enfrentamento, no entanto, estavam as mudanças qualitativas e quantitativas sofridas pela economia brasileira, que ampliavam as áreas de contato e de choque com as economias industrializadas. É preciso considerar, neste contexto, a ascensão brasileira à condição de potência média recém-industrializada, que se esboça no período.

Uma das questões que gerou atritos com os EUA foi a decretação unilateral por parte do Brasil, em 1970, da ampliação do Mar Territorial de 12 para 200 milhas náuticas. Embora o problema não envolvesse diretamente o âmbito bilateral, tratava-se de uma decisão paradigmática para o redimensionamento das relações entre ambos. Esse ato revelava um cálculo cuidadoso, destinado a gerar um fato político capaz de ampliar o espaço de ação internacional do país. Concebida por um restrito grupo de *policy makers*, foi implementada a partir de cima, evitando qualquer utilização prévia da opinião pública ou retórica ideológica anti-imperialista. Assim, esta típica atitude da *Diplomacia do Interesse Nacional* possuía uma motivação primordialmente político-diplomática, e apenas secundariamente econômica, constituindo um balão de ensaio de uma política que visava sinalizar aos demais atores a presença internacional do país, além de reforçar internamente o discurso *Brasil Potência* como forma de legitimação do regime. Com efeito, ela se deu fora do campo sensível de reação automática norte-americana e frustrou qualquer possibilidade de retaliações, na medida em que não recorreu a instrumentos desafiadores da ordem

---

[122] MRE. Relatório do Ministério das Relações Exteriores. Brasília, 1971. P. 97.

mundial vigente. Além disso, não almejava um reconhecimento internacional formal do ato, mas o respeito por uma atitude soberana, numa estratégia que, como lembrou Carlos Estevam Martins, "opôs um interesse brasileiro localizado a interesses norte-americanos difusos".[123]

Outras áreas de atrito entre os dois países encontravam-se na recusa brasileira à assinatura do TNP e nos empecilhos às exportações de café solúvel para os EUA. As pressões norte-americanas sobre as autoridades brasileiras quanto à questão nuclear, à ampliação do mar territorial e à exportação de têxteis, café solúvel e calçados, foram marcantes. A Câmara dos Deputados dos EUA chegou a aprovar uma resolução vinculando a ratificação do Acordo Internacional do Café à revogação pelo Brasil da lei das 200 milhas do mar territorial.

Em 1971 Médici visitou os EUA, procurando obter o reconhecimento do *status* internacional do Brasil e evitar que o país fosse diluído numa política uniforme para a América Latina. Mas a razão mais importante da viagem eram os problemas econômicos envolvendo os dois países, principalmente a questão comercial. O desequilíbrio da balança comercial, favorável ao Brasil, forçava o empenho do Itamaraty num entendimento direto com os EUA, que ameaçavam os produtos brasileiros com a imposição de direitos compensatórios. Da viagem, a consequência mais impactante foi a frase de Nixon, simpatizante do governo autoritário, de que "nós sabemos que para onde o Brasil for, o restante do continente latino-americano irá", segundo Skidmore. Na América Latina, essa declaração piorou as posições do Brasil, classificado de "subimperialista" por oposicionistas do regime. Foi, nas palavras do chanceler Gibson Barboza, "um autêntico beijo da morte".

Quanto à questão da repressão política, as relações bilaterais reabilitaram-se, depois de a ajuda norte-americana ter ficado congelada nos cinco primeiros meses de 1969, como forma de pressão contra o governo Costa e Silva. A ajuda foi reiniciada, pois os *realistas* norte-americanos consideravam a interrupção contraproducente. Apesar das várias denúncias de violação dos direitos humanos, menos visíveis após o declínio da atividade guerrilheira no Brasil, o governo Nixon tornou-se forte aliado de Médici, o que foi favorecido pelo recrudescimento da violência ou a ascensão de governos esquerdistas em outros países sul-americanos[124]. O interessante

---

[123] Martins, op. cit., 1975, p. 42.
[124] SKIDMORE, Thomas. *Brasil: de Castelo a Tancredo — 1964-1985*. Rio de Janeiro: Paz e Terra, 1988, 204-8.

é que Costa e Silva, que foi pressionado pelos Estados Unidos, possuía um projeto de institucionalização democrática, e Médici, que foi poupado, não.

A posição relativamente tolerante de Washington face ao governo Médici e sua diplomacia, deveram-se a fatores já analisados, no quadro geral da situação sul-americana e brasileira, e da formulação da Doutrina Nixon no plano global, que estabelecia uma divisão de tarefas em termos de segurança com potências médias aliadas. Tratava-se de uma vitória dos *globalistas* sobre os *internacionalistas* no âmbito da formulação da política externa norte-americana, que refletia o desgaste da hegemonia do país. Da mesma forma, declinava a complementaridade entre a economia dos dois países, pois entre os períodos de 1964-67 e de 1968-71 as exportações brasileiras para os EUA caíram de 33% para 26% do total. Ao mesmo tempo, entre 1964 e 1973, a parte da Europa ocidental e do Japão no comércio brasileiro passou de 36% para 49%.

Assim, apesar das divergências existentes quanto a questões como a pesca e o Mar Territorial de 200 milhas náuticas, a cooperação nuclear, as exportações de café e manufaturados para o mercado norte-americano, os dois países puderem encontrar pontos convergentes, até porque Washington enfrentava problemas mais sérios em outras áreas do planeta, como o Vietnã. Tirando proveito do aumento da multipolaridade e da redução da dependência face ao EUA, *o Brasil tratava de renegociar os termos de sua dependência*, o que vinha sendo tentado sem sucesso desde a Política Externa Independente.

O Brasil pode então superar o alegado "radicalismo" do governo Costa e Silva e iniciar um *diálogo pragmático*. Conforme o embaixador Araújo Castro, as relações entre ambos deveriam ser encaradas "como relações entre dois Estados-membros que atuam na comunidade internacional, com desigual parcela de poder e responsabilidades, mas com igual determinação de sustentar posições e pontos de vista que se ajustem a seus específicos interesses nacionais". Rejeitando qualquer satelização ou alinhamento automático, as relações fluíam com "naturalidade", pois "seguro de si mesmo, o país já não sente a necessidade de proclamar sua independência a cada dia do ano". Ou seja, enquanto a política externa norte-americana tornava-se despersonificada e desinternacionalizada, a brasileira se individualizava e se renacionalizava, sobre um fundo de desideologização. Além disso, a nova conjuntura permitia a condução da relação entre os dois países em termos estritamente bilaterais. Ainda segundo Araújo Castro, "o Brasil não considera as relações Brasil-Estados Unidos como um capítulo do relacionamento entre os Estados Unidos e a América Latina. [Nossas] relações são relações entre dois países soberanos, a serem definidas e conduzidas pelos dois interlocutores, a salvo das distorções provocadas pela ação ou inação de terceiros países. O Brasil deseja cooperar com todos os países do hemisfério, mas não deseja ser confundido com qualquer deles".[125]

No plano das relações estritamente bilaterais, observou-se o recuo dos EUA em muitos dos tradicionais campos de cooperação, mantendo-se um relacionamento mais intenso apenas naquelas áreas sensíveis para Washington. Assim, em agosto de 1970, durante a reunião da Comissão Militar Mista Brasil-Estados Unidos, o Cel. Schmitz, enviado especial do Pentágono, comunicou que os serviços do *Office of Mapping and Charting* seriam reduzidos em cerca de 60% em virtude de severos cortes em seu orçamento. Para o satélite AST-10, que operava no Brasil e em outros países sul-americanos, a medida significava a cessação imediata dos serviços de fotografia aérea e de geodesia. Contudo, Brasil e EUA assinaram em Brasília, em outubro de 1971, o Acordo de Cooperação Científica Bilateral e em fevereiro do ano seguinte foi firmado o Acordo de Assistência Militar entre os dois países. Em maio William Jordan, Assistente para Assuntos Americanos de Henry Kissinger visitou o Brasil, e em julho foi concluído Acordo de Cooperação relativo aos Usos Civis da Energia Atômica entre Brasil e EUA. No campo econômico, em janeiro de 1972 Rodman Rockfeller e um grupo de empresários norte-americanos visitaram o Brasil, e em fevereiro, negociou-se um acordo sobre pesca com os EUA.

No ano de 1973, o intercâmbio de visitas de autoridades brasileiras e norte-americanas foi intenso, evidenciando a pauta de interesse de cada país. Foram realizadas as visitas de parlamentares e técnicos americanos que visitaram, a convite do INCRA, o Projeto Altamira, na Rodovia Transamazônica e de Thomas Sanders, da revista *Field Staff Report*, com o objetivo de preparar um estudo sobre o meio ambiente e política populacional. Do lado brasileiro, ocorreu a visita do ministro do Planejamento, João Paulo dos Reis Velloso, para contatos com associações comerciais e financeiras norte-americanas, e do ministro da Fazenda, Antônio Delfim Netto, para negociar com autoridades monetárias e comerciais. Também visitaram os EUA o ministro das Minas e Energia, Antônio Dias Leite Júnior, e do Estado-Maior das Forças Armadas, sob direção do general de Exército Arthur

---

[125] CASTRO, Araújo. *Relações Brasil-Estados Unidos à luz da problemática mundial.* 1974, mimeo.

Candal Fonseca, que visitaram instalações militares norte-americanas. Em fevereiro foi concluído Acordo de concessão de crédito para aquisição de material bélico pelas Forças Armadas do Brasil. Em maio do mesmo ano também ocorreu a visita do Secretário de Estado norte-americano, William Rogers. Em junho Brasil e EUA firmam Acordo relativo às Atividades dos Voluntários do Corpo da Paz no Brasil, efetivado em Brasília.

América Latina e Organismos Regionais

A política externa do governo Médici produziu enorme desconfiança por parte dos demais países da América Latina. O estado de tensão aumentou ainda mais com a eleição de Salvador Allende, no Chile. Em relação ao Uruguai, denunciou-se a existência de planos militares para ocupá-lo, para evitar o triunfo da oposição armada (Tupamaros) ou em caso de vitória da Frente Ampla, através da chamada Operação Trinta Horas. O governo brasileiro também foi acusado de participação nos golpes de Estado, acontecidos na Bolívia em 1971 e no Chile em setembro de 1973. Era a ação da diplomacia militar paralela, vinculada à ideia de um *Brasil Potência*, que implicava na afirmação sobre determinada área geográfica, evitando a constituição de governos hostis a seus projetos.

Também no plano hemisférico a descrença na capacidade operativa ou da conveniência da atuação através de órgãos multilaterais, reforçou as iniciativas bilaterais. Em relação à América Latina, Hélio Jaguaribe apontou duas premissas para a diplomacia brasileira: "A primeira é a de que, dispondo de uma base de recursos suficientes para enfrentar o mundo por conta própria, o país só tem a ganhar, nas relações com o resto do mundo se maximizar sua flexibilidade de manobra, que perderia se tivesse que coordenar suas políticas com a de outros países latino-americanos. A segunda é a de que, em suas relações com o resto da América Latina, o país tem pouco a lucrar, por se tratar de países de nível econômico-tecnológico igual ou inferior ao seu, razão pela qual lhe convém manter um regime de relações essencialmente bilaterais, corretas, mas não demasiadamente estreitas, inclusive porque um maior estreitamento, ou uma mais efetiva multilateralização, terminariam impondo ao país encargos sem contrapartida, em nome da solidariedade regional"[126].

---

[126] JAGUARIBE, Hélio. *Brasil: crise e alternativas*. Rio de Janeiro: Zahar, 1974, p.116.

Na mesma linha e na mesma ocasião, o ex-embaixador brasileiro em Washington, Roberto Campos, afirmava que "no tocante à política em relação à América Latina, temos que observar princípios negativos e empreender ação positiva. Os negativos são: a) evitar tentativas ocasionais de isolamento do Brasil pela formação de um bloco hispânico; b) combater as acusações de hegemonia e expansionismo. A hegemonia, como subproduto do poder econômico, é acidente inevitável; como objetivo de política é irritante dispensável. (...) Como ação positiva cabe-nos ajudar os países de menor desenvolvimento relativo (por meio de): a) integração por via comercial e b) integração mediante projetos de investimento. (...) Se são magras no momento as perspectivas de maior integração comercial — objetivo que deve, entretanto, continuar prioritário — fez-se progresso na integração por via de investimento".[127]

Nesse sentido, o relacionamento bilateral foi a tônica da inserção hemisférica, objetivando ampliar o comércio através da criação de linhas de crédito para a compra de mercadorias brasileiras, programas de cooperação técnica com os países menores (ampliando a influência do Brasil e criando novos canais de relacionamento político-econômico) e a celebração de acordos culturais para a vinda de estudantes de graduação e pós-graduação por períodos prolongados. Esta última iniciativa visava ampliar a base para a futura cooperação técnica e econômica, bem como ampliar a influência do Brasil no continente através de novos mecanismos. Essa estratégia era importante e teve frutos de longo prazo. Embora seus críticos destacassem o modesto volume dos recursos alocados e do comércio, as iniciativas constituíam uma novidade da política externa brasileira, embora a inspiração tivesse partido da iniciativa de Jânio Quadros em relação aos estudantes africanos em 1961. Além disso, situavam-se estritamente no plano bilateral, o que significava que o país não estabelecia compromissos limitantes nem exclusivamente hemisféricos, pois foram posteriormente estendidos também à África.

É importante ressaltar que tais iniciativas eram promovidas essencialmente pelo Estado e suas empresas, e que ao longo do tempo foram aumentando em volume e profundidade. Elas aproveitavam a relativa capacidade ociosa das Universidades, centros de pesquisa e empresas como o BNH, SENAI, Eletrobras e Petrobras, criando-se inclusive *know-how* para atuarem no exterior, como foi o caso particularmente da última. Assim,

---

[127] O Estado de São Paulo, 29/5/1974, p. 2.

enquanto o crescimento interno, especialmente do mercado consumidor, não atingia a dimensão compatível às novas infraestruturas criadas, elas eram empregadas para abrir novos canais internacionais e, através deles, acelerar o processo interno de desenvolvimento, No plano estritamente diplomático, tratava-se de uma forma criativa de inserção internacional de *low profile*, sem a necessidade de empregar recursos dispendiosos, bem como estabeleciam-se vínculos internacionais mais duradouros, inclusive com novas áreas, como foi o caso da América Central. Assim, o emergente capitalismo industrial brasileiro dotava-se de uma política externa que realmente explorava as brechas existentes no sistema mundial.

O Brasil, sob influência da nova política econômica norte-americana, obstou a criação de um mercado comum e procurou reforçar a ALALC. É nesse momento que se lançam grandes projetos de cooperação, tais como: 1) com o Paraguai, a Hidrelétrica de Itaipu, pelo Tratado de 1973; 2) com a Bolívia, a compra do gás e a complementação industrial, pela Ata de Cooperação de 1973; 3) com a Colômbia, estudos para uma binacional do carvão, em 1973; e 4) com o Uruguai, projetos de desenvolvimento das Bacias da Lagoa Mirim e do rio Jaguarão. O chanceler Mário Gibson Barboza visitou a América Central, onde estabeleceu acordos para elevação das trocas comerciais (com abertura de linha de crédito brasileira), acordo de cooperação técnica, criação de linha marítima de ligação e onde acerta o "estabelecimento das bases políticas e efetivas de relacionamento com uma área específica de nosso próprio continente até então virtualmente abandonada pelo Brasil". Quanto à América do Sul, "tudo aconselhava um tratamento bilateral, de país a país"[128].

No campo comercial, em 1970, além da redução da taxa de importação, registrou-se, no primeiro semestre, um aumento acentuado das exportações para a ALALC, decorrentes do sistema de preferências zonais e da política econômica de incentivos à exportação. "Tais incentivos permitem, hoje, que as exportações brasileiras para a ALALC estejam a ponto de compensar as importações, apesar de, entre essas, figurarem as de petróleo venezuelano e de trigo argentino, produtos que são a razão principal da posição deficitária do Brasil na ALALC"[129]. Em 1969 o Brasil exportara US$ 254,2 milhões para ALALC e importara US$ 291,4 milhões, enquanto no primeiro semestre de 1970, as exportações foram de US$ 136 milhões, e as importações de

---

[128] BARBOZA, op. cit., p. 207-9.
[129] Relatório 1970, MRE, p. 39.

US$ 146,1 milhões. Além disso, crescia a participação de produtos industrializados e semielaborados na pauta comercial Brasil-ALALC.

No campo da segurança hemisférica, superou-se a teoria de defesa multilateral, advogada por Castelo Branco, e a concepção de defesa unilateral vigente no governo Costa e Silva, passando-se então a estender o bilateralismo também a este campo. Tal política foi frutífera sobretudo quando aplicada a governos hostis, inclusive como forma de barrar as políticas integracionistas consideradas inconvenientes. Assim, superou-se tanto o pan-americanismo do primeiro governo militar como o latino-americanismo do segundo, afirmando-se então o bilateralismo.

Países Platinos

Com relação aos países de maior porte, era preciso buscar novas formas de relacionamento, como foi o caso da Argentina, que durante o governo Médici evoluiu da rivalidade à cooperação, especialmente porque o Brasil considerava que a importância daquele país se reduzia continuamente em termos relativos, pois se no passado seu PIB representara o dobro do latino-americano, agora era de metade do brasileiro. O Brasil estava experimentando um rápido crescimento econômico e, a fim de mantê-lo acelerado, era necessário, entre outras coisas, um abundante fornecimento de energia. Itaipu, além de estratégica para manter vinculado o Paraguai, inseria-se nesse panorama. Mas sua implementação encontrava dificuldades, principalmente pela pressão argentina. A construção de Itaipu envolvia uma dupla negociação, com o Paraguai e com a própria Argentina, que enfrentava uma situação interna instável, com constante troca de presidentes, em que prevalecia uma visão estratégica ultrapassada. Esta consistia, principalmente, no medo de que o Brasil, criando um polo econômico de grandeza na região, levasse as províncias pobres do norte argentino a gravitar em torno do novo gigante.

As dificuldades nas negociações evidenciaram-se na Conferência da Bacia do Prata, realizada em 1971, onde a tese argentina da consulta prévia ganhou apoio. Os principais pontos de consenso na conferência foram: 1) nos rios internacionais contíguos, sendo a soberania compartilhada, qualquer aproveitamento de suas águas deveria ser precedido de acordo bilateral entre os países ribeirinhos; e 2) nos rios internacionais de curso sucessivo, não sendo a soberania compartilhada, cada Estado poderia aproveitar as águas na medida de suas necessidades, desde que não causasse prejuízo sensível a outro Estado da Bacia. O presidente argentino, Lanusse, viajou pela América Latina, discutindo sobre Itaipu, para isolar o Brasil e criar um clima favorável à Argentina numa eventual discussão multilateral. Para complicar a situação brasileira, veio a frase de Nixon: *"Para onde for o Brasil, vai a América Latina"*. Mesmo assim, em 1972 Brasil e Argentina, não por completo, ajustaram as diferenças quanto a Itaipu, no que se convencionou chamar Acordo de Nova Iorque[130].

Em março de 1972, deu-se o encontro entre os Presidentes Médici e Alejandro Lanusse, sendo firmada uma Declaração Conjunta Brasil-Argentina, além de vários acordos: a) estudos para a construção de uma ponte internacional sobre o rio Iguaçu; b) estudos para o estabelecimento de um programa geral de cooperação em matéria de comunicações; c) estudos de interconexão fronteiriça dos sistemas rodoviários dos dois países; e d) eliminação da bitributação em matéria de transportes rodoviários.

Com relação ao Paraguai, a diplomacia brasileira dispendeu grandes esforços de aproximação. Em abril de 1970 foi assinado em Assunção o contrato entre a Eletrobrás e a empresa ANDE, para a realização de estudos conjuntos visando o aproveitamento energético do trecho do Rio Paraná, situado entre Sete Quedas e Foz do Iguaçu. Em maio de 1971, o ministro Gibson Barboza foi ao Paraguai discutir a construção da estrada Encarnación-Puerto Stroessner, da ponte sobre o rio Paraguai na estrada Trans-Chaco, a melhoria da navegabilidade do Rio Paraguai e o aproveitamento hidrelétrico do Rio Paraná entre as Sete Quedas e a foz do Rio Iguaçu. Em 1971, o Itamaraty iniciou a prestação de assistência técnica a este país, por meio de projetos como: 1) apoiar tecnicamente a estruturação do mercado de valores paraguaio e 2) desenvolver um programa de estágios de treinamento no Brasil para instrutores paraguaios no campo do ensino técnico e da formação profissional. Além disso, o Itamaraty elaborou, em colaboração com o BNH, um projeto de assistência técnica no campo habitacional. O presidente Alfredo Stroessner, por sua vez, visitou o Brasil em abril de 1973. Nesta oportunidade foi assinado o Tratado para o Aproveitamento Hidrelétrico do Rio Paraná (Tratado de Itaipu).

Com o Uruguai, também houve aproximação, mas menos importante, devido às limitações econômicas daquele país. Em maio de 1970, realizou-se em Chuí o encontro entre os presidentes Emílio Garrastazu Médici

---

[130] BARBOZA, op. cit., p. 122.

e Jorge Pacheco Areco, para inauguração da interligação rodoviária. No mês de agosto de 1971, ocorreu a reunião entre delegações do Brasil e do Uruguai para discussão das relações econômicas, financeiras e comerciais. Contudo, no campo ideológico e de segurança, o Brasil monitorou de perto a evolução interna do Uruguai, chegando a elaborar um plano de intervenção, caso a Frente Ampla assumisse o poder. Em convergência com setores políticos uruguaios e com a inteligência norte-americana, o governo Médici apoiou e deu suporte à transformação do país num regime ditatorial em 1973, segundo foi denunciado na ocasião.

Países Andinos

Os países da região andina apresentaram características diferentes para as relações exteriores brasileiras, com o estabelecimento de regimes esquerdistas e/ou nacionalistas no Chile, Bolívia e Peru, e a tentativa de aproximação brasileira em relação às nações menores. Com relação aos primeiros, a diplomacia brasileira atuou com prudência, ainda que os setores militares trabalhassem em conjunto com os EUA para desestabilizar os respectivos governos, inclusive com o apoio brasileiro encoberto aos golpes de Estado desencadeados nos dois primeiros durante o governo Médici.

Contudo, as relações entre os dois países foram marcadas por inúmeros problemas, decorrentes não apenas do perfil político-ideológico antípoda dos dois regimes, mas sobretudo devido às atividades dos exilados brasileiros naquele país durante o governo Salvador Allende. A situação alterou-se radicalmente com o desencadeamento do golpe militar de 11 de setembro de 1973, o qual contou com suporte de segmentos do Estado brasileiro. O governo Médici providenciou então a remessa imediata para este país de volume significativo de medicamentos e gêneros alimentícios de primeira necessidade. Apenas dois dias depois do golpe, o Brasil reconheceu o governo da Junta, presidido pelo general Augusto Pinochet. Já no mês seguinte, uma missão chilena encabeçada pelo presidente do Banco do Chile, general Eduardo Cano, visitou o Brasil, estreitando a cooperação econômico-financeira entre os dois países.

As relações com a Bolívia foram importantes para o Brasil, tanto política como economicamente. Para não ceder terreno à Argentina, Médici manteve um relacionamento satisfatório com o governo esquerdista boliviano, colaborando ao mesmo tempo com as forças domésticas e internacionais interessadas em sua derrubada. Quando isto aconteceu, o novo governo do general Hugo Banzer estreitou ainda mais seus laços com o Brasil. Durante o ano de 1971, foram implementados projetos de colaboração técnica com a Bolívia. O Itamaraty executou um programa de estágio de treinamento para instrutores bolivianos de ensino técnico e formação profissional junto ao SENAI, e preparou, em colaboração com o BNH, um projeto de assistência técnica à Bolívia no campo habitacional. Em agosto do mesmo ano, foi criada a Comissão Mista Brasileiro-Boliviana, instalando-se em La Paz.

Como decorrência do estreitamento das relações bilaterais, os presidentes Médici e Banzer mantiveram encontro em Corumbá em abril de 1972. Nesta ocasião, foi firmada uma Declaração Conjunta entre ambos, além de dois atos internacionais. O primeiro tratava da conexão rodoviária e o segundo, um convênio constitutivo do fundo de desenvolvimento do oriente boliviano, estabelecia a forma de pagamento da dívida da Bolívia ao Brasil, decorrente da construção da Estrada de Ferro Corumbá-Santa Cruz de la Sierra, reescalonada de 20 para 40 anos, e da aplicação dos respectivos reembolsos em projetos de desenvolvimento na área servida pela ferrovia. Em fevereiro de 1973, governo brasileiro baixou Decreto-lei n.º 1.257, que visava possibilitar o escoamento da borracha laminada boliviana, fabricada nas regiões fronteiriças.

O chanceler Gibson Barboza, por sua vez, esteve em visita oficial a La Paz em julho de 1973, assinando um acordo de importação de gás natural boliviano e outro de implantação de complexo industrial em território boliviano. Em novembro, reuniram-se em Brasília delegações de alto nível do Brasil e da Bolívia para continuar as negociações sobre complementação industrial. Na ocasião, foi subscrita a Ata de Cooperação no Campo dos Hidrocarbonetos, Siderurgia e outros projetos industriais correlatos. Em particular, formularam-se projetos, tais como a criação de polos industriais dos dois lados da fronteira (na região de Corumbá) — usina de fabricação de asfalto e siderúrgica — e a construção de um gasoduto até Minas (Poços de Caldas, onde seria construída uma fábrica de fertilizantes), e daí até São Paulo, que não obtiveram sucesso.

As relações com o Peru também evidenciaram a flexibilidade brasileira com relação a países dotados de regimes politicamente opostos. No caso peruano, o governo militar de caráter nacionalista e progressista do general Juan Velasco Alvarado era mais fácil de manejar diplomaticamente que o de Allende no Chile. Além disso, o governo brasileiro exercia um papel que tornava um envolvimento mais direto dos EUA desnecessário. No ano de 1971, o Itamaraty iniciou a prestação de assistência técnica ao país, preparando um projeto para a estruturação do mercado de valores peruano, segundo o qual especialistas do Instituto Brasileiro de Mercado de Capitais prestariam assessoria à Comissão Nacional de Valores e ao Banco Central do Peru. Em março de 1971, o chanceler peruano, Edgardo Mercado Jarrín, realizou visita ao Brasil. Na ocasião, o governo brasileiro ofereceu um crédito da ordem de 10 milhões de dólares. Signo das boas relações, *malgré tout*, em junho de 1973 o chanceler Mario Gibson Barboza realizou visita oficial ao Peru, a convite do governo peruano.

Mas a diplomacia brasileira desenvolveu melhor e mais intensa performance em relação aos pequenos países. No caso do Equador, isto foi extremamente importante, pois com o aumento gradativo do preço do petróleo, esse país passou a ser atrativo para o Brasil como mercado consumidor de produtos industrializados e fornecedor de combustível. Em 1970, o Brasil prestou assistência técnica ao Equador em projetos como estágios junto à Rede Ferroviária Federal de mecânicos e maquinistas do Equador. Também foi aprovado projeto da Via Interoceânica San Lorenzo-Manaus-Belém. Em novembro engenheiros militares equatorianos realizaram viagem ao Brasil com vistas à construção do trecho Lago Ágrio-Porto Putumayo da Via Interoceânica. Em 1971 assinaram-se projetos de cooperação técnica para treinamento de engenheiros rodoviários equatorianos e outro, em colaboração com a Companhia Siderúrgica Nacional, de treinamento profissional de engenheiros metalúrgicos. O chanceler equatoriano, José Maria Ponce Yépes, visitou o Brasil em junho de 1971, assinando Declaração Conjunta para ligação dos portos de Belém, no Atlântico, a Esmeraldas, no Pacífico, através de um sistema misto rodo-fluvial. Além disso, foi oferecida ao Equador um crédito de 10 milhões de dólares. Esta visita foi retribuída em julho de 1973, por Gibson Barboza, que assinou Acordo de Intercâmbio Cultural e Científico.

Em junho de 1971 ocorreu a visita do chanceler colombiano, Alfredo Vázques Carrizosa, sendo firmada a Declaração sobre a Região Amazônica e cooperação técnica. Dois meses depois ocorreu o encontro, em Letícia, dos presidentes Médici e Pastrana Borrero, que firmaram a Declaração Conjunta Brasil-Colômbia e em outubro uma delegação da Associação Nacional de Indústrias da Colômbia visitou o Brasil, mantendo encontro com ministros e representantes empresariais. Em junho de 1973 uma missão técnica siderúrgica brasileira esteve na Colômbia para estudo da viabilidade de empreendimento conjunto brasileiro-colombiano na exploração de reservas carboníferas colombianas.

A Venezuela, país que até então mantivera poucos contatos com o Brasil, também passou a ser alvo da diplomacia brasileira. Não foi um processo fácil, na medida que a democracia venezuelana possuía uma doutrina formalmente contrária à existência de regimes ditatoriais no continente, mas mais uma vez a *Diplomacia do Interesse Nacional* deu provas de suficiente flexibilidade. Em maio de 1971, a visita ao Brasil do chanceler da Venezuela, Aristides Calvani, caracterizou sua importância pelos atos firmados, que retomavam a Comissão Mista criada em 1960 e abriam conversações Econômicas. Em julho de 1971, o chanceler Gibson Barboza retribuiu a visita, assinando em Caracas um acordo constitutivo de um mecanismo de consulta sobre transporte marítimo bilateral.

A aproximação entre os dois países intensificou-se, na medida em que em função da crescente valorização do preço do petróleo, a Venezuela adquiria maior importância econômico-diplomática no continente. Em janeiro de 1973, acompanhado de missão técnica, José Curiel Rodrigues, ministro de Obras Públicas da Venezuela, visitou o Brasil, cumprindo extenso programa de discussão de temas relativos ao desenvolvimento da região amazônica. No mês seguinte, o presidente Médici encontrou-se na fronteira com o da Venezuela, Rafael Caldera, seguindo para a cidade venezuelana de Santa Elena de Uairén. Foi inaugurada a estrada El Dorado-Santa Elena de Uairén-Marco BV-8-Boa Vista., primeira conexão terrestre entre os dois países. Na mesma ocasião, os ministros das Relações Exteriores assinaram Convênio Básico de Cooperação Técnica. Em junho de 1973 o ministro Gibson Barboza realizou mais uma visita à Venezuela.

México, América Central e Caribe

Durante o governo Médici, a diplomacia brasileira fez-se presente em outras áreas do hemisfério, tais como a América Central, Caribe e Guianas. Nesta região, o único problema foi o regime cubano, devido às questões dos exilados brasileiros, apoio aos grupos guerrilheiros brasileiros, sequestro e desvio de aviões para aquele país e a campanha internacional contra o regime militar. O Itamaraty acompanhou, recebendo informações de missões diplomáticas da área, o apoio cubano aos movimentos revolucionários na América Latina e a situação política interna de Cuba, bem como o movimento visando ao retorno de Cuba ao sistema interamericano[131]. Em outubro de 1969, iniciaram-se os sequestros de aviões comerciais brasileiros, forçados a rumarem a Cuba. Em resposta, no plano diplomático multilateral, o governo brasileiro e de outros Estados apresentaram um projeto de resolução, elaborado na VI Comissão da Assembleia Geral da ONU, sobre a questão. Em matéria bilateral, o Brasil afetou gestões junto ao governo suíço, encarregado dos interesses brasileiros em Cuba, no sentido de assistência a passageiros e tripulantes e de liberação dos aparelhos.

Com o México, país produtor de petróleo, o relacionamento foi ampliado, especialmente no que tange à pauta econômica. Em outubro de 1970, realizou-se a I Reunião da Comissão Mista Brasil-México, em Brasília. Na ocasião, foi feita análise do intercâmbio comercial no período 1960-69. Ressaltou-se que, apesar do aumento do volume (de US$ 1,3 milhões em 1961 para US$ 26,3 milhões em 1969), havia um desequilíbrio com saldo negativo para o Brasil, cujas causas foram apontadas pela delegação brasileira como decorrendo da falta de reciprocidade na aplicação dos mecanismos de liberalização comercial do Tratado de Montevidéu (ALALC), e fretes desfavoráveis ao exportador brasileiro, além da concorrência dos produtos brasileiros com os norte-americanos no mercado interno do México. Em julho de 1973, uma missão mexicana composta por autoridades governamentais e empresários, sob chefia do ministro da Indústria e Comércio, Carlos Torres Manzo, também realizou visita ao Brasil. Os principais temas tratados foram, maior vinculação financeira e bancária, mecanismos de pagamentos, transportes marítimo e aéreo e incremento do intercâmbio comercial. Além disso, foram abordados o acordo de complementação industrial, a criação de uma empresa mexicano-brasileira de comércio exterior.

Assim, as relações com o México, um grande país dotado de uma diplomacia nacionalista e de uma economia expressiva, concentravam-se nas questões da defesa de determinadas posições comuns no plano internacional e na complementariedade econômica, nos marcos de uma cooperação entre parceiros de mesmo porte. Já bem diferente foi o caso do ingresso da diplomacia brasileira no cenário centro-americano, caribenho e guiano. Em julho de 1971, durante visita de Mario Gibson Barboza à América Central, Brasil e Guatemala assinaram Declaração Conjunta, Acordo Constitutivo de uma Comissão Mista de Comércio, e Acordo relativo à Concessão de Bolsas de Estudo para Cursos e Estágios sobre Desenvolvimento a estudantes e

---

[131] Relatório 1969, MRE, p. 13..

profissionais da Guatemala, o que replicado em El Salvador, Honduras, Nicarágua e Costa Rica.

Outra região onde o Brasil inaugurou sua presença diplomática foi nas Guianas. Em novembro de 1971, Gibson Barboza visitou a Guiana (ex-britânica) e assinou, em Georgetown, vários atos: Acordo Constitutivo de uma Comissão Mista de Cooperação Econômica; Projetos de Cooperação Técnica; Estabelecimento de Entreposto Franco para Mercadorias Exportadas ou Importadas pelos Brasil; e, por fim, também ofereceu um crédito de 3 milhões de dólares. No que diz respeito à cooperação técnica o SENAI foi encarregado de formar mão-de-obra especializada na Guiana. Como resultado dos novos vínculos estabelecidos, em agosto de 1973 realizou-se em Georgetown, a I Reunião da Comissão Mista de Cooperação Econômica, que tratou do intercâmbio comercial e do estabelecimento de uma conexão rodoviária e da cooperação em matéria de desenvolvimento regional. Em novembro de 1971, o ministro das relações exteriores também visitou o Suriname, ainda formalmente colônia holandesa, onde propôs a criação de um grupo técnico misto brasileiro-surinamense.

Em relação ao Caribe, em agosto de 1971, Brasil e Trinidad-Tobago assinaram em Brasília, Acordo relativo à Pesca em Mar Territorial Brasileiro, e em novembro, Gibson Barboza visitou Trinidad e Tobago, assinando em Port of Spain, Convênio Cultural e Acordo relativo à Criação de uma Comissão Mista de Cooperação Técnica, Econômica e Comercial, firmando ainda Declaração Conjunta, na mesma linha do efetivado com os demais países da região. No mesmo mês o Brasil estabeleceu relações diplomáticas com Barbados. Em 1972, ao governo do Haiti foi oferecida uma linha de crédito de US$ 3 milhões, a ser negociada entre o Banco do Brasil e o Banco Nacional do Haiti, e o Loyd Brasileiro criou uma linha regular de navegação para Guatemala, El Salvador, Costa Rica e Nicarágua, e logo a investida na região começou a dar resultados. A realização de estágios em empresas estatais brasileiras criava vínculos comerciais.

AS RELAÇÕES BILATERAIS COM A EUROPA OCIDENTAL, PAÍSES SOCIALISTAS, ÁFRICA E ÁSIA

No plano extra-hemisférico, o Brasil iniciou timidamente um processo de busca de novos espaços, apoiando-se essencialmente em estratégias bilaterais. Nessas relações a dimensão econômica foi predominante, embora variando de intensidade e motivação, conforme as regiões. Com relação aos países capitalistas desenvolvidos, a *Diplomacia do Interesse Nacional* procurou explorar as possibilidades de cooperação abertas pela multipolarização econômica e pelo início do declínio da hegemonia norte-americana. O relacionamento com a Comunidade Econômica Europeia continuou difícil, mas as relações bilaterais com a Alemanha Federal e com o Japão continuaram sendo incrementadas de forma acelerada. Com os países socialistas europeus, as trocas comerciais também foram intensificadas, apesar das diferenças ideológicas. Em relação ao Terceiro Mundo, os progressos dignos de nota referiram-se à inauguração de uma cooperação sistemática com a África Ocidental, nos mesmos moldes do ocorrido com os pequenos países latino-americanos e, com a proximidade da crise do Oriente Médio, uma significativa aproximação e inflexão política quanto aos problemas dessa região. Contudo, a política mundial do Brasil ainda era tímida e presa ao passado, apesar de estar abrindo caminho para o grande salto do governo Geisel.

Europa Ocidental e Japão

Em maio de 1971 o Brasil apresentou às Comunidades Europeias (CE) uma proposta para a abertura de negociações com vistas à conclusão de um acordo bilateral. Veio ao Brasil uma delegação do Parlamento Europeu chefiada pelo seu Presidente, Walter Behrendt, mantendo encontro com autoridades brasileiras, e em setembro seguinte, o responsável pelas relações exteriores da CE, Ralf Dahrendorf. Esses contatos, contudo, tentavam mais contornar problemas existentes do que abrir novos canais de cooperação. Em 1º de janeiro de 1973, criou-se a Comunidade dos Nove, que para as relações com a América Latina não revelou qualquer aspecto positivo; pelo contrário, significou um espaço cada vez menor de manobra para as partes. Os poucos resultados eram modestos, como o Acordo Comercial Não-Preferencial entre Brasil e CEE, assinado em setembro de 1973[132].

Já a cooperação bilateral com a Alemanha Federal, revelava um aprofundamento quantitativo e qualitativo, ampliando ao mesmo tempo a pauta bilateral. No âmbito econômico, comercial, financeiro e de investimentos,

---

[132] TREIN, Franklin. "Europa 92: suas consequências nas relações CE-Brasil", in *Contexto Internacional*. Rio de Janeiro: IRI/PUC-RJ, nº 9, 1989, 81.

o relacionamento foi intenso. Em abril de 1970, Brasil e RFA assinaram Acordo para o fornecimento de fosfato Rhenania e de adubo polinutritivo NPK. Em agosto, o ministro da Indústria e Comércio visitou a Alemanha, mantendo contatos com representantes do governo, da indústria siderúrgica e de bancos alemães. Em abril de 1971, o ministro dos Transportes da RFA, Georg Leber, visitou ainda uma das frentes da Transamazônica. No campo da cooperação técnica e científica, o relacionamento foi igualmente intenso, envolvendo projetos de longo prazo, como a questão nuclear e a transferência de tecnologia para o desenvolvimento, inclusive a computação eletrônica.

Os contatos foram intensificados no ano seguinte, e, em março de 1971, veio ao Brasil uma delegação alemã tratando da utilização do mar territorial e portos brasileiros pelo navio nuclear Otto Hahn. Em Brasília, a delegação reuniu-se com representantes do Itamaraty, da CNEN e da Marinha. A delegação convidou técnicos brasileiros para participarem de uma da viagem do Otto Hahn. Em abril de 1971, esteve em visita oficial ao Brasil o ministro dos Negócios Estrangeiros da RFA, Walter Scheel. Nesta ocasião foi assinado um Protocolo sobre Cooperação Financeira e um Convênio Especial entre a CNENe o Centro de Pesquisas Nucleares de Jülich. No campo da oceanografia, o Brasil apresentou a proposta chamada de Operação Guanabara, e, em 1972, registrou-se a instalação de laboratórios de física nas Universidades de Brasília e São Carlos, doados pela RFA.

No mês de junho ocorreu, em Brasília, a Reunião da Comissão Mista Teuto-Brasileira de Cooperação Científica e Tecnológica, sendo a delegação alemã chefiada pelo Secretário do Ministério da Educação e Ciência, Hans-Hilger Haunschild. Na ocasião da reunião, o navio nuclear alemão Otto Hahn realizou viagem ao Brasil, transportando minério de ferro do porto de Tubarão para a RFA. Em outubro de 1973, realizou-se, em Bonn, a III Reunião da referida Comissão. Na ocasião foi constatado o progresso alcançado nas áreas de energia nuclear, pesquisa científica, tecnologia aeroespacial, matemática e computação. Brasil e RFA assinaram Acordo sobre pesquisa Espacial e Memorando de Entendimento entre CNPq, Ministério Federal de Pesquisa e Tecnologia da Alemanha e NASA.

Com a França as relações foram menos intensas, mas significativas. Em setembro e outubro de 1969, visitou o Brasil uma Missão Comercial, chefiada por Leopold de Rothschild. Ainda em outubro, após entendimentos com relação ao Protocolo de Financiamentos entre os governos do Brasil e da França, parte do crédito (12,5 milhões de francos) do Tesouro francês foi estendido à Usina Siderúrgica da Bahia (USIBA), que contratou, simultaneamente, financiamentos de 37,5 milhões de francos com um consórcio de bancos privados franceses. No mês seguinte, visitou o Brasil uma Missão Industrial da França, chefiada pelo general Buchalet, e integrada por representantes de grandes firmas francesas. Em setembro de 1971, Brasil e França firmaram em Brasília a Convenção para Evitar a Dupla Tributação e Prevenir a Evasão Fiscal em Matéria de Impostos sobre o Rendimento. No campo militar, em setembro de 1970, visitou o Brasil uma delegação composta por membros da Comissão de Relações Exteriores, Defesa e Forças Armadas do Senado francês. Em março de 1973, Brasil e França acertaram o financiamento para o equipamento das Centrais Hidrelétricas de Água Vermelha e de Ilha Solteira.

Com a Itália, a cooperação foi igualmente significativa. No mês de outubro de 1970, missão composta de autoridades e de representantes da indústria e do comércio da Itália realizaram visita, promovida pelo Instituto de Comércio Exterior da Itália, a Brasília, São Paulo, Curitiba e Recife, e em dezembro, técnicos italianos do Ministério da Saúde vieram ao Brasil para inspecionar frigoríficos. No campo da cooperação tecnológica, em agosto de 1971, foi assinado pela Comissão Nacional de Energia Nuclear, do Brasil e pelo Comitato Nazionale per l'Energia Nucleare, da Itália, um programa destinado a dar cumprimento ao Acordo Ítalo-brasileiro de Cooperação para o Uso Pacífico da Energia Nuclear de 1958.

Também as relações com os países nórdicos foram incrementadas. Em 1971, o maior investimento norueguês no exterior destinou-se ao Brasil (US$ 76 milhões), referente ao da Indústria de Celulose Borregaard S.A. A primeira unidade de produção da indústria seria inaugurada no ano seguinte em Guaíba (RS). Em setembro de 1971, era inaugurada uma segunda fábrica, em São Paulo, destinada a produzir equipamento hidráulico para a fábrica da Munck (Noruega) já instalada no Brasil. Em setembro de 1972, ministro da Indústria da Suécia, Rune Johansson, visitou o Brasil, mantendo contato com ministros, resultando na assinatura do Acordo de Consulta sobre Transporte Marítimo Bilateral. Em novembro de 1973, visitou o Brasil missão de empresários austríacos, chefiada por Philipp von Schoeller. Os empresários austríacos manifestaram a intenção de aproveitar a tradicional vinculação comercial da Áustria com os países do Leste Europeu em benefício das exportações de manufaturados brasileiros, além disso, a vontade de participar da expansão dos sistemas portuários e ferroviário e do parque industrial brasileiro.

As relações com Portugal, por sua vez, sofreram alterações significativas. Embora aparentemente a solidariedade luso-brasileira prosseguisse, o Brasil procurava encaminhar as relações bilaterais de forma independente do problema colonial. Em 22 de abril de 1970, comemorou-se em todo o território nacional o Dia da Comunidade Luso-Brasileira, instituído em 1967. Nesta ocasião, foi instalada a Seção Brasileira do Centro Empresarial Luso--Brasileiro. Em julho de 1970, Mario Gibson Barboza visitou Portugal, dando prosseguimento à política estabelecida em 1966 de reunirem-se anualmente os chanceleres dos dois países, para revisar as relações luso-brasileiras. No mês de agosto de 1971, ministro Gibson Barboza, como envidado especial do presidente Médici, viajou a Lisboa para solicitar ao governo português a transladação para o Brasil dos restos mortais de D. Pedro I. Em abril de 1972, presidente português, Almirante Américo Thomaz, visitou o Brasil, trazendo os restos mortais do Imperador Dom Pedro I, como parte das comemorações do Sesquicentenário da Independência. Na ocasião, foi firmada um Declaração Conjunta Brasil-Portugal, em que se reiterou o empenho de fortalecer a Comunidade Luso-Brasileira. Na mesma época, partiu do Rio de Janeiro com destino a Moçambique uma missão comercial brasileira, promovida pela Confederação Nacional da Indústria e pelo Centro Empresarial Luso-Brasileiro, para participar da Feira Internacional de Lourenço Marques. A missão depois esteve em Luanda, deslocando-se mais tarde para Lisboa. Em setembro de 1972, o presidente do Conselho de ministros de Portugal, Marcello Caetano, visitou o Brasil por ocasião das comemorações do Sesquicentenário da Independência. Em maio o presidente Médici visitou Portugal, mantendo encontro com o presidente Américo Thomaz.

As relações brasileiro-espanholas também sofreram relativo incremento. Em novembro de 1969, foi celebrado um Acordo de compra, por parte do Brasil, de 100 locomotivas diesel-elétricas espanholas e, por parte da Espanha, de 65.000 toneladas de café brasileiro no período de 1969--1973. Em junho de 1971, os dois países acordaram que o Brasil adquiriria 50 locomotivas espanholas, em troca da compra de 60.000 toneladas adicionais de café pela Espanha no período 1972-74. Em novembro de 1972, ministro do Planejamento da Espanha, Laureano Lopez-Rodó, realizou visita oficial ao Brasil, encontrando-se com o presidente Médici e ministros de Estado brasileiros.

A cooperação com o Japão, por sua vez, foi fortemente intensificada e consolidada. Em março de 1970, foi ao Japão a Missão Comercial brasileira, organizada pela Federação do Comércio do Estado de São Paulo. Em abril veio ao Brasil, pela oitava vez, do vice-presidente da Federação das Associações Econômicas do Japão e presidente da Nippon Usiminas Ltda., Teizo Horikoshi, portador de carta do primeiro-ministro Eisaku Sato ao presidente Médici. No mês de julho foi a vez de Gibson Barboza visitar o Japão, entregando carta do presidente Médici ao primeiro-ministro japonês. Em encontro com o chanceler japonês, Gibson Barboza debateu a cooperação técnico-científica nipo-brasileira, a venda de carne bovina ao Japão e a concessão de créditos a firmas brasileiras.

Em setembro de 1970, em retribuição da visita de Gibson Barboza ao Japão, o chanceler japonês, Koichi Ache, esteve no Brasil, assinando o Acordo Básico de Cooperação Técnica bilateral. Em novembro de 1970, visitou o Brasil uma missão do Grupo C. Ipoh do Japão com o objetivo de estudar investimento na indústria petroquímica nacional. Em fevereiro--março de 1971, ocorreu a visita de um Grupo de industriais japoneses da Câmara de Comércio e Indústria de Osaka. Em abril de 1971, o presidente das Usinas Siderúrgicas de Minas Gerais S.A., Amaro Lanharia, esteve no Japão, e no mês seguinte, foi a vez do ministro da Indústria e do Comércio, Pratini de Moraes. Em julho de 1972, Saburro Omita, principal Conselheiro do Ministério das Relações Exteriores do Japão, visitou o Brasil, tratando do comércio e finanças internacionais, e o presidente do Centro Japonês de Desenvolvimento. Em novembro foi a vez da visita da Missão da Associação das Organizações Econômicas do Japão (KEIDANREM), chefiada por Kagoro Uemura.

Europa Socialista

Apesar das diferenças ideológicas, as relações entre o Brasil e a Europa socialista (URSS e Leste Europeu) cresceram no campo econômico e se mantiveram satisfatórias no terreno político, ainda que mantendo um *low profile* nesse domínio. Em dezembro de 1969 foi assinado o Protocolo sobre fornecimento de maquinaria e equipamentos da URSS ao Brasil. O ato estabeleceu as condições de financiamento concedidas por empresas soviéticas para venda de máquinas e equipamento ao setor público e privado brasileiros, até o valor de 100 milhões de dólares, durante o período de 1970-74. No ano de 1970, dados estatísticos do intercâmbio comercial do primeiro semestre indicavam que as exportações brasileiras foram US$ 50 milhões, enquanto importações foram US $ 20 milhões. Na pauta de exportação, o café em grão era o principal item. Na pauta de importação, além do trigo, destacavam-se produtos da indústria química, equipamentos e maquinaria pesada. Em outubro de 1970, foram assinados em Moscou um acordo entre a empresa soviética Energomashexport e as Centrais Elétricas de São Paulo, sobre o fornecimento de 41 turbinas hidrelétricas de fabricação soviética à Usina de Capivara, e outro entre o Instituto Brasileiro do Café e a empresa soviética Soyuzplodoimport, referente à exportação de café brasileiro (em grão e solúvel) para a URSS.

O Banco Central do Brasil concluiu no mesmo mês ajuste com Banco Nacional da Iugoslávia, pelo qual foi elevado de US$ 2 para US$ 6 milhões o limite de crédito previsto no Acordo de Comércio e Pagamentos. No mês de setembro de 1969, a COLESTE participou na tradicional Feira de Zagreb (Iugoslávia) e em março de 1970, sob a égide da Confederação Nacional da Indústria, 27 firmas brasileiras compareceram à Feira de Primavera de Leipzig. Foram assinados, então, contratos de exportação no valor de US $ 4 milhões. Em 1970, firmas brasileiras compareceram às Feiras de Budapeste, de Poznan, de Zagreb e de Plovdiv (Bulgária). Em julho de 1970, foram concluídos dois contratos relativos à exportação de 17.000 toneladas de arroz para a Polônia e a importação de 300 colheitadeiras automotrizes para trigo, soja e arroz daquele país.

O comércio entre o Brasil o Leste Europeu, em 1971 constituiu-se de exportações de café (beneficiado pela ausência de contingenciamento nos chamados "mercados novos") e outros produtos primários; e de importações de trigo, produtos da indústria química, equipamentos e maquinaria pesada[133]. Ainda no mesmo ano, o Brasil participou das seguintes Feiras em países do Leste europeu: Leipzig, Brno, Budapeste, Poznan, Zagreb e Plovdiv. Também em 1971, por iniciativa da COLESTE, esteve no Brasil uma delegação da firma soviética RAZNOEXPORT para visitar o parque industrial de calçados com vistas à exportação do produto brasileiro à União Soviética. Ainda em 1971, ocorreu a viagem de missão do IBC a Budapeste para assinatura de contrato de vendas de café no valor de US$ 8,2 milhões, em um período de oito anos.

Ainda no âmbito das relações com o leste europeu, em janeiro de 1971, o vice-ministro do Comércio Exterior da URSS, Manjulo, visitou o Brasil, manifestando o interesse das empresas soviéticas em participar

---

[133] Relatório 1971, MRE, p. 64.

de empreendimentos metalúrgicos, siderúrgicos e energéticos no Brasil. Discutiu também a possibilidade de trocas de cereais e colocação de produtos manufaturados brasileiros no mercado soviético. Em maio de 1971 a Ganz-Mavag, da Hungria, vendeu material ferroviário à RFFSA (12 trens automotrizes) e no mês seguinte a RFFSA firmou com Iugoslávia contrato de compra de 1.750 vagões ferroviários no valor de US$ 40 milhões. Essa operação, ao dar maior equilíbrio à balança comercial, permitiu ao IBC negociar vendas de café à Iugoslávia por um período de 2 anos. Em agosto de 1971, Brasil e Bulgária assinaram em Brasília Acordo sobre a venda de Trigo ao Brasil e, dois meses depois, ocorreu a visita de delegação do Conselho Nacional da Indústria Siderúrgica a Polônia, resultando na compra de carvão metalúrgico polonês, destinado à COSIPA.

Várias missões comerciais brasileiras foram enviadas à Europa Oriental nos anos de 1972 e 1973, ocorrendo também a vinda de delegações do Leste Europeu e a participação brasileira nas Feiras já mencionadas. Apesar disso, os soviéticos declararam que as relações comerciais bilaterais não correspondiam ainda às possibilidades dos dois países e que, na ocasião, a URSS importava do Brasil 10 vezes mais do que exportava. Segundo o vice-ministro soviético dos Transportes Marítimos, "embora importemos com regularidade, nossas exportações para o Brasil não são estáveis. Estamos exportando equipamentos energéticos, relógios, equipamentos para imprensa e laboratórios, mas tudo isso ainda é muito pouco, pois o mercado brasileiro só agora toma conhecimento de nossos produtos"[134]. Em 1973 foi autorizado o funcionamento no Rio de Janeiro de Escritórios Comerciais da Iugoslávia e da Romênia, e publicada pela COLESTE o estudo intitulado *Como exportar para a URSS*. Por fim, Brasil e Alemanha Oriental estabeleceram relações diplomáticas em outubro de 1973.

África Subsaariana

Ainda que a *Diplomacia do Interesse Nacional* do governo Médici rejeitasse o próprio conceito de Terceiro Mundo e a validade do antagonismo Norte-Sul, sob pressão da estratégia exportadora e das necessidades políticas de garantir a crescente importação de petróleo, o Brasil efetivou sua

---

[134] "Alemães e soviéticos querem financiar Sete Quedas", Jornal do Brasil, 2/12/1972, , p. 19.

presença na África ocidental e iniciou sua atividade diplomática regular no Oriente Médio, Ásia e Oceania (Austrália). Em abril de 1970, o Brasil participou, na qualidade de observador, da Reunião Preparatória da Conferência dos Países Não-Alinhados, de Dar-es-Salaam. Em 1973, o Brasil igualmente compareceu, como observador, à V Conferência de Chefes de Estado e de Governo dos Países Não-Alinhados, realizada em Argel.

Para alguns analistas, a política exterior do Brasil para a África manteve-se dentro das linhas já traçadas pelos governos militares anteriores, apenas passando a contar com um bom relacionamento junto à África do Sul[135]. Outros veem no governo Médici a inauguração de uma nova linha de política externa para a África, continente ao qual o Brasil se ligava por laços culturais, pelo apoio nas iniciativas internacionais para estabilização dos preços dos produtos primários e por serem ambos competidores nos mercados de produtos tropicais. Permeando esta nova diretriz, estava o problema das colônias portuguesas na África. O anticolonialismo era percebido de duas formas, conforme o observador: as metrópoles alegavam que os países coloniais deviam primeiro desenvolver-se para depois obter a independência, enquanto as colônias argumentavam que antes do desenvolvimento vinha a independência[136]. No plano internacional, o desenvolvimento da diplomacia brasileira para a África enfrentava os inevitáveis atritos com Portugal, EUA, potências coloniais europeias e África do Sul. Se é verdade que na ONU o Brasil votou ao lado de Portugal na questão das chamadas Províncias Ultramarinas, juntamente com EUA, Grã-Bretanha, Espanha e África do Sul, por outro absteve-se nas questões gerais de condenação do colonialismo, Apartheid e discriminação racial, introduzindo certo distanciamento do grupo colonialista.

A grande imprensa brasileira colocava-se normalmente ao lado de Portugal. Já no âmbito do governo, havia o sério dilema de como evitar uma ruptura com Portugal, mantendo e desenvolvendo simultaneamente nosso relacionamento com a África[137]. Geisel e Delfim Netto, então respectivamente, presidente da Petrobras e ministro da Fazenda, propunham uma entrada no continente africano via Províncias Ultramarinas portuguesas. Já a diplomacia preferia um caminho diverso: separar o *Portugal metropolitano*, com quem se buscava o desenvolvimento de relações bila-

---

135 GONÇALVES e MYIAMOTO, Op. cit., p. 228.
136 BARBOZA, Op. cit, p. 232-40.
137 Ibid, p. 254.

terais, intercâmbios culturais e comerciais, convenção sobre igualdade de direitos e deveres, do *Portugal colonialista*, com quem o Brasil deveria evitar envolvimento político, militar ou comercial, e a quem se deveria negar o apoio à tese da ficção jurídica das Províncias Ultramarinas.

Dentro dessa nova perspectiva, no plano militar, o Brasil também cancelou as manobras navais conjuntas e proibiu a venda de armas a Portugal. No plano político, excluiu as colônias portuguesas da visita que o chanceler brasileiro fez à África em 1972 e evitou o uso da expressão "províncias ultramarinas" nos documentos oficiais. E no plano comercial, evitou a associação com Portugal na exploração do petróleo angolano, assim como na abertura de entrepostos comerciais em Angola e Moçambique. Dessa segunda posição, despontava a sugestão de o Brasil intermediar o conflito entre Portugal e suas colônias africanas, para que se evitasse uma ruptura brusca entre os dois lados. Em um diálogo entre os chanceleres do Brasil e de Portugal, ocorrido em 1973, aquele salientou que se o imobilismo português persistisse, o Brasil se veria obrigado a votar contra o colonialismo na ONU. Portugal aceitou, então, discutir com as lideranças africanas, o que, de fato, não se concretizou. Com a Revolução dos Cravos, ocorreria a retirada unilateral dos portugueses de suas colônias (1974-75), que imediatamente se viram independentes.

Paralelamente, avançavam o estabelecimento de comunicações regulares e de aproximação política. No mês de março de 1970, foi efetuada em Lisboa, por solicitação das autoridades brasileiras, uma consulta aérea que obteve a escala da VARIG em Luanda na rota Rio de Janeiro-Joanesburgo-Luanda-Rio de Janeiro. Em janeiro de 1972, foi assinado em Joanesburgo um Memorando de Entendimentos Brasil-África do Sul sobre relações aeronáuticas, que acertam a ampliação da frequência de operações das empresas aéreas VARIG e South African Airways. O tema era sensível, pois o acordo servia para evitar o isolamento internacional à África do Sul e trouxe consequências negativas para a diplomacia africana do Brasil. Em maio do mesmo ano Hilgard Müller, ministro dos Negócios Estrangeiros da África do Sul, visitou o Brasil, num esforço de manter as relações bilaterais.

Os contatos diplomáticos diretos, antes quase inexistentes, conheceram rápida expansão. Em 1971, como preparação à visita do chanceler Brasileiro à África ocidental, marcada para 1972, foram elaborados estudos econômicos, políticos e culturais, sobre as possibilidades de ampliação das relações do Brasil com o Senegal, Costa do Marfim, Nigéria, Camarões, Zaire, Togo, Daomé e Gana. Ainda em 1971, o Brasil recebeu a visita da delegação da Nigéria, chefiada pelo seu ministro de Minas e Energia e, em fevereiro de 1972, também esteve no Brasil o ministro da Agricultura da Costa do Marfim, Abdoularje Sarvadoge, tratando da defesa dos preços do café no plano internacional, seguida logo depois por uma delegação nigeriana. No mês de agosto de 1972, Njoroge Mungai, ministro das Relações Exteriores do Quênia, também visitou o Brasil.

Em outubro-novembro de 1972, o chanceler Mario Gibson Barboza empreendeu uma extensa e importante viagem à África, abrangendo Costa do Marfim, Senegal, Gana, Togo, Daomé (Benin), Nigéria, Camarões, Zaire e Gabão, com o objetivo de retomar a presença brasileira na área, examinar os interesses comuns no Atlântico Sul, ampliar os mecanismos de consulta e colaboração sobre produtos primários, estimular a criação de correntes efetivas de comércio e estabelecer novos modos de cooperação cultural e assistência técnica. Tal viagem foi alvo de intensa oposição portuguesa[138] e, no plano interno, nos marcos do conceito de Fronteira Leste, caracterizou-se pela divergência entre o Ministério da Fazenda, que desejava cooperar com as colônias lusitanas, e o Itamaraty, que preferia os países independentes. Ela representou um dos primeiros esforços concretos da diplomacia brasileira, junto aos países atlânticos da África. No continente negro, contudo, "a viagem passou a ser entendida principalmente como um gesto de abertura de política externa para o continente africano, mais do que como visitas bilaterais"[139]. As declarações conjuntas continham, à parte as especificidades de cada país, a afirmação de princípios gerais, entre eles o da igualdade jurídica dos Estados, o da autodeterminação dos povos, o do repúdio à discriminação, o apoio ao fortalecimento da ONU, a reclamação à transferência de tecnologia dos países industrializados aos subdesenvolvidos, a condenação ao protecionismo nos países ricos e a afirmação da necessidade de cooperação entre os países fornecedores de produtos primários (para a obtenção de preços justos).

Bilateralmente, foram as seguintes as realizações da viagem do chanceler brasileiro: a) no Gabão, ficou acertada a exploração de petróleo e

---

[138] Antes de 1964 Portugal possuía forte *lobby* eleitoral no Brasil e o utilizava com o objetivo controlar a diplomacia brasileira em proveito próprio. Governos de tom ideológico como o de Castelo Branco mantiveram a posição. Mas um governo autoritário tinha instrumentos de poder para contornar a pressão portuguesa, como fez Médici e Geisel (não sem alguns arranhões). Um dos fatores que permitiu ao regime desenvolver uma diplomacia ousada foi, justamente, a centralização e relativa blindagem da esfera decisória.

[139] Ibid, p. 279.

minérios em geral por brasileiros; b) em Camarões, acertou-se a cooperação na área do cacau e do café, reativou-se o acordo bilateral de comércio de 1965 e fecharam-se acordos cultural e de cooperação técnica; c) no Senegal, ocorreram conversas sobre o colonialismo português, nas quais pediu-se a intermediação brasileira; d) no Zaire, confirmou-se a ambiguidade das suas relações com Portugal — na ONU e na OUA, um discurso violento de condenação ao colonialismo português; internamente, um grande intercâmbio comercial; e e) na Nigéria, onde havia grande oposição a Portugal e laços históricos e culturais com o Brasil, a comitiva verificou a existência de um grande mercado consumidor em potencial e das possibilidades de fornecimento de petróleo. Quando do seu regresso, Mario Gibson Barbosa ajudou a criar o Museu Afro-Brasileiro em Salvador e o Programa de Cooperação Cultural com a África, através da concessão de bolsas de formação e especialização a estudantes e técnicos africanos[140].

O Brasil estabeleceu, em 1973, relações diplomáticas com Guiné, Serra Leoa e Gabão. Durante o ano, além dos contatos efetuados no Brasil, visitaram a África Subsaariana, várias Missões brasileiras: da Escola Superior de Guerra, que percorreu os seis países onde o Brasil mantém Embaixadas; do sindicato da Indústria Farmacêutica; da Confederação Nacional da Indústria; da Câmara de Comércio Afro-Brasileira, composta de 70 empresas; de técnicos, coordenada com a Eletrobras, e integrada por engenheiros que visitaram Gana, Togo e Daomé. No Quênia, visitado durante a viagem de Gibson Barboza ao Oriente Médio em 1973, o tema principal foi a

---

[140] Os atos diplomáticos firmados pelo governo brasileiro com os países africanos durante a viagem do chanceler Gibson Barboza foram os seguintes: em 27 de outubro de 1972, Brasil e Costa do Marfim assinam, em Abidjan, Acordo Cultural e Educacional, Acordo Comercial, Acordo de Cooperação Técnica e Científica, Acordo sobre dispensa de vistos em passaportes diplomáticos e especiais e Declaração Conjunta Bilateral; em 2 de novembro de 1972, Brasil e Gana assinam, em Acra, Declaração Conjunta, Acordo de Cooperação Cultural e Acordo Comercial; em 3 de novembro de 1972, Brasil e Togo assinam, em Lomé, Acordo Cultural, Acordo Básico de Cooperação Técnica e Científica e Declaração Conjunta; Em 7 de novembro de 1972, Brasil e Daomé assinam, em Cotonou, Declaração Conjunta, Acordo Cultural e Acordo de Cooperação Técnica; em 9 de novembro de 1972, Brasil e Zaire assinam, em Kinshasa, Convenção Geral de Cooperação Econômica, Comerciall, Científica e Cultural e Declaração Conjunta; em 12 de novembro de 1972, firmada, em Libreville, a Declaração Conjunta Brasil-Gabão; Em 14 de novembro de 1972, Brasil e Camarões assinam, em Iaundé, Acordo Cultural, Acordo de Cooperação Técnica e Declaração Conjunta; em 18 de novembro de 1972, Brasil e Nigéria assinam, em Lagos, Acordo sobre Cooperação Cultural, Acordo Comercial e Declaração Conjunta; em 21 de novembro de 1972, Brasil e Senegal assinam, em Dacar, Acordo de Cooperação Técnica e Declaração Conjunta.

descolonização. Com esse país, o Brasil acertou cooperação técnica, a cooperação no comércio do café e um acordo comercial. O Brasil recebeu em janeiro de 1973 a visita do ministro da Agricultura da Tanzânia e de Litho Moboti, presidente da *Société Générale d'Alimentation* do Zaire. Em fevereiro de 1973, houve a visita do ministro de Obras Públicas e Assuntos Habitacionais da Nigéria, L.O. Okunnu, e entre 26 de fevereiro a 5 de março, por ocasião da visita do ministro para Negócios Estrangeiros do Zaire, foram assinados, em Brasília, Acordo de Cooperação Técnica e Científica, Acordo sobre Cooperação Cultural, Acordo Comercial, Protocolo para estabelecimento de serviços aéreos entre os dois países e Declaração Conjunta. Em setembro de 1972, realizou visita ao Brasil o Comissário Federal para Trabalho e Informações da Nigéria, Anthony Enahoro, e em novembro, ocorreu a visita do ministro dos Negócios Estrangeiros da Costa do Marfim.

Oriente Médio

Com relação ao Oriente Médio, a presença brasileira se fez mais intensa, enquanto a diplomacia do Itamaraty transitava, concomitantemente, de uma equidistância pró-Israel quanto ao conflito árabe-israelense, para uma posição de relativo apoio às proposições da Liga Árabe. O chanceler Gibson Barbosa fez uma importante viagem à região, um pouco antes da eclosão da Guerra do Yom Kippur, motivado pela necessidade de exportação pelo Brasil, e de garantia do abastecimento de petróleo. Isto se devia tanto ao aumento do preço deste combustível desde 1971, que tornava os países da região atrativos como mercado consumidor, quanto ao crescente consumo brasileiro, que gerava a dupla necessidade de equilibrar as contas externas. A mudança de atitude brasileira também produziu outras possibilidades em relação aos árabes, bem como um aumento na cooperação com Israel.

O Chefe do Estado Maior das Forças Armadas do Brasil realizou, em maio de 1971, visita ao Marrocos, e no mesmo mês Brasil e Iraque assinaram, em Bagdá, Acordo sobre Cooperação Comercial, pelo qual o Brasil se comprometeu a comprar petróleo do Iraque, cujo governo assumia a obrigação de facilitar a colocação em seu mercado de produtos brasileiros em valor correspondente à quantidade de petróleo adquirido. No ano seguinte, o Iraque nacionalizou a Iraq Petroleum Company (IPC). Em razão disso, sofreu tentativa de boicote das multinacionais do ramo, que impediram Bagdá de vender o petróleo no exterior. Geisel (presidente da Petrobras) deu ordem, então, para que a estatal brasileira comprasse o petróleo iraquiano. Neste momento, a BRASPETRO conseguiu assinar um contrato de risco com a IPC, para a exploração das áreas de Majnoon e Nahr Umr no Iraque[141]. Em 1971, ocorreu a apresentação das credenciais do primeiro embaixador do Iraque no Brasil.

Em janeiro de 1972, o ministro dos Negócios Estrangeiros da República Árabe do Egito, Mourad Ghaleb visitou o Brasil, tendo sido recebido pelo presidente da República e pelo chanceler brasileiro. No mês seguinte, Missão Comercial, governamental e de representantes de empresários brasileiros realizou visita à Bagdá. Em encontros com membros do governo do Iraque, ficou decidido que, em contrapartida ao montante de petróleo já comprado pela Petrobras, o Iraque adquiriria semimanufaturados e manufaturados de produção brasileira em igual ou superior valor ao do óleo iraquiano. Após deixar Bagdá, a Missão esteve em Argel, discutindo agenda semelhante. Em julho de 1972, desenvolveram-se negociações preliminares entre um grupo siderúrgico nacional, denominado Consórcio Brasileiro de Siderurgia, com autoridades iraquianas. No ano de 1971, por sua vez, havia visitado o Brasil o ministro da Alfândega e Monopólios da Turquia, Haydar Ozalp, que assinou com o Instituto Brasileiro do Café um Protocolo visando a regulamentar as exportações de café brasileiro para a Turquia.

Com Israel, o Brasil assinou, em janeiro de 1972, o Convênio complementar ao Acordo Básico de Cooperação Técnica de 1962, relativo à colaboração bilateral no campo da irrigação e da valorização de áreas atingidas pelas secas. Em agosto de 1972, esteve em Brasília o ministro das Finanças de Israel, Pinhas Sapir, mantendo contatos com os ministros da Fazenda, das Relações Exteriores, do Comércio e da Indústria, e do Planejamento. No mês seguinte esteve no Brasil o Professor Shalhe Veth Freier, presidente da Comissão de Energia Nuclear de Israel. Em encontro com Hervásio de Carvalho, presidente da CNEC, foram examinadas perspectivas de cooperação. No mês seguinte, o Subdiretor-Geral de Cooperação Internacional e dos Assuntos Econômicos do Ministério dos Negócios Estrangeiros de Israel, Shimeon Amir, veio ao Brasil, sendo discutidos assuntos de cooperação econômica e técnica.

Em de janeiro de 1973, atendendo a convite do seu colega egípcio, o ministro Mario Gibson Barboza visitou a República Árabe do Egito, mantendo encontro com o presidente Anuar-el-Sadat e outras autoridades.

---

[141] VEJA, 16/1/1980, p. 67.

No Cairo, o governo brasileiro acertou a participação da Petrobras na pesquisa e prospecção do petróleo local, e assinou acordo de cooperação técnica. Gibson Barboza expôs alguns pontos para a solução do conflito árabe--israelense: retirada de Israel da península do Sinai, retorno das Colinas de Golan à Síria, e solução para o problema dos refugiados palestinos[142]. O chanceler realizou, ainda em janeiro, visita ao Quênia (ponte para evitar constrangimentos entre egípcios e israelenses, em estado de guerra), como convidado oficial, sendo recebido pelo chanceler queniano. Na ocasião foram assinados Comunicado Conjunto, Acordo Cultural e Acordo de Cooperação Técnica.

Na sequência da viagem, Gibson Barboza visitou o Estado de Israel, encontrando-se com o presidente Zalman Shazar, a primeira-ministra Golda Meir e o ministro dos Negócios Estrangeiros Abba Eban. Neste país também foi discutido o conflito árabe-israelense. Na visão do Itamaraty, o governo brasileiro, em relação a este conflito, deveria manter uma posição equidistante. De prático, foram assinados acordos para dar prosseguimento à colaboração de Israel com o Brasil no programa de irrigação, já mencionado.

Em setembro de 1972, esteve em Brasília o senador Taher Ziai, presidente da Câmara do Comércio, Indústrias e Minas do Irã, que sugeriu a instalação de uma agência da VARIG em Teerã e propôs um acordo de fretes Brasil-Irã. Em outubro de 1972, visitou o Brasil uma delegação de Membros do Partido Baath do Iraque. Em 1973, o Itamaraty promoveu duas missões que visitaram os principais países produtores de petróleo do Oriente Próximo. A primeira, liderada pelo Departamento Econômico do MRE, teve como principal objetivo realizar contatos que propiciassem ao Brasil a garantia de fornecimento de combustível. A segunda, também contou com a presença de altos funcionários da Petrobras, visando estreitar as relações com o mundo árabe, com concretos que se traduziram na garantia de fornecimento de petróleo e na designação de Encarregado de Negócios na Líbia e no Kuwait.

Em 20 a 24 de março de 1973, realizou-se, no Rio de Janeiro, a Reunião de Consulta sobre Transporte Aéreo Brasil-Israel. O Brasil acertou com Israel a vinda de técnicos para instrução de pilotos e técnicos brasileiros na utilização dos caças franceses Mirage. A experiência de 12 anos e de duas guerras, que a Força Aérea Israelense alcançou na utilização desses

---

[142] BARBOZA, Op. cit., p. 218-9.

caças supersônicos, seria transmitida como orientação técnica, à esquadrilha de 16 aparelhos da FAB. A orientação deveria ser dada em estágio em Israel, além de assistência na manutenção e de apoio de terra à esquadrilha. Além do estágio em Israel, pilotos e técnicos israelenses deveriam vir ao Brasil para dar orientação[143].

O Brasil e o Egito assinaram no Cairo, em 31 de março de 1973, Acordo de Cooperação Técnica e Científica e Acordo Comercial. Em maio de 1973, veio ao Brasil o chanceler Saudita, Omar Sakkaf, reunindo-se com o presidente da República e outras autoridades. Na ocasião, ficou acertado o estabelecimento de relações diplomáticas entre Brasil e Arábia Saudita. Já o chanceler do Líbano, após a guerra do Yom Kippur, declarou que obteve absoluto sucesso na sua missão junto ao governo brasileiro, com o apoio às reivindicações dos Estados árabes, em que se inclui a questão dos palestinos contra as pretensões de Israel. O ministro afirmou que os árabes não eram responsáveis pela absurda alta dos preços do petróleo, o qual não era usado como arma para elevar os preços, mas para despertar a consciência moral do mundo. Afirmou que a arma do petróleo só foi usada como único meio de enfrentar a agressão, já que a própria ONU não tomava medidas necessárias, nem ao menos sanções econômicas, e que a política brasileira era aberta à causa árabe[144].

Ásia e Oceania

As relações com a Ásia e a Oceania incrementaram-se modestamente, devido a continuidade da ausência de relações diplomáticas com a República Popular da China. Mesmo assim, uma cooperação concreta foi avançada com a Índia e a Austrália, além da aproximação com os países que estavam emergindo, como os Tigres Asiáticos, que iniciavam seu processo de desenvolvimento. A ênfase das relações com a região era essencialmente comercial, com exceção da Índia. Em setembro de 1971, o Brasil recebeu a visita de uma Missão Econômica chinesa (de Taiwan), chefiada pelo ministro da Economia, Li Kwoh-Ting, e no mês seguinte, uma Missão Comercial Chinesa de Produtos Elétricos. Em 1972, em decorrência de gestões realizadas pelo Itamaraty e pelo e Ministério da Agricultura, o Governo colonial

---

[143] "Israel dá à FAB aula de Mirage", Jornal do Brasil, 23/4/1972, p. 17.
[144] Jornal do Brasil, 2/2/1974, p. 3.

de Hong Kong, através da Diretoria de Serviços Urbanos, autorizou a importação de carnes congeladas de origem brasileira. Em 1972, por sua vez, o governo brasileiro doou às Filipinas 20 mil doses de vacinas anticólera, 50 mil doses de antitíficas e medicamentos, sobretudo antibióticos, como ajuda às vítimas de enchentes que assolaram algumas regiões daquele país.

Durante os dias 7 a 10 de outubro de 1970, o chanceler de Cingapura visitou o Brasil, mantendo contato com o presidente Médici, o chanceler brasileiro e outras autoridades. No mês seguinte, na qualidade de enviado especial do presidente da Coréia do Sul, Paik Too Chin esteve em visita ao Brasil, mantendo encontro com o presidente Médici e o com o chanceler. Na esteira do constante incremento das relações econômicas bilaterais, em agosto de 1972, o Brasil recebeu a visita do ministro dos Negócios Estrangeiros da Coréia do Sul, Kim Yong Shik. Contudo, dia 27 de novembro de 1970, ocorreu o fechamento da Embaixada em Jakarta que passou a ser cumulativa com a Embaixada de Bangkok, um gesto que levou à estagnação das relações bilaterais com a Indonésia. Em maio de 1972, por outro lado, governo do Brasil reconheceu a República Popular do Bangladesh, acreditando que a estabilidade política do novo Estado poderia contribuir para o equilíbrio de poderes na região.

Com relação ao gigante indiano, um dos líderes do Movimento dos Não-Alinhados e potência que viria a juntar-se ao clube nuclear em 1974, além dos óbvios interesses comerciais, existia grande interesse na cooperação técnica e científica, especialmente atômica. Em outubro de 1970, Hervásio Guimarães de Carvalho, presidente do Conselho Nacional de Energia Nuclear, esteve na Índia, visitando instalações daquele país, e no mês seguinte, esteve no Brasil o industrial indiano J. R. D. Tata, que manteve contato com ministros da Indústria e Comércio e das Minas e Energia do Brasil. No mês de outubro de 1971, ocorreu a visita de representantes da Rolling Stock Export Association, da Índia, bem como do presidente da Indian Trade Company, Prakesh Lal Tandon. Em fevereiro de 1972, veio ao Brasil uma Missão Comercial da Índia para examinar o mercado brasileiro de importação e exportação de minerais, produtos químicos e farmacêuticos, produtos agrícolas, óleo de feijão de soja, equipamento ferroviário e de engenharia, estabelecimento de Empresas Conjuntas e troca de *know-how* técnico.

A Austrália, por sua vez, passou a ser um parceiro comercial de crescente interesse. Em novembro de 1969, estiveram no Brasil o ministro do Desenvolvimento Industrial do Estado da Austrália Ocidental, Charles W.

Court, e o ministro do Departamento de Minas da Austrália, W. Y. Gannon. Além de contatos com autoridades brasileiras, o ministro Court visitou as instalações da Companhia Vale do Rio Doce, em Itabira, o porto de minérios de Tubarão e algumas indústrias paulistas. Com o ministro das Minas e Energia do Brasil, Court concluiu pela conveniência de estreitar a cooperação entre o Brasil e a Austrália com relação à comercialização do minério de ferro. Dois anos depois, em setembro de 1971, ocorreu a visita do Subsecretário dos Negócios Estrangeiros da Austrália, Logis Border. Em abril de 1972, o vice-primeiro-ministro e ministro do Comércio e Indústria da Austrália visitou o Brasil, acompanhado do Secretário-Geral do Ministério do Comércio e Indústria.

AS ORGANIZAÇÕES INTERNACIONAIS: ECONOMIA E SEGURANÇA

Organismos Internacionais

Apesar da ênfase bilateral da *Diplomacia do Interesse Nacional* e da rejeição de qualquer filiação ao terceiro-mundismo, o Brasil continuou atuando expressivamente nos fóruns internacionais para denunciar as tentativas de congelamento do poder mundial e as distorções do sistema internacional. A diferença é que agora o Brasil falava apenas em seu próprio nome. Mesmo durante a vigência da Junta Militar, o Brasil denunciava a estratégia das superpotências, solicitando "uma revisão da Carta das Nações Unidas, com o objetivo de tornar ilegal o uso da força nas relações internacionais, e para proporcionar uma verdadeira segurança coletiva a todas as nações, tanto no campo econômico como no político"[145].

Contudo, a utilização simultânea de uma estratégia multilateral e bilateral revelava uma espécie de divisão diplomática de objetivos. Conforme Cíntia Souto, "no Brasil do período Médici, apesar da atuação intensa e atuante nos foros multilaterais, as relações e conquistas substantivas davam-se no plano bilateral. A postura nos foros multilaterais, todavia, sejam elas as agências especializadas, o G 77, a ONU ou outros, muito nos revelam a respeito do caráter dessa política externa. Em primeiro lugar, a atuação multilateral define as linhas gerais da política externa, já que se constitui no momento de confrontação entre o nacional e o estrangeiro. É a nação

---

[145] O Estado de São Paulo, 14/10/1969, p. 52.

que mostra a sua identidade para as outras nações. Isso explica o caráter de continuidade evidenciado no discurso multilateral brasileiro, que se assemelha inclusive em períodos completamente diversos do ponto de vista da política interna".

Nessa linha de raciocínio a autora considera que, "em segundo lugar, devido à necessidade de interlocução com diferentes nações, com diferentes posicionamentos ideológicos e diversas parcelas de poder, pode-se perceber o que é considerado mais importante para o país, já que, de certa forma, as reivindicações são hierarquizadas. Dar-se-á maior destaque ao que é mais premente. Finalmente, o relacionamento multilateral permite a percepção de forma com que a nação recebe e trabalha com as alterações no sistema internacional, uma vez que praticamente todas as mudanças são levadas aos foros multilaterais. (...) Os princípios gerais da política externa brasileira, de tradição histórica estão presentes de forma exaustiva: o não-confrontacionismo, com o direito à autodeterminação dos povos e a não-intervenção; o jurisdicismo; e o realismo, de caráter pragmático"[146].

Os debates sobre o desarmamento internacional foram um campo particularmente fecundo da atuação multilateral brasileira de perfil crítico. Em setembro de 1969, o Brasil propôs que as disputas sobre inspeção estrangeira da plataforma continental e águas territoriais, fossem solucionadas por uma autoridade judiciária, internacionalmente reconhecida. A ideia foi apresentada como sugestão preliminar na conferência do desarmamento. No mês seguinte em Genebra, na conferência de 25 nações que estuda o desarmamento, o embaixador Sérgio Armando Frazão fez duras críticas ao projeto de tratado soviético-norte-americano para proibir a colocação de armas nucleares e outras de destruição em massa no fundo dos mares e oceanos.

Outro fórum especialmente explorado pela diplomacia brasileira foi a ONU. Entre 16 de setembro a 17 de dezembro de 1969, realizou-se, em Nova York, a XXIV Sessão da Assembleia Geral das Nações Unidas. O debate geral foi aberto, como é tradicional, pelo chefe da delegação brasileira, o chanceler Magalhães Pinto, cujo discurso enfatizou os principais temas: a paz e a segurança internacional, o desarmamento, a questão da atualização da Carta da ONU, as relações econômicas internacionais, o aproveitamento

---

[146] SOUTO, Cíntia Vieira. *A Diplomacia do Interesse Nacional: a política externa do governo Médici (1969-1974)*. Porto Alegre: Ed. UFRGS, 2003, p. 92.

de recursos do fundo do mar, os direitos humanos e sociais, a questão do *apartheid*, o processo de descolonização e a questão do Oriente Médio. Cabe destacar que, na Comissão Política Especial, a delegação brasileira reafirmou a posição em repúdio à política racista sul-africana e manifestou apoio às medidas humanitárias de proteção aos refugiados árabes da Palestina.

Na IV Comissão, o Brasil, manifestando-se em favor do fim do colonialismo e da concessão de independência aos povos e países coloniais, votou em favor de resoluções que visavam a acelerar a descolonização dos chamados pequenos territórios, bem como do Saara Espanhol, e copatrocinando a resolução sobre a ilegalidade da ocupação da Namíbia pela África do Sul. Mas o Brasil absteve-se diante da condenação da Rodésia do Sul e não participou dos debates de territórios africanos sob administração portuguesa, abstendo-se de votar o projeto afro-asiático. Por fim, o Brasil foi eleito para um mandato de três anos no ECOSOC.

No mês de março de 1970, o Brasil estendeu a faixa de mar territorial de 12 para 200 milhas náuticas, e em maio participou de reunião latino-americana, em Montevidéu, destinada a formular uma posição comum a ser defendida nas negociações sobre Direito do Mar que ocorreriam nos órgãos da ONU. Em agosto de 1970, novamente o Brasil participou de reunião latino-americana, em Lima, destinada a formular uma posição comum a ser defendida nas negociações da ONU sobre Direito do Mar, visando reforçar politicamente sua atitude. A ampliação do mar territorial contou com amplo apoio interno, mas foi objeto de enorme campanha de pressão econômica e política, expressa por notas da embaixada norte-americana, continuação de atividades pesqueiras dentro do mar de 200 milhas e visitas de autoridades que vinham solicitar alterações em nossa legislação[147].

Na XXV Assembleia Geral da ONU, realizada a partir de outubro de 1970, o Brasil foi eleito para uma das vice-presidências da Assembleia, cabendo-lhe, em consequência, a presidência do Grupo Latino-Americano. Desse modo, o ministro das Relações Exteriores, Gibson Barboza, na sessão solene de 21 de outubro, leu mensagem de Médici. Durante a Sessão, no que tange ao tema do fortalecimento da Segurança Internacional, a delegação brasileira apresentou projeto alternativo às propostas apresentadas pelos países do bloco socialista, pelas potências ocidentais e pelos

---

[147] BARBOZA, Op. Cit., p. 153.

países não-alinhados. Quanto ao desarmamento, a posição brasileira defendeu emendas ao texto proposto pelos EUA e pela URSS sobre Tratado de Não-Armamento Nuclear do Fundo do Mar. No ECOSOC, a delegação brasileira sustentou, em articulação com os países em desenvolvimento, o programa para estratégia da II Década do Desenvolvimento.

Segundo o próprio Itamaraty, "em foros técnicos, sobretudo de natureza econômica, produziram-se em 1971 debates ou controvérsias que interessaram diretamente ao Brasil. Tais questões, ou versaram sobre projetos de resolução sobre descolonização, quase sempre originados no interior do grupo afro-asiático, ou versaram sobre o ingresso da R. P. da China ou da R. D. Alemã. Em todos esses casos, opinou-se sobre a posição que o Brasil deveria assumir, de modo coerente com a diretrizes políticas observadas na Assembleia Geral da ONU. No que se refere à questão da descolonização, o Brasil se manifestou contra os excessos em matéria de competência dos diferentes órgãos da ONU, e contra a invasão de foros técnicos por temas essencialmente políticos. No tocante à RDA, a posição brasileira continuou, em 1971, a ser a de que a sua admissão nas agências não pode preceder a admissão na ONU, questão que está subordinada a um acordo entre as duas Alemanhas e as potências que ocuparam o território alemão, finda a guerra. (...). Na Assembleia Geral, o Brasil votou contra a resolução albanesa, que recomendava a expulsão da República da China e admissão da China de Pequim"[148].

No mês junho de 1972, o Brasil participou da 53ª Sessão do ECOSOC, em Nova Iorque, ocupando a presidência do Comitê Econômico, cuja ênfase foi o lançamento da ideia da *Segurança Econômica Coletiva*. Ainda em junho, o Brasil participou da Conferência das Nações Unidas de Estocolmo sobre Meio Ambiente, enfatizando novamente o desenvolvimento como condição da proteção ambiental, conforme a doutrina diplomática do país, vista anteriormente. Em 1973, a posição brasileira é destacada na III Sessão do Comitê sobre Recursos Naturais, em Nova Délhi. O ministro Gibson Barboza participou, em setembro do mesmo ano, da XXVIII sessão da Assembleia Geral da ONU e, no discurso de abertura do debate geral, salientou a importância da *détente* que prevalecia entre as potências. Ainda em setembro, o Brasil participou, como observador, da Reunião de Argel de Chefes de Estado e de Governo de Países Não-Alinhados.

---

[148] Relatório 1971, MRE, p. 77-78.

Diplomacia Econômica, de Segurança e Tecnologia

A diplomacia econômica foi uma das dimensões mais intensas da política exterior do governo Médici, no que se refere à promoção das exportações, combate a regras internacionais que obstaculizavam o desenvolvimento nacional e a captação de investimentos, nos marcos da abertura de novos espaços de projeção global. Segundo Cíntia Souto, "as relações do Brasil nos foros multilaterais com os países desenvolvidos refletem [uma] postura independente, descompromissada com grupos, e low profile. De forma geral, os esforços brasileiros a favor da redistribuição de oportunidades e vantagens no sistema internacional buscam ampliar o próprio poder. Nesse sentido, a colaboração com países em desenvolvimento é uma tática que tende a mudar à medida em que o país avança na escala do desenvolvimento. Não é por acaso que, muitas vezes, discordâncias com países em desenvolvimento em comitês primários, convertem-se em convergências nas votações oficiais".

Por outro lado, "as posições brasileiras são mais específicas e flexíveis que as dos países em desenvolvimento em geral, e a tendência ao compromisso com os países industrializados é bastante grande, com o reconhecimento dos limites desses países. O fato de ser um país diferenciado do ponto de vista comercial acarreta preocupações com a estabilidade financeira internacional que os países menos desenvolvidos não possuem. Ao contrário dos países afro-asiáticos, que defendem uma redistribuição mundial de riqueza, o Brasil enfatiza mais a criação de riqueza global pela difusão de oportunidades iguais de comércio e tecnologia. Fundamentalmente, mais do que buscar uma radical transformação da ordem econômica, o Brasil trabalha para o que já existe opere de forma mais eficiente. A ideia subjacente é a de superação do subdesenvolvimento sem contestação à ordem capitalista"[149].

No ano de 1970, no que tange à promoção comercial levada a efeito pelo MRE, deu-se a participação oficial do Brasil em Feiras Internacionais relevantes como as de Johanesburgo, Basiléia, Barcelona, Lisboa, Bogotá, Hamburgo, Berlim e Utrecht, bem como as temáticas Semana Internacional do Couro, em Paris, Salão Internacional da Alimentação, Bolonha e Salão de Alimentação e Equipamento Doméstico, Bruxelas. Além das participações em países socialistas, já mencionadas, tais ações denotam um esforço coordenado e permanente de participação em grandes eventos internacionais,

---

[149] SOUTO, Cíntia, Op. cit., p. 72.

revelando o grau de modernização econômica obtido. Em maio de 1970, estiveram em Brasília o Diretor Geral das Relações Exteriores da Comissão das Comunidades Europeias, Helmut Sirgrist, o Diretor de Controle de Segurança da Comissão da CEE, Enrico Jaccia, e do Diretor do Escritório de ligação das Comunidades em Santiago, Wolfgang Remmer. Nesta ocasião, mantiveram contato com representantes dos Ministérios da Fazenda, da Indústria e Comércio, das Minas e Energia, do Planejamento e da CACEX.

O Brasil introduziu modificações no Tratado de Cooperação e Patentes, assinado em Washington, em junho de 1970, tornando o Tratado um instrumento capaz de permitir a absorção de tecnologia moderna a mais baixo custo e estimular o desenvolvimento da pesquisa industrial no Brasil. Em outubro de 1970, Brasil e Estados Unidos concluíram em Brasília Acordo sobre Produtos Agrícolas e no mesmo mês assinaram, em Washington, Acordo sobre a Exportação de Têxteis de Algodão. Contudo, mesmo estes acordos pontuais, revelavam mais a profundidade das crescentes divergências comerciais com os EUA do que o estabelecimento de uma cooperação estável.

No mesmo sentido, em 1972 o MRE fez gestões junto aos países que aplicam restrições às exportações brasileiras de têxteis, em especial EUA, Canadá e Reino Unido. Com o Canadá, o Brasil manteve reiterados contatos a fim de dobrar a quota brasileira, de apenas 1.545.000 libras-peso. Em que pese a diminuta quota atribuída às exportações brasileiras pelo Reino Unido, o Brasil conseguiu exportar o dobro da mesma em 1972, através do mecanismo da *global quota*. Assim mesmo, o Itamaraty procedeu gestões no sentido de alterar o critério de quotas estabelecido em Londres. No mesmo ano, dois produtos brasileiros (ferro gusa e película de vinil impressa) foram objeto de investigação sob invocação de *dumping*. Em dezembro, a fase preliminar de investigação sobre ferro gusa concluiu no sentido de que não estava havendo *dumping* pelo Brasil.

Em 1972, a suspensão das quotas de exportação de açúcar na Organização Internacional do Açúcar, defendida pelo Brasil, possibilitou ao Instituto do Açúcar e do Álcool dobrar suas exportações ao longo do ano e receber divisas superiores a US$ 400 milhões. Neste ano, o Brasil exportou, pela primeira vez, açúcar para a URSS e China Popular. Entre abril e maio de 1972, por sua vez, o Brasil participou ativamente, desempenhando o papel de coordenador latino-americano, da III UNCTAD. Contudo, os resultados foram decepcionantes, em virtude da não modificação das posições dos países desenvolvidos.

Em dezembro de 1970, durante visita do ministro do Petróleo do Iraque, Sadoun Hammadi, Brasil obtém acordo de intercâmbio de petróleo, o qual prevê como objetivo inicial o intercâmbio em 1972 de US$ 5 milhões. Em 1971, foi enviada uma missão brasileira, composta de representantes da Petrobras, do Banco Central, da Cacex e do Itamaraty, à Venezuela, Trinidad e Tobago, Argélia, Líbia, Arábia Saudita, ao Irã e à então República Árabe Unida, com objetivo de manter entendimentos com empresas petrolíferas estatais daqueles países para aquisição de petróleo cru e celebrar eventuais acordos comerciais bilaterais.

A Crise do Petróleo de 1973 rompeu com o ufanismo nacional dos anos precedentes, na medida em que incidiu fortemente na balança comercial. O parque industrial, altamente dependente dos derivados de petróleo, importava óleo cru na proporção de 80% das suas necessidades de consumo. O aumento exponencial do valor das importações, ao agir sobre o modelo econômico essencialmente aberto, que passava a não encontrar mais nas novas condições do mercado internacional uma resposta para as suas necessidades crescentes de importação, teve uma influência decisiva no desgaste da estratégia desenvolvida pelo governo Médici. E as consequências impactantes caíram sobre o governo Geisel, que assumiria meses após a crise petrolífera.

Quanto à política de segurança, o elemento mais visível foi a luta contra o Tratado de Não Proliferação. O TNP criava dois grupos: os possuidores da bomba, que continuavam a deter um poder insuperável, e os não-possuidores, impedidos até mesmo de desenvolver o domínio da tecnologia nuclear para fins pacíficos. O Brasil não aceitou a discriminação imposta pelo TNP, através do qual *"proibia-se a proliferação nuclear horizontal, mas não se impedia a proliferação nuclear vertical"*[150]. Por adotar essa posição, o Brasil sofreu pressões de parte das potências atômicas. Contudo, na medida em que o país procurava novos canais para o desenvolvimento da tecnologia nuclear, a Casa Branca teve de apoiar (e, assim, tentar controlar) certos aspectos do projeto brasileiro. Desta forma, em julho de 1972, em Washington, Brasil e EUA firmaram Acordo de Cooperação para Uso Pacífico da Energia Nuclear, que assegurará o fornecimento de combustível para a Usina de Angra dos Reis, como a concretização do contrato de compra de urânio enriquecido entre a CNEN e a USAEC.

---

[150] BARBOZA, Op. cit., p. 151.

Além do projeto nuclear, interconexão entre as esferas da defesa e da capacitação tecnológica, a política científica brasileira adquiriu importância estratégica, especialmente na área da informática. A Política Nacional de Informática do Brasil tem as suas origens em 1972, quando o governo militar criou o grupo de Coordenação das Atividades de Processamento de Dados (CAPRE), subordinada à Secretaria de Planejamento da Presidência da República. A atribuição inicial do órgão era coordenar o uso e a aquisição de computadores por organismos do governo federal. No mesmo ano, foi criado um grupo de trabalho especial, com a finalidade de desenvolver, no Brasil, um microcomputador[151]. Como se depreende das iniciativas bilaterais levadas a cabo para a consecução desse objetivo, tal política realmente constituía uma prioridade para esse governo e para os subsequentes.

---

[151] FREGNI, Edson. "A informática no Brasil", in *Contexto Internacional*. Rio de janeiro: IRI-Puc/RJ, Nº 3, 1986, P. 139.

4.

GEISEL E O *PRAGMATISMO RESPONSÁVEL*: AUTONOMIA MULTILATERAL E DESENVOLVIMENTO (1974-1979)

O *PRAGMATISMO RESPONSÁVEL* E A REORIENTAÇÃO DO REGIME

A Reorientação político-econômica do Regime Militar

Dentre os governos militares, o do general Geisel foi aquele que desenvolveu uma política externa mais ousada, sendo fartamente estudado na bibliografia disponível. A simbiose entre desenvolvimento econômico nacional e projeção mundial atingiu seu ponto de maturidade, com a diplomacia brasileira tendo cruzado a "linha vermelha" do poder mundial. A dimensão política ganhou relevância, sendo apoiada em bases econômicas mais sólidas, contrariando certas narrativas segundo as quais "a ditadura era entreguista". O Projeto Nacional atingia seu apogeu, atraindo a oposição das grandes potências e de seus aliados domésticos (conscientes e inconscientes).

Todavia, como foi visto, a diplomacia do chamado *Pragmatismo Responsável e Ecumênico* não partiu da estaca zero, nem tampouco constituiu uma ruptura profunda com os governos anteriores. Mas a política exterior de Geisel representou a forma mais desenvolvida do paradigma da diplomacia autonomista do regime militar. Além das condições internacionais haverem incidido de forma marcante no modelo de desenvolvimento brasileiro de então, e das particularidades do processo decisório, é necessário analisar a situação político-econômica interna do Brasil nesse período, para avaliar-se a política externa em toda sua profundidade e complexidade.

Para a sucessão de Médici foi indicado o general Ernesto Geisel, então presidente da Petrobras, e Chefe da Casa Militar durante o governo Castelo Branco, que derrotou no Congresso o "anticandidato" Ulisses Guimarães do MDB, assumindo a presidência em 15 de março de 1974. Sua indicação para a sucessão ocorrera justo quando eclodiu a crise do petróleo, que atingiu o "milagre" em cheio. Ao assumir, tinha de contar com o apoio das Forças Armadas para seu arrojado projeto de abertura política e superação da crise econômica, mas, simultaneamente, conter os adversários de linha dura, que exageravam a "subversão" armada para se afirmar. Segundo Geisel afirmou, "Havia gente no exército [e] nas Forças Armadas que vivia com essa obsessão da conspiração, das coisas comunistas, de esquerda. E a situação se tornava mais complexa porque a oposição, sobretudo no legislativo, em vez de compreender o caminho que eu estava seguindo, de progressivamente resolver esse problema, de vez em quando provocava e hostilizava. (...) Fazia declarações ou reivindicava posições extremadas e investia contra as Forças Armadas, [e], evidentemente, vinha a reação do outro lado, e assim se criavam para mim grandes dificuldades"[152].

Ao mesmo tempo, tinha de administrar a oposição popular, em fase de crescente mobilização, com repressão controlada para moderar o ritmo do processo de abertura. Na economia, em lugar do receituário monetarista e recessivo, decidiu aprofundar a industrialização por substituição de importações (produzir o maquinário antes importado) e o desenvolvimento científico-tecnológico, áreas onde promoveu maciços investimentos. Mas para isso era necessário recursos, o que poderia ser obtido com uma política externa arrojada, o *Pragmatismo Responsável*. Geisel e seu chanceler Azeredo da Silveira romperam com a obtusa e ideológica diplomacia de Guerra Fria, reatando com a China Popular, se aproximando dos países árabes, da Alemanha (Projeto Nuclear) e do Japão, além de uma política africana enfática, com o reconhecimento do marxista MPLA em Angola. Obviamente tudo isso atraiu a oposição americana e da imprensa mundial e nacional, que aumentaram as críticas a um governo no qual a violação dos Direitos Humanos foi menor que no anterior.

O novo governo representou a volta dos castelistas ao poder, sobretudo porque o ideólogo e estrategista do grupo, o general Golbery do Couto e Silva, passou a ocupar a chefia da Casa Civil, tornando-se o assessor mais importante de Geisel. O principal projeto explícito do novo governo era o encaminhamento do processo de abertura política. O fundamento dessa opção tinha origens tanto estratégicas quanto conjunturais. No plano estratégico, segundo as concepções do general Golbery, a história política brasileira caracterizava-se por uma alternância de ciclos de centralização

---

[152] D'ARAUJO, Maria Celina, e CASTRO, Celso (Orgs). Ernesto Geisel. Rio de Janeiro: FGV, 1997, p 377.

e descentralização. Como considerava que o atual regime centralizador estava chegando ao seu limite, acreditava ser prudente antecipar-se aos fatos, preparando uma transição controlada rumo a um regime democrático, a ser estruturado antes que o descontentamento social aflorasse através de projetos politicamente articulados. Era preciso encerrar o ciclo militar antes que ele sofresse um desgaste irreparável, comprometendo as forças armadas como instituição.

A motivação conjuntural para tal projeto encontrava-se nas profundas dificuldades econômicas em que o país mergulhou com a crise do petróleo. Aliás, desde o ano de 1973, o "milagre econômico" já começara a apresentar sinais de esgotamento. O fim do "modelo Médici" anulava um dos principais instrumentos legitimadores do regime, o avanço econômico, sendo necessário, portanto, proceder à descompressão política, visando evitar uma radicalização e explosão. Passava-se, assim, de um governo no qual o debate político aberto era vetado, enfatizando-se apenas as realizações econômicas, para outro em que a temática econômica era reduzia, tornando pública a discussão da abertura política. Evidentemente, tratava-se de um processo difícil, que o governo teria que administrar com cautela, em meio a pressões da oposição e da linha-dura. Assim, o governo precisava ganhar tempo para fazer seu sucessor e, simultaneamente, explorar a abertura como nova forma de legitimação. A transição deveria encerrar a *forma* discricionária do regime militar, institucionalizando ao mesmo tempo seu *objetivo de longo prazo* (a modernização conservadora), que permaneceria em um governo civil.

O aumento vertiginoso do preço do petróleo no final de 1973 atingiu o Brasil em cheio, não apenas em suas contas externas, mas no próprio cerne do projeto de desenvolvimento. Os governos militares haviam negligenciado o transporte ferroviário e hidroviário, em proveito do rodoviário, e o público em proveito do individual, o que favorecia as indústrias automobilísticas transnacionais (que Collor, Fernando Henrique Cardoso, Lula da Silva e Dilma Rousseff aprofundaram ainda mais) e implicava num crescente consumo de petróleo importado. Apesar de Geisel haver herdado um PIB de 133 bilhões de dólares, uma inflação anual de 18,7% e uma dívida externa de 12,5 bilhões de dólares, o "milagre" legara-lhe problemas estruturais, pois esse apostara num modelo que empregava energia importada barata, dependia do afluxo de investimentos de capitais estrangeiros e da utilização de tecnologia também importada. Além do aumento do preço do petróleo encarecer as importações brasileiras, produzira uma forte recessão nos países industrializados, o que gerou uma queda nos investimentos externos e nas importações de produtos brasileiros por parte desses, bem como de países em desenvolvimento não produtores de petróleo. No plano interno, o mercado consumidor também se contraia, colocando a produção e o comércio brasileiros em dificuldades.

Nesse contexto, a nova equipe econômica, integrada por Mario Henrique Simonsen no Ministério da Fazenda e João Paulo dos Reis Velloso no Planejamento, precisava buscar alternativas urgentes. O II PND (Plano Nacional de Desenvolvimento), lançado por Geisel em setembro de 1974, longe de adotar uma estratégia defensiva, preparou um aprofundamento do processo de industrialização por substituição de importações, com vistas a tornar-se autossuficiente em insumos básicos e, se possível, em energia. O governo optou por diversificar as fontes de energia, lançando um ambicioso programa de construção de hidrelétricas, usinas nucleares, incremento da prospecção de petróleo (através dos Contratos de Risco com empresas estrangeiras) e produção de álcool para combustível automobilístico (Projeto Proálcool). Além disso, foi intensificada a capacitação tecnológica do país em diversas e importantes áreas, como a nascente informática e a petroquímica, com base em esforço estatal. O agente desse ambicioso projeto seria o Estado, que se consolidou como maior agente produtivo, e possibilitou a reação econômica que o governo estava desencadeando. No campo da ciência e tecnologia o governo realizou enormes avanços. A estrutura de ensino superior, pesquisa e pós-graduação que ainda hoje existe, foi estruturada no Governo Geisel. Da mesma forma, além de um amplo programa habitacional, o regime consolidou um avançado sistema universal de saúde pública (o hoje agonizante SUS) e de seguridade social (atualmente em fase de desmonte).

Embora tivesse que cortar gastos para controlar a inflação, o governo manteve um crescimento econômico que oscilou entre 5 e 10% ao ano, criou 5 milhões de novos empregos e aumentou as exportações em 50%. Todavia, como as importações continuaram altas, lançou-se mão de uma maior tributação (gerando tensões sociais) e de empréstimos externos. Como havia abundante liquidez no mercado financeiro internacional, com os *petrodólares* de juros baixos, contraíram-se empréstimos com facilidade, pois os investimentos estavam escassos devido à recessão nos países da OCDE. Contudo, devido à elevação brutal dos juros da dívida nos anos 1980, tais empréstimos deixariam futuramente o país em situação muito difícil no que diz respeito à dívida externa.

Mesmo considerando a abertura como um projeto teoricamente fundamentado, as pressões conjunturais começaram a forçar a sua implementação. A crise econômica afetou a aliança empresários-tecnocratas, fazendo com que os primeiros fossem se tornando descontentes em relação ao regime. As clivagens internas aguçaram-se e complicaram-se pela presença do poder paralelo e autônomo da comunidade de informações. Vários desses órgãos de repressão e inteligência explicitamente sabotavam o processo de abertura, tentando deslegitimar o discurso presidencial e minar a autoridade de Geisel no seio das Forças Armadas. A onda de prisões e assassinatos, desencadeada a partir de meados de 1975, tinha claramente esse propósito. Essa "crise interna" ecoou na sociedade e legitimou os grupos que desejavam a democratização. Segundo Luciano Martins, "as origens internas das dificuldades do regime explicam porque a liberalização seguiu um padrão de movimentos contraditórios, em frentes simultâneas, e porque toda concessão do regime ou conquista da oposição, foi imediatamente qualificada, em seu significado político, pela imposição de controles autoritários alternativos"[153].

Em meio a esse complexo processo de avanços e recuos, o estilo pessoal centralizador e a habilidade política do general Geisel desempenharam papel fundamental. Em diversos momentos, especialmente quando em choque com as forças de segurança, uma atitude pouco firme ou uma hesitação teriam colocado sua autoridade em risco. A reação contra o governo partiu de setores da direita opostos ao processo de abertura e, posteriormente, ocorreu a manifestação de amplos setores da sociedade contra o governo. A autodenominada Aliança Anticomunista Brasileira (AAB) lançou uma série de atentados à bomba a partir de 1976 contra instituições vinculadas ao campo oposicionista, enquanto certos órgãos de repressão promoviam o sequestro, espancamento e assassinato de personalidades (padres, juristas, jornalistas) e militantes políticos antigovernamentais. Militantes do PCB (que não aderira à luta armada) começaram a ser assassinados e parte da direção do PCdoB foi chacinada em São Paulo. Estes episódios vinculavam-se, por um lado, à elevada autonomia de que dispunham os órgãos de repressão e inteligência, que não desejavam a abertura e se preocupavam com o estreitamento do seu terreno de atuação.

---

[153] MARTINS, Carlos Estevam. "A 'liberalização' do regime autoritário no Brasil", in O'DONNEL, Guillermo (Org). *Transformações do Regime Autoritário*. São Paulo: Vértice, 1988, p. 123.

Geisel agiu de maneira firme contra bolsões repressivos autônomos. Em outubro de 1975, o jornalista Vladimir Herzog foi preso e depois encontrado enforcado em sua cela em São Paulo, levando Geisel a advertir o comandante do II Exército de que nenhuma morte mais seria tolerada. Quatro meses depois foi assassinado um operário, o sindicalista Manoel Fiel Filho, e o general Ednardo Mello d'Ávila foi imediatamente exonerado, sem consulta ao Alto Comando, e substituído por um homem de sua confiança. Tal episódio marcou a ruptura do equilíbrio de forças entre moderados e linha-dura, a favor dos primeiros. Geisel também teve que agir contra elementos de linha-dura dentro da cúpula do governo, particularmente quando o Planalto articulava a candidatura do general Figueiredo, Chefe do SNI, como sucessor. Para tanto teve que demitir o ministro do Exército Sylvio Frota e depois o Chefe do Gabinete Militar, Hugo Abreu. A mão firme do presidente, obviamente, não se manifestou unicamente contra a direita. Os excessos dos órgãos de segurança também criavam uma situação de temor para a oposição e conferiam a Geisel um papel de elemento de equilíbrio indispensável à abertura, propiciando-lhe ainda certa legitimação. A "abertura lenta e gradual" convivia com o conceito presidencial de "democracia relativa ou limitada".

Em 1977, as manifestações estudantis voltaram à ganhar a rua e no ano seguinte deflagraram-se greves importantes (sobretudo no ABC paulista, onde se encontrava o centro da indústria automobilística), enquanto a CNBB (Conferência Nacional dos bispos do Brasil) denunciava a situação social e a violação dos direitos humanos no Brasil, contando com o apoio da mídia internacional. Neste caso o governo agiu também com decisão, intervindo em sindicatos, baixando decretos que proibiam greves em setores essenciais e manifestações de rua, e prendendo líderes estudantis e operários, além de centenas de militantes, que eram enquadrados na Lei de Segurança Nacional.

Geisel orquestrou esse complexo jogo alternando concessões limitadas com endurecimento. Após o sucesso da oposição nas eleições de 1974, o governo lançou em junho de 1976 a Lei Falcão, para as eleições municipais daquele ano. A propaganda eleitoral na televisão consistiria apenas na exibição da foto e do currículo sumário do candidato. Todavia, para evitar que 1978 repetisse 1974, medidas mais enérgicas foram tomadas. Em abril de 1977 o governo fechou o Congresso e, por Emenda Constitucional, anunciou uma série de mudanças, conhecidas como Pacote de Abril: doravante as emendas constitucionais exigiriam maioria simples; todos os governadores de Estado e um terço dos senadores seria escolhidos indiretamente em 1978, por colégios eleitorais estaduais; os deputados federais teriam seu número fixado à base da população e não do número total de eleitores registrados; e a propaganda eleitoral dar-se-ia nos termos da Lei Falcão[154].

O impacto do Pacote foi amenizado pelo discreto apoio do governo, em junho de 1977, à Lei do Divórcio. Ao mesmo tempo em que agradava a oposição, Geisel deslegitimava a Igreja Católica, uma das principais contestadoras do regime, e ferrenha opositora do divórcio. Apesar disso, nas eleições de 1978 a oposição aumentou a sua bancada. Todavia, permaneceu em minoria devido à quota de senadores "biônicos", e ao coeficiente de representação que sobrerrepresentava estados do Norte e Nordeste, pouco desenvolvidos e muito dependentes do governo federal. No final de 1978, através da Emenda Constitucional n. 11, o AI-5 foi extinto e foram revogados os Atos de Banimento. O *habeas corpus* foi restabelecido para presos políticos, a censura prévia suspensa e a prisão perpétua e pena de morte abolidas. A independência do Judiciário foi, teoricamente, restaurada.

Todavia, os artigos 155-158 da emenda davam novos e vastos poderes ao Executivo para decretar *"medidas de emergência"*[155]. Era uma forma de garantir o controle da abertura sem o AI-5. Havia elementos sombrios, como a chamada *Operação Condor*, que articulava forças de segurança dos regimes militares sul-americanos e promovia sequestros e assassinato de opositores exilados. Mas também havia a atuação de organizações externas em sentido oposto, como Fundações norte-americanas e europeias que atuavam junto aos meios acadêmicos, intelectuais, imprensa e organizações sociais no sentido de demonstrar que o problema do Brasil não se encontrava no antagonismo de classes, mas em clivagens identitárias de raça e, posteriormente, de gênero. Vale a pena ler o artigo "Sobre as artimanhas da razão imperialista", de Bordieu e Wacquant. As potências do Atlântico Norte desejavam uma transição apenas política, baseada no Pacto Espanhol de retorno à democracia. Ironicamente, países que haviam apoiado o Golpe de 1964, dez anos depois apoiavam o retorno a uma democracia "sem adjetivos".

O clima de contestação que instalou-se a partir de 1977, com manifestações estudantis nas ruas, greves no ABC paulista, onde despontava

---

[154] Skidmore, 1988, p. 373
[155] Skidmore, 1988, p. 396

o novo sindicalismo, e com a Igreja e a Ordem dos Advogados denunciando a situação social e a violação aos direitos humanos, apoiadas pela mídia internacional, foi controlado com mão de ferro pelo governo. Houve intervenção nos sindicatos, foram baixados decretos que proibiam greves e manifestações de rua, e operários, estudantes, e até padres, foram colocados na prisão. Geisel tinha de mostrar para seu público interno, que no seu processo de descompressão não haveria lugar para a subversão. A irreversibilidade do processo de abertura, o apoio internacional aos opositores e as crescentes dificuldades econômicas (sobretudo no último ano do governo) fizeram as manifestações crescerem progressivamente. Mesmo assim, Geisel conseguiu conduzir o processo dentro das linhas gerais que definira, e também logrou fazer um sucessor comprometido com a continuidade da estratégia de abertura. Após a demissão de Sylvio Frota, que aspirava à sucessão, o nome de João Batista Figueiredo despontou como o delfim do regime. O general Figueiredo era da inteira confiança do presidente e, com um mandato ampliado para seis anos, teria tempo para dar continuidade ao difícil jogo de avanços e recuos. A Frente Nacional de Redemocratização, organizada pelo MDB, chegou a lançar a candidatura do general Euler Bentes Monteiro, que foi derrotada no Congresso.

Pragmatismo Responsável e Ecumênico: matriz e formulação

A reação econômica do governo Geisel implicava proceder a uma alteração e/ou aprofundamento significativos das relações exteriores, pois o capitalismo brasileiro atingira um nível de desenvolvimento que propiciava um alto grau de inserção mundial. Isto se tornava ainda mais urgente devido a conjuntura internacional adversa e ao fato de o regime militar haver piorado ainda mais a distribuição de renda, fazendo com que o mercado interno fosse insuficiente para as dimensões da economia. O primeiro passo da diplomacia denominada *Pragmatismo Responsável e Ecumênico* do chanceler Antônio Azeredo da Silveira foi aproximar-se dos países árabes. O Itamaraty permitiu a instalação de um escritório da OLP em Brasília, apoiou o chamado "voto antissionista" na ONU e adotou uma intensa política exportadora de produtos primários, industriais e serviços, em troca do fornecimento de petróleo. Mais do que isto, o Brasil adotou uma íntima cooperação com potências regionais como Argélia, Líbia, Iraque e Arábia Saudita, sob a forma de *joint-ventures* para prospecção no Oriente Médio através da Braspetro, e para o desenvolvimento tecnológico e industrial-militar (venda de armas brasileiras e projetos comuns no campo dos mísseis).

Com relação ao campo socialista, ocorreu um incremento comercial com os países com os quais o Brasil já possuía vínculos, e o surpreendente estabelecimento de relações diplomático-comerciais com a República Popular da China em 1974. É interessante ressaltar que o Brasil passou a cooperar com estes países também em termos estratégicos, como forma de afirmar sua presença autônoma no plano mundial. Da mesma forma, a atuação brasileira na ONU e nas demais organizações internacionais conheceu um intenso protagonismo, e isto em convergência explícita com o Terceiro Mundo e suas instituições representativas. Na mesma linha, o Brasil foi o primeiro país a reconhecer o governo marxista do MPLA em Angola, mantendo também estreitas relações políticas e econômicas com Moçambique e outros Estados da Linha de Frente da África Austral, que lutavam contra o *Apartheid*, o regime racista sul-africano. Aliás, a política africana do Brasil conheceu um incremento espetacular neste período.

Mesmo no âmbito das potências capitalistas, Geisel promoveu alterações significativas. Frente ao insatisfatório relacionamento com os EUA, não hesitou em dar um conteúdo qualitativamente superior ao relacionamento com a Europa Ocidental e o Japão, com os quais incrementou a cooperação comercial, atração de investimentos, transferência de tecnologia e implantação de projetos agrícolas e industriais. Com relação à Bonn e Tóquio, pode-se considerar que se estabeleceu uma cooperação estratégia, que ultrapassou de longe a tradicional política de barganha expressa pela diplomacia brasileira em outras ocasiões. Quando a Casa Branca se recusou a colaborar com o projeto nuclear brasileiro, o presidente não vacilou em assinar um Acordo Nuclear com a Alemanha Ocidental. Frente às crescentes pressões americanas para desistir do Acordo, particularmente intensificadas após a emergência da política de Direitos Humanos da administração Carter em 1977, Geisel rompeu o Acordo Militar Brasil-EUA, vigente desde 1952. Também é digno de nota o avanço do programa espacial (foguetes e satélites) desenvolvido pelo Brasil, e que gradativamente será vinculado à cooperação com a China Popular.

Com relação à América Latina, o Brasil procurou estreitar a cooperação, abandonando o discurso ufanista de grande potência. Iniciou conversações com a Argentina para a solução do contencioso das barragens hidrelétricas da Bacia do Prata, obtendo um acordo durante o governo seguinte. O apoio ao regime militar argentino implantado em 1976 facilitou ainda mais a aproximação. Quando na segunda metade dos anos 1970 surgiram rumores de uma possível internacionalização da Amazônia, o Brasil imediatamente reuniu os países vizinhos e com eles lançou a Iniciativa Amazônica, estabelecendo uma estratégia comum para a exploração da região e reafirmação das soberanias nacionais dos países-membro sobre ela. Em julho de 1978 era firmado o Tratado de Cooperação Amazônica com todos os países que controlavam alguma parte desse bioma.

O *Pragmatismo Responsável,* como não poderia deixar de ser, despertou a ferrenha oposição dos EUA, bem como de segmentos conservadores da política brasileira. Geisel precisou mediar constantemente conflitos entre o Conselho de Segurança Nacional, que se opunha a muitos aspectos desta diplomacia, e o Itamaraty que a defendia. Um fato interessante foi que, desde a adoção desta linha diplomática, a grande imprensa internacional passou a atacar o governo com veemência, denunciando sistematicamente a violação de direitos humanos no país, o que só era feito em escala muito reduzida durante o governo Médici, o qual foi qualitativamente mais repressivo e não propunha uma abertura política.

Como interpretar essa evolução diplomática, sob certos aspectos desconcertante? A política externa do governo Geisel, como foi dito, é bastante explorada na literatura especializada. Os autores, muitas vezes, ao depararem-se com um discurso propagandístico poderoso e com ações arrojadas, como a assinatura do Acordo Nuclear com a Alemanha, desafiando o predomínio norte-americano, tendem a fazer tábula-rasa do passado, desconsiderando o fato de que a política externa de um país — especialmente de um país com tradição diplomática como o Brasil — é construída por sobre continuidades, pelo menos quanto a seus objetivos de longo prazo. O que mudam são, comumente, os meios empregados e estilo de atuação. A política externa de Geisel, nesse sentido, faz parte da tradição de política externa brasileira, e também da política externa específica dos governos militares de forma geral. Compreendê-la exige tomar em consideração esses vetores de continuidade — até para que se possa perceber as rupturas.

Assim, o comportamento pragmático no cenário internacional não era novidade, remetendo ao governo Costa e Silva. Praticamente, todos os novos espaços explorados pela diplomacia de Geisel já haviam sido abertos no período anterior, o governo Médici. As mudanças no modelo econômico redimensionaram as estratégicas externas, produzindo um autêntico salto qualitativo. A grande diferença era a existência no governo Geisel de um projeto de autonomização econômica do país, como resposta ao desafio gerado pela crise econômica internacional. Apesar de ser um projeto pensado dentro do sistema capitalista e sem reformas sociais, foi ele que entrou em choque com o poder norte-americano. As desavenças com os norte-americanos que, no período Médici haviam se situado em áreas de baixo impacto, assumiram envergadura por tocarem em questões conflitivas como a energia atômica.

A tentativa de autonomização da indústria de base brasileira e os grandes projetos de infraestrutura capitaneados pelo Estado, esbarrariam nos limites do modelo de relação que o Brasil possuía com a potência norte-americana. O presidente Geisel e os formuladores de sua política externa não hesitaram em utilizar uma alternativa que já fora engatilhada no governo anterior: a enriquecida Europa Ocidental e o Japão. Nessas bases deu-se a assinatura do Acordo Nuclear com a Alemanha em 1975. As pressões norte-americanas pela desistência do tratado, que oportunamente conjugaram-se à política de direitos humanos de James Carter, gerando a mais séria crise na história das relações Brasil-Estados Unidos, levaram Geisel a romper o Acordo Militar entre os dois países, vigente desde 1952 — um ato de caráter muito mais simbólico que efetivo.

O pragmatismo não se limitava, todavia, à busca de relações alternativas à norte-americana unicamente no Primeiro Mundo. Avanços significativos ocorreram no relacionamento com os países árabes, com a África Subsaariana e com o mundo socialista. No que diz respeito à América Latina, houve uma continuidade de posturas do governo Médici. O termo pragmatismo, consagradíssimo pelo próprio governo e pelos analistas, surgiu pela primeira vez em 19 de março de 1974, no discurso do presidente Geisel, na primeira reunião ministerial realizada em Brasília: "Assim, no campo da política externa, obedecendo a um Pragmatismo Responsável e consciente dos deveres da Nação (...) daremos relevo especial ao nosso relacionamento com as nações-irmãs da circunvizinhança de aquém e além-mar"[156].

Azeredo da Silveira, apropriando-se do termo, explicou-o em 28 de março em discurso a uma cadeia de rádio e televisão: "Isto [o Pragmatismo Responsável] quer dizer que o Brasil não está interessado em discussões semânticas"[157]. Alguns meses depois, no discurso na Seção Conjunta da Comissão das Relações Exteriores do Senado Federal e da Câmara dos

---

[156] Resenha de Política Externa do Brasil. Brasília: Ministério das Relações Exteriores, 1974, nº 1, p. 9.

[157] Ibid, p. 23.

Deputados, o chanceler afirmou que "cabe afastar ambos os extremos, perseguindo-se (...) aquela linha de 'Pragmatismo Responsável', seguindo a inspirada definição do Senhor presidente da República"[158]. Duas definições não excludentes para o "Pragmatismo Responsável": uma política externa que repudiava discussões semânticas e que afasta os extremos. O programa dos formuladores dessa política externa esbarrou em duas frentes de interesses bem definidas: uma interna representada pelo subsistema de segurança e informação, e uma externa, representada pelo poder norte-americano, cioso de sua aliança preferencial[159].

O estilo do general Geisel diferiu muito do estilo do presidente Médici. O preceito fundamental do presidencialismo, a atribuição da última palavra ao presidente, permaneceu, mas com a diferença de que o presidencialismo de Geisel era mais estrito e menos delegador de poderes[160]. Enquanto o governo Médici operava com três ministros fortes triando as decisões e só deixando o fundamental chegar ao presidente, o governo Geisel funcionava quase de maneira inversa, com o presidente discutindo agendas densas e remetendo assuntos polêmicos para a sua assessoria rediscuti-los. Assim, o general Golbery, que substituiu Leitão de Abreu na Casa Civil, apesar de sua envergadura política, tinha bem menos autonomia que seu antecessor. Os assuntos econômicos, por sua vez, eram remetidos a Reis Velloso, chefe da Secretaria do Planejamento; os assuntos militares, ligados à segurança nacional ou ao Ministério das Comunicações eram enviados ao general Hugo Abreu, Chefe da Casa Militar; assuntos de toda ordem eram enviados ao general Figueiredo, Chefe do SNI; e as questões políticas e de coordenação eram remetidas ao Chefe da Casa Civil, general Golbery[161].

A delegação de poderes da política para a economia, que, segundo Fernando Henrique Cardoso[162], remetia à industrialização acelerada do governo Kubitschek, foi, de certa forma, controlada pelo estilo centralista de Geisel. Como apropriadamente destaca Letícia Pinheiro "foi durante o governo Geisel que se completou a mudança de ênfase da área de segurança

---

[158] Ibid, p. 42.
[159] Camargo, Op. cit., 1988, p. 33.
[160] GÓES, Walder. *O Brasil do general Geisel*. Rio de Janeiro: Nova Fronteira, 1978, p. 24.
[161] Ibid, p. 25.
[162] CARDOSO, Fernando Henrique. *Autoritarismo e democratização*. Rio de Janeiro: Paz e Terra, 1975, p. 54.

para a área de desenvolvimento"[163]. Essa mudança estava em curso desde o governo Costa e Silva, acelerou-se durante o governo Médici e completou-se durante o período Geisel. Isso significa que as áreas de segurança passaram a interferir menos nas decisões de modo geral, e nas diretrizes de política externa em particular. Essa autora, estudando o processo de tomada de decisão ao longo desse período, argumenta que "durante o governo Geisel, o presidente e o ministro das Relações Exteriores constituíam o locus central de formulação da política externa. Assim, as decisões que se chocavam com as concepções militares tradicionais, ou ainda, com os pressupostos da Doutrina de Segurança Nacional, foram possíveis graças à visão mais inovadora de Geisel e Azeredo a respeito da política externa brasileira, amparada na sua autonomia em relação a outros círculos"[164].

Além de Azeredo da Silveira, Pinheiro destaca o papel proeminente dos assessores diretos, bem como do Conselho de Segurança Nacional e do Serviço Nacional de Informação. Os conflitos interburocráticos, que muitas vezes tinham por base visões diversas a respeito da inserção internacional do Brasil, todavia, eram muito melhor administrados por Geisel do que por Médici. As divergências entre o Ministério das Relações Exteriores e o da Fazenda, que representavam uma vertente terceiro-mundista e primeiro-mundista da política externa brasileira, respectivamente, prosseguiram, agora capitaneadas por Azeredo da Silveira e Mário Henrique Simonsen. Mas Geisel nunca deixou que tais dissensões viessem a público ou que sequer se cogitasse que um dos ministros teria alguma autonomia de decisão em política externa.

O contexto internacional de policentrismo econômico, multipolaridade política e declínio relativo do poder norte-americano, consubstanciado nos Acordos de Paris de janeiro de 1973, complicou-se com a quadruplicação do preço do petróleo que se seguiu à Guerra árabe-israelense de outubro-novembro desse mesmo ano (ou Guerra do Yom Kippur). Os formuladores da política externa do governo Médici estavam no caminho certo quando em janeiro-fevereiro de 1973, com a visita do chanceler Gibson Barboza ao Egito e à Israel, dirigiram a alegada equidistância brasileira para o lado árabe.

---

[163] PINHEIRO, Letícia. *Foreign policy decision-making under Geisel government: the President, the military and the foreign ministry.* London School of Economics and Political Science, 1994, p. 74, tradução nossa (mimeografado).

[164] Ibid, p. 102.

Contando com estratégias de política externa que vinham amadurecendo ao longo dos anos, e de posse de um projeto de autonomização da indústria de base nacional, o país continuava buscando as brechas resultantes da *détente* no cenário internacional. Só que, a partir de 1974, essa busca esbarraria em questões conflitivas com as grandes potências, já que a margem de autonomia a que o país aspira era então muito maior. Não se pode esquecer, contudo, que essa autonomia é buscada dentro do capitalismo e sem reformas sociais de qualquer ordem (apenas a que decorresse da "modernização"). A ideia é a mesma de sempre: não se está buscando a restruturação do sistema internacional, mas sim um melhor posicionamento do Brasil dentro da ordem já existente.

O projeto de autonomização da indústria de base e de busca de alternativas energéticas, exigia uma estratégia de multilateralização das relações internacionais. Multilateralização aqui deve ser tomada como ampliação de parcerias e não em oposição ao bilateralismo. Alguns autores fazem essa confusão ao dizer que o governo Geisel *"abandonou a via bilateralista do governo Médici"*. Há na bibliografia uma tendência a confundir *multilateralização,* como ampliação das relações multilaterais, com *multilateralização* no sentido de ampliação das parcerias. O Brasil de Geisel reforça a segunda. A primeira é contraproducente para uma potência média, como o Brasil se considerava. Nesse sentido, seria incorreto considerar que o governo Geisel abandonou o bilateralismo; ele reforçou o bilateralismo e ampliou as parcerias.

O governo Geisel era, em larga medida, mais bilateralista que o governo Médici: as visitas de Azeredo da Silveira à RFA, ao Reino Unido, à França e à Itália, em 1975, estabeleceram mecanismos de cooperação de alto nível pela via bilateral. O mesmo sentido tem o memorando de entendimento de 1976 com os EUA. A linha de ação é a mesma de sempre: aprofundar o bilateralismo com países com os quais o Brasil possui relações históricas, como os Estados Unidos, as nações europeias, o Japão e os Estados latino-americanos.

Celso Lafer dá alguns exemplos que demostram como o Brasil utilizou o âmbito bilateral, visando obter resultados concretos de questões levantadas na esfera multilateral. A maior participação da frota mercante brasileira no transporte de bens foi sugerida no contexto multilateral (UNCTAD e Organização Consultiva Marítima Intergovernamental) como uma das reivindicações referentes à melhoria das relações Norte-Sul. Sustentada internamente pelo programa de desenvolvimento e multilateralmente pelos países subdesenvolvidos, essa reivindicação foi bem-sucedida por acordos bilaterais com os Estados Unidos e a CEE. Lafer também exemplifica a aproximação multilateral da África e América Latina com vistas a resultados no plano bilateral[165].

Assim, o pragmatismo caracterizou-se pela multilateralização, pelo aprofundamento do bilateralismo com os países com os quais o Brasil já possuía relações históricas e por um viés oportunista, daí os qualificativos "ético e responsável". Cervo o considera pautado pela flexibilidade, agilidade de conduta, discrição, adaptabilidade e indiferenciação política, sendo seus limites estabelecidos pela capacidade de influir sobre o sistema internacional e/ou pela contingência de sofrer influências.[166] Era, igualmente, uma forma de evitar ser criticado como reintrodução da Política Externa Independente, "irresponsável" diplomacia de Jânio Quadros e João Goulart.

Em uma Aula Magna, proferida na Faculdade de Direito da Universidade Federal de Pernambuco em março de 1975, o chanceler Azeredo da Silveira declarou que a filosofia e a ação norteadora de todas as decisões do governo em política externa poderia ser resumida a partir de três conceitos: pragmatismo, responsabilidade e ecumenismo. O pragmatismo diria respeito à eficiência material e a uma perspectiva realista na avaliação das circunstâncias. A responsabilidade serviria para proteger o pragmatismo do epíteto de antiético. E, finalmente, o ecumenismo, estaria ligado à aversão do Estado brasileiro ao isolamento, bem como aos preceitos de respeito e de fraternidade internacional que presidem a conduta do país[167]. O chanceler suavizou bastante o que poderia ser dito de forma mais explícita. O pragmatismo seria a busca de vantagens no cenário internacional, independentemente de regime e ideologia. Responsabilidade diria respeito a questões ideológicas que não contaminariam a política externa. E, finalmente, ecumenismo seria a ampliação de parcerias desejada prescindia de afinidades ideológicas e políticas em escala planetária, isto é, para além do âmbito hemisférico onde a hegemonia americana não poderia ser desafiada.

O embaixador Souto Maior enfatiza que esse rótulo teve muito mais motivações internas que externas. O pragmatismo deveria ser responsável na mesma medida em que também a abertura deveria ser "lenta, gradual

---

[165] LAFER, Celso. "Política exterior brasileira: balanços e perspectivas", in *Dados*. Rio de Janeiro: IUPERJ, nº 22, 1979, P. 55.

[166] Cervo e Bueno, Op. cit., 1992, p: 349.

[167] Resenha de Política Externa do Brasil, n. IV, p. 39.

e segura"[168]. Aqui lembramos o fato, nem sempre destacado, de que o discurso em política externa também é utilizado para fins internos. Geisel, implementando o processo de abertura, estava em confronto com grupos da linha-dura e da extrema direita, que não deixariam de caracterizar algumas atitudes de sua diplomacia como "subversivas", como ocorreu durante a Política Externa Independente com Quadros e Goulart.

Foram feitas pesadas críticas ao pragmatismo no plano interno. Algumas, como a do ex-chanceler Vasco Leitão da Cunha, demostram a existência dentro do Itamaraty de outras propostas de inserção internacional do Brasil "É [o pragmatismo responsável] uma boa definição. Bonita. O conteúdo depende da ação consequente do governo. Até agora não teve muita consequência, ou melhor, a consequência que teve não foi boa: estamos mal com os Estados Unidos de graça"[169]. A imprensa, ecoando interesses de grupos do governo e de empresários, queixava-se da morosidade dos benefícios amplamente alardeados. Comentava-se que as relações com a China não haviam avançado um milímetro desde o restabelecimento de relações, e que os números do comércio eram módicos. A alegada ausência de negócios de vulto com o mundo árabe também gerava descontentamento.

Contudo, críticas mais fortes foram feitas pela imprensa, que já experimentava a abertura de espaços para oposição ao regime militar. Em abril de 1977, o Jornal do Brasil publicou um artigo criticando o pragmatismo. Segundo o *JB*, o relacionamento com a China não avançara um milímetro desde o restabelecimento das relações e a fixação das Embaixadas. A representação brasileira em Pequim seria ainda um cargo rigorosamente decorativo e as relações comerciais entre os dois países, até então, não apresentavam nem sombra dos fantásticos números que foram bordados como uma das principais justificativas para o fim do gelo político. Em 1976, o Brasil exportara apenas 8,9 milhões de dólares e comprara 279 mil dólares (em 1975, as exportações foram de 67,3 milhões de dólares). Além disso, a política pró-árabe começava a dar sinais de deterioração, ante a impaciência de amplos setores governamentais com a ausência de resultados econômico-financeiros de vulto. Ninguém esperava no início — e o Itamaraty muito menos — resultados imediatos da política favorável ao

---

[168] SOUTO MAIOR, Luiz A. P. "O 'pragmatismo responsável'", in ALBUQUERQUE, José Guilhon (Org.). *Crescimento, modernização e política externa. Sessenta anos de política externa brasileira/ 1930-1990*. vol. 1. São Paulo: Cultura, 1996, p: 346.

[169] CUNHA, Vasco Leitão da. *Diplomacia em Alto-Mar*. Rio de Janeiro: Fundação Getúlioo Vargas, 1994, p. 305.

Oriente Médio, ainda mais porque os árabes são considerados excessivamente burocráticos, além de não estarem preparados para investir a enorme quantidade de recursos que passaram a gerir. Apesar disso, setores importantes começavam a vender mais que 272,5 milhões de dólares para todo o Oriente Médio, enquanto comprava mais de 3 bilhões (incluindo petróleo).

O Jornal do Brasil, em 14 de agosto de 1978 (portanto quase no final da gestão Azeredo da Silveira), publicou virulento editorial, sob a manchete "Testamento oblíquo" que afirmava que "quando dentro de poucos — embora longos — meses, o Sr. Antônio Azeredo da Silveira cessar o exercício de suas altas funções de chanceler do Brasil, poderá fazê-lo com essa dupla certeza: foi tão decepcionante na formulação e na condução da política externa do país, como na administração da Casa do Barão do Rio Branco. (...) No plano diplomático pouco lhe restava a realizar: estão irresponsavelmente deterioradas nossas relações com os Estados Unidos; foram pragmaticamente inúteis nossas tentativas de abertura às novas nacionalidade africanas; enfrentam do mesmo estilo barroco-festivo que imprimiu a toda a sua ação nossos contatos com os países mais industrializados, ou com nossos vizinhos do Sul do continente; a OEA, a ALALC, a CEE e as demais siglas que constelam no firmamento de nossa intervenção em mais longa escala não chegará — ainda bem — a aperceber-se de nossa participação; uma simples questão de águas fez estagnar nosso convívio com o que seria nosso principal aliado atual — a China continua tão longe e inacessível como sempre foi. Em suma, do tão apregoado pragmatismo responsável, pouco mais resta do que a responsabilidade pelo que não se fez ou fez mal feito"[170]. O tom irônico utilizado pelo jornalista deve-se, em grande parte, à propaganda que habilidosamente o chanceler Azeredo fazia de sua gestão.

Ao considerar as continuidades e rupturas na política externa brasileira, torna-se quase impossível não proceder à comparação entre o *Pragmatismo Responsável* e a Política Externa Independente de Jânio Quadros e João Goulart. O embaixador Gelson Fonseca Jr., ao abordar essa questão, encontra as seguintes semelhanças: ambos revelam a possibilidade de apresentar a política externa sem escolher lado no conflito ideológico; o exercício de poder pela superpotências é considerado irresponsável (em contraposição ao Brasil que é responsável); a consciência de que o mundo econômico é integrado; o descontentamento com a divisão internacional do trabalho;

---

[170] Jornal do Brasil, 14/08/1978, p. 2.

e a proposição de mecanismos multilaterais. Já as principais diferenças seriam: o Pragmatismo encontra o lado positivo da *détente*; o Pragmatismo encontra uma situação de realismo desconhecida na década de 1960; a PEI investe mais em temas políticos ao passo que o Pragmatismo investe predominantemente em temas econômicos[171].

A comparação é válida, mas apresenta um problema relativamente sério: o autor encontra as semelhanças no plano multilateral e as diferenças no bilateral. As semelhanças encontradas por ele também servem para o governo Costa e Silva, Médici e até Castelo Branco. O discurso multilateral brasileiro possui uma organicidade que torna as diferenças de governo muito sutis. Já as diferenças são tomadas no plano bilateral, *"o plano em que as coisas de fato acontecem"*, daí o seu acerto. E as três diferenças apontadas por Gelson Fonseca Jr. podem ser resumidas em um ponto: em 1974 existe uma infraestrutura econômica que sustenta o discurso e a prática diplomática, o que não existia no início da década de 1960, daí a busca do lado positivo da *détente,* o realismo e a presença massiva de temas econômicos. Em trabalho anterior[172], apontei outra diferença igualmente fundamental: a PEI pressupunha um programa de reforma social, com redistribuição de renda (e consequentemente, a construção de um mercado interno ampliado), ao passo que para o pragmatismo, o crescimento econômico prescindia de alterações estruturais na sociedade.

Em termos de estratégia, houve uma continuidade de projetos anteriores — como a aproximação em relação à África e ao Oriente Médio, a busca de alternativas à parceria norte-americana no Primeiro Mundo (Europa e Japão), parcerias com potências médias e com países de menor desenvolvimento relativo — redimensionados pelo plano de autonomização. Esse plano evoluiu para uma área conflitiva, os contenciosos com os EUA, que haviam ficado até então no plano secundário. Um esquema da busca de parcerias por parte da diplomacia brasileira na gestão Geisel--Azeredo, pode ser expresso da seguinte maneira: a) Europa e Japão como alternativas aos EUA; b) potências médias, como certos países árabes e a Argentina (como sempre é um caso especial) com vistas a parcerias tecnológicas; c) países de menor desenvolvimento relativo, como a Bolívia, o

---

[171] FONSECA Jr., Gelson. "Mundos diversos, argumentos afins: notas sobre aspectos doutrinários da Política Externa Independente e do Pragmatismo Responsável", in ALBUQUERQUE, José Guilhon (Org.)., Op. Cit.,1996, p. 299-336.

[172] VISENTINI, Paulo. *Relações Exteriores do Brasil (1930-1964). O nacionalismo, da Era Vargas à Política Externa Independente.* Petrópolis: Vozes, 2009.

Uruguai e o Paraguai e diversos países da África, com vistas ao intercâmbio comercial, mais precisamente mercado de manufaturados e transferência de tecnologia e *know-how*.

Finalmente, pode-se afirmar que o *Pragmatismo Responsável* manteve a denúncia do congelamento do poder mundial, iniciada na gestão anterior, elevando-a a um nível estratégico, devido às alterações ocorridas no meio internacional e no plano doméstico. O embaixador Araújo Castro denunciou o congelamento do poder mundial, na medida em que o Departamento de Estado norte-americano passou "a idealizar um novo ordenamento mundial, à base de uma concepção de 'cinco centros de poder', quais sejam os Estados Unidos, a União Soviética, a China, o Japão e a Europa Ocidental. Em repetidas oportunidades temos procurado demonstrar a precariedade dessa fórmula político-diplomática, que parece ligar-se a modalidades do pensamento europeu das primeiras décadas do século XIX. Cogita-se, na realidade, de transportar para o plano mundial certas ideias e concepções que prevaleceram para a construção e tentativa de consolidação do antigo 'concerto europeu'. A concepção pentagramática parece, [contudo], destinada ao malogro. [Tal] política não poderia ser a nossa, [na medida em que] prejudica sobretudo os interesses dos países médios ou supermédios (...) que têm perspectivas enormes diante de si. Para os países industrializados ou para os países menores, sem viabilidade para maiores voos (...), essa política de congelamento determina, na realidade, poucas preocupações. O dever internacional do Brasil, [contudo], é o de lutar no sentido da remoção de todos os fatores externos suscetíveis de representarem um óbice à livre e desimpedida expansão de seu Poder Nacional. (...) No caso do Brasil, ainda não atingimos um nível de poder que nos leve a optar pela teoria do congelamento"[173].

A RIVALIDADE COM OS EUA E AS RELAÇÕES HEMISFÉRICAS

Estados Unidos

Ao longo do período Geisel-Azeredo, as relações Brasil-Estados Unidos se processaram de forma bastante diversa de sua evolução no período

---

[173] CASTRO, Araújo. *Relações Brasil-Estados Unidos à luz da problemática mundial*. 1974, mimeo.

Médici. Os conflitos na gestão Gibson, que giraram principalmente em torno da ampliação do Mar Territorial para 200 milhas, permaneceram de baixo impacto. Nenhuma medida do governo Médici, nem mesmo o mar territorial, tocou em áreas conflitivas com a potência norte-americana. No período Geisel, essa relação mudou. Agora a política externa apareceria como vetor de um projeto de desenvolvimento que visava autonomia em termos industriais e energéticos. E esse projeto tocava em área conflitiva. Assim, a rejeição ao Acordo Nuclear situa-se muito além da luta para não perder o monopólio da energia nuclear para os parceiros europeus (todavia, é óbvio que isso também contava). Foi, na verdade, uma rejeição a uma tentativa de alterar a divisão internacional do trabalho (ainda que dentro do capitalismo e por um governo de direita). A "independência na medida certa", existente no período Médici, agora avançara o sinal.

Na relação com os Estados Unidos aparece de forma clara a tentativa brasileira de dupla inserção no cenário internacional, que surge na segunda metade da década de 1960. Segundo Maria Regina Soares de Lima e Gerson Moura, ao mesmo tempo em que espera um tratamento à altura de um país industrializado, o Brasil não quer perder os dividendos de um país em desenvolvimento[174]. No período Geisel, enquanto estabelece mecanismos de consulta em alto nível com os países desenvolvidos, denuncia nos foros multilaterais o desenvolvimento desigual e propaga seu apoio ao Terceiro Mundo, como destacou Celso Lafer[175]. A dupla inserção, que também pode ser constatada no comportamento brasileiro em fóruns multilaterais, impede qualquer caracterização simplista da política externa brasileira: nenhum alinhamento ou concordância será irrestrito e nenhuma discordância será irreconciliável.

A dupla inserção força uma cômoda "desideologização" da política externa brasileira, que é traduzida pela diplomacia como pragmatismo: para poder colher o melhor de dois mundos aposta-se na discrição, evitando-se qualquer tipo de liderança, e no realismo. Quando Geisel assumiu o poder, a orientação da administração Ford-Kissinger era a mesma do período Nixon. Nos marcos da doutrina Nixon-Kissinger, os norte-americanos buscaram igualmente desideologizar sua política-externa e

---

[174] LIMA, Maria Regina Soares de, e MOURA, Gerson. "A trajetória do pragmatismo: uma análise da política externa brasileira", in *Dados*. vol. 25, nº 3. Rio de Janeiro: IUPERJ, 1982, p. 57.

[175] LAFER, Celso. "Política Externa Brasileira: balanços e perspectivas", in *Revista Dados*. Rio de Janeiro, nº 22, 1979, p. 57.

conferir maior margem de manobra aos países-chave aliados. O objetivo era evitar uma situação de custos elevados como a da guerra do Vietnã, fazendo com que os aliados do mundo Ocidental pagassem parte da conta da Guerra Fria. Essa orientação mudou coma eleição do democrata Jimmy Carter.

Pode-se afirmar que os atritos entre a diplomacia brasileira e o governo norte-americano, durante a administração Geisel, situaram-se em dois planos, o econômico e o político. Na esfera econômica o conflito era o mesmo de sempre: relacionava-se ao esforço brasileiro em aumentar a venda de manufaturados para os Estados Unidos, bem como com o desinteresse americano em uma reforma do sistema comercial e financeiro internacional. Não foi, contudo, a economia o principal polo de atrito. Até porque as reivindicações econômicas e as críticas ao desenvolvimento desigual pertenciam muito mais à esfera multilateral que bilateral. Os conflitos estabeleceram-se, principalmente, em torno de duas questões políticas relacionadas: a tecnologia nuclear e os direitos humanos. Ainda no plano político, algumas atitudes da diplomacia brasileira deram margem a desavenças: a abstenção brasileira quando a OEA votou o levantamento das sanções à Cuba; o voto na AGONU a favor de uma resolução que condenava o racismo e incluía o sionismo entre suas formas — decisão relacionada à ligação comercial preferencial que o Brasil vinha mantendo com os países árabes, inclusive com os mais radicais; e o reconhecimento de governos revolucionários de tendência marxista-leninista em Guiné- Bissau, Moçambique e Angola; pode-se agregar a isto o estabelecimento de relações com a República Popular da China.

Entretanto, nem tudo foram desentendimentos entre os dois países durante o governo Geisel. Em termos bilaterais, houve cooperação, o que foi bem expresso pela assinatura em fevereiro de 1976 do Memorando de Entendimento. Aqui, temos de recordar dois pontos: a dupla inserção e o uso interno que a diplomacia brasileira fazia da política externa. A atitude de independência em relação aos Estados Unidos era bastante útil para uso interno: dotava o governo de legitimidade, gerava um consenso com a oposição e desviava a atenção da situação econômica desfavorável e da instabilidade política. É óbvio que o governo exagerará nos discursos e superestimará as pressões norte-americanas.

A necessidade brasileira de desenvolver fontes alternativas de energia e a opção pela energia nuclear esbarrou em uma questão bastante cara aos interesses norte-americanos. Desde o final da Segunda Guerra, os Estados Unidos lutavam para impedir a proliferação da tecnologia nuclear nos países sob a sua esfera de influência. A estratégia funcionava de forma que tais nações necessitavam recorrer aos Estados Unidos, e deles depender, em questões nucleares. Os norte-americanos forneciam tal tecnologia, mas de forma incompleta. Contudo, nos anos 1970, com o surgimento no mercado internacional de outros fornecedores de tecnologia nuclear, países como os da América Latina, puderam dispor de outras alternativas.

Em 1955, O Brasil assinou com os Estados Unidos, o primeiro acordo de exportação de tecnologia que incluía reatores de pesquisa para laboratórios do Rio de Janeiro. Foi exatamente o período em que, em termos de Guerra Fria, se atingiu o equilíbrio nuclear estratégico, que desencadeou a corrida armamentista. O governo norte-americano começou a empreender, a partir de então, uma política que lhe garantisse o predomínio absoluto no setor de tecnologia nuclear.

Nesse ano, foi apresentada na Assembleia das Nações Unidas a proposta "Átomos para a Paz". Através dela, os EUA mostravam-se dispostos a compartilhar com as nações amigas seus conhecimentos na área de tecnologia nuclear. Essa boa-vontade não ocultava o projeto norte-americano de liderar o continente também nesse campo, mantendo-o sob seu controle. O programa difundiu a tecnologia militar americana por diversas nações, e o Brasil recebeu, por essa via, um reator de 5 MW de potência, que, naquele momento, não se sabia exatamente em que seria empregado. É lógico que o "Átomos para a Paz" tinha também como finalidade desovar tecnologia obsoleta nos países em desenvolvimento. O combustível desses reatores era o urânio enriquecido, cuja produção dependia totalmente de recursos financeiros e tecnológicos americanos. Era, obviamente, uma manobra que visava eliminar a possibilidade de os países desenvolverem tecnologia nuclear própria e criarem dependência em relação a Washington. Ainda na esteira da proposta, foi comprado um segundo reator, instalado em Belo Horizonte. Utilizava, igualmente, o urânio enriquecido.

Em 1956, foi elaborado um documento por uma comissão especial do governo, a partir do relatório final de uma Comissão Parlamentar de Inquérito, criada para avaliar a política nuclear seguida até esse ano. As orientações expressas nas "Diretrizes governamentais para a Política Nacional de Energia Nuclear" foram mantidas pelos governos de Jânio Quadros e João Goulart[176]. A justificativa para a adoção da energia nuclear

---

[176] DOMINGUES, Beatriz. *Reinventar a roda: a política nuclear entre 1964 e 1968.* Rio de Janeiro/ Juiz de Fora: COPPE-UFRJ/ EDUFRJ, 1997, p. 43-44.

já se baseava, nessa época, na possibilidade do esgotamento dos recursos hidrelétricos do país.

A sequência do processo que encaminhou a assinatura do Acordo Nuclear envolve também a velha disputa pela hegemonia latino-americana com a Argentina. Esse país contava, desde 1951, com uma Comissão Nacional de Energia Atômica. O governo argentino, todavia, optou por um caminho diverso do Brasil: ao invés do urânio enriquecido, o urânio natural, a partir do qual pode-se recuperar o plutônio. Em 1958, o governo argentino já colocara seu primeiro reator para funcionar e em 1968, a CNEA começara a trabalhar com a primeira e única fábrica de reprocessamento da América Latina. Nesse mesmo ano, os argentinos optaram, para a construção de sua primeira usina atômica (Atucha I), pela Siemens alemã.

Jânio Quadros favoreceu, durante seu governo, a opção pelo urânio natural, a partir de uma parceria com a França. O programa foi, todavia, rapidamente desativado e os técnicos franceses foram para a Argentina, onde auxiliaram na construção de Atucha. João Goulart tentou levar à frente o projeto, com uma série de medidas administrativas. O Plano Trienal (1963-1965) afirmava que a necessidade de dotar o país de usinas nucleares relacionava-se com a "política de independência do suprimento externo de combustíveis"[177]. O golpe de 1964 alterou as metas de desenvolvimento nuclear do Brasil. A possibilidade de esgotamento dos recursos hidrelétricos que servira, nos anos JK, Jânio e Jango de justificativa para a priorização do programa nuclear, desapareceu do discurso governamental. Ao contrário, a não priorização da tecnologia nuclear era explicada pela abundância de recursos hídricos.

Em 1965, foi formado um grupo de estudos para analisar a possível implantação de uma usina de energia nuclear no Centro-sul. Em Belo Horizonte surgiu o Grupo do Tório, que passou a desenvolver um projeto de reator abastecido com urânio natural e tório. Seguindo suas orientações, o governo fez vários pedidos à Westinghouse para que ajudasse o desenvolvimento dessa tecnologia. Todos os pedidos foram negados. Embora tenha durado apenas quatro anos, o Grupo do Tório "pode ser considerado das mais importantes tentativas de um desenvolvimento nacional e independente da energia nuclear"[178]. Sua dissolução deve-se justamente à opção dos militares pelo urânio enriquecido.

---

[177] Ibid, p. 45.
[178] Ibid, p. 47.

Essa opção, entretanto, não era tão rígida. O governo Castelo Branco assinou acordos bilaterais com os Estados Unidos, Suíça e Portugal (1965) e com Bolívia, Peru e Israel (1966) para cooperação para fins pacíficos. Percebe-se como, mesmo no governo Castelo Branco, o programa nuclear brasileiro não se limita aos Estados Unidos. O acordo de 1965 com os Estados Unidos visava claramente tutelar o emprego da energia nuclear no Brasil, e determinava de forma expressa a não transferência de tecnologia. Por esse motivo, serviria de base para o acordo de 1972.

Em 1967, durante o governo Costa e Silva, foi formado um grupo de trabalho composto por representantes do Conselho de Segurança Nacional, do Ministério das Minas e Energia, da Comissão Nacional de Energia Nuclear e da Eletrobrás com o objetivo de estudar a viabilidade da utilização da energia nuclear na região Sudeste, bem como a construção de um primeiro reator de potência . O argumento do esgotamento dos recursos hídricos voltou à ordem do dia. Do relatório desse grupo, saíram as diretrizes que iriam vigorar até 1974. Aí fica explícita a opção pelo urânio enriquecido. A realização do Projeto foi conferida a Furnas Centrais Elétricas. Após uma missão no exterior, Furnas optou pela Westinghouse. Tudo leva a crer que essa escolha não foi tecnocrática, tendo pesado mais os interesses da Presidência da República e das Forças Armadas. Em maio de 1967, o Brasil assinou o Tratado de Tlatelolco. Esse documento que, na prática, mostrou-se ambíguo e ineficaz, foi aceito pelo governo brasileiro justamente pelo fato dele permitir a realização de explosões nucleares para fins pacíficos. O TNP, negociado alguns meses depois, corrigia essa falha, impedindo o desenvolvimento nuclear. Daí a firmeza de posição do Brasil ao não assiná-lo. A rejeição ao TNP tornou-se uma bandeira da diplomacia brasileira, principalmente para fins multilaterais.

Parece existir uma contradição entre a denúncia do TNP e a opção pelo urânio enriquecido: a primeira aponta para um desenvolvimento nuclear independente e a segunda sela a dependência justamente em relação aos Estados Unidos, o maior interessado no congelamento do poder. Eis aqui duas questões relacionadas: a diferença multilateralismo-bilateralismo e a pulverização das esferas de decisão. A recusa ao TNP era uma estratégia multilateral, ao passo que as negociações com os EUA para a compra de urânio enriquecido era assunto exclusivamente bilateral. Não podemos esquecer que são dois mundos paralelos. Por outro lado, a crítica ao TNP era capitaneada pelo Itamaraty, bem como pela comunidade científica, enquanto os entendimentos com os norte-americanos davam-se na esfera da tecnocracia e das Forças Armadas.

O governo Médici permaneceu, quanto à questão nuclear, na mesma linha do de Costa e Silva. As metas ambiciosas em termos energéticos, contudo, produziram uma maior complexidade da estrutura administrativa do setor nuclear. Foi criada a Companhia Brasileira de Tecnologia Nuclear, que em 1974 foi transformada na Nuclebrás e em 1970 foram distribuídas as especificações do projeto de Angra I. A Westinghouse seria auxiliada por outra empresa norte-americana e por duas estatais brasileiras. "Era uma transação comercial típica entre um país desenvolvido e um subdesenvolvido: o Brasil se submetia à condição de produtor de matéria-prima (urânio) e importador de manufaturado (tanto o reator como o urânio enriquecido usado como combustível)"[179]. Não se pode deixar de mencionar a estreita vinculação existente entre a Westinghouse, o ministro da Fazenda e o Grupo Bozzano-Simonsen. A Cobrel, empresa desse grupo, era representante comercial da Westinghouse no Brasil. Ainda durante o governo Médici, em 1973, a Eletrobrás elaborou um programa denominado Plano 90, que previa as necessidades futuras de energia e planejava a construção de usinas nucleares. Esse plano foi entregue ao governo somente no início de 1974.

Há que se considerar, todavia, que, apesar da dependência norte-americana, o Brasil prosseguia com sua política de colaboração tecnológica com a Europa e o Oriente Médio, bem como com diversos países da América Latina. Em junho de 1969, no final do governo Costa e Silva foi assinado com a Alemanha um Acordo de Cooperação Científica e Tecnológica. Era um acordo amplo, que envolvia áreas como a matemática, a biologia, a oceanografia e a pesquisa espacial[180]. Em relação à tecnologia nuclear, esse acordo propunha-se a estender uma inicial assistência técnica para o fornecimento, a médio prazo, do ciclo completo do combustível nuclear. Nas Universidades de São Paulo, Federal do Rio de Janeiro e Federal de Minas Gerais foram, inclusive, implantados cursos de pós-graduação nessa área, ministrados por alemães. Apesar da opção pelos Estados Unidos, não fora afastada a possibilidade de desenvolvimento independente.

---

[179] Ibid, p. 57.
[180] SOUTO MAIOR, Luiz Augusto. "O 'Pragmatismo Responsável'", in ALBUQUERQUE, José Guilhon (Org). *Sessenta anos de política externa brasileira (1930-1990)*. São Paulo: Cultura, 1996. Vol 1., p.350-1.

A Alemanha, além da intenção de apropriar-se de mercados norte-americanos, desejava maior liberdade para a realização de suas pesquisas, em função do fato de ser um país ocupado e vigiado pelas potências aliadas. Em 1974, com o governo Geisel, juntou-se ao projeto que já estava em curso, a premência na obtenção de fontes de energia, fundamentais para o projeto autonomista expresso no II PND. Em março desse ano, a Índia explodiu seu primeiro artefato nuclear, aumentando a ansiedade brasileira em relação ao tema (lembremos que a argentina tinha um projeto bastante semelhante ao indiano). No início de 1974, o Brasil recebeu o primeiro reator, e, em março, Furnas foi autorizada a adquirir o segundo artefato. Era um excelente negócio para a Westinghouse, mas a Comissão de Energia Atômica dos EUA vetou o fornecimento de combustível. A Alemanha passaria a ser a interlocutora do Plano 90. O argumento contrário à dependência tecnológica, que não era mencionado, obviamente, quando as negociações se faziam com a Westinghouse, surgiram imediatamente.

Segundo o Governo brasileiro, "além da escolha da tecnologia, outro fator que teve de ser considerado foi a vulnerabilidade do abastecimento do combustível necessário à execução do programa. A evolução histórica recente estava a demonstrar os perigos da dependência de fontes externas para a satisfação das necessidades de insumos fundamentais para a economia. A fim de evitar o que ocorrera com o petróleo, era imperativo que, no caso da energia nuclear, a solução fosse suscetível de dar ao país, a médio prazo, a indispensável autonomia. Era preciso, pois, ao fazer a opção técnica, levar em conta a necessidade de assegurar a plena transferência para o Brasil das tecnologias envolvidas em cada uma das áreas do ciclo combustível correspondente ao tipo de reator adotado. Em outras palavras, não era admissível substituir uma dependência por outra. (...) Os perigos de uma tal dependência podem, aliás, ser exemplificados pelo que ocorreu quando não puderam ser assegurados pelos fornecedores os suprimentos dos serviços de enriquecimento contratados no exterior para a segunda e a terceira usina nucleares em construção no Brasil"[181]. O presidente Geisel não poderia ser mais claro. Um ótimo exemplo de argumentação ex post fato.

Outros países foram levados em conta, especialmente o Canadá e a França. A Alemanha, além de condições mais vantajosas, já possuía acordos de cooperação técnica e científica firmados com o Brasil. O Acordo Geral

---

[181] Resenha de Política Externa do Brasil, n. 12, p: 10-11.

de Cooperação nos setores da Pesquisa Científica e do Desenvolvimento Tecnológico de 1969 era um complemento de um acordo do Brasil com a EURATON (Comissão Europeia de Energia Atômica) de 1961. É digno de nota que em 1972, enquanto o Brasil negociava com a Westinghouse, uma delegação brasileira com 60 oficiais de ESG visitou o Bureau Internacional do Centro de Pesquisas Atômicas em Jülich. Do ponto de vista da Alemanha Ocidental, a cooperação com o Brasil permitia-lhe assegurar o acesso a jazidas de urânio, libertando-se da dependência em relação aos EUA. Igualmente, o governo alemão poderia valer-se da energia nuclear para abrir novos mercados aos seus produtos[182]. Até fevereiro de 1975, as negociações do Acordo foram totalmente sigilosas. No final desse mês, o embaixador alemão em Washington comunicou ao diretor da Agência de Desarmamento e Controle de Armas as negociações com o Brasil. Em abril, o Departamento de Estado enviou quatro emissários a Bonn para tentar dissuadir os alemães de prosseguirem com o Acordo, sem obterem resultado. Em maio, a chancelaria alemã anunciou que os dois países haviam chegado a um acordo para o fornecimento de oito usinas nucleares, o que foi confirmado pelo Itamaraty.

O Acordo Nuclear foi assinado no dia 27 de junho de 1975, e constava de dois documentos: o Acordo de Cooperação Nuclear para usos pacíficos e o Protocolo de Cooperação Industrial. Esse último era o mais importante, já que estabelecia um conjunto de projetos a serem executados pela Nuclebrás e inclui a transferência de tecnologia. O Acordo previa a compra pelo Brasil de oito reatores gigantes por US$ 2 a 8 bilhões, com o fornecimento inicial de 10000 MW, devendo atingir 70000 MW no final do século, a construção de uma usina de enriquecimento de urânio através do processo de jato centrífugo, bem como uma fábrica de reatores, a ser construída em Sepetiba (RJ), cuja produção, com início calculado para fins de 1978, possibilitaria a completa nacionalização dos equipamentos. Também previa a criação de diversas companhias mistas para uma participação conjunta dos dois países em todas as fases industriais do ciclo do combustível.

O Acordo estava subordinado à assinatura de um acordo de salvaguardas com a Agência Internacional de Energia Atômica, que garantiria que os artefatos não seriam usados para armas ou explosivos nucleares.

---

[182] BANDEIRA, Moniz. *O milagre alemão e o desenvolvimento brasileiro: as relações da Alemanha com o Brasil e a América Latina (1949-1994)*. São Paulo: Ensaio, 1994, p. 198.

"O contrato seria implementado por um consórcio multinacional que incluía joint-ventures entre a Nuclebrás e a KWU (Kraftwerk Union) e seis outros bancos consorciados alemães, além de injeção de recursos financeiros por bancos europeus privados, sob a direção da Companhia Luxembourgeoise de Banque (...) No Brasil, a princípio, foram montadas quatro companhias para a execução do programa, depois complementadas com mais três"[183]. O modelo de implementação do Acordo favorecia as multinacionais encarregadas de venderem conhecimentos técnicos nucleares e convencionais (as duas mais importantes eram a Hoechst e a Bayer). A Nuclebrás e suas associadas arcariam com os vultosos investimentos de infraestrutura.

A reação norte-americana ultrapassou em muito o plano comercial. Camargo afirma que a opção do Brasil incidia sobre duas dimensões básicas da estratégia norte-americana: a econômica, já que a instalação de usinas nucleares era um negócio rendoso e até pouco tempo era monopólio norte--americano; e a político-estratégica, uma vez que os Estados Unidos via sua relação com um aliado preferencial enfraquecida[184]. Moniz Bandeira considera a questão comercial como causa fundamental das desavenças. Em 1975, os Estados Unidos que alguns anos antes reinava absoluto no mercando de artefatos nucleares, estava em nítida desvantagem: somente a Kraftwerk Union recebera mais encomendas que os quatro consórcios norte-americanos liderados pela Westinghouse e general Eletric[185]. A política de não-proliferação do governo tornara-se uma desvantagem comercial: os EUA estavam perdendo seus mercados tradicionais e os novos mercados que se abriam.

A reação foi diferente por parte do Governo, imprensa, parlamentares e empresas, embora o eixo de todas as críticas convergisse para o perigo da proliferação nuclear. A imprensa e os parlamentares foram mais incisivos que o Governo. Este explorava o argumento de que não havia razões econômicas para países como o Brasil e a Argentina disporem de tecnologia atômica. Já as empresas, como a Westinghouse, culparam o governo por tê-la impedido de realizar "o negócio do século". Percebe-se o conflito entre a política de não-proliferação do governo e a política de exportação de reatores da indústria nuclear.

---

[183] Domingues, Op. cit., p: 95.
[184] Camargo, Op. cit., 1988, p. 94.
[185] Bandeira, Op. cit., p. 199.

O Departamento de Estado manifestou apreensão com a possibilidade de o Acordo servir de exemplo para outros nos mesmos moldes, ou desencadear uma competição entre países em desenvolvimento. Essa perspectiva também foi bastante explorada pela imprensa. O governo norte-americano convocou uma reunião do Clube de Londres (URSS, França, Alemanha Ocidental, Canadá, Grã-Bretanha e Japão), na qual foi discutido a ampliação das salvaguardas para os combustíveis (até então limitava-se aos reatores). Ainda em 1974 o governo norte-americano organizou o Grupo de Fornecedores Nucleares que estabeleceria normas de controle de transferência de tecnologia e equipamentos. Isso demonstrava o reconhecimento do governo do fracasso das medidas unilaterais de não-proliferação nuclear.

Durante a administração Ford-Kissinger a pressão foi bastante cuidadosa e cordial. O governo continuava operando nos marcos da Doutrina Nixon, que priorizava relações com países-chaves. Na América Latina, o Brasil era o aliado preferencial, e não interessava ao governo norte--americano, num momento de crise política e moral, complicar essa aliança. Em fevereiro de 1976, o Brasil assinou com os Estados Unidos o Memorando de Entendimento, por ocasião de uma visita de Henry Kissinger a Brasília. Tal memorando estabelecia reuniões bilaterais de consulta sobre diversas questões. Era um canal privilegiado, de que nenhum outro país latino-americano dispunha, o que foi interpretado como sinal de reconhecimento da importância do Brasil pela potência do norte. O Memorando estabelecia consultas semestrais, entre os dois governos sobre toda sorte de assuntos de política exterior, incluindo qualquer questão específica levantada por qualquer uma das partes, tanto do plano bilateral, como do multilateral. Essas reuniões ocorreriam de forma alternada no Brasil e nos Estados Unidos, e seriam presididas pelas duas chancelarias[186].

A visita de Kissinger foi cercada das amabilidades tradicionais e evitaram-se assuntos polêmicos. Mas, mesmo de forma oficial, houve alusão às divergências. Kissinger declarou: "Entre dois países do tamanho dos nossos, um dos quais cresce com enorme rapidez, divergências se fazem, de vez em quando, absolutamente inevitáveis. Esse documento não removerá as diferenças, mas fortalecerá nossa determinação de que sejam superadas (...)"[187]. O Memorando serviu também para tranquilizar os militares

---

[186] Resenha de Política Exterior do Brasil, n. 8, p. 48-49.
[187] Resenha de Política Exterior do Brasil, n. 8, p. 47.

e civis anticomunistas, alarmados pela nova diplomacia brasileira[188]. Contudo, houve mais uma conotação simbólica, que resultados efetivos. O Memorando, todavia, não garantiu a solução da questão nuclear, a qual agravou-se com a chegada ao poder do democrata James Carter. A cordialidade da diplomacia de Ford deu lugar a uma postura agressiva com pressões explícitas.

Carter parecia não levar em conta as modificações ocorridas nos mercados de produtos nucleares. Agia como se a não-proliferação fosse uma tarefa dos norte-americanos. Ele já usou as críticas ao Acordo Nuclear como plataforma de campanha e, eleito, passou a fazer declarações agressivas contra o Acordo. Em dez dias de governo, enviou à Bonn o vice-presidente, Walter Mondale, para negociar com a Helmut Schmdt uma possível suspensão do Acordo. O Subsecretário, Warren Christopher, foi enviado a Brasília. O secretário de Estado Cyrus Vance, por sua vez, propôs em entrevista coletiva, uma moratória ao Acordo.

O governo brasileiro respondeu através da imprensa que não haveria nenhuma possibilidade de suspensão do Acordo. O efeito dessas atitudes gerou dividendos internos para o governo Geisel, alinhando os governistas e a oposição. Contudo, o alvo de maiores pressões era a Alemanha Ocidental. O Acordo gerou a crise mais séria entre Estados Unidos e Alemanha desde a Segunda Guerra. Os anos 40 já eram longínquos, mas os norte-americanos encaravam o governo alemão como devedor permanente por sua dependência da OTAN. A Alemanha, entretanto, resistia às pressões, alegando a não-violação das normas de não-proliferação. Porém, em certo momento, o governo alemão parece ter hesitado, aceitando a proposta de criar centros multinacionalizados para o fornecimento de combustível enriquecido. O Brasil reagiu, afirmando que qualquer modificação nos termos do Acordo acarretaria o seu cancelamento completo[189].

O governo Carter optou, naquele momento, por não tomar nenhuma iniciativa (o que mudaria com o desencadeamento da polêmica dos direitos humanos). No final de 1976, as negociações entre Bonn e Washington pareciam ter tomado um caminho satisfatório. Contudo, em março de 1977, Carter pressionou o Chase Manhattan Bank e o Eximbank para que suspendessem todos os financiamentos negociados com o Brasil, e paralisou o fornecimento de urânio enriquecido à RFA. As exigências eram

---

[188] Skidmore, Op. cit., 1988, p. 381.
[189] Camargo, Op. cit., 1988, p: 102.

ou a desistência do Acordo ou a introdução de salvaguardas e a exclusão da usina de enriquecimento de urânio e reprocessamento de combustível.

Geisel, aproveitando a atmosfera nacionalista gerada pelas pressões e, a pretexto de um relatório sobre direitos humanos no Brasil, denunciou, em setembro de 1977, o Acordo Militar com os EUA de 1952, bem como outros instrumentos de cooperação bilateral. Foram extintas a Comissão Militar Mista, a Missão Naval e o Acordo Cartográfico. Foi um gesto simbólico, já que esse acordo já não tinha utilidade para o Brasil. "Ele consistira, basicamente, no fornecimento de material bélico já utilizado pela OTAN e, cujo valor comercial, embora fosse nihil, ao sair dos portos de Antuérpia, o governo de Washington contabilizava dentro das verbas aprovadas pelo Congresso e as quais, sem dúvida alguma, dava outra destinação"[190]. A partir da década de 1970, o Brasil já produzia 80% de seu material bélico, importando os 20% restantes de diferentes países com mínima participação americana.

Nesse período o governo americano passaria a tolerar o Acordo Nuclear, desde que a Alemanha aceitasse novos instrumentos multilaterais que favorecessem a não-proliferação. Já em junho de 1977, o governo alemão anunciou a interrupção da exportação de tecnologia de reprocessamento. O Acordo, todavia, não seria atingido, sendo, porém, a última transferência do ciclo completo para um país de Terceiro Mundo. Seis meses depois, Geisel realizou uma visita à Alemanha Ocidental, a primeira de um Chefe de Estado a esse país. Foram, então, assinados diversos convênios complementares ao Acordo[191], sendo "cooperação" a palavra mais mencionada. Helmut Schmidt declarou que "gostaria de repetir que o que até agora foi conseguido em matéria de cooperação econômica entre nós Brasil pode ser considerado como exemplo para a cooperação entre um país altamente industrializado, de um lado, e um país no limiar do desenvolvimento, do outro. Desejaria que, nas relações Norte-Sul, no mundo inteiro, fosse possível, [com] o tempo, chegar a uma cooperação igualmente proveitosa"[192].

De fato, a cooperação Brasil-Alemanha vinha sendo tomada como modelo de cooperação Norte-Sul. Durante um jantar oferecido a Geisel pelo presidente Walter Scheel, Helmut Schmidt criticou o comportamento dos EUA. Pouco se falou do Acordo, a não ser a disposição de Schmidt e Geisel de

---

[190] BANDEIRA, Moniz. *Brasil-Estados Unidos: a rivalidade emergente (1950-1988)*. Rio de Janeiro: Civilização Brasileira, 1989, p. 236.

[191] Resenha de Política Exterior do Brasil, v. 16, p. 180.

[192] Ibid, v. 16, p. 72.

levá-lo até o fim[193]. Por ocasião de um almoço oferecido por Schmidt, esse fez um discurso bastante agressivo e pouco convencional para os padrões diplomáticos: "Schmidt ter-se-ia permitido ironizar a política externa de Carter e criticar agressivamente os países do Terceiro Mundo — desde há muito cortejados pelos sociais-democratas alemães. Esses países (...), acusam da prática de discriminação econômica apenas as nações industrializadas do Ocidente e esquecem a igualmente desenvolvida URSS. Por fim, o chanceler teria comentado favoravelmente a situação política brasileira, inclusive com elogios ao desempenho do governo Geisel no campo dos direitos humanos"[194].

A revista comenta que o discurso oficial, divulgado três dias depois do evento, foi depurado pelos funcionários da chancelaria. De fato, o discurso oficial não contém nada disso[195]. Alguns dias depois, Carter sancionou o *Nuclear Non-Proliferation Act*, que permitia a suspensão, a qualquer momento, o fornecimento de urânio enriquecido aos países que não acatassem as diretrizes de Washington. Essa lei fora proposta por deputados em 1975, exatamente em virtude do Acordo Brasil-Alemanha. O *Act* representava grande ameaça tanto para a Alemanha quanto para a França, que dependiam do urânio enriquecido dos EUA.

Aqui é preciso fazer um parêntesis para comentar de que forma a questão dos direitos humanos foi atrelada ao Acordo Nuclear. A polêmica dos direitos humanos foi desencadeada a partir da posse de Carter em janeiro de 1977. Foi enorme o contraste entre a atuação de Carter e a de Nixon e Ford nesse campo. Os dois últimos foram tolerantes, beirando a condescendência. Nixon deixou implícito que "certas práticas" eram necessárias para controlar a "subversão". O objetivo real de James Carter era o de fazer alarde em torno das denúncias de violação aos direitos humanos dos dissidentes soviéticos. Sua credibilidade, todavia, exigia a universalização do discurso oficial, o que se refletiu sobre todos os governos autoritários, mesmo os de países "amigos". Fica claro para o observador que tais iniciativas representavam muito mais uma tentativa do governo norte-americano de retomar seu prestígio internacional, desgastado com a derrota no Vietnã e com o escândalo Watergate. Em relação ao Brasil, entretanto, às críticas em relação aos direitos humanos assumiram um significado especial: o governo

---

[193] Veja, n. 497, 15/03/78, p. 16.
[194] Veja, n. 497, 15/03/78, p. 19.
[195] Resenha de Política Exterior do Brasil, n. 16, p. 70-74.

norte-americano oportunamente vinculou-as ao Acordo Nuclear. As denúncias eram usadas como forma de pressão para que o Brasil desistisse ou revisasse o Acordo (da mesma forma que durante o governo Médici os EUA tentaram vincular o Acordo do Café ao mar territorial de duzentas milhas).

Em 1976, o Congresso Americano aprovou uma lei que exigia que o Departamento de Estado apresentasse um relatório anual sobre os direitos humanos nos 82 países que recebiam ajuda militar ou de segurança, entre os quais figurava o Brasil. O primeiro relatório referente ao Brasil surgiu em princípio de 1977. Criticava a atuação do país com base em documentos como os da Anistia Internacional e fazia referência às prisões ilegais, às cassações de direitos políticos, a censura à imprensa e às pressões sobre a Igreja[196]. Esse relatório foi entregue ao Itamaraty. O documento, que deveria ser secreto, foi publicado no Estado de São Paulo. Geisel reagiu prontamente. Devolveu o relatório e o chanceler Azeredo denunciou a intolerável interferência nos assuntos internos do país, rejeitando qualquer ajuda que estivesse vinculada a questões internas. Foi o momento mais sério dos desacordos entre Brasil e Estados Unidos. O governo chegou ao ponto de começar estudos sobre possibilidades alternativas em caso de retaliações no setor comercial e militar[197]. Em alguns dias, o governo brasileiro anunciou o cancelamento do Acordo Militar com os EUA de 1952.

As dimensões do enfrentamento refletem-se no adiamento da visita de Carter, programada para novembro de 1977 (ocorreria em março de 1978). Carter enviou em seu lugar a Primeira-dama, Rosalynn, em junho de 1977. Quando no Brasil, Rosalynn Carter foi envolvida na questão. Um estudante lhe entregou uma carta denunciando o governo e dois missionários, em Recife, lhe fizeram relatos sobre os maus tratos que sofreram na prisão. A polêmica reascendeu-se em setembro de 1977, Geisel cancelou mais quatro acordos militares com os EUA. A tendência do governo brasileiro era de contornar o problema sem maiores polêmicas. Os setores envolvidos estavam conscientes de que as pressões pelos direitos humanos visavam atingir a questão nuclear. Mas ao mesmo tempo, não se ignorava que esse tema poderia gerar problemas internos, já que envolvia a ação repressiva das Forças Armadas. Lembremos que o governo Geisel esteve em constante queda de braço com a linha-dura e com as forças de segurança. E apesar de ser um assunto caro à oposição, o nacionalismo resultante da

---

[196] Skidmore, Op. cit., 1988, p. 383.
[197] Camargo, Op. cit., 1988, p. 105.

intervenção estrangeira em assuntos internos falou mais alto: Geisel recebeu o apoio de considerável parte da oposição.

Em fins de 1977, as condições para a retomada do entendimento começaram a ser criadas. Em março de 1978, com a vinda de Carter ao Brasil, os temas polêmicos são tratados com toda a discrição. Carter afirmou que o *Nuclear Non-Proliferation Act* não se aplicava nem ao Brasil, nem à RFA. Os setores ligados ao governo interpretaram essa mudança de atitude como uma evidência de que o Brasil estava se tornando uma grande potência e que os Estados Unidos temiam perder um importante aliado. Para Sônia de Camargo essa mudança se relaciona mais com dificuldades internas do governo norte-americano, que operou uma espécie de retirada confusa quando percebeu que suas estratégias estavam sendo contraproducentes[198]. Mais provavelmente, as autoridades americanas constataram que os atrasos, bem como os problemas técnicos e financeiros, que já se evidenciavam, dificultariam a execução do Acordo Nuclear, sendo desnecessária a sua oposição. Apesar disso, o governo dos EUA continuou exigindo as salvaguardas, caso que só viria a ser resolvido em 1981[199].

América Latina

A política externa do governo Geisel para a América Latina não diferiu muito da do governo Médici. Mário Gibson Barboza disse ter recebido muitos convites para visitar a Europa durante a sua gestão, mas a prioridade dada à América Latina teria impedido a aceitação desses convites. No período Geisel, a relação parece ter se invertido. Geisel visitou pessoalmente os principais países da Europa Ocidental e a agenda latino-americana, embora extensa, parece ter se situado num plano inferior. Apesar disso, no plano do discurso, a América Latina continua a ser considerada como o foco principal para da política externa. Tudo indica que as necessidades econômicas geradas pelos projetos de autonomia industrial, energética e tecnológica tornaram prementes a necessidade de buscar alternativas aos EUA. Daí a priorização da Europa e do Japão. Ao longo do governo Médici, embora já existisse movimentação em direção ao Primeiro Mundo (Europa

---

[198] Ibid, p. 108.
[199] Bandeira, *Brasil-Estados Unidos*, Op. cit., p. 201.

e Japão), a relação com os Estados Unidos ainda era primordial. Com certeza, isso inverteu a posição latino-americana nas prioridades.

A relação com a América Latina, apesar da exaltação da identidade cultural e étnica e dos propósitos comuns, continua a se dar em bases comerciais. No contexto latino-americano, o Brasil busca dois objetivos: cooperação comercial e técnica com as "potências médias da região", e cooperação "assistencial" no plano tecnológico comercial e financeiro com os países de menor desenvolvimento relativo. No governo Geisel, a busca de parceria com as potências médias é reforçada em relação ao governo anterior. É o caso das relações com o México, ausente do governo Médici, e bastante importante no de Geisel. Na região do Prata, há a continuação da questão Corpus-Itaipu. As relações com a Argentina melhoram após o golpe de 1976, em virtude da identidade ideológica entre os dois regimes. Está em curso um processo iniciado na década de 1960 que levou a uma preponderância brasileira na região ao final de década de 1970, o que foi marcado com a assinatura do acordo tripartite em 1979.

De forma geral, valem para o governo Geisel as duas premissas identificadas por Hélio Jaguaribe, que orientaram o comportamento brasileiro na América Latina ao longo dos governos militares: "A primeira é a de que, dispondo de uma base de recursos suficientes para enfrentar o mundo por conta própria, o país só tem a ganhar, nas relações com o resto do mundo, se maximizar sua flexibilidade de manobra, que poderia se tivesse de coordenar suas políticas com a de outros países latino-americanos. A segunda é a de que, em suas relações com o resto da América Latina, o país tem pouco a lucrar, por se tratar de países de nível econômico-tecnológico igual ou inferior ao seu, razão pela qual lhe convém manter um regime de relações bilaterais, corretas, mas não demasiado estreitas, inclusive por que um maior estreitamento, ou uma mais efetiva multilateralização, terminariam impondo ao país encargos sem contrapartida, em nome da solidariedade regional"[200].

Pode-se dizer que, de certa forma, esse era o tipo de relação que se buscava em qualquer parte do mundo e que está por trás da alcunha de *"Pragmatismo Responsável"*. A atuação brasileira nos foros multilaterais latino-americanos é tímida e eivada de retórica. Propósitos de integração eram sempre obstaculizados, apesar do discurso indicar o contrário. O bilateralismo é a parte operacional do pragmatismo, já que permite o

---

[200] JAGUARIBE, Hélio. *Brasil: crise e alternativas*. Rio de Janeiro: Zahar, 1974, p. 116.

ajuste caso a caso e põe de lado questões políticas. Outra preocupação importante da diplomacia em relação à América Latina era a de combater as acusações, principalmente por parte dos argentinos, de pretensões de hegemonia. Essa era buscada em termos econômicos e é inexorável: não precisava ser alardeada. Já no discurso e nas práticas políticas é contraproducente. Azeredo continua, a exemplo de Gibson, a rebater as acusações.

A Bacia do Prata

O governo Geisel constitui mais um capítulo na história da disputa de Brasil e Argentina pela hegemonia na região do Prata. Por isso, nessa região, as relações ultrapassam o viés comercial. A aproximação e o tipo de relação que se busca com os países da região de menor desenvolvimento relativo — Uruguai, Paraguai e Bolívia — é comercial-estratégica. O padrão pendular, com alternância de colaboração e conflito, identificado por Jaguaribe[201]. parece encaminhar-se durante o governo Geisel para o polo de cooperação. Leonel Itaussu de Almeida Mello sugere que o desfecho da questão Corpus-Itaipu durante o governo Médici produziu uma oscilação na balança de poder regional, de conflito na década de 1960, para a preponderância brasileira no final da década de 1970. Essa preponderância seria resultante de dois fatores: a política de poder na região platina, consagrada pela aproximação comercial, financeira e política dos países de menor desenvolvimento relativo; e a política de modernização conservadora na economia brasileira[202].

Esse movimento favorável ao Brasil converge com a expressão de Camargo para caracterizar as relações de Brasil e Argentina no governo Geisel: redefinição e trégua[203]. Convém lembrar que existiam, em ambos países, ideias geopolíticas que alimentavam a desconfiança mútua. No Brasil, elas estavam mais nos livros do que nas ações dos estrategistas de política externa, o que não significa que não tivessem um papel. Já na Argentina, a geopolítica tinha maior penetração nas esferas governamentais e como

---

[201] JAGUARIBE, Hélio. *Novo cenário internacional.* Rio de Janeiro: Guanabara, 1986, p. 167-175.

[202] MELLO, Leonel Itassu. *Argentina e Brasil: a balança de poder no Cone Sul.* São Paulo: Annablume, 1996, p. 54.

[203] Camargo, Op. cit., 1988, p. 70.

bem destaca Miyamoto[204] era "defensiva", ou seja, tinha sido construída ao longo do século XX como uma "resposta" às ideias geopolíticas brasileiras (independente dessas possuírem ou não penetração governamental). Assim, para que o "pêndulo" se dirigisse para o polo de cooperação, anos de desconfiança e acusações teriam de ser superados.

As relações Brasil-Argentina foram bastante mais "quentes" no período Médici que no período Geisel. Foi na gestão Gibson que foi assinado o Tratado de Itaipu e que se ocorreu a polêmica da consulta prévia. Também foi no governo Médici, e especialmente após a ascensão de Hugo Banzer, que o Brasil consolidou sua hegemonia na Bolívia. Geisel deu segmento às negociações de Itaipu. Todavia, nesse período não havia mais possibilidade de volta atrás — que foi o que a Argentina tentou buscar no período Médici.

No período Geisel a questão a ser solucionada era a da conciliação de Corpus com Itaipu, já que a decisão da construção das duas usinas (e a construção de fato de Itaipu) não estava mais em questão. A questão fundamental e que foi negociada durante todo o período Geisel era: "a inter-relação constante entre a cota de Corpus e a flexibilidade de operação em Itaipu. (...) A Argentina reivindicava para Corpus a previsão de uma reserva de 5 metros acima da conta concessível de 105 metros sem que se fizessem concessões a Itaipu, na mesma proporção, em termos de turbinas com que poderia operar. Nesse ponto das negociações, o Brasil retirava sua concordância com a cota de 105 metros concedida à Argentina"[205]. Como ambos países não aceitavam a interferência do outro em suas negociações com o Paraguai (Corpus também era associada ao Paraguai), a questão era quase insolúvel. Nessas circunstâncias e percebendo o quanto estaria em jogo em caso de conflito aberto, a diplomacia brasileira iniciou as intrincadas negociações que resultaram no Acordo Multilateral Corpus-Itaipu, assinado em outubro de 1979, já durante o governo Figueiredo. Geisel não visitou a Argentina e igualmente nenhum dos presidentes argentinos foi a Brasília.

O Paraguai, na conveniente posição de fiel da balança colhia os dividendos da disputa. Todavia, estava muito mais ligado ao Brasil que à Argentina, o que não impediu que houvesse desavenças. Talvez a mais importante

---

[204] MIYAMOTO, Shiguenoli. *Do discurso triunfalista ao Pragmatismo Ecumênico: geopolítica e política externa no Brasil pós-64.* Universidade de São Paulo, 2 vol., 1995 (mimeografado).

[205] Camargo, Op. cit.,1988, p. 76.

se relacionasse à diferença de ciclagem na construção de Itaipu, já que a brasileira era de 60 Hz e a paraguaia de 50 Hz. O Brasil pressionava para que o Paraguai alterasse sua frequência, para a diminuição de custos. Isso também afastaria o mercado paraguaio de eletrodomésticos da Argentina. Os argentinos, que mantinham intenso intercâmbio comercial com o Paraguai, alimentavam a oposição desse país, que denunciava as condições "antiparaguaias" aceitas por Stroessner. No final o Brasil aceitou nove unidades de Itaipu operando com 60 e nove com 50 Hz. Isso mostra como o Paraguai podia tirar vantagem da disputa brasileiro-argentina.

Países Andinos

A Bolívia continuou a ocupar um espaço importante na agenda brasileira. Em maio de 1974, Geisel encontrou-se com Hugo Banzer em Cochabamba. Nessa ocasião foi assinado um acordo de cooperação e complementação industrial e um acordo de cooperação econômica, que envolvia um considerável aumento do crédito brasileiro para a Bolívia. Em agosto de 1977, Banzer vai a Brasília, assinando cinco acordos e convênios. Em fevereiro de 1978, é assinado um Acordo que autoriza da YPFB (Yacimientos Petroliferos Fiscales Bolivianos) a operar no Brasil.

O Chile, da mesma forma que a Bolívia, enfrentava problemas dentro do Pacto Andino em função do governo autoritário implantado em 1973 (o Chile acabou abandonando o Pacto). Esse, por outro lado, facilitou bastante a relação do Chile com o Brasil. Durante o governo Médici, praticamente não houve nenhuma relação. O reconhecimento imediato do governo de Pinochet por Médici, abriu margem para relações mais promissoras. Mesmo assim, foi o país do grupo andino em relação ao qual houve menor movimentação da diplomacia no período Geisel. Em dezembro de 1976, foi assinado um convênio de Cooperação Cultural e Científica, cuja troca de instrumentos de ratificação foi feita em novembro de 1978.

O Peru, governado por Velasco Alvarado desde 1968, era um país de regime "suspeito" para o governo brasileiro. Embora houvesse identidade em alguns pontos referentes à política externa (mar territorial, denúncia do sistema de comércio internacional), as diferenças falavam mais alto: relações com Cuba e posição radical no movimento dos Não-Alinhados. As relações melhoraram a partir de 1975, com a ascensão de Morales Bermudez.

Apesar da política externa continuar na mesma linha de Alvarado, assumiu caráter mais retórico que efetivo[206].

Camargo salienta que o fortalecimento da relação Brasil-Peru enfraqueceu o já debilitado Pacto Andino e fortaleceu a ALALC, na qual o comércio brasileiro obtinha melhores resultados. Em julho de 1975, o chanceler peruano foi a Brasília, visita que foi retribuída por Azeredo em novembro. Nessa ocasião, o chanceler brasileiro visitou e discursou na sede do Pacto Andino em Lima. Mais marcante foi o encontro de Geisel e Moralez-Bermudez na fronteira, nas margens do Rio Amazonas, em novembro de 1976. Foram assinados quatro convênios, quatro acordos e houve nove troca de notas. Um julho de 1977, deu-se uma nova visita do chanceler peruano, para a regulamentação de acordos de novembro de 1976. Esses acordos foram colocados em vigor em janeiro de 1979.

A Colômbia também era visada pela diplomacia brasileira. Em junho de 1976, o chanceler colombiano Liévano Aguirre, visitou Brasília, assinado quatro acordos, um dos quais estabelecendo um convênio para a prospecção de carvão em solo colombiano que levantava a possibilidade de comércio compensado de carvão colombiano e de minério de ferro brasileiro. No plano multilateral, Brasil e Colômbia defendiam posições semelhantes em relação à defesa de preços e de mercados de café, já que eram os dois principais produtores mundiais do produto[207].

A Venezuela interessava muito ao Brasil, desde o choque do petróleo de 1973, por ser o maior fornecedor do produto na América Latina. A partir da década de 1970, a Venezuela passou a desenvolver ações fora de suas fronteiras regionais, sendo, juntamente com o México, a maior articuladora do SELA (Sistema Econômico Latino-Americano), criado em 1975 por 25 países latino-americanos. O Brasil aprovou essa iniciativa, com a reserva habitual em relação ao multilateralismo latino-americano. A Venezuela também passou a desenvolver intensas relações bilaterais com os três países da órbita de influência do Brasil — Uruguai, Paraguai e Bolívia. Em julho de 1975, o chanceler venezuelano Escobar Salom foi recebido em Brasília. Azeredo retribuiu essa visita em 1976. Em novembro de 1977, Carlos Andrés Pérez foi a Brasília em visita. Foram assinados cinco acordos e convênios. Com o Equador, foi dado prosseguimento às negociações

---

[206] Camargo, Op. cit.,1988, p. 82.
[207] Ibid, p. 83.

do período Médici, com a assinatura de uma Ata Final de negociações em dezembro de 1977.

México, América Central, Caribe e Guianas

O México, bastante ausente durante o governo Médici, mereceu mais atenção no período Geisel. Luís Echeverria Álvarez, presidente mexicano, visitou o Brasil em julho de 1974. Foram assinados cinco acordos, entre eles um convênio entre o Banco do Brasil e a Nacional Financeira mexicana. Geisel retribuiu a visita em janeiro de 1978, amplamente coberta pela imprensa daquele país. Foram assinados três acordos: Acordo de Cooperação Industrial, Convênio entre Conselho de Não-ferrosos e Siderurgia do Brasil e a Comissão Coordenadora da Indústria Siderúrgica Mexicana e Acordo sobre Sanidade Animal. Nessa ocasião Geisel e Azeredo deram entrevistas à Televisa mexicana. O chanceler respondeu a uma série de perguntas espinhosas sobre hegemonia regional, sobre a obstaculização da integração regional promovida pelo Brasil, sobre Itaipu e sobre o Acordo Nuclear[208].

No que diz respeito à América Central, o Brasil recebeu a visita do vice-presidente e do ministro das Relações Exteriores do Panamá em abril de 1975; do vice-presidente da Guatemala em julho desse mesmo ano; do chanceler do Honduras em junho de 1976 (foi firmado um Acordo de Cooperação Científica e Técnica); do chanceler da Guatemala em junho de 1976 (foi firmado um Acordo Básico de Cooperação Científica e Técnica); e do vice-presidente da Guatemala em agosto de 1977. Quanto ao Caribe, Azeredo da Silveira visitou Trinidad Tobago em outubro de 1977 e foi firmado um Acordo de Pesca com esse país em maio de 1978.

As Guianas e o Suriname receberam maior atenção por constituírem área de fronteira. Em novembro de 1975, o Suriname tornou-se independente da Holanda e nesse mesmo mês o Brasil firmou relações diplomáticas com o país. Desde junho desse ano existia um Grupo Misto de trabalho Brasil-Suriname. O primeiro-ministro e o chanceler do Suriname vieram em visita em junho de 1976, ocasião em que foram firmados dois acordos. Em julho de 1976, Azeredo recebeu em Brasília o ministro das relações Exteriores e Justiça da Guiana, ocasião em que foi criada a Comissão Mista Brasil-Guiana.

---

[208] Resenha de Política Externa do Brasil, v. 16, p. 35-40.

A NOVA DIMENSÃO DAS RELAÇÕES EXTRA-HEMISFÉRICAS

Europa Ocidental e Japão

A agenda brasileira de relações exteriores entre 1974 e 1979, revela uma diferença bastante evidente em relação ao período Médici: uma grande participação dos países da Europa ocidental e do Japão, com visitas mútuas, assinaturas de importantes acordos e memorandos. O ministro Gibson afirmou em seu depoimento ao CPDOC-FGV e em sua biografia, que não havia visitado à Europa (com exceção de Portugal que recebeu, inclusive, Médici) por falta de tempo, em virtude da priorização da América Latina e África. Convites não haviam faltado e as relações com as potências europeias eram as melhores possíveis. O governo Geisel parece ter "arranjado tempo" sem descuidar da América Latina e África (ainda que talvez a primeira possa ter recebido maior atenção na gestão Gibson). As capitais europeias e Tóquio entravam nos planos da diplomacia brasileira na medida em que representavam uma alternativa a Washington. O episódio que culminou na assinatura do Acordo Nuclear em 1975 ilustra essa estratégia.

Embora a retórica de aproximação da Europa ocidental e do Japão remetesse a Kubitschek, somente no governo Médici, todavia, esse intento encontrou condições para se materializar. Na verdade, houve conjugação de fatores internos e externos que condicionaram essa abertura do Brasil para os novos centros de poder político e econômico emergentes da multipolarização das relações internacionais. Os projetos de infraestrutura e a necessidade de tecnologia, necessários ao modelo de desenvolvimento adotado pelo Brasil esbarravam na estreiteza da relação do Brasil com os Estados Unidos. Isso complicou-se ainda mais no governo Geisel, que, em virtude das condições internacionais adversas, optou por um projeto de autonomização industrial e tecnológica. No âmbito externo, o declínio relativo do poder norte-americano conjugou-se com o fortalecimento econômico e político dos outros polos capitalistas desenvolvidos, cujas políticas externas tronaram-se mais independentes dos Estados Unidos. Esses novos centros passam a buscar mercados em áreas tradicionais de influência norte-americana, como a América Latina.

Além dos países mais importantes, com os quais o brasil já possuía sólidas relações (Reino Unido, França, Itália e Alemanha), outros países da Europa, como os escandinavos, passam a figurar na agenda brasileira. O Reino Unido foi o primeiro país visitado por Azeredo da Silveira em sua viagem em outubro de 1975. Em sua visita, Azeredo assinou um Memorando de Entendimento, nos moldes do que seria assinado no ano seguinte com os Estados Unidos. O discurso proferido pelo chanceler no Royal Institute of International Affairs apresenta uma interessante análise do sistema internacional do ponto de vista de uma potência emergente[209].

Em janeiro de 1976, o chanceler recebeu o subsecretário das Relações Exteriores da Grã-Bretanha em Brasília. Em abril de 1976, Geisel visita a Inglaterra. Nessa ocasião, além das formalidades habituais, que incluíram entrevista com a Rainha, as questões econômicas dominaram as conversações. Diversos acertos de cooperação econômica foram acertados: a Davy Ashmore International e Morgan Grenfell liderariam a participação europeia na construção da Açominas, com um custo de 900 milhões de libras esterlinas; um acordo foi firmado pela Siderbrás, o Conselho Federal Brasileiro do Aço e a Baring Brothers, prevendo linha de crédito de milhões de libras esterlinas para a compra de equipamentos britânicos para a indústria de aço brasileira; a Rede Ferroviária Federal S.A., a general Eletric e a N. M. Rothschild firmaram um acordo para o fornecimento de equipamentos e serviços para a Ferrovia do Aço, ligando Belo Horizonte à Volta Redonda; o Lloyds Bank International e o BNDE acordaram uma linha de crédito de 20 milhões de libras esterlinas para a compra na Grã-Bretanha de bens de capital e equipamentos para projetos de médio porte no Brasil. Também foram realizadas conversações sobre cooperação no campo energético e agrícola[210].

As relações com a França também foram reativadas. Em outubro de 1975, o ministro Azeredo foi ao Paris e em janeiro de 1976, o chanceler recebeu em Brasília o ministro dos Negócios Estrangeiros da França. Em abril o presidente Geisel visitou Paris. Assim como a visita à Londres, essa visita foi um momento de amplo entendimento comercial. Foram acordados os seguintes projetos: um financiamento francês para a construção de uma hidrelétrica no Brasil; um projeto de cooperação envolvendo o Polo Petroquímico do Rio Grande do Sul; um projeto envolvendo o Porto de Santos; o fornecimento de trens franceses para a Rede Ferroviária Federal; a instalação de uma plataforma brasileira no Porto de Havre, para facilitar a entrada e saída de produtos brasileiros; a cooperação para a exploração de jazidas petrolíferas submarinas; o aumento de compras de minério de

---

[209] Resenha de Política Externa do Brasil, n. 7, p. 52-56.
[210] Ibid,, n. 9, p. 35.

ferro brasileiro pelas empresas francesas; e o desenvolvimento de operações conjuntas em terceiros países[211].

Em outubro de 1978, Valery Giscard d'Estaing, presidente francês, visitou o Brasil. Nessa ocasião foram discutidos os avanços dos projetos em discussão na Grande Comissão, envolvendo siderurgia, transporte ferroviário e urbano, química e petroquímica, energia, mineração, telecomunicações, infraestrutura portuária e setor agroalimentar. Foram assinados: Acordo Básico de Cooperação Interuniversitária; Acordo de Cooperação Tecnológica e Industrial; Acordo de Cooperação no Campo da Energia Solar e declaração de intenções francesa referente a empréstimos e financiamentos ao governo brasileiro[212].

Com a Alemanha, as relações foram intensas e giraram em torno do Acordo Nuclear. A Comissão Mista Teuto-Brasileira reuniu-se diversas vezes, firmando acordos para evitar a dupla tributação, acordos de cooperação agrícola, um Acordo de Comércio e Pagamentos e ajustes de cooperação técnica. O ponto alto das relações deu-se em junho de 1975, quando Azeredo da Silveira vai à Alemanha para assinatura do Acordo Comercial e de mais três acordos. Em novembro de 1975, o ministro das Relações Exteriores alemão veio à Brasília, proceder a troca de notas que colocava o Acordo Nuclear em vigor e assinar um Protocolo sobre Cooperação Financeira. Outro momento importante foi a visita do presidente Geisel em março de 1978, na qual foram acertadas diversas complementações do Acordo Nuclear.

Observa-se o quanto o governo Geisel explorou o mecanismo bilateral de negociação. O mecanismo de consulta de alto nível, estilo memorando de entendimento, foi estabelecido com quase todos os países desenvolvidos importantes. Isso torna um tanto estranhas afirmações de que o governo Geisel "abandonou a via bilateralista do governo Médici". Geisel aprofundou a via bilateralista, embora tenha ampliado as parcerias brasileiras. Miriam Saraiva lembra que a denominada "opção europeia" não significou uma ação norteadora para a Comunidade Econômica Europeia enquanto instituição, nem uma política única para todos seus Estados Membros: "Apesar de existir um núcleo comum em termos de objetivos a serem alcançados, o Brasil implementou uma linha de ação para cada Estado, de acordo com a expectativas criadas para cada um deles de per se, cujo eixo principal foi

---

[211] Ibid, n. 9, p: 20.
[212] RPEB, n. 19, p. 101-105.

um conjunto de ações implementadas para os países política e economicamente mais fortes da região: República Federal da Alemanha, Reino Unido e França. (...) as relações entre o Brasil e a CEE como um todo limitavam-se ao campo comercial, e não eram norteadas por uma linha de ação preestabelecida, assumindo, portanto, um caráter mais reativo"[213]. Lembremos que os países da Europa ocidental se encontravam tradicionalmente na esfera de atuação bilateral da diplomacia brasileira. Além disso, a política comercial de CEE possuía instrumentos protecionistas que dificultavam o intercâmbio com os países da América Latina.

O Japão, apesar de ter intensificado suas relações com o Brasil desde a visita da Missão Comercial Brasileira em 1965, só passa e relacionar-se comercial e diplomaticamente de forma efetiva a partir da década de 1970. Somente nesse período, o Brasil atingiu a maturidade industrial necessária para o fornecimento de certos produtos ao mercado nipônico e para absorver produtos desse mercado. Desde 1971, os japoneses desenvolviam diversos projetos conjuntos em solo brasileiro, sobretudo no campo de construção de hidrelétricas. O Acordo Básico de Cooperação Técnica de 1970 deu base para o aprofundamento das relações. Em setembro de 1974, Kakuei Tanaka, primeiro-ministro japonês visitou o Brasil. Em agosto de 1975, o vice-primeiro-ministro visita Brasília. Em janeiro de 1976, é o ministro das Minas e Energia japonês que visita o país. Em agosto de 1976, o presidente Geisel visita o Japão, ocasião em que é estabelecido o mecanismo de consulta ministerial-nipo-brasileiro. Em novembro de 1977, é modificada a convenção Brasil-Japão sobre bitributação. Em junho de 1978, o Brasil recebe a visita do Príncipe herdeiro (atual imperador) do Japão.

Além do intercâmbio comercial e de investir e instalar inúmeras indústrias no Brasil, o elemento mais notável da relação foi a implantação do Projeto Cerrado, de produção de soja no Brasil central. O Japão, devido às disputas comerciais com os EUA, estava sofrendo embargo na importação do produto, como retaliação. A implantação do projeto tornou o Brasil o segundo produtor mundial de soja, então importada quase que exclusivamente pelo Japão. Da mesma forma, o Japão estabeleceu uma original cooperação com a China, semelhante a que atualmente a China tem com a África, só que ao inverso. Essas formas de cooperação representaram uma resposta aos problemas mundiais ocorridos nos anos 1970, em que

---

[213] SARAIVA, Míriam. "A opção europeia e o Projeto Brasil Potência Emergente", in *Contexto Internacional*. nº 11, Rio de Janeiro: IRI-PUC/RJ, 1990, p. 95.

nações como China, Japão, Alemanha e Brasil puderam desempenhar um novo papel.

As relações intensas com países do mundo desenvolvido basearam-se em benefícios econômicos e, em menor grau, políticos, para ambas partes. Para as capitais da Europa ocidental e Tóquio era bastante vantajosa a ampliação de relações com um país diferenciado do Terceiro Mundo — com um parque industrial razoável e um mercado consumidor de dimensões amplas — que pertencia, tradicionalmente, à esfera de influência norte-americana. Para Brasília era a oportunidade de obter capitais e tecnologia para o desenvolvimento acelerado, bem como dividendos políticos — internos e externos — resultantes da atitude de independência em relação aos EUA. A aproximação, a um só tempo, de países em desenvolvimento e desenvolvidos, fornecia argumentos para a retórica que colocava o Brasil como país de ligação entre o Primeiro e o Terceiro Mundo.

Europa Socialista

A orientação da diplomacia brasileira enfatizava as relações econômico-comerciais com o conjunto dos Países Socialistas, como instrumento apropriado para o objetivo de diversificação e ampliação do mercado externo brasileiro. Inserida no projeto de desenvolvimento econômico nacional, o *Pragmatismo Responsável* deu prosseguimento à tendência de aproximação comercial e técnica com o Leste Europeu, mediante iniciativas estatais, empresariais e contatos de autoridades. Contudo, o projeto brasileiro possuía opositores internos, conforme vê-se no editorial do Jornal do Brasil "Rumo ao Leste" (19 de março de 1978), em que é criticada a posição do Itamaraty na expansão dos negócios com os países do Leste Europeu, com base na falta de complementaridade econômica e no desnível tecnológico deste último em comparação com os países capitalistas desenvolvidos. A orientação diplomática era identificada com a "construção de argumentos favoráveis à estatização da economia brasileira e a abertura para a alianças externas que forneçam combustível à ideologia dos Leviatãs".

No âmbito das relações bilaterais, destacam-se os contatos com a URSS, que refletiam algumas posições políticas. Em 1978 o chefe do Departamento Europeu do Itamaraty realizou uma missão em Moscou, onde negociou o problema de alojamento do pessoal diplomático brasileiro. Ainda em 1978, o pronunciamento do embaixador soviético em Bonn, Valentin Felin, durante recepção que o presidente Geisel ofereceu ao corpo diplomático, no qual afirmou que a URSS via o Acordo Nuclear Brasil-Alemanha como algo aceitável e, mesmo, necessário para a paz mundial. Essa foi a primeira manifestação de uma autoridade soviética em favor do Acordo desde sua assinatura. Anteriormente, eram notórias as críticas da URSS ao Acordo Brasil-RFA, as quais o governo brasileiro e o Itamaraty respondiam com indiferença: "não serão consideradas pelo governo brasileiro. Se soubemos resistir às pressões dos EUA, por que não resistiremos à URSS?", declarava uma fonte diplomática brasileira em 1977[214].

No campo das relações comerciais com a URSS, o tema dominante foi o desequilíbrio da balança comercial, favorável ao Brasil. Em 1976, o comércio bilateral foi de aproximadamente US$ 1 bilhão. Na Reunião da Comissão Mista Brasil-URSS, em Moscou, em junho de 1977, foram discutidas fórmulas para reduzir o desequilíbrio comercial. De um lado, a delegação brasileira procurava salvar um dos principais mercados para seus produtos manufaturados na Europa, identificando oportunidades de importação de materiais soviéticos.

Por outro lado, o embaixador da URSS no Brasil, Dmitri Jukov, considerou que as relações bilaterais não eram as ideais, reclamando da enorme desproporção entre o que seu país compra dos brasileiros e aquilo que vende ao Brasil, cogitando em um desestímulo nas transações com o Brasil. Na verdade, a URSS exercia pressão no sentido de compensar o desnível comercial com medidas como o recebimento de petróleo iraquiano e o pagamento direto à URSS, sob ameaça de paralisação de suas compras do Brasil. No entanto, a presença de representantes da Petrobras no grupo negociador evidenciava o propósito brasileiro de buscar a compensação das compras russas com a aquisição maciça de petróleo soviético em troca de exportação de manufaturados brasileiros, renovando o acordo de fornecimento de petróleo para o Brasil, firmado em 1974. Embora o Ministério da Energia russo adotasse a política de preservação das reservas nacionais de petróleo, a iniciativa da Petrobras propiciou condições para a conclusão do negócio com a URSS, com a importação de aproximadamente 30 mil barris/dia de petróleo, a preço do mercado internacional.

A Iugoslávia foi outro país importante nas relações brasileiras com o Leste Europeu. Em 1976, o Brasil exportou para a Iugoslávia US$ 189 milhões, importando US$ 29,8 milhões, mas teve o crédito retido no Banco

---

[214] Jornal do Brasil, 14/4/1977, p. 2.

Central iugoslavo. Os principais produtos exportados foram o café e a soja. Em julho de 1977, o vice-presidente da Iugoslávia, Lazar Kolisevski, visitou o Brasil, emitindo declaração final, segundo a qual a Iugoslávia manifestava seu apoio à tese brasileira de que todos os países devem ter livre acesso à energia nuclear para fins pacíficos. Declarou seu apoio ao Acordo Nuclear, a nota ressaltou que Geisel e Kolisevki "manifestaram concordância) com que o acesso à tecnologia nuclear para fins pacíficos deve ser franqueado aos países que desejam utilizá-la na promoção do seu desenvolvimento"[215]. Nessa ocasião, Geisel aceitou um convite de Tito para visitar seu país. Por fim, foi assinado um acordo de comércio e pagamentos, regido agora pelo sistema de livre conversibilidade, modificando sistema anterior de moeda escritural.

A Romênia também serviu de escoadouro da exportação de café brasileiro, em troca de equipamentos industriais. A intervenção da Braspetro na exportação de café indicava, em 1975, a crise da economia cafeeira brasileira, cujas firmas de exportação deixam de investir e cedem lugar para empresas estatais. Maior importância, porém, teve a negociação para troca de minério de ferro brasileiro por vagões e equipamentos ferroviários para a Companhia Vale do Rio Doce e Rede Ferroviária Federal, em novembro de 1975. Além disso, propôs o incremento do intercâmbio comercial bilateral, na ordem de 120 milhões de dólares, com superávit em torno de 70 milhões de dólares para a balança brasileira, através da venda de equipamentos para a indústria do polo Petroquímico do Rio Grande do Sul e setores de siderurgia e fertilizantes, além da aquisição de celulose, bauxita e soja pela Romênia. Em novembro de 1977, a Companhia Vale do Rio Doce assinou acordo para importação de 3 mil toneladas de alumínio romeno e, em contrapartida, a Romênia compraria da Vale 1,6 milhão de toneladas de minério em 1978.

Quanto à Polônia, em 1977 foram adotadas novas formas de cooperação polonês-brasileiras com vistas a intensificar o intercâmbio bilateral. Nesta época, Brasil e Polônia já operavam em outros mercados como associados. É o caso da empresa polonesa de comércio exterior Kopex que, junto com a Siderbrás, estava preparando um projeto de exploração de uma mina de carvão na Colômbia. A imprensa da Polônia divulgou dados sobre o comércio com o Brasil, os quais demonstravam que em 1977 houvera um fluxo de 329 milhões de dólares, com importações brasileiras da ordem

---

[215] Resenha de Política Exterior do Brasil, n. 14, p: 50-51.

de 214 milhões de dólares. Em 1978, foram firmados contratos de compra e venda de minério de ferro e carvão. No mesmo ano, a Polônia pediu ao Brasil a extradição ao STF do criminoso nazista Gustav Franz Wagner.

Em agosto de 1978, a Bulgária negociou com a Volkswagen a compra de 3 mil veículos, em troca de folhas de flandres, incluindo ainda a compra de uma fábrica completa para o beneficiamento de soja através da empresa brasileira. Os entendimentos tiveram início durante a Brasil-Export 76. As relações com a Tchecoslováquia, por sua vez, além de um perfil econômico semelhante ao dos demais países socialistas, foram marcadas por um incidente político em 1978. Jornalistas brasileiros foram expulsos daquele país, quando tentavam fazer uma reportagem com dissidentes sobre o aniversário da Primavera de Praga.

África

O início da aproximação da diplomacia brasileira da África subsaariana deu-se no governo anterior. "É no governo Médici que se começa a estruturar o que posteriormente seria classificado como a 'política africana do Brasil'. A histórica viagem do ministro Gibson Barboza, em outubro-novembro de 1972, a nove países africanos (...), e completada em janeiro-fevereiro de 1973 com a viagem ao Egito e ao Quênia, marca simbólica e efetivamente o restabelecimento das relações do Brasil com as nações africanas"[216].

No final do governo Médici, os estrategistas brasileiros, após uma frustrada tentativa de mediação, abandonaram a postura de apoio a Portugal. Na Assembleia da ONU, no final de 1973, o Brasil se absteve em relação a pontos que costumava votar com Portugal. No governo Geisel, a aproximação da África continuava dar-se em termos bilaterais, embora as estratégias fossem pensadas em conjunto para todos os países da região. As boas relações com a África, igualmente, geravam dividendos ao Brasil no plano multilateral, em virtude da importância e ativismo das delegações africanas nesses foros. A África subsaariana era também aliada dos países árabes, que barganhavam com o petróleo e costumava acompanhar a Argentina no que dizia respeito à questão Corpus-Itaipu. Esses dois fatores tiveram peso na opção do governo Médici, seguida pelo governo Geisel.

---

[216] OLIVEIRA, Henrique Altemani. "As relações comerciais Brasil-África nos governos Médici e Geisel", in *Política e Estratégia*. v. VIII, nº 2, São Paulo: Convívio, 1989, p: 189.

A retórica diplomática aproveitava-se da possibilidade de exaltação dos laços culturais para abrir caminho para os mercados africanos. A África era importante no projeto de desenvolvimento brasileiro, uma vez que quase todos os seus países se encaixavam na categoria de menor desenvolvimento relativo. Esses países permitiam a inserção dos manufaturados brasileiros de "tecnologia tropical", e asseguravam ao Brasil matérias primas e produtos primários. Igualmente, era um campo promissor para as parcerias técnicas que envolviam transferência de tecnologia e de know-how.

O governo Geisel adotou um discurso sem ambiguidades em relação à África portuguesa. Em julho de 1974 (após a Revolução dos Cravos), o Brasil reconheceu a Guiné Bissau como um Estado independente, mesmo antes que esse país terminasse suas negociações com Portugal. No discurso de abertura da Assembleia Geral da ONU em setembro de 1974, o chanceler declarou que não havia motivo para o adiamento da descolonização. Ainda nessa seção Azeredo comentou a necessidade da independência imediata de Moçambique e Angola: "O mesmo sentimento de fraternidade [à Guiné-Bissau] nos liga a Moçambique a Angola, cuja independência desejamos ver concluída"[217].

No final de 1974, o Brasil já estava engajado nas discussões sobre a descolonização de Angola. Diplomatas brasileiros discutiram com o MPLA, FNLA e Unita sobre as possibilidades de cooperação para independência. Ítalo Zappa, chefe do Departamento da África, Ásia e Oceania encontrou em dezembro de 1974 Samora Machel, de Frelimo de Moçambique. O relatório de Zappa auxiliou Geisel no desfecho das negociações. Em março de 1975, o Brasil foi o primeiro país a estabelecer relações com Angola. O estabelecimento da representação em Luanda deu-se antes da independência oficial. Em 11 de novembro de 1975, no mesmo dia em que as tropas portuguesas se retiraram de Angola, o Brasil reconheceu o governo unilateral do MPLA em Angola, enquanto mesmo a maioria dos países da África (inclusive a OUA) apoiava um governo dos três partidos. A opção brasileira, no entanto, acabou sendo seguida pela maioria.

Se observar-se os países que optaram pelo MPLA, encontraremos uma lista na qual constam os mais radicais, inclusive diversos países comunistas. Tal atitude estratégica, contudo, foi extremamente complicada em termos de política doméstica e externa. E ela era acompanhada de uma contundente crítica ao regime racista do Apartheid sul-africano. Camargo afirma que

---

[217] Resenha de Política Externa do Brasil, n. 2, p. 41.

essa decisão foi habilmente calculada pela diplomacia brasileira. Angola era um dos países mais interessantes para o tipo de relacionamento que o Brasil buscava. Sua riqueza em petróleo, minério de ferro e diamantes, e a língua comum, permitiria e facilitaria o intercâmbio comercial, técnico e de know-how. O Brasil, a partir dos estudos de Zappa, concluíra que o governo do MPLA, apoiado pela URSS e pelos países socialistas, tinha mais chance de vencer a disputa pelo poder. Ora, o cálculo brasileiro foi no sentido de ganhar a confiança dos membros do MPLA o mais cedo possível, até para contrabalançar uma influência excessiva dos soviéticos. Além disso, seria uma decisão simpática a Moçambique[218].

Tudo leva a crer que o governo brasileiro sofreu pressão norte-americana no episódio da independência angolana. Os Estados Unidos apoiavam a FNLA, e esperavam que o Brasil assumisse essa orientação. Camargo cita dois episódios nos quais essa pressão parece ter sido explicitada: em janeiro de 1976, na Conferência de Energia de Paris, o chanceler Azeredo teria sido interpelado por Kissinger; e durante esse ano quando o cônsul-geral brasileiro em Luanda, partidário do MPLA foi substituído por outro funcionário[219].

A aceitação do governo do MPLA auxiliou as relações brasileiras com Moçambique, que estavam estremecidas. Moçambique realizou a sua independência em junho de 1975, e, os dirigentes da Frelimo não convidaram as autoridades brasileiras, por julgar que houve omissão em relação à sua independência. Na Assembleia da ONU daquele ano, depois da declaração amistosa de Azeredo, foram estabelecidas relações entre os dois países, que se normalizaram com a opção brasileira pelo MPLA, que era a mesma da Frelimo.

A movimentação diplomática em relação à África foi intensa durante o governo Geisel. Em abril de 1974, é criada a embaixada brasileira em Trípoli na Líbia. Em outubro desse ano é firmado um Acordo Comercial com Gana e em novembro Azeredo da Silveira visita o Senegal. Nesse país, discutiu com Léopold Senghor a descolonização da África portuguesa. Em abril de 1975, o ministro de Negócios Estrangeiros do Quênia visita o Brasil e é assinado um acordo entre o Brasil e o Marrocos sobre transporte aéreo regular. Em junho, Azeredo da Silveira visita a Costa do Marfim. Em agosto, o chanceler recebeu seus colegas de Guiné Bissau e do Lesoto. Em outubro,

---

[218] Camargo, Op. cit., 1988, p. 49.
[219] Ibid, p: 50.

o Brasil recebe em visita o chanceler da Zâmbia, são estabelecidas relações diplomáticas com o Alto Volta (atual Burkina Faso) e com o Níger e o presidente do Gabão visita o Brasil, assinando um Acordo de Cooperação Cultural, Científica e Técnica. Em março de 1976, visita Brasília ministro dos Transportes e da Indústria e Comércio da Mauritânia, firmando com Azeredo um Protocolo Comercial. Nesse mesmo mês, os ministro de Minas e Indústria da Zâmbia e o ministro do Desenvolvimento Industrial e do Meio-Ambiente do Senegal visitam Brasília. O último vem para participar da instalação da comissão mista Brasil-Senegal. Em abril, o chanceler recebe o ministro dos Transportes da Argélia, firmando com ele um acordo de Transporte e Navegação Marítima.

Em termos comerciais percebe-se claramente a mudança que se operou entre o início do governo Médici e o final do governo Geisel. No início do governo Médici, as exportações brasileiras eram basicamente dirigidas para a África do Norte (Argélia, Líbia e Marrocos) e para a África do Sul, enquanto o Brasil importava quase exclusivamente da África do Norte, da Argélia e da Zâmbia. No período Geisel, a África do Sul perde quase totalmente a sua importância no que se refere às exportações (5,6% do total), sendo que, por outro lado, substitui a Zâmbia no fornecimento de minerais. À persistência da importância da Argélia, Líbia e Nigéria, acrescenta-se o Gabão, o Congo e Angola, produtores de petróleo[220].

O Brasil tem a sua penetração comercial na África obstaculizada pela Convenção de Lomé de fevereiro de 1975. Essa Convenção, firmada entre a Comunidade Econômica Europeia e suas ex-colônias da África, Caribe e Pacífico, confere vantagens para a Europa no relacionamento comercial com esses países. Somente oito países da África não assinaram a convenção: Argélia, Marrocos, Tunísia, Líbia, Egito, Sudão, Angola e Moçambique. Mas os países da África do Norte possuem acordos diretos com a CEE. O Brasil tem de negociar bilateralmente com cada um deles e enfrentar, muitas vezes, uma concorrência vantajosa para a Europa. Para os africanos, entretanto, interessa obter novos consumidores para aumentar as receitas de exportação e para garantir independência em relação às ex-metrópoles.

As alterações nas relações comerciais com a África não foram, todavia, somente quantitativas. Enquanto em 1971, 15% de nossas exportações para a África eram de manufaturados, em 1978, esse índice atinge 81%.

---

[220] OLIVEIRA, Henrique Altemani de. "Relações comerciais Brasil-África nos governos Médici e Geisel". *Política e Estratégia*. São Paulo. Vol VIII, 1989, p: 203-204.

Já as importações brasileiras da África são, em sua maioria, de produtos primários. Oliveira enfatiza que esse era resultado de uma evolução econômica do país e de uma evolução da pauta de exportação como um todo. Em 1970, 16,6% das exportações totais eram de manufaturados, enquanto em 1975, esse índice atinge 29,8% e, em 1979, 43,6%. Não se pode, porém, perder de vista que do total de exportações brasileiras, a África, no período Geisel não representa mais do que 10% das exportações totais do setor.

A aproximação diplomática e comercial da África também buscava uma espécie de "exportação" do modelo de desenvolvimento brasileiro: tratava-se de aproveitar os laços culturais, linguísticos e a convergência climática, oferecendo aos africanos produtos e tecnologias mais próximos à sua realidade. Oliveira também aponta para a questão da escala de produção: "o estágio atual do parque industrial brasileiro permite a execução de produções em quantidades menores e nas condições adequadas às necessidades africanas e a preços satisfatórios, o que não ocorre normalmente nos sistemas produtivos das nações industrializadas"[221].

Oriente Médio

Antes da década de 1970, os contatos da política externa brasileira com o mundo árabe podem ser caracterizados como episódicos. A partir do governo Médici, a motivação econômica de busca de novas áreas de investimento, somou-se à crise energética como estímulo para maiores contatos com o mundo árabe, propiciando uma aproximação mais sistemática[222]. Os países do Oriente Médio eram países fundamentais para o tipo de projeção internacional que o Brasil buscava. Além de área promissora para investimentos, encaixava-se nos projetos de cooperação Sul-Sul que o Brasil ambicionava. Assim como em relação à África, foi o governo Médici que deu os primeiros passos de aproximação do Oriente Médio.

As relações entre Brasil e Oriente Médio são representadas pela expressão "Uma Estrada Nova", segundo Sônia de Camargo (Op. Cit.). A iniciativa da diplomacia brasileira de aproximação como o Oriente Médio abrangia

---

[221] Oliveira, 1989, p: 209.
[222] BARBOSA, Antônio. "Outros espaços", in CERVO, Amado (org.). *O desafio internacional: a política exterior do Brasil de 1930 a nossos dias*. Brasília: UnB, 1994, p: 246.

o âmbito político e o comercial. A decisão do governo Geisel de inserção dos países árabes nas fronteiras diplomáticas e de aproximação política, não foi apenas uma expressão retórica, mas, acima de tudo, uma tentativa de garantir o fornecimento de petróleo. A crise do petróleo iniciara-se como resposta dos países árabes à política norte-americana de oposição à resolução da ONU sobre retirada das tropas israelenses dos territórios ocupados. Primeiro, tentaram um bloqueio comercial seletivo como estratégia de pressão internacional, mas os resultados não foram os esperados, devido à falta de unidade dos países produtores. Assim, utilizou-se o aumento do preço do petróleo como arma. Além disso, a nova estratégia visava a condicionar a redução do valor dos preços do petróleo a uma diminuição nos preços dos produtos exportados pelos países desenvolvidos. A medida, entretanto, afetou os países desenvolvidos, que passaram a ter de negociar diretamente com os países produtores.

A questão do fornecimento do petróleo se tornava a maior preocupação do governo brasileiro, em virtude do projeto de desenvolvimento acelerado por que passava. "Com efeito, o ano de 1973 foi o ano em que a aproximação com o Oriente Médio se tornou um objetivo vital para a economia brasileira"[223]. Não obstante a eficiente iniciativa brasileira em assegurar o fornecimento do petróleo, a posição do governo era menos clara nas questões essencialmente políticas. O Governo Médici, em que pese a declaração de apoio a Resolução 242 da ONU, orientava-se para uma aprovação apenas parcial da posição árabe, tirando proveito da ambiguidade entre os projetos inglês e francês sobre a retirada israelense. A política de não comprometimento, porém, tendeu a se modificar com a chegada do governo Geisel, implementando-se uma maior aproximação política do Brasil com o mundo árabe. A nova política, fruto de uma análise pragmática da conjuntura energética do momento, encontrou fundamento ideológico nas teses de Araújo Castro. A questão, segundo Araújo Castro, era anterior ao conflito imediato entre Israel e países árabes, e vinculada ao processo global de deterioração dos termos de intercâmbio entre os países desenvolvidos e em desenvolvimento. Assim, inserida na estratégia de ajuste à nova conjuntura, a nova política de aproximação fazia parte do Plano Nacional de Desenvolvimento.

Quando Geisel chegou ao poder, a crise energética havia se tornado séria e a garantia de fornecimento de petróleo era fundamental para sustentar

---

[223] CAMARGO, 1988, Op. cit., p. 59.

o projeto de autonomização industrial. A timidez em relação ao Oriente Médio demonstrada por Médici, deu lugar a uma política mais afirmativa e quase de adoção das posições pró-árabe da diplomacia brasileira. Em setembro de 1974, Azeredo recebeu em Brasília o ministro dos Negócios Estrangeiros da Arábia Saudita, Omar al-Sakkaf. Em seu discurso, o ministro saudita deixou bastante claro que o apoio à resolução 242 era insuficiente, uma vez que a resolução era, em si mesma, ambígua. O ministro cobrou uma posição clara do Brasil em relação à questão palestina. Na ocasião, Azeredo da Silveira fez um discurso sem ambiguidades, apoiando a causa palestina[224]. O Brasil foi, assim, incluído na lista de países "amigos" para os quais o fluxo de abastecimento de petróleo estava garantido. Ainda no mês de setembro de 1974, Azeredo aproveitou o discurso de abertura da XXIX Assembleia das Nações Unidas para marcar posição. O chanceler discorreu longamente sobre a questão palestina-Israel: "o cumprimento do disposto na resolução 242 (...) se é verdade que constitui possivelmente uma das condições indispensáveis para o encaminhamento do problema, não esgota o conjunto de medidas essenciais.(...) Acreditamos que a deso-cupação dos territórios ocupados é, insofismavelmente, parte integrante da solução do conflito"[225].

Observa-se que em todas as oportunidades de discursos genéricos, que, em geral, ocorrem em foros multilaterais, aproveitou-se para mencionar a questão palestina, assim como a descolonização africana. Na Assembleia do ano seguinte, o Brasil, ainda mais enfático em seu apoio ao mundo árabe, votou a favor de uma resolução que condenou o racismo e considerava o sionismo como uma de suas formas. Era uma resolução que se apoiava na tese árabe de que a ocupação da Palestina e o desalojamento dos ára-bes de seus territórios tinha fundamento no racismo sionista que concebia os judeus como raça superior. Camargo destaca que tudo leva a crer que essa foi uma decisão precipitada, "já que a posição que a chancelaria bra-sileira vinha tendo até então entrava em desacordo com o radicalismo do voto antissionista"[226].

Walder de Góes, em sua análise sobre a tomada de decisões ao longo da gestão Geisel, considera o voto como exemplo de situação em que a urgên-cia é o elemento determinante de decisão, fora do controle dos mecanismos

---

[224] RPEB, n. 2.
[225] RPEB, n. 2, p. 42-43.
[226] Camargo, Op. cit.,1988, p. 61.

formais. Azeredo teria levado o assunto ao presidente, motivado por um telefonema de Nova Iorque. Como a votação dar-se-ia no dia seguinte, Geisel autorizou o voto favorável à proposta que considerava o sionismo como forma de racismo. "No dia seguinte, constatado o equívoco político do voto, Geisel pediu à Chancelaria que modificasse a posição adotada. O voto brasileiro foi proferido na Terceira Comissão (Comissão Política) e somente cinco dias depois a votação definitiva se faria na Assembleia Geral. O Brasil iria recuar do voto originalmente dado, por ter o presidente verificado que a pressa e a insuficiência de informações induziram-no a erro de decisão. Não o fez, todavia, porque no meio tempo o Departamento de Estado norte--americano, através de porta-voz, criticou a posição do Brasil, ferindo os brios nacionais brasileiros"[227]. Lembremos que três meses antes (junho de 1975), havia sido assinado o Acordo Nuclear. Azeredo da Silveira confirmou essa versão em conversa com Sônia de Camargo (p. 62), sem, contudo, dar-lhe maiores detalhes. Mário Gibson Barboza em seu depoimento ao CPDOC- Fundação Getúlio Vargas também confirmou essa versão.

A declaração do chamado "voto antissionista" encontra-se na Resenha de Política Exterior do Brasil. Isso, por si só, já é digno de nota, uma vez que os documentos apresentados são selecionados, e raramente um voto na ONU merece essa divulgação. O chefe da delegação brasileira afirma, explicando o voto: "O voto brasileiro não é, nem poderia ser (...) interpretado como hostil aos judeus ou ao judaísmo. (...) O povo brasileiro é completamente avesso ao racismo por sua própria formação e seus princípios morais. (...) É, portanto, inteiramente descabido inquinar o Governo ou a sociedade brasileira de qualquer atitude racista ou discriminatória. Não tem, porém, o Brasil compromissos com a doutrina sionista. O Brasil reconhece Israel como Estado independente, desde sua criação, mais não admite que esse reconhecimento dependa da aceitação das teses sionistas (...) nem todos os membros da comunidade judaica aceitam o ideário sionista. (...) Não se pode, pois, aceitar a pretendida identificação entre antissionismo e antissemitismo"[228].

Na sequência a essa explicação, a Resenha apresenta a transcrição do discurso do Delegado do Brasil à 124ª Sessão Plenária da Assembleia Geral das Nações Unidas, realizada em 26 de novembro de 1947 sobre a questão

---

[227] Góes, Walder de. *O Brasil do General Geisel*. Rio de Janeiro: Nova Fronteira, 1978, p: 30.

[228] RPEB, n. 7, p. 80.

palestina. O Delegado em sua intervenção argumenta que, na impossibilidade de conservar-se a unidade política da Palestina, com os judeus, árabes e cristãos vivendo em harmonia, o Brasil votaria pela partilha da região entre as duas nacionalidades[229]. Percebe-se claramente a intenção do Governo brasileiro e do Itamaraty em justificar o polêmico voto. O embaixador brasileiro na ONU, Sérgio Correia da Costa, em novembro de 1975 explicou que voto brasileiro em favor da resolução que condenou o sionismo "não é, nem poderia ser, em qualquer hipótese, interpretado com hostil aos judeus ou ao judaísmo. É apenas o repúdio ao racismo e às concepções racistas".[230] Além disso, justificou a recusa brasileira de participar da votação do projeto que credencia a OLP a participar dos debates do problema do Oriente Médio, dizendo que a interpretação do texto não havia ficado inteiramente clara.

A movimentação diplomática em relação ao Oriente Médio, foi intensa, sobretudo na primeira metade da gestão Geisel. Em junho de 1974, foi instalada a embaixada brasileira nos Emirados Árabes Unidos e em Bahrein, e em julho foram estabelecidas relações diplomáticas com o Sultanato de Omã. Em outubro, houve a referida visita do ministro dos Negócios Estrangeiros da Arábia Saudita e em março de 1975, Azeredo da Silveira recebeu em Brasília o ministro dos Negócios Estrangeiros do Kuwait, com quem foi firmado um Acordo de Cooperação Econômica. Em novembro foi criada a Comissão Mista para a Cooperação Econômica e Técnica Brasil-Irã e ainda nesse ano foi firmado Acordo de Transporte Aéreo com a Jordânia. Em fevereiro de 1976, visitaram o Brasil representantes do Ministério da Agricultura, Finanças, Indústria e Planejamento da Arábia Saudita. Entre essas autoridades veio o diretor-geral do Projeto Yanbu, situado na costa ocidental do Mar Vermelho. Havia possibilidade de participação de empresas e equipamentos brasileiros nesse empreendimento. Também nesse ano a Interbrás instalou um Escritório Central para o Oriente Médio, com a finalidade de dinamizar o comércio brasileiro para essa região. Em outubro de 1978, o Consórcio Mendes Júnior-Iterbrás assinou com o Ministério dos Transportes Iraquianos um contrato para a construção de uma estrada de ferro ligando Bagdá a Akashat, sendo esse o maior contrato assinado por uma empresa brasileira no exterior.

---

[229] RPEB, n. 7, p: 80-81.
[230] Ibid.

Ao contrário do governo Médici, cujo chanceler realizou visita a Israel, durante o governo Geisel não se identifica uma relação significativa com esse país. Esse fato bem ilustra o abandono da posição equidistante (discretamente favorável à Israel) em relação à questão palestina, como era praxe na diplomacia brasileira. O Ministério das Relações Exteriores assumiu durante o governo Geisel a responsabilidade pela política de exportação ao Oriente Médio. Desde o governo Médici, com a modernização do setor comercial e criação do Departamento de Promoção Comercial pelo conselheiro Paulo Tarso Flecha de Lima, o Itamaraty vinha adotando essa conduta. Assim, o Itamaraty organizou a participação do Brasil nas Feiras Internacionais de Trípoli, Argel, Bagdá, Teerã e Damasco e realizou a primeira Exposição Industrial Brasileira na Arábia Saudita[231]. Em razão das necessidades de petróleo, a balança comercial brasileira com o Oriente Médio sempre foi deficitária. Em 1973, o saldo negativo era de US$ 353 milhões, em 1974, com o choque do petróleo passou para US$ 1,759 bilhões e, em 1978, para US$ 3,314 bilhões. O principal importador brasileiro na região era o Iraque, absorvendo veículos, maquinaria, frangos congelados e açúcar.

A África do Norte, também constituída por países árabes, embora tenha perdido posições em termos relativos, teve grande importância no fornecimento de petróleo da Argélia e da Líbia. Em agosto de 1976, mesmo sob acusação de reserva de mercado na Argélia para a matriz da Volkswagen no Brasil, ocorreu a exportação de 15 mil veículos, sob condição de que o país fornecedor de carros comprasse fosfato da Argélia, embora a acidez do minério tornasse inexequível seu processamento no Brasil[232]. Em 1978, o governo da Argélia assinou contrato com a Volkswagen do Brasil e a INTERBRÁS para a troca de petróleo por 17 mil veículos, recebendo um adicional de US$ 1,5 milhão em novos veículos. Em fevereiro de 1978, a Braspetro iniciou mais uma prospecção petrolífera em bases provisórias no campo de Ras Tounb, naquele país, produzindo 2 mil barris/dia.

Na Líbia, onde as atividades exploratórias em 1976 se concentraram na Bacia de Cirte, a concentração dos trabalhos ocorreu em Murzuk, em 1978. Neste ano, a Braspetro fez uma reavaliação das perspectivas petrolíferas na área do deserto ocidental do Saara[233]. Em maio de 1978, particularmente

---

[231] Camargo, 1988, p: 63.
[232] "Presidente da Volks garante venda de carros à Argélia", in Jornal do Brasil, 11/8/1976, p. 16.
[233] "Braspetro já produz em campo da Argélia", in Jornal do Brasil, 22/2/1978, p. 17.

interessado em encontrar meios para reduzir seu déficit comercial com a Líbia, provocado pelas importações de petróleo (balança comercial de 1977: o Brasil importou US$ 150 milhões da Líbia, exportando apenas US$ 19 milhões), o Brasil negociou com uma missão governamental da Líbia, que visitou Brasília, a expansão do comércio bilateral, já que a Líbia tinha interesse na compra de novos carros de combate fabricados pela indústria nacional brasileira (em 1976, o governo líbio adquirira no Brasil 400 unidades de combate). Contudo, as conversações líbio-brasileiras chegaram a um impasse, em decorrência da recusa do Itamaraty à proposta de criação de um Centro Cultural Líbio no Brasil e um Centro Cultural Brasileiro na Líbia.

Em maio de 1974, por sua vez, veio ao Brasil o diretor-presidente da empresa estatal egípcia de petróleo. A visita estava vinculada aos acordos vigentes entre a EGPC e a BRASPETRO, que, além da concessão de áreas de prospecção a esta empresa brasileira no Egito, incluía igualmente a colaboração no campo industrial do refino[234]. Em maio de 1975, um emissário do líder palestino Yasser Arafat visitou Brasília, tentando manter contatos com o Itamaraty e com dirigentes da Cruz Vermelha Brasileira, para obter apoio material e político ao programa de assistência aos refugiados palestinos no Líbano e na Síria. Em termos políticos, na ocasião, o reconhecimento da OLP como governo de um Estado palestino independente foi indicado como fator essencial para que o Brasil vencesse as últimas resistências ao relacionamento mais íntimo com alguns dos principais Estados árabes produtores de petróleo. Embora o chanceler Azeredo da Silveira tenha manifestado repetidas vezes o apoio do Brasil à causa palestina, desde a visita do chanceler da Arábia Saudita em 1974, o Itamaraty manteve por bom tempo um *low profile* quanto à relação direta com a OLP.

Dentro da proposta de assegurar o fornecimento de petróleo e de fortalecer os laços diplomáticos e comerciais com o Oriente Próximo, o Brasil tomou várias iniciativas e assinou acordos com países como Kuwait, Arábia Saudita, Irã e Iraque. Já o Oriente Médio comprava crescentes quantidades de manufaturados brasileiros, especialmente produzidos pela EMBRAER e pela IMBEL (material bélico). Incluindo ainda as negociações bilaterais com Argélia, Egito e Líbia, "o Ministério das Relações Exteriores do Brasil tentou, a partir de 1974, assumir, ele próprio, a condução de uma política de promoção de exportações para o Oriente Médio"[235]. Entretanto,

---

[234] "Braspetro traz egípcio ao Brasil", in Jornal do Brasil, 1º/5/1974, p. 16.
[235] Ibid, p. 63.

apesar do esforço do governo brasileiro visando à ampliação de exportações para o Oriente Próximo, a balança comercial do Brasil com esta região foi sempre fortemente deficitária, em razão das necessidades crescentes de petróleo importado. Assim, a análise de tabelas de balança comercial brasileira evidencia, em primeiro lugar, "a forte dependência externa do Brasil na área de suas necessidades energéticas. E, por outro lado, mostra o acerto de uma política de ruptura, pelo menos parcial, dos velhos estereótipos ideológicos que dificultavam para o Brasil um caminho mais livre na sua tentativa de reverter uma conjuntura internacional que lhe era amplamente desfavorável"[236].

Em novembro de 1975, a Petrobras mantinha técnicos no Oriente Médio negociando com empresas estatais dos países exportadores a importação de petróleo, visando a ampliação do prazo de pagamento junto a algumas empresas estatais árabes que fornecem a maior parte de óleo cru para o Brasil, segundo a tabela:

Empresa	em mil barris	
1. Iraque National Oil Co.(INOC)	930	879
2. Ministry of Finance Kuwait	360	495
3. Arabian Gulf Exploration Co.	140	160
4. Petromin (Arábia Saudita)	210	20
5. Egyptian Gen. Petroleum Co. (EGPC)	—	50
6. Abu Dhabi National Oil Co.	145	140
7. National Iraq Oil Co. (NIOC)	250	145
TOTAL	agosto: 2.035	setembro: 1.889 (144)

Em maio de 1976, foi realizada a primeira visita de uma missão comercial brasileira ao Irã, pois no ano anterior haviam sido iniciados vários projetos de investimentos no Brasil. Os interesses iranianos se concentravam nas jazidas de minérios e nas plantações de cana-de-açúcar e soja. Em novembro de 1975, foi criada a Comissão Ministerial de Cooperação Econômica Iraniano-Brasileira. Em novembro de 1976, ministro Mário Henrique Simonsen, como chefe da Delegação Comercial Brasileira ao

---

[236] Ibid, p. 64.

Irã, participou da 1º Reunião da Comissão Ministerial de Cooperação Econômica Iraniano-Brasileira, realizada no Ministério das Finanças do Irã e inaugurou da primeira agência do Banco do Brasil em Teerã. Além disso, teve lugar uma entrevista com o primeiro-ministro do Irã, Amir Abbas Hoveyda, e o ministro de Finanças, Hushang Ansary.

Em abril de 1977, o ministro da Fazenda do Brasil, Mário H. Simonsen, e o das Finanças do Irã, H. Ans, em Nova Iorque, definiram a compra de US$ 1 bilhão/ano de petróleo do Irã, em troca de produtos brasileiros. O objetivo era a redução do déficit brasileiro na balança comercial, que chegava à quase US $ 4 bilhões. Em junho de 1977, o ministro da Economia e Finanças do Irã, Hooshgang Ansari, acertou com ministro da Agricultura, Alysson Paulinelli, aquisição de milho e arroz do Brasil. O Protocolo de Intenções, assinado entre os dois governos, concretizou ainda o interesse iraniano em produzir soja na região do Cerrado, com o objetivo de suprir a capacidade de moagem de seu parque industrial. Além disso, outro interesse foi a formação de *joint-venture* da empresa brasileira Samtal (produtora de máquinas cortadoras de cana-de-açúcar) com empresas iranianas. Na mesma ocasião, no dia 22, foi assinado um Acordo Comercial, pelo ministro da Fazenda e o Itamaraty. O ministro Azeredo da Silveira disse, então, que o Brasil já recebera vários pedidos de venda de material bélico aos países do Oriente Médio, admitindo estudar a exportação também para o Irã.

Em outubro de 1977, o general Araken de Oliveira realizou visita à Teerã, visando a um acordo sobre a área que a Braspetro explorava no Irã, em regime de contrato de risco. Há dois anos o contrato de associação, assinado com a National Iranian Oil Company (NIOC) e a Mobil Oil — associada à Braspetro —, vinha sendo negociado. Contudo, em meio ao contrato, o Irã decidiu aumentar os *royalties* e o imposto de renda a ser pago. Assim, em fevereiro de 1978, enquanto no Iraque as explorações petrolíferas da Braspetro prosseguiam em ritmo acelerado, com as perfurações do Campo de Majnoon (descobertas pela Braspetro em 1975), no Irã, a Petrobras Internacional S/A desativava suas explorações. Em novembro de 1977, o chefe do Departamento de Promoção Comercial do Itamaraty, Tarso Flecha de Lima, visitou o Irã, visando a discutir detalhes da execução do Acordo de Comércio Brasil-Irã e a buscar o aumento das exportações brasileiras para aquele país. Constituído de apenas sete artigos, ele previa que as duas partes contratantes "conceder-se-ão o tratamento de nação mais favorecida em todos os assuntos relativos ao comércio de importação e exportação" (art. 5º).

Em agosto de 1978, a princesa do Irã realiza visita ao Brasil. Na ocasião, o chanceler Azeredo da Silveira declarou lhe que era uma boa oportunidade para se passar em revista os acordos econômicos assinados com o governo iraniano em 1977, mencionando alguns problemas quanto à entrada de produtos brasileiros no mercado iraniano. Contudo, em dezembro de 1978, a instabilidade política do Irã resultou na suspensão por completo das exportações de petróleo, atingindo o abastecimento de óleo para o Brasil. O governo brasileiro, como reação, aplicou medidas rigorosas de contenção do consumo de combustível, porque os estoques brasileiros do produto se reduziram significativamente. O Brasil estava recebendo do Irã 200 mil barris de óleo por dia, ou seja, 25% das necessidades. Assim, em decorrência da revolução que depôs o Xá Reza Pahlevi, em fevereiro de 1979 o Itamaraty reconheceu imediatamente o novo governo do Irã, no momento em que recebeu a mensagem indicando a sua constituição.

O Brasil, além disso, procurou concentrar seus esforços no aumento da importação de petróleo do Iraque, já que foi este o único grande exportador que aumentou sua produção, e a suspensão das exportações iranianas significou a retirada de 5 milhões de barris/dia do mercado mundial. Em janeiro de 1979, o embaixador do Iraque, Zaid Haidar, garantiu, após encontro de uma hora com o chanceler Saraiva Guerreiro, que seu país estava pronto para suprir as necessidades brasileiras de petróleo, diante da escassez causada pela crise no Irã. Segundo ele, a disposição de Bagdá derivava do apoio do Brasil, dado em 1973, quando se tornou o primeiro país árabe a quebrar o boicote ao óleo iraquiano pelas Sete Irmãs, depois de sua nacionalização. Nesta mesma época, após encontro entre o chefe do Departamento de Material Bélico e futuro ministro do Exército, general Walter Pires, como chefe de Missão do Iraque, general Amin, divulgou-se a informação de que o Brasil venderia ao Iraque 500 milhões de dólares em material bélico, em troca de petróleo.

Em março de 1979, o Itamaraty desmentiu informações que especulavam a vinda do Xá Reza Pahlevi para o Brasil. Na ocasião, o superintendente comercial da Petrobras e o chefe da Divisão de Petróleo Bruto viajaram para o Irã, objetivando negociações de contratos de fornecimento de petróleo para o Brasil, a preços praticados pela OPEP, que estavam por volta de 15 dólares por barril. A Petrobras alertou na ocasião que os estoques brasileiros só durariam até junho, demonstrando a gravidade da situação.

Com o Iraque, a diplomacia brasileira mantinha vínculos estreitos, como foi visto. Em julho de 1976, o Iraque definiu a compra ao Brasil uma quantidade não especificada de minério de ferro e de óxido de alumínio, segundo um acordo de cooperação econômica mútua assinado em Bagdá. O convênio assinado pelo ministro Shigeaki Ueki, do Brasil, estudou o aumento da cooperação econômica e comercial bilateral. Em novembro de 1977, o ministro do Comércio do Iraque, Hassan Ali, visitou o Brasil para negociar a importação artigos como automóveis, geladeiras, têxteis, carne e galinha congeladas, madeira e serviços, destacando-se neste último item, construção de estradas e habitação. Negou, contudo, que tivesse vindo comprar armas, embora o diretor da Interbrás tivesse informado sobre a chegada ao Brasil outra missão iraquiana, integrada por peritos militares. Questionado pelos jornalistas se estava interessado em vender armas aos árabes, em especial aos iraquianos, o diretor da Interbrás acabou afirmando: "meu negócio é exportar, eu exporto qualquer coisa que se queira comprar"[237].

Em fevereiro de 1978, as obras do complexo industrial de Jubail, na Arábia Saudita, atraíram o interesse do Itamaraty, que ofereceu assessoria às empresas de consultoria e engenharia interessadas. A Associação de Exportadores Brasileiros fez um estudo sobre as possibilidades de exportação para o Oriente Médio, e concluiu que seriam implantadas fábricas de fertilizantes, alumínio e siderurgia em Jubail e Yanbu, na Arábia Saudita.

Em janeiro de 1977, representante da OLP no Conselho dos Países Árabes, Salah Zawawi, declarou que "o empresariado brasileiro precisa se conscientizar de que os países árabes estão de portas abertas. Deve haver uma maior agressividade, pois o brasileiro será sempre protegido, devido às relações de amizade". Disse ainda que o governo do Kuwait entregara alguns projetos para implantação no Brasil, mas não recebera propostas de empresários brasileiros. A respeito da decisão dos países árabes em aplicar diretamente seus investimentos no Brasil e no México, deixando de aplicar somente no mercado europeu, disse que "o projeto já foi aprovado pelo Conselho dos Países Árabes, devendo ser agora determinada a quantia a ser transferida para o México e Brasil. Na decisão do Conselho, pesou o voto da OLP"[238]. Em maio de 1977, a união da Selecta Comércio e Indústria e do Banco d'Affaires Franco-Árabe concretizou o primeiro investimento de petrodólares (capitais árabes) no Brasil, cuja primeira parte das

---

237 "Iraque não admite que quer comprar armas", in Jornal do Brasil, 22/11/1977, p. 19.
238 "Representante da OLP diz que investimento árabe no Brasil será maior em 1977", in Jornal do Brasil, 29/1/1977, p. 19.

aplicações correspondia a US $ 20 milhões. Os investimentos tendiam à diversificação de projetos, desde a agroindústria à siderurgia.

A Braspetro iniciou, em fevereiro de 1978, mais uma produção petrolífera em bases provisórias no campo de Ras Tounb, na Argélia, produzindo temporariamente 2 mil barris/dia. Em abril de 1978, a Consultoria Geral da República estuda a proposta de compra de 10% das ações da Companhia Vale do Rio Doce, feita pelo Emirado de Dubai ao ministro das Minas e Energia brasileiro. Em abril de 1978, a construtora Alfredo Mathias S.A. concretiza contrato no valor de US$ 30 milhões com o governo do Iraque para a construção de 2 hotéis, em Bagdá e em Basrah.

Em julho de 1978, o ministro das Finanças e Economia Nacional da Arábia Saudita veio ao Brasil, para negociar as possibilidades de aumento dos investimentos no Brasil, de criação de *joint-ventures*, especialmente no setor agrícola, e de aumento da compra de produtos brasileiros. O ministro saudita declarou ter como objetivo a reativação da Comissão Mista Brasil-Arábia Saudita, criada 4 anos antes, e a maior participação de empresas de construção civil brasileiras em obras em seu país. Ressaltou as boas perspectivas para os serviços de engenharia brasileira, já que a Arábia Saudita pretendia desenvolver um plano de construção de cidades inteiras, distritos industriais, rodovias e conjuntos habitacionais. O xeque Hussein Abdul Rahman Al-Attlas, da Arábia Saudita, gerente geral da Saudit International Establishment, realizou visita ao Rio de Janeiro, em setembro de 1978, para comprar e para contratar projetos industriais e de construção civil. Além disso, foi concretizada a compra de móveis e de madeira compensada.

Em outubro de 1978, a Construtora Mendes Júnior foi selecionada, juntamente com empresas indiana e iugoslava, para contrato de construção de 500 km da Ferrovia Bagdá-Hsaibah, que ligaria a capital ao oeste do Iraque, acompanhando o curso do rio Eufrates. A Mendes Júnior e as outras duas empresas teve projeto aprovado em concorrência com competidores norte-americanos, ingleses, alemães. O contrato, cujo valor total atinge Cr$ 1 bilhão e 200 milhões, foi assinado durante a visita de missão brasileira a Bagdá. Outros contratos assinados: exportação pela INTERBRÁS de 40 mil toneladas de soja e 30 mil toneladas de farelo de soja; negociação de novo contrato de venda de açúcar ao Iraque; e contrato de aquisição de veículos da Volkswagen do Brasil.

Contudo, em que pese os contatos com os países árabes, o Brasil ainda mantinha um relacionamento de razoável intensidade com Israel. Em julho de 1977 estuda-se os moldes do intercâmbio que visa à distribuir engenheiros israelenses para estágio no DNER, RFFSA, Petrobras e Departamento de Obras contra a Seca. São discutidos ainda problemas de energia e planejamento do setor de abastecimento de água. Em maio de 1978, Israel mantinha especialistas no Brasil, que participam de atividades ligadas ao desenvolvimento agrário, irrigação e colonização em áreas do Nordeste, sob o assessoramento técnico do Centro de Cooperação Internacional Agrícola de Rehobot.

Ásia e Oceania

Uma das medidas de maior impacto do *Pragmatismo Responsável* foi o estabelecimento de relações diplomáticas com a China em 15 de agosto de 1974. Em 1973, ainda durante o governo Médici, havia sido levantada a possibilidade de estabelecimento de relações diplomáticas com a República Popular da China, ainda que de forma não-oficial (conforme depoimento de Mário Gibson Barboza para o CPDOC). Em abril de 1974, bem no início do governo Geisel, fora enviada uma missão de 15 membros da Associação dos Exportadores Brasileiros, que incluía representantes do Ministério das Relações Exteriores, do Planejamento e da Indústria e Comércio.

As relações Brasil-RP da China estão inseridas no contexto estratégico do pragmatismo. Após o rápido retrocesso no relacionamento com a China em decorrência do Golpe de 1964. O relacionamento comercial, por exemplo, esteve praticamente paralisado durante 10 anos, de 1964 a 1974, quando as trocas somaram US$ 14,2 milhões em vendas brasileiras e apenas US$ 154 mil de exportações chinesas, situação que lentamente começou a mudar com os "Relatórios de Hong-Kong" no período de 1969-71. Por fim, o embate entre os setores pró e contra à reaproximação com a RPC, criado pelo aguçamento das conversações, foi superado. O empresariado e parte do governo batiam-se pelo reatamento, enfrentando a oposição dos grupos ligados à doutrina da segurança nacional e ao combate ao comunismo. As barreiras internas ao reatamento de relações diplomáticas com a RPC foram vencidas com a flexibilidade ideológica, a busca de maior prestígio no sistema internacional e a diversificação de parcerias.

É no momento da *détente* entre as superpotências que toma lugar a mudança de rumos da política externa brasileira, quando as relações entre os blocos se tornavam mais maleáveis. Diante dos problemas econômicos, o *Pragmatismo Responsável* representa a inflexão da política de cooperação com os EUA, visando ampliar as parcerias. "Geisel enfatizou estar pronto para fazer as escolhas necessárias e os realinhamentos possíveis na área de política externa no sentido de incrementar as relações comerciais do Brasil e de garantir o suprimento de matérias primas e o acesso brasileiro à tecnologia moderna"[239].

Os anos 1970, para a RPC, começaram com uma confrontação aberta com a URSS (motivadas por uma década de rivalidade, pela invasão da Tchecoslováquia em 1968, e pelos conflitos armados na fronteira sino-soviética em 1969) e com a aproximação dos EUA (em 1972, "Comunicado de Xangai" entre RPC-EUA), procurando com isso uma aliança contra o "hegemonismo soviético" e a recomposição do equilíbrio na região. Por outro lado, o país buscava uma inflexão política para superar o caos da Revolução Cultural, que começava a amainar. Além disso, há a modernização da economia chinesa, acarretando a necessidade de alargamento das relações da RPC com o resto do mundo e o ingresso do país no Conselho de Segurança da ONU em 1971 como membro permanente, no lugar de Taiwan.

No Brasil, o presidente da Associação dos Exportadores Brasileiros, ao partir em abril de 1974 para Pequim à frente de uma missão de 15 empresários, defendeu o restabelecimento das relações comerciais entre o Brasil e a RPC. Pela primeira vez o Brasil enviava à China Popular, com a missão comercial, representantes dos Ministérios das Relações Exteriores, Planejamento e Indústria e Comércio[240]. Ambos os países, em que pesem as diferenças político-econômicas, possuíam semelhanças quanto a seus projetos de inserção no sistema internacional: as políticas externas de Brasil e da China Popular tinham como um dos traços principais o estreitamento de relações com os países do Terceiro Mundo e a diversificação de interesses e dependências com relação ao Primeiro Mundo. Havia, portanto, linhas de coincidência entre a política externa de Brasília e Pequim.

A RPC, afora isso, aproximava-se muito das opiniões brasileiras em temas sensíveis para os interesses brasileiros, tais como energia nuclear (ambos países recusaram-se a assinar o TNP), meio-ambiente (em 1972, Estocolmo, houve apoio chinês à tese de que a pobreza traz a destruição ambiental), direito do mar (apoio chinês ao mar territorial de 200 milhas) e direitos humanos, na medida em que o bom relacionamento entre RPC e

---

[239] PINHEIRO, Letícia. "Restabelecimento de relações diplomáticas com a RPC: uma análise do processo de tomada de decisão", in *Estudos Históricos — Globalização*. vol. 12, Rio de Janeiro: Fundação Getúlio Vargas, 1993, p. 249.

[240] " Exportador pede comércio com a China", in Jornal do Brasil, 6/4/1974, p. 1.

o governo Pinochet levava o governo chinês a negar as resoluções da ONU para proteção dos direitos humanos, situação que, paralelamente, beneficiava o governo brasileiro. Sem dúvida, para o governo brasileiro, contar com um parceiro do peso político-estratégico da RPC no debate dessas questões seria de imenso valor. Brasil e RPC também convergiam na defesa de uma Nova Ordem Econômica Internacional, de cunho terceiro-mundista.

O processo de reaproximação desenvolvera-se, com sucessos e oposições, chegando em 1974 ao seu ápice, quando tornou-se imperiosa uma decisão resoluta do governo brasileiro, ou então o retrocesso de tudo que havia sido negociado ao longo dos últimos anos. Diplomatas brasileiros encontraram diplomatas chineses em recepções, viajaram em meio de empresários, levando mensagens do governo brasileiro. Formou-se um Grupo Interministerial de Trabalho para recolher subsídios, opiniões, elementos que, provavelmente, apreciariam a conveniência do reatamento de relações comerciais. Este grupo, ao que tudo indica, tinha o objetivo real de fornecer elementos para uma decisão anteriormente tomada.

O aspecto econômico da reaproximação foi o mais ressaltado, a fim de que fossem vencidas as barreiras internas — localizadas basicamente no setor militar-, muito embora, no momento, os interesses brasileiros fossem predominantemente políticos. As maiores resistências — dentro do ministério — estavam nas pastas militares. Mas até mesmo essas foram sendo vencidas, mesmo que pela via da imposição direta. O empresariado fazia grande pressão a favor do estabelecimento de relações com a RPC, e o Itamaraty fomentou e orientou essa tendência, esclarecendo e persuadindo os círculos mais conservadores, explicando — por meio de palestras na ESG e de artigos na Revista do Clube Militar — a nova posição da RPC no cenário internacional.

Finalmente, em agosto de 1974, Brasil e RPC estabeleceram relações diplomáticas em detrimento de Taiwan. Desta forma, é possível destacar uma periodização do processo decisório, tal como foi enunciado por Letícia Pinheiro. A primeira fase ocorreria durante o período entre 1969-73. O Governo Médici procedeu à definição do problema, à identificação de alternativas e à avaliação de alternativas no tema do restabelecimento das relações diplomáticas com a RPC. Em 1972, o Conselho de Segurança Nacional emitiu parecer favorável ao levantamento da proibição de escalas de navios brasileiros em portos da RPC e vice-versa. Em outubro 1972, foi enviada nova missão comercial brasileira à RPC. Contudo, na época, representantes das forças armadas brasileiras viajaram à Taiwan, liderados pelo chefe do EMFA. Em março de 1974, o representante chinês declarou, durante uma festa na embaixada grega em Moscou, que seu país estava interessado em levar o relacionamento com o Brasil para além do campo comercial. No dia 19 de março 1974, ocorreu a primeira reunião ministerial do governo Geisel: o presidente anunciou o caráter de sua política externa. Em abril de 1974, o Chefe da Divisão Ásia e Oceania do Itamaraty acompanhou uma missão comercial à China, transmitindo convite oficial do governo brasileiro para que uma missão comercial chinesa visitasse o Brasil.

Num segundo momento, a decisão vem dos encontros de Geisel com o chanceler Azeredo da Silveira. Em 8 de abril de 1974, Azeredo da Silveira informou Saraiva Guerreiro de que o reatamento de relações diplomáticas com a RPC já estava decidido. Em maio de 1974, Geisel levou a proposta do restabelecimento de relações com a RPC ao CSN. Por fim, a implementação da decisão concretizou-se em 15 de agosto de 1974, quando Chen Chieh, vice-ministro do Comércio Exterior da China, veio ao Brasil. O impacto do restabelecimento de relações diplomáticas com a RPC foi comparável ao resultado produzido pelo reconhecimento do MPLA como legítimo governo de Angola. Diferentemente do relacionamento com o bloco socialista, o reatamento de relações com a China foi motivo de elogios ao governo Geisel, conforme o editorial "China e Brasil", do Jornal do Brasil[241]. Segundo o Jornal, como uma das potências ditas "emergentes" do Ocidente, conviria ao Brasil o desenvolvimento de suas relações políticas e econômicas com esta outra potência emergente do Oriente, estabelecendo uma clara simetria entre ambas.

A partir do estabelecimento de laços diplomáticos, as relações bilaterais ganharam consistência rapidamente. Em outubro de 1977, uma missão comercial brasileira visitou Pequim. O saldo da balança comercial brasileira subiu de cerca de 6 milhões de dólares no início de 1976 para 146 milhões de dólares um ano depois. Segundo o Itamaraty, o acordo "é um quadro institucional que prevê princípios básicos para regular o comércio e o objetivo é o aumento de trocas, com equilíbrio na balança comercial"[242]. O Brasil demonstrou interesse em petróleo, carvão mineral e insumos farmacêuticos chineses, que mostrou sua preferência por produtos manufaturados brasileiros, como calçados, têxteis e açúcar. As vendas brasileiras seriam orientadas pela Interbrás. A importação brasileira compunha-se de

---

[241] Jornal do Brasil, 15/5/1978, p. 1.
[242] Jornal do Brasil, 7/1/1978, p. 16.

produtos químicos e orgânicos, como antibióticos e vitaminas. Em fevereiro de 1978, o Brasil assina contrato de venda de ferro gusa à China, cuja negociação decorreu dos crescentes obstáculos colocados pelo Mercado Comum Europeu às exportações brasileiras desse produto, acusando o Brasil de praticar *dumping*. Tratava-se de uma evidente forma de cooperação Sul-Sul como meio de contornar os obstáculos colocados pelo Norte industrializado.

Em abril de 1978, a primeira missão governamental brasileira foi à China, desde que haviam sido estabelecidas as relações diplomáticas em nível de embaixada. A presença de representantes do Itamaraty nessa missão, indicava um caráter oficial até então inédito nos contatos bilaterais. Com base no acordo comercial anteriormente assinado, a missão brasileira iria negociar a compra de petróleo e de carvão e a venda de soja, de açúcar e de minério de ferro. Além disso, foi negociada uma solução para o problema do transporte, considerado como o maior empecilho ao desenvolvimento das relações comerciais entre os dois países. O Brasil manifestava descontentamento com a baixa capacidade dos portos chineses em receber navios de maior tonelagem, sobretudo os transportadores de ferro. Combinado com a grande distância geográfica, isto prejudicava o rendimento brasileiro, sobretudo diante da concorrência australiana e indiana no mercado de ferro chinês. Como alternativa, o minério brasileiro era levado até o porto de Mindanao, na costa leste das Filipinas, e daí reembarcado em pequenos cargueiros para os portos chineses.

Em julho de 1978, Brasil e China assinaram, em Pequim, dois acordos comerciais para a venda de minério de ferro brasileiro e petróleo chinês. Embora as quantidades tenham sido pequenas e o total dos negócios relativamente baixo, o Itamaraty saudou a assinatura dos contratos como uma transação importante, que iniciava a abertura do mercado chinês ao Brasil. Na verdade, os dois negócios constituíam projetos pilotos com a China, cujo valor deveria ser medido pela importância da abertura de um novo mercado para a venda de minério de ferro, e uma nova fonte de suprimento de petróleo. Agosto de 1978 foi um mês em que foram acertados vários contatos: foram realizadas três missões oficiais brasileiras ao Oriente (duas à China e uma à Índia). Dentre as missões brasileiras, uma fora encaminhada pela SIDERBRÁS, para estudo do carvão chinês com vistas à importação. Além disso, em setembro, duas missões chinesas realizam visitas a siderúrgicas, locais de embarque de carvão, as instalações da Companhia Vale do Rio Doce e o porto de Tubarão.

No final de outubro de 1978, o ministro Shigeaki Ueki realizou viagem à China, chefiando uma missão que negociou um grande acordo para exportação de minério de ferro. Outro objetivo da comitiva era colocar no mercado chinês, a curto prazo, cerca de 240 mil toneladas de ferro gusa, uma vez que o excedente anual brasileiro era de 300 mil toneladas. A venda resolveria o problema dos pequenos guseiros independentes, em Minas Gerais, diante tarifas protecionistas sobre as exportações brasileiras impostas pelo Mercado Comum Europeu. Além disso, Ueki negociou o início da exportação de petróleo chinês para o mercado brasileiro, diante dos dados positivos que atestavam o progresso verificado na China em relação à sua capacidade de produção de óleo cru. Do seu lado, a missão siderúrgica chinesa fez propostas concretas ao Brasil para a compra de laminados de aço, durante visita efetuada ao Brasil. As negociações de Ueki resultaram na assinatura de um acordo quinquenal de importação de produtos farmacêuticos e de petróleo das jazidas de Cheng Li, a sudeste de Pequim, aos preços da OPEP, e exportação de minério de ferro, açúcar e produtos metalúrgicos.

Em janeiro de 1979, a Petrobras elegeu a China como uma das alternativas para fornecimento de petróleo, diante da instabilidade política no Irã, que causara a suspensão por completo das exportações de petróleo. No mês seguinte, o ministro das Minas e Energia Shigeaki Ueki, afirmou que o Brasil já era o sexto parceiro empresarial da China. Nesta mesma época, o vice-ministro da Indústria do Petróleo da China, Chang Wen-Pin, em visita ao Polo Petroquímico de Camaçari (Bahia), apontou a necessidade de "um estudo por parte da China, com vistas à implantação de projetos semelhantes"[243]. Em março de 1979, uma comitiva da RP da China visitou as instalações da EMBRAER, demonstrando interesse na formação de uma *joint-venture* para implantar uma montadora do avião agrícola EMB-201, Ipanema, naquele país, com peças que seriam produzidas pela indústria brasileira.

O estabelecimento de relações diplomáticas com Beijing, sem que a cooperação comercial com Taipé fosse interrompida (apesar do trauma da súbita ruptura diplomática), revolucionaram as relações com a Ásia. Além da RP da China ser o maior e mais populoso país daquele continente, o fato de passar a ser o único país em desenvolvimento a situar-se no centro do sistema mundial de poder (membro permanente do CS da ONU e

---

[243] Jornal do Brasil, 22/2/1979, p. 27.

potência nuclear), propiciava ao Brasil a possibilidade de construir uma aliança estratégica com uma "potência diferente", ampliando concretamente de forma imediata sua capacidade internacional de barganha. Tratava-se da cooperação entre potências médias do Terceiro Mundo, que não envolviam laços de subordinação ou de dominação. Além disso, a progressiva abertura econômica do gigante asiático criava novas possibilidades de cooperação comercial.

Na medida que se preenchia um vazio nas relações brasileiras com a Ásia, a região passou a desempenhar um papel mais destacado na política externa do país, ao que se somava o incremento da cooperação com o Japão, tornando o *Pragmatismo Responsável* realmente *Ecumênico*. Além do Brasil fazer-se presente na área do planeta mais distante geograficamente, rompia-se com a derradeira limitação significativa da Guerra Fria na diplomacia brasileira. Dessa forma, enquanto despertava a atenção (e às vezes, a oposição) de grupos políticos e econômicos nacionais para a Ásia, a cooperação ia se intensificando. Esse fenômeno foi visível, em primeiro lugar, em relação ao Tigres Asiáticos, que conheciam então sua arrancada econômica, intensificando-se os contatos com a Coréia do Sul, Hong Kong e Singapura, além da continuidade das relações econômicas com Taiwan.

Em relação à Coréia do Sul, em março de 1977 um enviado do presidente Park Chung Hee visitou o Brasil, e logo em seguida uma missão parlamentar também veio ao país. Ambos mantiveram contatos econômicos e políticos com autoridades brasileiras. No mesmo ano o Banco do Brasil abriu uma agência em Singapura. Em junho de 1974 o Brasil reabriu a Embaixada em Jakarta e em julho instalou a de Dacca (Bangladesh), país com o qual assinou um acordo comercial em 1976. Na mesma direção, em fevereiro de 1976, o Brasil estabeleceu relações diplomáticas com o reino do Nepal. Em setembro de 1977 uma missão indonésia visitou o Brasil, buscando estreitar as relações bilaterais. Contudo, estas sofreram as consequências da posição brasileira em relação à retirada portuguesa do Timor Oriental, ocupado e anexado pela Indonésia em 1976. Como o Brasil votava, nos organismos internacionais, contra a política indonésia nesta questão, os vínculos entre os dois países conheceram um retrocesso.

Entretanto, o balanço do relacionamento com a região apresentou um saldo positivo com as demais nações do sudeste asiático (onde a guerra do Vietnã chegava ao fim e a integração regional avançava desde a criação da ANSEA), conhecendo considerável adensamento. Em julho de 1976 o ministro das Minas e Energia visitou as Filipinas, resultando, entre outras coisas, no aumento da exportação de minério de ferro para àquele país. Em outubro do ano seguinte uma missão filipina veio ao Brasil, acertando a participação brasileira em projetos nacionais. Da mesma forma, as relações com a Índia, especialmente no campo comercial e tecnológico, desenvolveram-se crescentemente, embora sem nenhum salto qualitativo. Em contrapartida de uma missão brasileira enviada à Índia em agosto de 1978, para estudar a importação de carvão, o Brasil recebeu a visita do chefe da Companhia Estatal de Comércio da Índia.

No tocante à região da Oceania, estreitaram-se os vínculos com a Austrália. Em junho e julho de 1977 uma missão chefiada pelo ministro da Indústria e Comércio e pelo secretário do Planejamento visitou a Austrália, tratando em Canberra da expansão das relações econômicas bilaterais. Em novembro do mesmo ano uma missão australiana veio ao Brasil, acordando mecanismos de cooperação técnica para pesquisa agroindustrial. Ainda no mesmo ano o Banco do Brasil abriu uma agência em Sidney. Finalmente, em fevereiro de 1978 foi assinado um Acordo Comercial Brasil-Austrália.

A DIPLOMACIA MULTILATERAL, ECONÔMICA E DE SEGURANÇA

A diplomacia econômica e multilateral

Na atuação da diplomacia brasileira no plano multilateral, o *Pragmatismo Responsável* continuou a pautar-se pelas denúncias, e inclusive intensificou-as, como forma de combater as tentativas de congelamento do poder mundial. Juntamente com o Grupo dos 77, lutava a instauração de uma nova ordem econômica internacional. Outra iniciativa a ser destacada é a doutrina brasileira da "segurança econômica coletiva", cujo instrumento de operacionalização era o Acordo Geral de 1975. Como não surtiu efeito, a atuação multilateral brasileira retornou ao realismo e ao oportunismo. Nitidamente, durante o governo de Geisel a diplomacia adotou uma postura cética diante da eficiência da multilateralização, embora sem a pretensão de abandoná-la. Até mesmo a aproximação com os países em desenvolvimento não foi aparentemente um objetivo em si, mas uma espécie de tática para modificação da ordem mundial em nome do interesse nacional. De um lado, a aproximação é impulsionada no plano econômico; porém, de outro, no político é limitada: a não adesão ao Movimento dos Não-Alinhados é exemplo clássico.

As relações multilaterais brasileiras caracterizam-se por uma organicidade que permite poucas mudanças de governo para governo. Mesmo no período Castelo Branco, o discurso multilateral era, no essencial, parecido com o discurso dos outros governos militares. Persiste durante a gestão Geisel-Azeredo a ambiguidade da política externa brasileira no plano multilateral. Segundo Wayne Selcher, é essa característica que faz o Brasil *discriminar* atitudes de acordo com seus interesses, ora votando com os desenvolvidos, ora com os subdesenvolvidos, ora com nenhum dos dois. Tanto esse autor, quanto Maria Regina Soares Lima e Gerson Moura destacam essa dupla inserção brasileira entre o Primeiro e o Terceiro Mundo[244]. Alexandre Barros é ainda mais específico: já que o Brasil não disputa hegemonia com as potências e também não é completamente dependente delas, pode-se dar ao luxo de uma política exterior que persiga seus próprios interesses. Barros usa "medianidade" da política externa brasileira, ao invés de ambiguidade[245].

De forma geral, contudo, percebe-se uma maior "agressividade" e objetividade no discurso multilateral do governo Geisel. Nos discursos de abertura da Assembleia das Nações Unidas, Azeredo toca em temas que antes apareciam de forma muito genérica e tênue: a defesa da descolonização dos países da África e a questão palestina. O chanceler é muito direto, não sugere nada — afirma, cita nomes, e deixa bastante clara a opinião brasileira: favorável à descolonização e à retirada de Israel dos territórios ocupados. Persistem, de resto, todas as "bandeiras" tradicionais da diplomacia brasileira: o apelo à segurança econômica coletiva, a reivindicação da reforma do sistema comercial internacional, a defesa do desarmamento, as críticas à política dos países desenvolvidos em relação ao meio-ambiente, as críticas ao congelamento de poder mundial pelas superpotências.

Quanto à diplomacia econômica, estritamente, a crise do petróleo rompeu com o ufanismo nacional dos anos precedentes, na medida em que incidiu fortemente na balança comercial do Brasil. As transformações na área econômica haviam se tornado urgentes, tanto no seu aspecto estrutural quanto no de abertura de novas linhas comerciais. As condições internas e externas que haviam permitido a eclosão do "Milagre Econômico" já não

---

[244] SELCHER, Wayne. *Brazilian multilateral relations.* Boulder: Westview Press 1978, p. 22, e Lima e Moura, Op. cit., p. 357.

[245] BARROS, Alexandre de. "A formulação e implementação da política externa brasileira", in MUÑOZ, Heraldo, e TULCHIN, Joseph (Orgs). *A América Latina e a Política Mundial.* São Paulo: Convívio, 1986, p. 36.

mais existiam. No seu lugar havia a degradação dos termos de intercâmbio e um fechamento crescente de alguns mercados de países avançados, em particular o dos EUA. As respostas do governo Geisel a essa crise estrutural vieram sob a forma de aceleração do crescimento (embora com o aumento substancial do endividamento externo), aproveitamento da oferta de vultosos fundos procedentes da OPEP (nas mãos multiplicadoras dos bancos internacionais) e investimentos orientados para a criação de indústrias de capital e tecnologia intensivos, que colocavam a empresa estatal no centro do cenário da industrialização brasileira e garantiam mais 5 anos de crescimento a uma taxa um pouco inferior à alcançada no período anterior[246].

Em 1974, o país encontrava-se muito mais exposto ao jogo das forças econômicas internacionais do que em 1964. Alguns dados comparativos ilustravam o enunciado: em 1964 as exportações brasileiras atingiram US$ 1,5 bilhão, do qual mais da metade era representada pelas vendas de café; em 1973, as exportações atingem US$ 6,2 bilhões e a participação do café baixou para menos de 25%; o esforço de importações fez a dívida externa subir de US$ 4,4 bilhões para US$ 12,6 bilhões; passou-se a enfrentar problemas com os EUA e CEE em virtude da diversificação da pauta de exportações. A estrutura comercial brasileira, durante o Milagre dos anos 1970, altera o padrão das exportações em favor dos produtos manufaturados, e os mercados que as absorviam diversificaram-se consideravelmente. Em 1974, foram importados US$ 800 milhões em tecnologia explícita, na forma de patentes e licenças de fabricação, e implícita, contida nos produtos vendidos ao exterior, o que corresponde a cerca de 20% do total das exportações brasileiras. Assim, momento se agrava o dilema entre o conflito Capitalismo x Comunismo e Países Ricos x Países Pobres, cabendo ao Governo Geisel a decisão de dar primazia a este último, o que se encontra na base das mudanças que caracterizam a política externa do *pragmatismo independente*.

Em termos de comércio internacional, a década de 1970 parece caracterizar-se por desequilíbrios comerciais em diversas variantes das relações que o Brasil desenvolvia. De um lado, o comércio brasileiro com o Bloco Socialista era marcado pelo desequilíbrio em favor do Brasil, sendo constantes as negociações e pressões para reduzi-lo. Em julho de 1976, por exemplo, as estatísticas do comércio bilateral com a URSS indicam desequilíbrio

---

[246] CAMARGO, Sônia de. "Brasil-Argentina: a integração em questão", in *Contexto Internacional*. Rio de Janeiro: IRI-PUC/RJ, nº 9, 1989, p. 55-6.

da balança comercial, uma vez que o Brasil importava 160 milhões de dólares por ano de petróleo soviético, enquanto a URSS importava cerca de 400 milhões de dólares do Brasil em minérios e produtos agrícolas. As nações do Bloco Socialista, que representavam cerca de 10% do mercado internacional brasileiro, nos dois primeiros meses de 1976, baixaram suas compras no Brasil para 3%, neste ano.

De outro lado, entretanto, as relações comerciais brasileiras com os países do Oriente Médio foram extremamente desfavoráveis, em função da crescente importação de petróleo desta região. Arábia Saudita, Iraque e Kuwait surgem com os maiores fornecedores petrolíferos. Assim, somente em 1976, o déficit com estes países cresceu, nos primeiros meses deste ano, de US$ 469 milhões para US$ 589 milhões, em consequência de maiores compras de petróleo e menores exportações para os árabes. Continuando esta análise por bloco de países, o segundo maior déficit no balanço comercial, considerando os primeiros meses de 1976, era com a América do Norte: US$ 6,648 milhões. Com a Ásia, excluída a China, o Brasil tinha um déficit de US$ 8 milhões. Com a Associação Europeia de Livre Comércio, US$ 5 milhões. Destaca-se que, individualmente, o maior déficit entre as nações industrializadas era verificado nas relações com o Japão: US$ 53 milhões.

Segurança, energia nuclear e informática

As questões nuclear e de segurança já foram exploradas no item referente às relações Brasil-Estados Unidos. Cabe aqui, portanto, apenas sistematizar a análise anterior, desenvolver alguns pontos específicos e agregar informações complementares. Passada a primeira fase dos governos militares, a diplomacia brasileira abandonou a política de segurança coletiva, ocorrendo a volta do tema à esfera de decisão direta do país. A nacionalização da política de segurança[247] é marcante em quatro momentos: 1) definição de uma política de exportação de materiais bélicos; 2) Acordo Nuclear Brasil-Alemanha; 3) denúncia do Acordo Militar com os EUA (1977); e 4) desenvolvimento de um programa nuclear paralelo a partir de 1979 pelo conjuntos das forças armadas. A questão colonial africana e as exportações bélicas para o Oriente Médio foram vistas como desdobramentos

---

[247] CERVO e BUENO, op. cit., p. 364-6.

inevitáveis da projeção de uma potência média, que buscava dar vazão às suas potencialidades econômicas, políticas e diplomático-militares.

Contudo, a Questão do Acordo Nuclear com a Alemanha, de novembro de 1975, afetava o ponto central da política norte-americana para a América Latina, que era o plano de perpetuação de seu poder hegemônico. Além disso, a própria estratégia internacional norte-americana procurava manter as tecnologias de enriquecimento e do reprocessamento do urânio como monopólio dos países que já as possuíam, uma vez que permitiriam a produção exclusiva de armas nucleares. Em 1972, a Westinghouse Eletric concluiu contrato para a construção de uma usina nuclear em Angra dos Reis, com base na garantia de que os Estados Unidos forneceriam o abastecimento de urânio enriquecido. Em março de 1974, contudo, a Atomic Energy Comission colocou sob ressalva os contratos para abastecimento de 45 reatores estrangeiros, inclusive o comprado à Westinghouse pelo Brasil, irritando Geisel, que passou a sondar outros países. Neste sentido, as negociações com a RFA culminaram na assinatura, em julho de 1975, do Acordo Nuclear e Protocolo Complementar entre Brasil e RFA, que previa: a) implantação de oito centrais nucleares; b) prospecção e tratamento do urânio; c) produção de elementos combustíveis irradiados; d) enriquecimento do urânio; e) produção de reatores nucleares, instalação e componentes; e f) reprocessamento de combustíveis. O programa seria executado por uma estatal brasileira — a NUCLEBRÁS (vinculada ao Ministério de Minas e Energia) — e por uma empresa privada alemã — a KRAFTWEK UNION, subsidiária da SIEMENS.

A Alemanha era considerada como parceiro ideal, visto que estava disposta a transferir uma indústria autônoma. O compromisso do Acordo Nuclear implicava o compromisso da restauração do Estado de direito. Isso foi discutido com o chanceler Helmut Schmidt e com Willy Brandt na visita que Geisel fez à Alemanha, em março de 1978. Em que pese as pressões norte-americanas para barrar a implementação do programa nuclear, a controvérsia em torno do Acordo Nuclear trouxe a Geisel alguns dividendos: apoio dos militares que se preocupavam com a liderança militar argentina, com a esquerda e com promover um nacionalismo nos moldes da classe média. A argumentação da diplomacia brasileira para defender o Acordo Nuclear baseava-se num discurso em defesa da repartição da tecnologia entre os países do mundo, a fim de evitar que a distância que separava ricos e pobres aumentasse. Os EUA reacendem a polêmica em torno da recusa brasileira em assinar o TNP (1969). O Brasil, no entanto, argumentava que havia assinado o Tratado para a Proscrição de Armas Nucleares da América Latina (Tratado de Tlatelolco, 1967). Por fim, em fevereiro de 1976, Brasil e Alemanha assinam o Acordo de Salvaguardas para o Uso Pacífico de Energia Nuclear.

Outro tema que começou a tornar-se relevante como questão de política externa era o da informática. Em 1976, o governo Geisel expandiu as atividades da CAPRE (Coordenação das Atividades de Processamento de Dados), atribuindo a função de definir e pôr em prática a Política Nacional de Informática. O primeiro ato da CAPRE, neste contexto, foi a opção pelo mecanismo de reserva de mercado, seguido pela convocação das empresas nacionais para apresentarem projetos para a produção de microcomputadores. Em 1977, cinco empresas foram qualificadas: a COBRA (estatal, já em operação desde 1974, fruto do grupo de trabalho da Marinha), com licença de fabricação da empresa canadense SYCOR; a SID, com acordo com a empresa francesa LOGOBAX; a LABO, produzindo minicomputadores da empresa alemã NIXDORF; a EDISA, com produtos da empresa japonesa FUJITSUI; e a SISCO, sem acordos no exterior.

Em 1977, algumas empresas norte-americanas com filiais no Brasil solicitaram ao governo dos EUA que pressionasse o governo brasileiro, para impedir a implantação da reserva de mercado. O documento que fazia esse pedido foi assinado pelas empresas Digital Equipment Corporation, IBM, Control Data Corporation e Hewlett Packard. Ele foi entregue ao governo Carter e ressaltava que, com a reserva de mercado, as companhias norte-americanas seriam adversamente afetadas pela perda do promissor mercado brasileiro e que o "sucesso de políticas como essa no Brasil encorajaria outras nações a seguirem caminhos semelhantes no futuro".[248]

Na fase inicial a CAPRE permitiu a produção sob licença de empresas estrangeiras, apesar da reserva de mercado para a tecnologia nacional. Porém, as licenças eram temporárias, visto que as renovações de produtos teriam de ser feitas com projetos próprios. Nessa lista, nota-se a ausência de empresas norte-americanas licenciando produtos. Isso é decorrência provavelmente do desinteresse e da descrença das empresas dos EUA em relação à Política Nacional de Informática, muito mais do que possíveis impedimentos brasileiros.

---

[248] VIGEVANI, Tullo. *O contencioso Brasil x Estados Unidos: uma análise sobre formulação da política exterior.* São Paulo: Alfa-Ômega/EDUSP, 1995, p. 83 e seguintes.

Para que a CAPRE pudesse executar a Política Nacional de Informática, o governo conferiu a ela a atribuição de aprovar previamente todas as importações de equipamentos digitais, partes ou peças de eletrônica digital. Desta forma, a empresa que pretendesse produzir equipamentos de processamento de dados teria de submeter à CAPRE um projeto, que permitiria a importação de insumos se o referido projeto se enquadrasse nos requisitos da Política de Informática. No período de 1977 a 1979, teve início a implantação no Brasil de um grande número de empresas fabricando microcomputadores, impressoras, unidades de disco, de fita magnética e toda a sorte de produtos associados.

III.

CRISE E RESISTÊNCIA EM CONDIÇÕES ADVERSAS

<h1 style="text-align:center">5.</h1>

FIGUEIREDO E A *DIPLOMACIA DO UNIVERSALISMO*: A CONTINUIDADE EM CONDIÇÕES ADVERSAS (1979-1985)

CRISE POLÍTICO-ECONÔMICA DO REGIME E A DIPLOMACIA DO UNIVERSALISMO

Governo Figueiredo: crise e abertura política

O general João Baptista Figueiredo foi empossado como presidente em 15 de março de 1979, tendo como vice-presidente o civil mineiro Aureliano Chaves e foi o último e mais longo do Regime Militar (seis anos). Geisel influiu na indicação de ambos, mas a escolha dos ministros foi de Figueiredo, frustrando o ex-presidente por conter nomes de governos anteriores, alguns vinculados à linha-dura. Mas foi dada continuidade ao projeto de abertura, de desenvolvimento econômico e diplomacia autônoma do governo anterior, embora tendo que enfrentar as crescentes manifestações da oposição, a intensa mobilização social, a reação da direita à distensão e o agravamento da crise econômica e da situação internacional. O principal objetivo do novo governo era a continuidade e conclusão do processo de redemocratização, encerrando o ciclo militar, pois a instituição buscava se preservar, e apenas alguns núcleos ideológicos resistiam. O "presidente da abertura", orientado até 1981 pelo general Golbery na chefia da Casa Civil e em meio a um discurso ambíguo e a avanços e recuos, tentaria implementar seu programa em uma conjuntura que começava adversa e se agravaria ainda mais.

A gestão teve duas fases bem distintas: a primeira com relativo protagonismo (1979-81) e a segunda de declínio e incerteza (1982-85). No plano interno, o falecimento do ministro da Justiça Petrônio Portela em janeiro de 1980, civil e hábil negociador, e o atentado do Rio Centro, que provocou a saída do castelista Golbery do Couto e Silva da Casa Civil (substituído por Leitão de Abreu, ligado à linha-dura) em agosto de 1981, foram seguidos pela enfarte do presidente Figueiredo em setembro de 1981. Ao retornar da cirurgia nos EUA, ele estava em conflito com o vice e não renunciou, mas perdeu a capacidade de governar com a firmeza que a transição exigia, ficando sob fogo-cerrado de poderosos e divergentes ministros. Em sua última entrevista, perguntado sobre qual a sua mensagem final ao povo brasileiro, respondeu: "me esqueçam!" Além disso, a crise econômica esteve umbilicalmente vinculada a eventos internacionais que atingiram o Brasil em cheio, propiciando ao poderoso e "milagroso" Delfim Netto retomar o controle da economia.

O Governo Figueiredo pautou-se por uma política externa de continuidade em relação ao *Pragmatismo Responsável,* ainda que fazendo face a um contexto interno e externo crescentemente desfavorável. O chamado *Universalismo,* do discreto e habilidoso chanceler Ramiro Saraiva Guerreiro, conservou e aprofundou a presença da diplomacia brasileira em todas as áreas do planeta, materializando e, inclusive, intensificando muitas iniciativas do governo Geisel. Contudo, frente às crescentes dificuldades em relação à cooperação com os países desenvolvidos, a política exterior brasileira intensificou seus vínculos com a América Latina, dando conteúdo sólido a uma prioridade retórica não materializada anteriormente, e que daria frutos no governo seguinte. A *"Nova República"* viria a dar prosseguimento a essa diplomacia, mas em condições ainda mais adversas. Todavia, muitas das numerosas realizações da diplomacia pouca atenção recebeu dos analistas, devido à ênfase nos estudos sobre a crise da dívida e da transição institucional à democracia no plano interno.

A situação econômica e política mundial tornou-se dramaticamente adversa para o Brasil com o Segundo Choque Petrolífero, devido à Revolução no Irã e à guerra com o Iraque, fez com que as importações de petróleo passassem de 4 bilhões de dólares em 1978 para 10,6 bilhões em 1981. Também ocorreu o fim da *détente* em 1979, marcando uma vigorosa reação americana, que se aprofundaria durante a Era Reagan. Além disso, durante os anos 1970 processou-se uma rearticulação da economia mundial, através da reestruturação das formas produtivas, do estabelecimento de uma nova divisão internacional da produção e do desencadeamento de uma Revolução Científico-Tecnológica, que voltaram a ampliar a distância entre os países capitalistas avançados e os em desenvolvimento. Coroando esta estratégia, em 1981 Reagan promoveu uma acentuada elevação da taxa de juros, tendo como consequência (indesejada?) aumentar a dívida externa dos países do Sul. Assim, a *crise da dívida* constituía um instrumento de pressão contra a política econômica dos mesmos e um golpe mortal no projeto de desenvolvimento de nações como o Brasil.

Vencida a *Síndrome do Vietnã*, os Estados Unidos adotaram um maior protagonismo nas relações internacionais, com a Nova Guerra Fria e a Iniciativa de Defesa Estratégica ("Guerra nas Estrelas"), que além de tentar restaurar a bipolaridade e enfraquecer a URSS, criava instrumentos para a projeção política e extração de recursos do Terceiro Mundo. Enquanto a URSS e a ONU se enfraqueciam como instrumentos de apoio aos países periféricos, os EUA reduziam as possibilidades de relações multilaterais, desarticulando progressivamente a atuação coordenada do Sul. Para completar, o surgimento do neoliberalismo nos países avançados tornava ainda mais difícil a sobrevivência de experiências de capitalismo nacional-desenvolvimentista no Terceiro Mundo. A crise da dívida teve, ainda, como efeito colateral uma reaproximação do Brasil com os Estados Unidos, pois o país dependia ainda mais de Bancos americanos e de Organizações Financeiras Internacionais controladas por eles. Em 1981 a os EUA absorviam 17,6% das exportações brasileiras, contra 26,5% em 1985. E a reorientação da economia mundial, aliada à instabilidade da economia brasileira, fizeram com que também a Europa Ocidental e o Japão se afastassem do Brasil e se aproximassem da economia americana.

A América Latina foi fortemente impactada pela crise da dívida em 1981 e, em seguida, pela Guerra das Malvinas em 1982. A diplomacia e a estratégia militar que conduziram à derrota da Argentina e à implosão de seu regime militar, reforçaram a percepção de setores do governo e da diplomacia brasileira de que estava se processando uma rearticulação do sistema internacional negativa para a autonomia dos países de porte médio do Terceiro Mundo. Isto levou o Brasil a dar certo apoio diplomático à Argentina durante a guerra, estreitando a cooperação bilateral, que continuou crescendo com o retorno da democracia na Argentina.

A crescente dificuldade das exportações, na medida em que o Estado carecia de recursos para continuar financiando-as, a queda no afluxo de capital estrangeiro e o aumento dos pagamentos da dívida externa, provocaram uma severa recessão em 1982-83. A variação do PIB em 1982 foi de −4,3%, além de incrementar a inflação, o que obrigou o Brasil a pedir uma moratória. O ministro Delfim Netto (considerado arrogante e "autossuficiente" por Geisel), que voltara à direção da economia durante a crise, conduziu difíceis negociações com o FMI, o qual exigia a aplicação de um programa ainda mais recessivo para sanear as finanças e liberar novos empréstimos. A estratégia brasileira foi a de ganhar tempo, prometendo e não cumprindo, enquanto aceitava alguns itens do programa, mas manobrava para tentar manter o crescimento econômico.

O III Plano Nacional de Desenvolvimento, previsto para 1980-86, se transformou num agregado de arranjos conjunturais, pois projeto de desenvolvimento ingressava em um processo de desagregação, temperado por medidas paliativas e, geralmente, contraditórias. A dívida externa atingirá a cifra de 100 bilhões de dólares e o aprofundamento da crise produzirá o aumento do custo de vida e uma série de impasses na política salarial, reajuste de mensalidades da casa própria, atendimento médico e aposentadorias. Os movimentos grevistas, tendo seu epicentro no ABC paulista, se generalizaram e espalharam pelo Rio de Janeiro e Minas Gerais. O governo reagiu com intervenções nos sindicatos, prisões e intimidações, recuando em seguida, para novamente reagir quando estas voltavam a eclodir.

Em meio a este clima, prosseguia o processo de abertura. Em agosto de 1979, foi assinada a Lei de Anistia, restaurando direitos políticos e permitindo a volta de 4.600 exilados, mas, para ser aceita pela linha-dura, incluiu imunidade aos responsáveis por assassinatos e tortura. Em novembro do mesmo ano a reforma partidária extinguiu a ARENA e o MDB, abrindo caminho para a criação de novos partidos. Esta reforma, sugerida pelo general Golbery, almejava fragmentar a frente oposicionista, que crescia rapidamente. O Partido Democrático-Social (PDS) foi organizado pelo governo com os elementos da ARENA, tornando-se, como dizia o regime, "o maior partido do ocidente". O MDB procurou manter-se unido como PMDB (agora o nome Partido voltara a ser obrigatório), mas sofreu a defecção de elementos que se somaram a dissidentes da ARENA, formando o Partido Popular (PP, de centro e liderado por Tancredo Neves). Mais significativa foi a saída da maior parte dos antigos trabalhistas, que recriaram o PTB (Partido Trabalhista Brasileiro, liderado por Ivete Vargas) e o PDT (Partido Democrático Trabalhista, liderado por Brizola). Golbery conseguiu que a sigla histórica não ficasse com Brizola e, sim, com sua amiga Ivete Vargas.

Além desses, surgiu o Partido dos Trabalhadores (PT), em fevereiro de 1980, que embora também agregasse elementos egressos do MDB, não era oriundo de uma cisão partidária, e sim do movimento grevista do ABC paulista, sob a liderança do metalúrgico Luís Inácio da Silva ("Lula"). Participaram também de sua formação sobreviventes da luta armada, grupos trotskistas e sindicalistas, mas sua base mais sólida eram as Comunidades Eclesiais de Base da Igreja Católica. Com um programa de esquerda amplo e vago, o PT constituiu-se progressivamente num coeso partido social-democrata, com grande participação de jovens. O ativismo político da Igreja devia-se também à perda de influência, com a rápida expansão das igrejas evangélicas pentecostais entre a população pobre, enquanto as religiões afro-brasileiras estagnavam. O ativismo da *Teologia da Libertação*, dentro e fora do PT, foi um dos motivos da visita do Papa João Paulo II ao Brasil em junho de 1980. Numa época em que o Estado deportava religiosos estrangeiros, particularmente ativos entre índios e camponeses sem-terra, o Papa recomendou ao clero não se envolver em política, ao contrário do que fazia na Polônia socialista

Formados os novos partidos, o regime aprovou em novembro de 1980 a Emenda Constitucional reintroduzindo eleições diretas para governadores e vices. Dois anos depois ocorreram as eleições, com a vitória das oposições nos estados mais importantes (Brizola no Rio, Tancredo em Minas e Montoro em São Paulo) e do governo no norte e nordeste. Enquanto as oposições cresciam e as greves se tornavam comuns, aumentavam as manifestações estudantis. Os adversários da abertura reagiram com sequestros e espancamentos de padres, militantes, sindicalistas e personalidades da oposição. Além disso, ocorreu uma série de atentados à bomba, alguns com vítimas fatais, como no ato de fundação do PMDB, na OAB (Ordem dos Advogados do Brasil) e no Rio Centro. Este último, gerou uma crise profunda no governo, pois a bomba explodiu nas mãos de dois militares da área de inteligência não uniformizados, que se encontravam no local onde horas depois seria celebrado o show do dia do trabalho (1º de maio de 1981). A pressão do aparato repressivo e de inteligência não deixou o governo apurar as responsabilidades, como queria Golbery, implicando inclusive na sua queda. Frequentemente também ocorriam incêndios nos quiosques que se arriscavam a vender jornais de esquerda ou de oposição.

A partir daí a abertura transcorreu cada vez mais em clima de chantagem, com ameaças de retrocesso por parte da linha-dura, manobras em torno dos critérios do processo sucessório, desvio da opinião pública para questões como episódios de corrupção e escândalos do setor financeiro (habilmente explorados pela mídia) e a generalização da publicação de revistas pornográficas. A imprensa colocava no centro do debate social questões como *"a conveniência ou não do nu frontal"*, buscando desviar a opinião pública das questões políticas. O afastamento temporário do presidente durante a crise política de 1981, devido a um enfarte, recriou momentaneamente o temor de um desfecho semelhante ao de Costa e Silva. Apesar disso, avançou no final do governo a campanha *Diretas já*, propondo eleições diretas para presidente em 1984, e que ganhou as ruas. O regime estava dividido quanto à sucessão: o vice Aureliano Chaves era apoiado por Geisel, o ministro Mário Andreazza por Figueiredo e, concorrendo por meios próprios o paulista Paulo Maluf, que usara sua posição de governador (1979-82) para alavancar sua campanha. O PDS consagrou, então, como candidato Paulo Maluf, que utilizou meios aliciadores considerados inescrupulosos pelo próprio regime. Ele não tinha uma real base de apoio entre militares e outros grupos que integravam o regime, acreditando que todos estavam à venda. Os derrotados na convenção se afastaram dele e o PDS começou a se dividir, sem que Figueiredo tomasse qualquer atitude. Pelo contrário, suas declarações erráticas se aprofundaram. A mídia apresentou-o não apenas como ultracorrupto, mas inclusive perigoso para a democracia. Isto se destinava a criar um clima de radicalização e medo junto à opinião pública, propiciando as bases para uma solução política negociada para o impasse.

Esta se configurou com a recusa de parte do partido governista em aceitar a candidatura Maluf, criando o Partido da Frente Liberal (PFL), e com parte da oposição abandonando as *Diretas já*, o que foi consagrado com a Emenda Dante de Oliveira de respaldo ao Colégio Eleitoral. Estes dois grupos firmaram um compromisso de aceitar eleições indiretas e constituíram uma chapa com Tancredo Neves (agora no PMDB) para presidente e José Sarney do PFL para vice. Sarney era um dos líderes do governo até quatro meses antes da eleição. A atuação discreta e eficaz de Geisel em favor de Tancredo, junto a militares e outros grupos, foi relevante. A reação da linha-dura foi patética, ao apresentar Tancredo como "candidato dos comunistas" através de panfletos falsificados, e da tentativa de um golpe de Estado, que não obteve apoio. Paralelamente o PT e o PDT denunciavam todo este processo como uma manobra do próprio governo. Mas a maioria dos militares preferia abandonar o desgastante exercício direto do poder, mantendo-se apenas como fiador do processo político, enquanto a burguesia brasileira e o capital internacional desejavam participar mais diretamente do poder, dentro de estruturas mais diversificadas, que propiciassem a diluição da mobilização e conscientização popular e da radicalização política. O empresariado se divorciara do regime, que tanto o havia beneficiado, e se transformou em arauto da democracia, com todo o custo político ficando para as Forças Armadas.

Tancredo Neves, moderado, centrista e "raposa" veterana da política brasileira, apresentou como plataforma da *Aliança Democrática* a implantação de uma *Nova República*, com um projeto reformista que consolidasse a democracia e corrigisse certas distorções econômicas, através de uma nova lei agrária, renegociação da dívida externa em termos mais favoráveis e retomada do crescimento econômico, com vistas a melhorar a distribuição de renda no país. Sua vitória no Colégio Eleitoral contou inclusive com o apoio de alguns políticos conservadores que permaneceram no PDS, como do baiano Antônio Carlos Magalhães, conseguindo o número de votos necessários. A sucessão de Figueiredo, formalmente encerrando o ciclo militar e constituindo a última eleição presidencial indireta, apresentou visíveis sinais de trama de bastidores e farsa, com forte manipulação da opinião pública pela mídia. Aliás, esta forma sutil e pouco visível de conduzir o processo político em conjunturas de crise se transformará em fenômeno recorrente da política brasileira, como será o caso da própria doença súbita (na noite anterior à posse) e morte do presidente eleito em 21 de abril de 1985, feriado do herói Tiradentes. O maranhense José Sarney, vice-presidente, que até meados de 1984 era líder parlamentar do regime, assumiria a presidência e conduziria o processo que de transição institucional que teve seu ápice com a aprovação da Constituição de 1988.

A Diplomacia do Universalismo

A política externa do chanceler Ramiro Saraiva Guerreiro autodenominou-se de *Universalismo*, e se esforçou por manter a autonomia do Brasil num cenário crescentemente desfavorável, mantendo traços de continuidade com o *Pragmatismo Responsável*. Definindo o país como parte do Terceiro Mundo, a diplomacia brasileira continuou a atuar nos fóruns internacionais em convergência com o Movimento Não-Alinhado (embora não o integrando), denunciando a assimetria das estruturas políticas e econômicas internacionais. Com a gradativa acomodação da Europa Ocidental e do Japão ao rearranjo econômico e diplomático-estratégico da administração Reagan, a cooperação brasileira com estes países conheceu uma significativa redução[249]. Na África o Brasil manteve uma presença importante, mas a recessão da "década perdida" naquele continente (e na América

---

[249] Hurrell, op. cit, p. 324.

Latina) e o aprofundamento da guerra na África Austral, limitaram muito o resultado de tal cooperação.

Com relação ao Oriente Médio e à China, o Brasil intensificou a cooperação, obtendo resultados relativamente positivos, embora dificultados pelas consequências da Guerra do Golfo e dos problemas econômicos internos do Brasil. A indústria armamentista estatal brasileira, tendo atingido elevado grau de desenvolvimento, conseguiu neste período incrementar suas exportações, tanto para os países árabes como, em menor medida, para os africanos e centro-americanos. Nesta última região, o Brasil se fez cada vez mais presente, apoiando o Grupo de Contadora (dos moderados México, Panamá, Venezuela e Colômbia) na mediação do conflito centro--americano. A implantação da Guerra Fria e a solução militar protagonizada pelos EUA (Conflito de Baixa Intensidade na Nicarágua e em El Salvador e invasão de Granada), levaram o Brasil a integrar o Grupo de Apoio à Contadora, e depois o G-8, convergindo com a diplomacia mexicana, venezuelana e argentina. A América do Sul, por sua vez, constituía cada vez mais um espaço valorizado pela diplomacia brasileira, incrementando uma cooperação político-econômica, cujo eixo central era a aproximação com a Argentina. Além disso, o Brasil observava com extrema inquietação a crescente pressão americana pela redemocratização no Cone Sul.

A orientação da diplomacia do novo governo foi manifestada pelo presidente e pelo seu chanceler. Ao cabo do primeiro ano de governo, Figueiredo expôs os princípios da diplomacia brasileiro na Mensagem ao Congresso Nacional, em 1º de março de 1980: "Nossa política nacional caracteriza--se pela presença, cada vez mais marcante, dos interesses nacionais em várias regiões do planeta e na ampla gama de temas em debate no plano internacional. O Brasil hoje valoriza suas relações tanto com o mundo industrializado, como com os países da América Latina, África e Ásia. O universalismo da política externa se expressa pela ampla disposição ao diálogo, com base no respeito mútuo e no princípio de não-intervenção. Em sua ação, o Brasil procura afirmar um novo tipo de relações internacionais, de natureza aberta e democrática, horizontal, sem subordinações nem prepotências. Com as nações vizinhas e irmãs da América Latina, pratica-se uma política de igualdade, não-intervenção e descontraimento, que visa ao benefício comum. (...). O Brasil assume integralmente a sua condição de país latino-americano. Acredita que, em conjunto, as nações latino-americanas devem buscar as mais aperfeiçoadas formas de integração regional, que permitam, não só acelerar o desenvolvimento e o intercâmbio entre elas, com o realismo e a atenção às potencialidades e necessidades de cada país, senão também que lhes facilite presença mais homogênea nas negociações econômicas com os países desenvolvidos"[250].

Assim, o Governo Figueiredo não propôs uma mudança de curso da política externa brasileira, mas somente uma adaptação aos novos ambientes externo e interno, leia-se a crise da dívida e a Nova Guerra Fria e o processo de abertura e crise político econômica do regime. Daí a ênfase em uma diplomacia mais transparente e em um diálogo mais aberto e sistemático com o Congresso Nacional, como lembra Sônia de Camargo. As mudanças do sistema internacional levaram a política exterior do Brasil ao universalismo como alternativa. Contudo, Argentina e América Latina, consideradas como um todo, tornaram-se a prioridade da política externa universalista. Figueiredo substituiu o *Pragmatismo Responsável* e *Ecumênico* pelo Universalismo. A nova política externa continua a anterior, mas não a repete. Pela primeira vez a América Latina, como prioridade da política externa, ultrapassava a retórica e as iniciativas limitadas. Todos os generais Presidentes (inclusive Castelo Branco) colocavam a América Latina como prioridade, mas até Figueiredo, isso permaneceu só no plano do discurso.

Pode-se considerar que a crise da dívida inchou a agenda internacional brasileira de temas econômicos, o que obrigou o Itamaraty a adaptar seu espaço decisório. Não se pode esquecer, contudo, que desde o início das décadas de 1970 a separação entre setor econômico e diplomático ia se tornando mais tênue, com economistas e diplomatas trocando informações e penetrando uns as áreas de decisão dos outros. Se por um lado, nas decisões de curto prazo, os ministérios econômicos tinham um grande peso, por outro o MRE criava alternativas de médio e longo prazos, acompanhando politicamente a agenda econômica e procurando enfrentar os conflitos mais imediatos na área diplomática, de modo a salvaguardar o projeto nacional de então.

Segundo Sônia de Camargo, "um dos traços da gestão diplomática do governo Figueiredo foi a ampliação, dentro do Executivo, da presença institucional do Itamaraty, como decorrência da atividade externa crescente do país. Aos temas políticos tradicionais, habitualmente incluídos na agenda diplomática, assuntos da área econômica e financeira se acrescentam à agenda das preocupações dos funcionários do serviço exterior. Esse processo de redefinição interna do espaço ocupado pelo Ministério

---

[250] Resenha de Política Externa do Brasil. 1980, nº 24, p. 3.

das Relações Exteriores no que diz respeito às decisões de política externa foi de certa forma afetado pelo agravamento da crise em 1982, que trouxe absoluta prioridade às negociações econômicas no campo internacional. Com efeito, nesse momento e até o início de 1984, os ministros econômicos disputaram o monopólio das negociações, dificultando que as questões econômicas fossem politizadas e, portanto, conduzidas pelo Itamaraty"[251]. Esta dualidade, na verdade, marca a ação da diplomacia brasileira nos foros internacionais, pois o estrangulamento do modelo de ajuste exterior com a crise da dívida, acarretou na necessidade premente de negociações com as agências financeiras e com bancos credores, que, combinada com a redução do comércio com o Terceiro Mundo, contribuiu para o enfraquecimento da legitimidade de algumas das teses do Itamaraty.

Uma inflexão teórica importante do Universalismo era a presença do Brasil no Terceiro Mundo. Segundo o chanceler Saraiva Guerreiro, desde o início de sua gestão, "havia quem não gostasse quando incluíamos o Brasil no Terceiro Mundo". Contudo, considerando-se a divisão do mundo contemporâneo em três grandes categorias de países, "que o Brasil estaria no Terceiro Mundo era, pois, evidente e assim éramos considerados por toda parte". A categoria de Terceiro Mundo, em que pese sua diversidade, agregava países "importadores líquidos de capital e de tecnologia e que não haviam atingido um nível de desenvolvimento autossustentável. Neste sentido, o que havia de comum a todo Terceiro Mundo era o seu subdesenvolvimento econômico". Guerreiro refutava as críticas ao chamado "terceiro-mundismo" da política externa brasileira, as quais consideravam-na "uma intenção de manter o país no Terceiro Mundo".

Para Guerreiro, porém, confundia-se a opção política de aderir ao movimento não-alinhado com o fato de pertencer ao Terceiro Mundo. Segundo ele, "os países do movimento não-alinhado buscavam não se integrar no bloco político-militar do Leste nem do Oeste. Não se consideravam neutros no sentido tradicional, mas adeptos do que chamavam de 'neutralismo ativo'". O engajamento ao movimento era determinado por fatores diversos, conforme a situação de cada país, por exemplo, as ex-colônias da África e Ásia, Iugoslávia, Cuba e mesmo nos países latino-americanos. "O Brasil não participou do não-alinhamento por decisão política. (...) Deliberadamente não participamos, ficando como observadores (...). Os motivos para essa atitude eram dos mais variados. Na verdade, o Brasil era, inclusive, um

---

[251] Camargo, op. cit, p. 156.

país engajado num sistema regional de defesa coletiva, justamente com o próprio líder do chamado bloco regional. Acresce que seria precária nossa influência em movimento tão numeroso. Há, finalmente, impeditivos relativos ao processo decisório entre os não-alinhados"[252].

Logo após a posse do governo Figueiredo, várias delegações insistiram na adesão do Brasil ao movimento, como forma de fortalecer as posições moderadas com vistas à Conferência de Havana. No entanto, a posição de observador acabou sendo mantida. A convergência com os Não-Alinhados também expressava problemáticas estratégicas do reordenamento mundial pretendido pelos países em desenvolvimento. Para o chanceler, "na mesma ordem de definições de amplo escopo (codificações na ONU sobre cooperação internacional), foi aprovada resolução sobre a 'nova ordem econômica internacional'. As esperanças de êxito na 'campanha' pela cooperação internacional para o desenvolvimento sempre foram poucas (...). Acontece que não seria o Brasil que abandonaria o apoio à 'plataforma' dos pobres e dos subdesenvolvidos. Não só por motivos econômicos, senão também por concepções políticas e até humanitárias. Daí nosso constante apoio à NOEI. Mesmo assim, havia os que não gostavam de tal atitude". Contudo, neste sentido, "é óbvio que, em termos de votação de resoluções sobre assuntos econômicos (...) o Brasil geralmente divergia da posição americana" e a URSS e seu bloco votavam com o Terceiro Mundo. "Mas isso, evidentemente, não era um sintoma de ligação política", conforme Guerreiro[253].

No âmbito das relações com os Estados Unidos, o governo Figueiredo considerava o progressivo desalinhamento como uma tendência histórica, ancorada na evolução diferenciada da política e da economia dos dois países. Segundo Guerreiro, "pode-se dizer que *grosso modo* o Brasil seguia uma política alinhada com os EUA, talvez até 1961". Mesmo nesse período, o Brasil divergia quando se percebia o interesse nacional com caráter claramente específico, diversificado. "No plano econômico, em particular, as divergências naturais entre um país pobre, pouco dotado de tecnologia e capitais, como o Brasil, e os EUA quase automaticamente nos levaram ao 'não-alinhamento' com Washington".

Nesse sentido, o Universalismo mostrava-se como uma continuidade em relação ao *Pragmatismo Responsável.* Nas palavras do chanceler, "quando

---

[252] GUERREIRO, Ramiro Saraiva. *Lembranças de um empregado do Itamaraty.* São Paulo: Siciliano, 1992, p. 14-16.

[253] Ibid, p. 19-21.

assumiu o presidente Geisel, realmente o Brasil tomou posições mais próprias com relação às questões internacionais que definiam a política de um país. (...). O volume do país na área externa era muito maior. Aí se deu o que 13 anos antes se tentara: o *aggiornamento* (...). Atualização que só podia resultar de uma decisão firme (...) do presidente. (...). Não eram mudanças revolucionárias, mas o autodenominado *"pragmatismo responsável"*, era "uma política que reconhecia os fatos do mundo, ao invés de opor-se a eles de forma que, nessa altura, já seria neurótica"[254].

Durante a vigência do Pragmatismo Responsável, embora houvesse quem criticasse a política como antiética, examinando cada caso, "verifica-se adesão constante aos princípios da Carta da ONU e a normas do direito internacional". Figueiredo assumira o governo com a intenção de "prosseguir, com as adaptações necessárias, na política do governo anterior". Embora não mantivesse a expressão de denominação, os vetores da política eram mencionados: "universalismo, a dignidade nacional e a boa convivência". No entanto, estes princípios se articulam com o quadro internacional real, criando dificuldades de definição da política externa em certos casos, como, por exemplo, o caso da intervenção norte-americana em Granada, na qual, segundo Saraiva Guerreiro, a diplomacia brasileira não poderia se manifestar de acordo com a "tese [norte-americana] da relatividade dos princípios" da Carta da ONU. "Por outro lado, não éramos insensíveis à satelitização de Granada por Cuba e suas possíveis consequências práticas"[255]. Desta forma, o governo brasileiro expressa apoio à declaração de Contadora — acertada com países latino-americanos como Venezuela, México, Argentina e outros, construindo uma posição comum, na qual condena o ato intervencionista, mas de forma não incisiva, ou praticando uma política prescindente, conforme observação de um embaixador latino-americano referido mas não identificado por Guerreiro.

Quanto aos objetivos gerais da política externa brasileira, o chanceler argumentou que "não se coloca em dúvida hoje a importância estratégica da diplomacia brasileira para a realização das metas fundamentais da nacionalidade. A diplomacia se integra, de forma íntima e crescente, ao desenvolvimento em suas dimensões político-econômica, tecnológica, social e cultural". Com a Nova Guerra Fria substituindo a *détente,* a situação internacional se caracterizava pela reativação das tensões. Os problemas

---

[254] Ibid, p. 24-7.
[255] Ibid, p. 28-32.

que não puderam ser resolvidos sob o regime da *détente*, reapareceram de forma agravada. "A tendência à confrontação reafirmava a dimensão Leste-Oeste na política mundial, com crescentes riscos para a segurança internacional, ao mesmo tempo em que persistia a estagnação no tratamento da problemática Norte-Sul".

Conforme Guerreiro, na "luta por uma participação maior no progresso do mundo, pelo fortalecimento da segurança internacional e pelo respeito à igualdade, o Brasil está ao lado das nações que têm aspirações à cooperação entre iguais, mais interesse na preservação da paz que na ameaça e no uso da força, mais sede de justiça que anseios de dominação. (...). Devemos nos apoiar mutuamente, esta maioria de nações, para evitar que a flagrante deterioração da situação internacional e o aumento dos níveis de tensão agravem as dificuldades enfrentadas por nossos povos"[256]. Conforme prescrevia o chanceler, devíamos "insistir na necessidade de uma utilização mais racional dos recursos incalculáveis gastos em uma renovada corrida armamentista, especialmente nuclear, para que a humanidade seja objeto não da irradiação do risco e da insegurança, mas do máximo de nossas oportunidades de colaboração"[257].

Na África, o Brasil manteve uma presença importante, mas a recessão econômica que caracterizou a "década perdida" em ambas as margens do Atlântico Sul e o aprofundamento da guerra na África Meridional limitaram os resultados de tal cooperação. Particularmente o apoio político e a cooperação econômica com Angola (troca de petróleo por mercadorias e serviços), bem como a postura crítica ao apartheid sul-africano, foram os pontos altos da diplomacia brasileira para o continente negro. Na mesma linha, o Itamaraty recusava as propostas, particularmente recorrentes durante o governo Reagan, de militarização (sobretudo naval) do Atlântico Sul. Além disso, apesar de todas as dificuldades, ao longo dos seis anos da gestão Guerreiro, o Brasil solidificou seus laços com a África nos campos político, econômico e cultural, tanto em relação aos grandes países como a Nigéria, da qual importávamos petróleo, como com os pequenos Estados do Golfo da Guiné, com os quais o Brasil procurava criar uma frente comum nos organismos econômico-comerciais internacionais em defesa dos preços dos produtos tropicais. Figueiredo foi o primeiro presidente a visitar nações africanas.

---

[256] Resenha de Política Exterior do Brasil. 1980, nº 26, p. 37 e seguintes.
[257] Ibid, p. 65.

Com relação ao Oriente Médio, o Brasil intensificou a cooperação, obtendo resultados relativamente positivos, embora dificultados pelas consequências da guerra Irã–Iraque e dos problemas econômicos internos do Brasil. A indústria armamentista estatal brasileira, tendo atingido acentuado grau de desenvolvimento (armas pessoais, aviões, carros de combate e mísseis), conseguiu nesse período incrementar suas exportações para os países árabes, que também importavam automóveis e outros bens manufaturados, produtos agropecuários e serviços, com os quais pagávamos as importações de petróleo. Além disso, desenvolveu-se a cooperação tecnológica no campo nuclear, de mísseis e aviação, bem como na prospecção de petróleo *off shore* pela Braspetro, subsidiária internacional da Petrobras, que descobriu e explorou em parceria vários lençóis petrolíferos. O Iraque, o Irã, a Líbia, o Egito, a Argélia e a Arábia Saudita eram os principais parceiros brasileiros nesses campos de cooperação.

Armamentos também eram exportados, em menor medida, para africanos e centro-americanos. Apesar de tal atitude em relação a esta última região, o Brasil fez-se cada vez mais presente, apoiando o Grupo de Contadora na mediação do conflito centro-americano. A exportação de armamentos era uma operação comercial, ligada à área econômica e militar, enquanto a mediação era uma iniciativa da diplomacia brasileira. A implantação da Guerra Fria e a solução militar protagonizada pelos Estados Unidos (conflito de baixa intensidade na Nicarágua e em El Salvador e invasão de Granada) levaram o Brasil a rejeitar a agenda de intervenção militar proposta pelos EUA e pela ditadura argentina e a integrar o Grupo de Apoio a Contadora.

Com relação à China, as relações bilaterais permitiram ao Brasil compensar parcialmente a perda da cooperação com o Japão. Não apenas o comércio crescia rapidamente, mas o estabelecimento de projetos conjuntos em áreas sensíveis, como a nuclear, de satélites e de tecnologia de ponta, apresentou resultados concretos. Por meio de parcerias, o Brasil compensava sua crescente falta de recursos para avançar estes projetos. Por outro lado, esse tipo de relação entre potências médias da periferia do sistema internacional concretizava a cooperação Sul–Sul. Eram relações simétricas, que não implicavam nem subordinação nem hegemonismo, e que davam um maior alcance à diplomacia brasileira. Neste caso também pode-se incluir os países árabes antes referidos, a Argentina e, em menor medida, a URSS e a Índia. Tratava-se de um novo tipo de relações internacionais que a potência hegemônica, os Estados Unidos, a partir de certo ponto veria como indesejável.

A América do Sul, por sua vez, constituía cada vez mais um espaço valorizado pela diplomacia brasileira, incrementando uma cooperação político-econômica cujo eixo central era a aproximação com a Argentina. Era a primeira vez na história da política externa do país que a América Latina passava a ser uma prioridade, numa perspectiva de cooperação. Além disso, o Brasil observava com extrema inquietação a crescente pressão americana pela redemocratização no Cone Sul, interpretando o fenômeno como uma estratégia de desarticulação das potências médias e de busca de legitimação do pagamento da dívida externa destas. Entre 1979 e 1981 Figueiredo visitou a Venezuela, o Paraguai, a Argentina, o Equador, a Bolívia, o Peru, a Colômbia e o Chile, o que nenhum presidente brasileiro fizera até então[258].

A crescente dificuldade das exportações, na medida em que o Estado carecia de recursos para continuar financiando-as, a queda no afluxo de capital estrangeiro e o aumento dos pagamentos da dívida externa provocaram uma severa recessão em 1982-1983, além de incrementar a inflação, obrigando o Brasil a declarar uma moratória. O ministro Delfim Netto, que voltara à direção da economia, conduziu difíceis negociações com o FMI, o qual exigia a aplicação de um programa de ainda maior contenção de gastos para sanear as finanças e liberar novos empréstimos. O Brasil teve que ceder e, inclusive, incrementar as relações com os Estados Unidos, como foi visto.

Os acordos com o FMI obrigavam o Brasil a fazer um esforço exportador, com a finalidade de pagar a dívida externa. Contudo como a situação da economia mundial era cada vez mais difícil para um país como o Brasil, o governo era obrigado a subsidiar as exportações. Isto produziu dois resultados negativos: a deterioração ainda mais acelerada da economia interna, que era quem pagava os subsídios; e a acomodação dos empresários, que negligenciaram as inovações tecnológicas e organizativas, com forte impacto sobre os custos e a qualidade dos produtos. Afinal, o governo pagaria a conta. O resultado foi, ao longo dos anos 1980, a perda de competitividade dos produtos brasileiros e a defasagem tecnológica cada vez maior em relação aos estrangeiros.

A diplomacia do *Universalismo* do Governo Figueiredo teve, até 1982, um perfil muito semelhante ao *Pragmatismo Responsável* do Governo Geisel. Mas a crise da dívida alterou o cenário mundial e as opções do Brasil dentro

---

[258] HURRELL, Andrew. *The quest for autonomy: the evolution of Brazil's role in the international system, 1964-1985*. Brasília: FUNAG, 2013, p. 332.

dele. Daí até 1985 o Governo teve de se acomodar à retomada do protago-nismo norte-americano e sua margem de autonomia foi sendo reduzida, como demonstrou Andrew Hurrell[259]. E a carta europeia e japonesa foi perdida, devido à instabilidade macroeconômica e financeira do Brasil, bem como pela mudança da agenda internacional. Mas alguns elementos são dignos de nota: a crescente cooperação com a China, a manutenção de protagonismo na África e Oriente Médio e, especialmente, a formação de um "eixo" Brasília-Buenos Aires. Ironia da história, as nações vizinhas seriam o último espaço priorizado pela política externa brasileira. Mas ela criou uma espécie de "refúgio regional" quando a sobre-extensão da pro-jeção mundial brasileira se tornou onerosa.

AS RELAÇÕES HEMISFÉRICAS: A AMÉRICA LATINA COMO PRIORIDADE

Estados Unidos

Em fins dos anos 1970, as orientações de política externa seguidas pelo Brasil e pelos EUA apresentavam poucos pontos de convergência, espe-cialmente a partir da metade do governo Carter, quando de fato a *détente* cedera lugar à Nova Guerra Fria. A ascensão de Reagan à presidência dos EUA, em 1981, intensificou as tradicionais áreas de atrito (direitos huma-nos, comércio e não transferência de tecnologia sensível), ao mesmo tempo em que emergiram outras, ligadas essencialmente à nova estratégia glo-bal norte-americana e ao seu reflexo na América Latina: a luta contra o terrorismo, a ênfase em soluções militares, as pressões financeiras contra o Sul, a hostilidade para com a autonomia das potências médias e novas ambiguidades na questão nuclear. Mas, acima de tudo, o Brasil rejeitou a recorrente proposta norte-americana de reconstruir uma "relação espe-cial" entre os dois países.

As divergências anteriores, com relação ao relacionamento Brasil-EUA, eram relativamente neutralizadas pelas próprias mudanças que estavam ocorrendo internamente no Brasil. Por um lado, o processo de abertura política e a redemocratização, não obstante seus limites, alterara substan-cialmente a situação dos direitos humanos. A abertura também ampliava

---

[259] Ibid, p. 339.

o número de atores domésticos capaz de influir na formulação da política externa e, por consequência, facilitava a defesa de interesses norte-americanos "desde dentro". Por outro lado, o desenvolvimento da indústria bélica brasileira afastava a possibilidade de bloqueio e orientava as relações militares bilaterais mais em termos de cooperação do que de assistência. Dessa forma, como salientou Sônia de Camargo, "as dificuldades do governo Figueiredo com o governo Reagan se transferiram para outros pontos, sendo que, no plano político, o padrão de comportamento da administração republicana em relação à América Latina, mais rígido e agressivo, constitui um dos elementos mais fortemente determinantes dos atritos e distanciamentos entre os dois países"[260].

O endurecimento da política externa norte-americana em relação à América Latina na administração Reagan não era uma questão isolada. A dimensão político-estratégica estava inserida na necessidade de assegurar uma recuperação do papel de potência dominante do mundo capitalista, numa conjuntura em que o declínio da hegemonia norte-americana era evidente. Neste contexto, a nova estratégia global dos EUA retoma a questão Leste-Oeste, na qual a importância do Terceiro Mundo fundamenta-se no suprimento de carências energéticas e recursos minerais estratégicos, e num tabuleiro disputado com os soviéticos. Contudo, assim como no período posterior à Segunda Guerra Mundial, a América Latina não era considerada estrategicamente central: "a América Latina, e especificamente a América Central e Caribe, desempenhava uma função substitutiva, isto é, constituía um novo terreno de disputa" (Ibid).

Neste sentido, a Crise Centro-americana transpôs a Guerra Fria para o continente americano. Assim, o governo Reagan, como resposta conservadora à nova situação internacional, considerava a América Latina como espaço de teste da política externa norte-americana, através da promoção de uma política contencionista das forças contestatárias, pela qual Reagan procurou recuperar as perdas dos EUA no governo Carter. A política externa dos EUA no período Reagan foi norteada pela obsessão em derrotar o chamado expansionismo soviético-cubano na América Central e Caribe, pela ênfase em relações bilaterais; e pelo simultâneo esvaziamento das novas formas de cooperação multilateral. Isto era particularmente acentuado quanto à tentativa de limitação da autonomia diplomática de potências médias como o Brasil.

---

[260] Camargo, op. cit, p. 170.

Entretanto, a diplomacia brasileira não abordou a crise centro-americana segundo os parâmetros da política externa da administração Reagan, fazendo com que o governo brasileiro negasse seu apoio à ação intervencionista político-militar norte-americana. O governo Figueiredo descartou a possibilidade de uma nova parceria privilegiada com Washington, assim como a tese da nova guerra fria, pois punha em risco sua política de relações prioritárias bilaterais e multilaterais como país do Terceiro Mundo, no âmbito do Diálogo Norte-Sul. O Itamaraty não tinha interesse em perder a autonomia, e buscava retirar a Crise da América Central e do Caribe do âmbito da confrontação Leste-Oeste, reconhecendo sua singularidade e a possibilidade de solução negociada entre as forças internas ao conflito. Ainda assim, a diplomacia do Universalismo evitava atitudes radicais e um possível confronto diplomático com a Casa Branca.

As novas orientações estratégicas das Forças Armadas, tanto no aspecto da insurgência interna, como no dos conflitos regionais e o da Guerra Fria, contribuíram, por seu turno, para uma mudança no relacionamento Brasil-EUA, convergindo com a posição do Itamaraty. Por um lado, segundo o MRE, o apoio ao Grupo de Contadora visava à superação da confrontação e à passagem ao diálogo com os Estados Unidos. Por outro lado, contudo, a Questão do Atlântico Sul foi ponto grave de discordância com a política externa norte-americana: na ótica dos EUA, a região apresentava um peso político-estratégico crescente, enquanto para o Brasil a questão do Atlântico Sul vinculava-se intimamente ao relacionamento político comercial com o continente africano. Portanto, o Itamaraty recusou a proposta do sistema de defesa coletiva que incluísse a África do Sul. Por fim, o Conflito das Malvinas, entre Argentina e Grã-Bretanha, alterou o debate sobre o sistema de defesa do Atlântico Sul. Assim, durante o Governo Figueiredo a evolução das relações entre Brasil-EUA pautou-se por ciclos de aproximação e distanciamento. Ao inserir a dimensão Norte-Sul no eixo horizontal Leste-Oeste, a Guerra das Malvinas demonstrou a falência do sistema interamericano de defesa, estruturado pelo TIAR. Desse modo, a tese brasileira da desmilitarização do Atlântico Sul foi reforçada, pois a ênfase para a região não seria militar, mas político-econômica.

No plano bilateral, em 1981 o vice-presidente dos EUA, George Bush, e o secretário assistente de Estado, Thomas Enders, estiveram no Brasil. Ante as dificuldades de diálogo, os representantes norte-americanos tentaram convencer as autoridades brasileiras a se aliarem a um processo de militarização do Atlântico Sul, mediante um pacto com o regime militar argentino e com a África do Sul, contra uma virtual intervenção soviético-cubana na América Central, Caribe e África Austral. Além disso, buscaram também o repúdio explícito do Brasil à intervenção soviética no Afeganistão, e ao Estado de Emergência na Polônia. Em troca, Washington acenava com promessas de uma relação bilateral mais íntima: maiores investimentos norte-americanos, suspensão de alguns entraves às exportações brasileiras, e garantia de suprimento de combustível nuclear. Alguns desses acertos chegaram a se concretizar: foi anulada a multa imposta retroativamente pela compra de urânio enriquecido para Angra I; o Brasil obteve permissão para recorrer à Urenco, consórcio nuclear da Alemanha, Inglaterra e Holanda; os EUA aceitaram os novos subsídios as exportações brasileiras, apenas cinco produtos continuariam pagando direitos compensatórios. Paralelamente, Bush e Enders reforçaram essas concessões com um endosso à forma com que o regime militar conduzia a abertura, afirmando que os desentendimentos e os direitos humanos estavam superados nas relações bilaterais. As concessões, contudo, eram insuficientes para o Brasil.

O presidente Figueiredo realizou visita oficial aos EUA, no período de 12 a 14 de maio de 1982. Embora Figueiredo oficialmente fosse fazer exame cardíaco, entrevistou-se com Ronald Reagan. A discussão girou em torno da situação das Malvinas. As divergências entre os dois persistiram, mas o esforço para que a guerra não se arrastasse para um conflito maior foi consensual. Figueiredo defendeu a Argentina quanto à questão das sanções aprovadas por Washington. A administração Reagan, em resposta às posturas antagônicas do Brasil no plano diplomático e financeiro, ameaçou cortar o acesso brasileiro aos créditos do Banco Mundial e do Banco Interamericano de Desenvolvimento, retirar o Brasil do sistema geral de preferências (instrumento legal que minimiza os efeitos das leis de protecionismo norte-americano) e decidiram reduzir suas cotas de importação de açúcar à metade. Em 1983, cerca de 300 estudantes cercaram o auditório Dois Candangos da UnB e agrediram com ovos e palavrões o ex-secretário de Estado norte-americano Henry Kissinger, quando saía da sala após uma conferência. Kissinger só conseguiu abandonar o local duas horas depois.

Embora a administração Reagan priorizasse os assuntos estratégico-militares visando recuperar a hegemonia norte-americana, a questão comercial figurava na agenda norte-americana como um elemento importante. Em que pese o espaço secundário ocupado até 1984, alguns aspectos de política econômica internacional eram enfatizados pelo governo norte--americano. A política comercial norte-americana, flexível e pragmática, não aceitava certos aspectos da política comercial brasileira, que caracterizava-se pelo apoio às indústrias pioneiras, através da proteção ao mercado interno e fomento às exportações de manufaturados mediante incentivos e subsídios. Cabe ressaltar a reversão do movimento de importações e exportações nas relações comerciais Brasil-EUA no início dos anos 80. O problema é que a crise da dívida obrigava o Brasil a produzir superávits comerciais como forma de manter o pagamento da dívida. Assim, tal situação era decorrente da contradição entre os Bancos e os industriais norte-americanos.

Com efeito, a questão dos subsídios constituiu um fator decisivo no conflito com os EUA. A política de proteção às indústrias recém implantadas, como a da informática, gerou pressões das autoridades norte-americanas para que fossem adotadas medidas de maior abertura. Desta forma, a administração Reagan estava disposta a por fim ao que considerava "práticas desleais" por parte do Brasil. Segundo Sônia de Camargo, "de modo geral, a política comercial norte-americana tenderia a ser tornar cada vez mais dura através de um processo de 'reciprocidade agressiva'"[261]. Desdobrando o princípio da reciprocidade, a política comercial norte-americana reforçava a prática do bilateralismo, enfatizando a necessidade de maiores concessões no comércio de bens por parte dos EUA e uma maior liberalização nas áreas de serviço e investimento por parte dos países em desenvolvimento.

No ano de 1982, a guerra comercial entre Brasil e EUA chegou ao ápice: discussões, ameaças e denúncias davam o tom das relações bilaterais, num confronto só comparável ao de 1977. O diálogo com Washington, então, atingiu um ponto de impasse, com Reagan boicotando as exportações de café, visando eliminar os incentivos. Neste contexto, Delfim Netto foi-se forçado a zerar incentivos até abril de 1983. Desde o início dos anos 1970 os EUA impuseram barreiras a produtos brasileiros (calçados, armas de fogo, ferro gusa, óleo de mamona, fios de algodão, dos quais o mercado norte-americano era o maior consumidor).

Entretanto, a questão comercial tem um leve relaxamento devido aos seguintes fatos, ocorridos ainda no ano de 1982. A empresa aeronáutica Fairchild foi derrotada no processo que impedia a importação para os EUA de aviões Bandeirante; Washington concordou em assinar um novo acordo do café; e em setembro o Brasil eliminou os incentivos à exportação de produtos industrializados. É possível concluir-se que a boa vontade

---

[261] Ibid, p. 183.

de Washington decorria da intenção de impedir que o Brasil, um grande devedor no sistema econômico internacional, chegasse à situação em que se encontravam México e Argentina. A princípio, no campo financeiro, os EUA não tomaram atitudes em relação às políticas de ajustes do FMI, que desde 1982 agravaram o quadro recessivo do Brasil. A partir de 1982, no entanto, os EUA começaram negociações mais específicas e construtivas com o Brasil. Fatores como a Guerra das Malvinas e a moratória mexicana (1982), foram determinantes da alteração de conduta americana. Ronald Reagan esteve no Brasil em novembro de 1982 e argumentou que "nosso objetivo deveria ser relações governamentais e privadas nas quais se possam confiar. Segundo, um espírito de equidade. Existe uma poderosa tentação de que países venham a adotar uma linha de ação às custas de seus vizinhos. No passado constatamos o dano decorrente de tal atitude. E, finalmente, deve haver um espírito de compromisso em prol de um crescimento econômico. Os problemas da dívida, enfrentados por muitas nações, hoje, são formidáveis, e agir em conjunto é a garantia de que dispomos para lidar com eles. Os recursos do FMI constituem um dos mais importantes destes instrumentos. Também necessitamos de regulamentos comerciais que reflitam as enormes mudanças econômicas no comércio mundial desde a criação do GATT, há 35 anos".[262] Durante sua estadia no Brasil, Reagan apresenta as reivindicações de Washington: o Brasil deve passar a observar a taxa de juros de 10% (era de 8,5%) e abrir os seus mercados: "o Brasil deve pôr a casa em ordem".

Neste sentido, o governo norte-americano lança a iniciativa de negociação de um "novo diálogo", o qual incluía a criação a criação de grupos de trabalho sobre alguns temas. O grupo de cooperação de energia nuclear expressou divergências nas políticas dos dois países impediram a assinatura de um acordo, sobretudo a legislação nuclear norte-americana que proibia a entrada de combustível nuclear aos países não signatários do tratado de não-proliferação. No campo industrial-militar — não obstante a assinatura de um "memorando de entendimentos", as delegações tiveram dificuldades em negociar a questão da coprodução de armamentos no Brasil com tecnologia americana. Em novembro de 1980, o general Walters visita o Brasil, para mostrar a boa vontade do governo Reagan, afirmando que a nova administração tratará os seus aliados como amigos, e o Brasil receberá novo tratamento diplomático. Em 1984 os dois governos

---

[262] Resenha de Política Exterior do Brasil. 1982, nº 35, p. 33-43.

assinaram um Memorando de Entendimento, prevendo a transferência de tecnologias militares de última geração. No entanto, de outro lado, houve um esvaziamento das relações militares devido à crescente autossuficiência brasileira na produção de armamentos e o investimento do Brasil em substituição de importações.

Em fevereiro de 1984, o secretário de Estado, George Shultz, visitou o Brasil. Evidenciaram-se os conflitos de interesse que ainda separavam os dois países: o resultado dos grupos de trabalho criados na visita de Reagan era praticamente nulo. O Memorando de Entendimento de 1984 apresentava uma série de problemas, entre os quais podem ser destacados os seguintes: impedia a exportação de armas brasileiras com tecnologia americana para os países da lista negra de Washington (caso da Líbia, um generoso e tradicional cliente dos blindados e de outros equipamentos militares brasileiros), ameaçava os brios nacionalistas dos militares, freava a agressiva estratégia comercial da indústria bélica brasileira, que vinha destinando 95% de sua produção ao mercado externo (esta indústria era uma das principais da política brasileira para geração de crescentes superávits comerciais).

Em que pese a pressão do governo norte-americano sobre o acordo nuclear entre Brasil e Alemanha Ocidental no período Geisel, "o assunto no governo Figueiredo, continuou a originar algum atrito, mas já em nível de intensidade decrescente. (...). No sexênio Figueiredo, o problema que na prática causou mais ostensiva divergência foi a recarga da usina de Angra I", ante a oposição norte-americana ao acordo de suprimento pela Urenco (entidade trinacional: RFA, Reino Unido e Holanda). Contudo, os EUA acabaram não mantendo objeções ao fornecimento de urânio por outras fontes. "A mim, me preocupava mais o grupo que trataria da indústria de armamentos",[263] devido à iniciativa do Congresso norte-americano de condicionar a execução do Tratado de Assistência Militar de 1952 à situação dos direitos humanos no Brasil. Ante a elaboração do relatório norte-americano, o governo brasileiro renuncia à ajuda militar e suspende a execução do acordo, conforme decisão presidencial apoiada pelos ministros militares e Itamaraty.

---

[263] Guerreiro, op. Cit, p. 148-9.

América Latina

No contexto de negociação de uma Nova Ordem Econômica Internacional, o governo brasileiro teve como ponto de sustentação o componente da prioridade latino-americana. Desse modo, a autodefinição ocidentalista e terceiro-mundista conferida à política externa brasileira pelo chanceler Saraiva Guerreiro previa, como eixo prioritário, o fortalecimento da opção pela América Latina e o aprofundamento das oportunidades abertas pela diplomacia do governo anterior. Na ótica do ministro, a América Latina e, particularmente a América do Sul, constituíam o centro das atenções da chancelaria brasileira. Essa orientação deve ser analisada no contexto do estremecimento das relações entre Brasil e EUA, bem como nas adversas condições internacionais devidas à crise da dívida externa e ao retorno da Guerra Fria. Ambas afetaram diretamente o continente.

Além das relações privilegiadas com a Argentina, o país desenvolveu um novo protagonismo na zona centro-americana e no âmbito multilateral hemisférico. Em 1984, o Brasil juntou-se a outros governos latino-americanos em ações multilaterais, como a do Grupo de Cartagena, visando o encaminhamento do problema da dívida externa em termos mais políticos e coletivos, evitando, porém, comprometer-se com soluções radicais, como a de um "cartel de endividados", de modo a não abalar a credibilidade do país junto aos seus credores. Simultaneamente, enfatizou a manutenção do apoio ao Grupo de Contadora, na busca de uma solução negociada para o conflito na América Central, sem jamais criticar frontalmente o apoio político-militar norte-americano aos governos de El Salvador e de Honduras, ou aos rebeldes antissandinistas.

A Bacia do Prata

A solução do problema Itaipu-Corpus era uma das tarefas principais. Ao assumir o cargo, Guerreiro definiu padrões técnicos mínimos de exigência para as negociações, visando a demonstrar a intenção conciliatória brasileira. Foram feitos os contatos diplomáticos, a princípio, com o Paraguai e, posteriormente, com a Argentina. Finalmente, o Acordo Tripartite punha "fim definitivamente a uma controvérsia com a Argentina, que azedava as relações bilaterais havia 11 anos. Sem a eliminação dessa controvérsia, não teria sido possível desenvolver as relações com a Argentina no grau de intimidade e confiança mútua que as caracterizou no governo Figueiredo e criou as bases para o incremento progressivo em governos sucessivos. Sem a solução dessa última grande controvérsia do Brasil na região, teria sido impossível a política latino-americana do presidente"[264]. Alguns problemas adiaram uma plena convergência e cooperação entre os dois países, mas as relações Brasil-Argentina no período pós-Itaipu no governo Figueiredo foram extremamente importantes. Como reconhece Sônia de Camargo, no início da década de 1980, enquanto os dois regimes militares ainda conviviam diplomaticamente, "os governos do Brasil e Argentina tenderam a se aproximar, procurando encontrar caminhos complementares e alternativos para a crise econômica que estavam vivendo"[265].

A agenda de visitas bilaterais foi intensa. Em outubro de 1979, finalmente, ocorreu a Assinatura do Acordo de Cooperação Técnico-Operativa entre os Aproveitamentos Hidrelétricos de Itaipu e Corpus. João Figueiredo realizou, em maio de 1980, a primeira visita de um presidente brasileiro à Argentina desde 1935, durante a qual assinou importantes atos bilaterais. As Declarações Conjuntas manifestaram importantes aspectos comuns na cena internacional e regional. Além de aspectos já mencionados Figueiredo e Jorge Videla "manifestam satisfação pelos documentos assinados em matéria de cooperação nuclear, instrumento indispensável para o desenvolvimento econômico e o exercício efetivo da soberania e autodeterminação nacionais. Por outro lado, ratificam enfaticamente que os programas nucleares dos dois países perseguem fins exclusivamente pacíficos e que se opõem ao desenvolvimento de armas atômicas" (Ibid). No campo tecnológico e militar, afirmam a relevância do Acordo de Cooperação Científica e Tecnológica que marcou com ênfase a importância que se atribui à realização de programas e projetos conjuntos e que abriu a possibilidade de que a iniciativa privada possa acolher-se ao sistema de cooperação estabelecido.

Os presidentes analisaram outras formas concretas de colaboração a curto prazo e destacaram como de especial significado o entendimento alcançado a fim de impulsionar a complementação industrial no setor de telecomunicações visando à fabricação de produtos ainda não manufaturados em ambos os países. Decidiu-se a formação de empresas mistas brasileiro-argentinas para atender às necessidades de ambos os países, concedendo especial importância ao intercâmbio de informações tecnológicas.

---

[264] Ibid, p. 96.
[265] Camargo, op. cit., p. 132.

Além disso, houve interesse na cooperação em tecnologia aeroespacial. No campo do petróleo, acordou-se o intercâmbio entre a Petrobras e a YPF, e venda de excedentes de gás natural da Argentina para o Brasil. Por fim, nesta mesma oportunidade, Figueiredo inaugurou uma ponte entre Brasil e Argentina, simbolizando o fim das hostilidades que Itaipu alimentou. Discutiu-se também problemas relativos ao Paraguai, especificamente sobre a sucessão do presidente Stroessner, que preocupava ambos os países.

Em agosto de 1980 o presidente Jorge Videla realizou visita ao Brasil, visando a ampliar e consolidar o entendimento Brasil-Argentina. Nesta ocasião, os presidentes argentino e brasileiro assinaram, entre outros, Acordo relativo ao intercâmbio de informações nucleares e à formação de pessoal. Além disso, realçaram que o acordo de criação de grupo de trabalho misto para estudo do fornecimento de gás argentino para o Brasil representava o início de uma comissão promissora em setor de alta prioridade. Videla foi muito criticado pela imprensa com relação aos desaparecidos no regime militar argentino, mas cabe destacar que o governo brasileiro votaria contra a condenação da Argentina por desrespeito aos direitos humanos na OEA. Em dezembro de 1982, após a Guerra das Malvinas, ocorreu um encontro de trabalho dos presidentes Figueiredo e Reynaldo Bignone da Argentina.

Na verdade, havia várias questões nas quais as diplomacias divergiam, sobretudo na questão do Pacto do Atlântico Sul, promovida pelos EUA. Isto era válido antes do conflito das Malvinas, pois então a lógica estratégica, em que o conflito é sempre a hipótese central, orientava a política exterior argentina com maior ênfase que a do Brasil, como indicam os casos dos conflitos em El Salvador e no Oriente Médio. Embora não conduzisse a política externa na direção oposta à norte-americana, a diplomacia brasileira não abandonara a crítica à "aliança especial" com os EUA, diferentemente da Argentina. Tal situação, porém, alterou-se após a guerra, com ambos governos estabelecendo perspectivas comuns sobre estes pontos.

No plano interno, a Argentina enfrentava momentos de extrema gravidade com a questão da Guerra das Malvinas, que culminaria numa reversão do quadro das alianças continentais. A iniciativa da guerra conduziu ao rompimento da frágil aliança entre Argentina e EUA e a derrocada interna do regime militar. Face ao conflito das Malvinas, nenhum país latino-americano, incluindo-se o Brasil, questionou o direito argentino sobre essas ilhas. Na concepção do governo brasileiro, era importante congelar a situação no ponto anterior à guerra e os foros internacionais, agora, deveriam ser o âmbito de negociação para a questão.

Cabe observar a ótica do então chanceler, Ramiro Saraiva Guerreiro, ao mencionar a emblemática questão. Em virtude dos contatos com embaixador argentino, Guerreiro diz-se surpreso com a iniciativa de ataque argentina. Pressionado pela ocupação, Guerreiro teve de apresentar a posição brasileira: "o Brasil reconhece os direitos da Argentina sobre as Malvinas desde 1833 quando, informado o governo imperial pelo de Buenos Aires da ocupação das ilhas pela Inglaterra pela força, instruiu seu ministro plenipotenciário em Londres a apoiar o protesto que faria o representante argentino (...). Por outro lado, o Brasil sempre propugnava a solução de conflitos por meios pacíficos, diplomáticos, e fazia votos para que, mesmo na situação presente, prevalecessem negociações políticas".

Segundo o chanceler, "o essencial para o governo Figueiredo era atravessar a tensão e os riscos criados, sem destruir a nova fase de excelentes relações com a Argentina, que iniciara, nem criar um dano sensível a suas relações com a Grã-Bretanha, país com o qual não tínhamos nenhuma questão própria". Apesar da estreita margem de manobra, formalmente, o Brasil não tinha nenhum comprometimento formal com a Argentina. Neste contexto, o problema era buscar uma solução pacífica. A primeira iniciativa brasileira foi garantir, mediante pressão sobre os EUA com base no sistema de defesa coletiva, que a Inglaterra não atacasse o território continental argentino. Na OEA, em que pese a existência de países francamente favoráveis à Argentina como a Venezuela, havia um grupo de países moderados, cujo mais reticente era o México. A diplomacia brasileira encaminha projeto de resolução que "dava forte apoio à reivindicação argentina instava os países da região a não colaborarem com a Grã-Bretanha, mas não incluía medidas previstas no Tratado do Rio (TIAR)"[266].

Neste sentido, a diplomacia brasileira assegurava "um texto pró-Argentina, mas moderado, que não endossava sua ação militar inicial, nem caracterizava uma situação em que coubessem medidas coletivas", sendo nítida a intenção de omitir sistematicamente a ocupação argentina das Malvinas. Ao mesmo tempo, pressionava-se a diplomacia argentina para que aceitasse a intermediação da ONU e a sugestão norte-americana de ocupação da ilha por terceiros, embora com o risco de que os EUA pudessem ocupar a ilha definitivamente. Em relação a posição do Brasil, "houve, contudo, vários momentos de muita tensão. Em algumas ocasiões houve sondagens sobre possível fornecimento de armas sofisticadas que, se

---

[266] Guerreiro, op. cit., p. 104-108.

atendidas, descaracterizariam nossa posição neutra. (...). A questão que deu mais trabalho foi a dos aviões" ingleses, com alguns pousos de emergência em bases aéreas brasileiras. Por fim, na questão das Malvinas, na concepção de Saraiva Guerreiro, "o Brasil exerceu exemplarmente suas funções de encarregado da proteção dos interesses argentinos junto ao governo inglês", garantido a confiança argentina; por outro lado, "as relações com a Grã-Bretanha sofreram um pouco, superficialmente"[267], como forma de evitar provocações à Argentina.

Em que pese algumas restrições decorrentes dos tempos diversos nos processos políticos internos, Brasil e Argentina desenvolveram progressivamente suas relações bilaterais, em particular na ação conjunta com outros países latino-americanos para a solução dos problemas econômico-financeiros. Segundo um balanço do chanceler Saraiva Guerreiro, a Guerra das Malvinas resultou num desastre para a Argentina, custou tempo e dinheiro à Inglaterra e infelicitou os EUA pelo que significou o desgaste de suas relações com a América Latina. Para o Brasil, a Guerra das Malvinas mostrou que a política de Figueiredo para com seus vizinhos estava certa, apesar de trazer dificuldades. "O Brasil reconhece o direito argentino sobre as Malvinas, mas isto deve obedecer a uma solução pacífica"[268].

A dissincronia dos processos políticos internos entre Brasil e Argentina exigiu cuidados da diplomacia argentina, visando manter e aprofundar o diálogo entre os dois países. Os militares brasileiros tinham alguma dificuldade para relacionar-se com o novo governo democrático argentino. "Por isso mesmo, foi [o Itamaraty], durante algum tempo, o único órgão da administração que não interrompeu o diálogo com Buenos Aires"[269]. Com muito esforço diplomático e assegurando que não deseja exportar a democracia, o governo argentino objetivava o compromisso do governo brasileiro em um movimento que tratasse a questão da dívida em conjunto com outros países devedores da região, e debatesse a questão da América Central de forma unificada.

Embora os obstáculos tenham marcado as relações diplomáticas entre Brasil e Argentina no período em que conviviam os governos de Figueiredo e de Alfonsín, as relações comerciais puderam ser negociadas com bastante

---

[267] Ibid, p. 110-113.

[268] "O Itamaraty e as Malvinas: o que o conflito ensinou ao Brasil, segundo o chanceler Guerreiro", in *Isto é*. 9/6/1982.

[269] Camargo, op. cit., p. 136.

tranquilidade. Um dos problemas para os dois países estava no comércio bilateral que, em lugar de favorecer, dificultava a complementaridade das economias. As estruturas produtivas dos dois países no momento eram diferentes: a Argentina retomava o tradicional modelo primário-exportador da "geração de 1880", enquanto o Brasil, embora tivesse seu ritmo de crescimento reduzido, ampliara seu mercado internacional e o padrão das exportações modificou-se. De 1975 a 1979, o superávit comercial sempre esteve ao lado da Argentina, mas desde 1980, em decorrência da política cambial de Martínez de Hoz (que prejudicou as exportações e estimulou as importações), o quadro se reverteu e o Brasil começou a acumular superávits constantes e crescentes. Portanto, em 1981, a sobretaxa de 20% sobre as importações brasileiras ocasionou um conflito sério que quase levou o Brasil a recorrer ao GATT. Neste sentido, com a posse de Alfonsín, as negociações econômicas e comerciais passaram a ser conduzidas diretamente pelas duas Chancelarias. Algumas questões comerciais foram solucionadas, ficando evidente que havia uma vontade política de encontrar soluções técnicas para os conflitos comerciais.

No ano de 1979, Brasil e Uruguai desenvolvem importante projeto de irrigação e produção de energia elétrica no trecho limítrofe do Rio Jaguarão e Lagoa Mirim, mais um paço na "latino-americanização" da política externa brasileira. Segundo o chanceler brasileiro, com o Uruguai não havia problema político maior, não obstante o peso atribuído ao caso Flávia Schilling (brasileira presa no Uruguai) que, na concepção de Guerreiro, rivalizava em notoriedade com a questão Cubana e, posteriormente, o caso Universino Diaz e Lilian Celiberti, uruguaios sequestrados em Porto Alegre e levados para uma prisão daquele país. Em setembro de 1980, o ministro das Relações Exteriores do Uruguai fez visita a Brasília, objetivando o estreitamento das relações bilaterais.

No que tange às relações com o Paraguai a obra comum de Itaipu ia, a cada etapa, marcando também um evento importante para os dois países. Em maio de 1979, foi concedido crédito de US$ 77 milhões pelo Banco do Brasil ao Paraguai, para financiamento de uma usina siderúrgica neste país. O presidente Figueiredo realizou visita ao Paraguai em abril de 1980, durante a qual devolveu ao presidente Stroessner documentos e peças históricas paraguaios, inclusive objetos pertencentes ao marechal Francisco Solano López. Nesta ocasião, foram firmados os seguintes acordos: Tratado de Interconexão Ferroviária, que permitiria a ligação de Assunção ao porto de Paranaguá, e a criação de um corredor de exportação, que viabilizaria a saída da soja do Paraguai para o exterior (com o consequente aumento da produção deste produto em solo paraguaio). O Brasil concedeu o crédito de US$ 11,2 milhões para a construção da rodovia Yby-Yaú-Pedro Juan Caballero.

Região Andina e Bacia Amazônica

Em relação ao Chile, Guerreiro aponta três questões básicas no relacionamento bilateral: o incremento do comércio bilateral; a neutralidade brasileira nas questões entre Chile e Argentina, sobretudo após a normalização das relações Brasil-Argentina; e a orientação de não ativismo da diplomacia brasileira em relação ao governo ditatorial chileno. Em outubro de 1980, o presidente Figueiredo visitou o Chile, assinando a Memorando de Entendimento de Cooperação para a utilização da Energia Nuclear para fins pacíficos. Na mesma ocasião, um consórcio brasileiro, formado pelos grupos Tenengi, Andrade Gutierrez, Brasilinvest e Petrobras, assinou um acordo de intenções com o governo chileno para investir US$ 100 milhões num projeto de extração e beneficiamento de cobre em lingotes.

Outro ponto estratégico para a orientação brasileira era a Região Amazônica. No entanto, Venezuela, Peru, Equador, Bolívia e Colômbia buscavam uma política conjunta para evitar o que consideravam como ameaça de hegemonia brasileira na região. A princípio, o Brasil desenvolveu uma política de integração física ao espaço nacional mediante política de colonização da região e de intervenção regional para desenvolvimento. Com o contencioso na Bacia do Prata se encaminhando para uma solução satisfatória para o Brasil, a diplomacia brasileira pôde encaminhar uma proposta multilateral para a Região Amazônica. Dessa forma, é formulada uma nova política para a Amazônia, mediante projeto multilateral semelhante ao da Bacia do Prata.

De acordo com Saraiva Guerreiro, "com o conjunto dos países do Grupo Andino, as relações, desde o início do governo Figueiredo, melhoraram muito. Quando tais países concluíram tratados que estabeleciam um programa de integração progressiva, houve alguma incompreensão. De fato, eles não estavam querendo tomar uma posição divisionista na América do Sul"[270]. Cabe ressaltar que o Grupo Andino tinha dificuldades, primeiro,

---

[270] Guerreiro, op. cit., p. 132.

pelo descontentamento em relação aos acordos industriais setoriais e, depois, pelos diferendos de fronteiras (Equador-Peru, no qual Brasil atua como garante), que retiram eficácia maior da ação conjunta.

Segundo Guerreiro "formou-se uma comunidade, que inclui também a Bolívia e as Guianas, pelo Tratado de Cooperação Amazônica. Originou-se de uma iniciativa brasileira, ao tempo do governo Geisel. Esse acordo fazia com a bacia fluvial ao norte a mesma coisa que o Tratado da Bacia do Prata fazia ao sul: criava um foro para consultas e cooperação entre os ribeirinhos. Havia diferenças (burocráticas, principalmente), porém". Com a primeira reunião de chanceleres da região em Belém do Pará, em resumo, "o que se fez foi útil como lançamento de um processo a desenvolver no tempo: uma declaração que define posições dos países da região no tratamento e defesa de seus interesses comuns e a previsão da organização de grupos de trabalho sobre os diversos aspectos da cooperação". Enfim, finaliza o chanceler, "tratava-se de criar o hábito da cooperação regional"[271].

Em outubro de 1980 foi realizada a I Reunião de chanceleres dos países do Tratado. O objetivo do TCA era criar, através da união de esforços de Bolívia, Brasil, Equador, Colômbia, Guiana, Peru, Suriname e Venezuela, mecanismos visando acelerar o desenvolvimento socioeconômico dos respectivos territórios amazônicos, preservar os seus recursos naturais e reforçar as ações previstas nos planos nacionais correspondentes. A cooperação estaria orientada a elevar o nível de vida os países signatários, com atenção prioritária às necessidades de suas populações amazônicas, a fim de conseguir a sua plena integração aos processos nacionais de desenvolvimento, cuidando da preservação de seus valores culturais e raciais.

A população indígena autóctone constituía um elemento essencial da Amazônia, merecendo particular atenção no planejamento da região amazônica de cada país, na medida em que a questão estava ganhando relevância internacional. O uso e aproveitamento dos recursos naturais em cada um dos territórios amazônicos nacionais eram reafirmados como um direito soberano e exclusivo de cada Estado signatário do TCA, sem outras limitações que as estabelecidas no próprio tratado. Os países amazônicos, no interesse em proteger a riqueza e variedade da flora e da fauna da região, procurariam promover a criação de parques nacionais e unidades de conservação, de acordo com estudos científicos sobre ecossistemas integrais.

---

[271] Ibid., p. 143-4.

Ao mesmo tempo em que se assegurava a conservação da fauna e da flora, tornava-se desejável promover o uso racional das florestas tropicais. O aproveitamento dos recursos naturais era considerado pelos signatários do TCA um direito soberano e exclusivo de cada Estado, considerando inaceitáveis as iniciativas internacionais que questionavam a soberania dos Estados sobre a região. Procurar-se-ia, paralelamente, a colaboração de organismos internacionais, como o BID, o Banco Mundial, o PNUD e o SELA, entre outros. Assim, como no passado, o sistema fluvial amazônico deveria representar, no futuro, de forma efetiva, um papel comparável ao das redes de rios e canais em outros continentes, como fator de vinculação entre os países amazônicos.

A influência e liderança brasileira na região tinha como principal obstáculo a Venezuela, único país integrante do pacto que tinha condições de contrabalançar o peso do Brasil e que representava, por sua simples presença, uma garantia para os demais países andinos, como assinalou Sônia de Camargo. A Venezuela, com a valorização do petróleo e a participação na OPEP, adquiriu maior projeção internacional, sobretudo em âmbito regional. A liderança econômica e política que exercia no Pacto Andino e no SELA orientava a política externa da Venezuela para a América Central e Caribe. Com efeito, as relações Brasil-Venezuela foram pouco significativas durante muito tempo, sobretudo devido às desconfianças da democracia venezuelana em relação ao regime militar brasileiro, bem como a ideia de liderança do Brasil na América Latina e sua projeção na Região Amazônica. A partir de 1973, contudo, a crise do petróleo promoveu uma convergência de interesses, pois "a Venezuela passou a interessar-se por maior diversificação daqueles países que recebiam suas exportações e o Brasil, daqueles que exportavam o produto"[272]. Desse modo, a partir das necessidades energéticas, abre-se espaço para um melhor entendimento.

Figueiredo, em novembro de 1979, visitou a Venezuela. O presidente da NUCLEBRÁS, Paulo Nogueira Batista, destacou como resultado positivo da negociação a transferência pelo Brasil de tecnologia de prospecção de urânio. Houve, durante a viagem de Figueiredo, um encontro de cooperação comercial, com bons resultados para o Brasil, que, entre outras vantagens, elevou as compras de petróleo venezuelano para 50 mil barris/dia. Outras oportunidades comerciais resultantes da viagem localizaram-se nos setores de siderurgia pesada, habitação popular, açúcar e álcool,

---

[272] Camargo, op. cit., p. 143.

agropecuária, prospecção geológica, programas de alimentação e nutrição, calcário e produção de linhas para a hidrelétrica de Guri, cuja construção ficou a cargo da empresa Camargo Correa. Assim como no relacionamento com a Venezuela, a diplomacia brasileira enfatizou os contatos políticos de alto nível e as iniciativas de aproximação comercial com a Colômbia. Contudo, os resultados foram fracos, na análise de Saraiva Guerreiro.

A visita de Figueiredo, em março de 1981, a Bogotá iniciou uma nova etapa nas relações Brasil-Colômbia. Foi firmado, entre outros, Acordo de Cooperação sobre os Usos Pacíficos da Energia Nuclear abrangendo prospecção, extração e processamento de minério de urânio, projeto, construção e operação de reatores e outras instalações nucleares; Acordo de Cooperação Amazônica; Acordo de Assistência Recíproca para a Prevenção do Uso e Tráfico Ilícitos de Substâncias Estupefacientes e Psicotrópicas — atividades conjuntas de repressão. Em setembro de 1981, o presidente da Colômbia, Turbay Ayala, visitou o Brasil, em retribuição à visita de Figueiredo.

Outro Estado a assumir sua condição de país amazônico foi a Bolívia, que passava a dividir sua atuação externa em 3 pontos estratégicos da América do Sul: o Grupo Andino, o Cone Sul e a Bacia Amazônica. Nas relações bilaterais, a política externa boliviana continua a oscilar entre Brasil e Argentina, conforme o regime político ou governo que estivesse no poder. Mesmo assim, "as relações entre Brasil e Bolívia mantiveram-se distantes, uma vez que, segundo o governo Figueiredo, a orientação do novo governo do presidente Zuazo era considerada como esquerdista. Posteriormente, por iniciativa da Chancelaria brasileira, que considera o governo boliviano como moderado, são retomadas as relações, sobretudo as negociações econômicas relativas ao gás natural. Mas o que realmente representou uma mudança no quadro das relações diplomáticas entre os dois países foi o caráter de certa forma progressista e terceiro-mundista da declaração conjunta"[273], feita por Figueiredo e Zuazo. Essa era a dualidade da política externa do governo Figueiredo, na qual convive o discurso terceiro-mundista do Itamaraty com a prática das negociações econômicas concretas realizadas pela área econômica. O Brasil participou da aprovação de várias decisões sobre o destino da Bolívia no ano de 1979. Merece destaque, em outubro, durante a participação na IX Assembleia Geral Ordinária da OEA, realizada em La Paz, na qual recomendou-se o início

---

[273] Ibid., p. 156.

de negociações com vistas a dar à Bolívia uma saída livre e soberana ao Oceano Pacífico e concretizou-se a Declaração de La Paz.

Após um período de afastamento, as relações com o Peru foram retomadas como prosseguimento da prioridade latino-americana, e facilitadas pela adoção pela diplomacia peruana de um realinhamento com os EUA e abandono das posições terceiro-mundistas. As relações bilaterais foram marcadas pelas questões da integração regional e por preocupações comuns aos dois países bem como ao conjunto da América Latina, sobretudo a questão da dívida externa. No mês de janeiro de 1981, a diplomacia brasileira coordenou negociações de paz entre Equador e Peru. Argentina, Chile e EUA analisaram incidentes na fronteira dos dois países, na região da Cordilheira do Condor, e, ao lado do Brasil, exigiram o cessar-fogo. Em fevereiro de 1982, o presidente do Equador, Osvaldo Hurtado Larrea, veio ao Brasil, em visita oficial. Os presidentes Figueiredo e Hurtado assinaram sete acordos e tratados, destacando-se o que previa o refino diário, a partir de março de 1982, de 13 mil barris de petróleo equatoriano pela Petrobras.

Apesar de um período tenso durante o governo Médici e início do governo Geisel, a diplomacia brasileira procurou desenvolver contatos com as Guianas. Conforme expõe Saraiva Guerreiro, a perda de território em processo arbitral para a Guiana, não detinha o interesse brasileiro. A intenção era desenvolver um programa de política externa econômica neste país como forma de aproximação. Em relação ao Suriname, embora existissem projetos de cooperação, especialmente cultural, as dificuldades econômicas se restringiram à diplomacia de estreitamento de relações e amizade, sem maiores custos. Particularmente preocupante era a crescente cooperação do Suriname com Cuba. Assim, o Itamaraty desenvolveu contatos para aprofundar a cooperação entre Brasil e Suriname, sobretudo na questão de grande interesse para este país, a cooperação militar.

Em 1981, diante do golpe militar no Suriname, Holanda e EUA não reconheceram o novo governo, sendo que a primeira cortou sua ajuda. O Brasil optou pela manutenção das relações diplomáticas normais. Desse modo, Saraiva Guerreiro afirma que, "com o isolamento diplomático por parte dos países que desejavam uma mudança interna (...), o Suriname começou a abrir-se para quem se dispôs a aproveitar-se da ocasião. O governo de Paramaribo havia dito, repetidas vezes, que desejava integrar-se na região. Ora, o país da região que correspondeu a esse anseio foi Cuba. Quando já notada a crescente presença cubana em Paramaribo, o Brasil era o país que havia, bem ou mal, mantido pelo menos os canais de comunicação desobstruídos, embora não os tivesse utilizando de maneira efetiva"[274]. Portanto, rapidamente, são conduzidos contatos para dinamizar as relações Brasil-Suriname, com participação de outros ministérios nos contatos políticos, encaminhados sobretudo na Missão Venturini e outras visitas militares. Com a concessão de ajuda brasileira, os cubanos foram dispensados.

Em 1979, Guiana e Suriname exportaram alumínio para o Brasil, compensado com a importação de bens e serviços. Além disso, prosseguiram os estudos tendentes ao aumento das frequências e aperfeiçoamento dos transportes marítimos e aéreos e das comunicações postais e à interligação dos sistemas rodoviários. Deu-se início à cooperação técnica em matéria de álcool combustível, óleos comestíveis, saúde, pesquisas geológicas. No dia 28 de janeiro de 1980, foi assinado Acordo sobre Transportes Aéreos entre Brasil e Suriname.

Em outubro de 1982 o presidente da República Cooperativa da Guiana, Linden Forbes Burnham, visitou o Brasil, manifestando preocupação com a cooperação econômica bilateral e com a ameaçada paz mundial. A afirmou que buscaria a saída pacífica para a questão com a Venezuela, que reivindicava parte da Guiana (Essequibo) como parte de seu território, como prova de respeito aos conselhos do presidente Figueiredo. A Guiana apoiou, ainda, o Tratado de Cooperação Amazônica e a Declaração de Belém. Em outubro de 1982, Brasil e Guiana assinam: Memorando de Entendimento sobre Cooperação nas áreas de Agricultura e Agroindústria e sobre a interconexão dos sistemas viários brasileiros e guianenses; Acordo de Isenção da Taxa de Melhoramento de portos para mercadorias destinadas a Guiana, em trânsito pelo porto de Manaus e Acordo de Cooperação Amazônica. O Brasil, enfim conseguia estabelecer vínculos concretos com uma região isolada da América do Sul.

México, América Central e Caribe

Além do aumento da cooperação com os países sul-americanos, a política exterior brasileira para o continente aprofundou as iniciativas dos dois governos anteriores em direção ao México, América Central e Caribe. Em relação ao primeiro, no nível econômico, o comércio bilateral tinha conhecido

---

[274] Ibid, p. 128-9.

um incremento considerável até a crise de 1982, que aprofundou o déficit comercial mexicano. Em 1979, a convite do governo brasileiro, o Secretário das Relações Exteriores do México visitou o país, ocasião em que inaugurou os trabalhos da Comissão Mista de Coordenação Brasileiro-Mexicana, cuja primeira reunião resultou satisfatória, sugerindo o incremento do intercâmbio comercial e projetos de interesse comum apresentados na área de cooperação científica e técnica.

Em julho de 1980, o presidente do México, José López Portillo, visitou o Brasil. Os presidentes firmaram Programa de Cooperação em Ciência & Tecnologia e Convênio de Cooperação sobre exploração de enxofre em território brasileiro. Destacaram-se, pela sua importância, os seguintes projetos: a oferta de ferro, bauxita e alumina pela CVRD às indústrias mexicanas; bens de capital — para o setor siderúrgico brasileiro e para o setor energético mexicano; indústria açucareira e derivados; fornecimento ao Brasil de fertilizantes, concentrados de cobre, concentrados de zinco e petróleo.

Em abril de 1983, o incidente com um avião líbio que transportava armas para a Nicarágua e pousou no Brasil, fez Miguel de La Madrid discutir a questão da América Central com Figueiredo. O Brasil já tinha deixado claro a simpatia pelo Grupo de Contadora, cujo projeto de pacificação na área excluía Cuba e os EUA. O México, por intermédio do Grupo de Contadora, queria o apoio do Brasil, que vem justamente no momento em que os EUA elevam o tom de suas críticas ao apoio mexicano ao regime sandinista e à guerrilha em El Salvador. O Brasil apoiou o México e reconheceu as suas ações, negando que fizesse parte de um plano da URSS e de seus aliados, uma vez que se comprovara o envolvimento líbio na questão. O incidente com o avião líbio, por outro lado, facilitou a intervenção norte-americana na América Central[275]. Brasil e México estreitaram relações econômicas, visto que o petróleo mexicano era de grande interesse para o Brasil. No mesmo ano, em Cancun, Figueiredo reuniu-se com Reagan e Miguel de La Madrid. O presidente mexicano opõe-se à visão de Washington, afirmando que os países da América Central encontravam-se numa posição injusta economicamente, e que pretendia incluí-los no Grupo de Contadora.

---

[275] A inteligência norte-americana alertou o governo brasileiro e divulgou que o avião líbio que realizara parada técnica em Manaus continha armas para os sandinistas, criando enorme constrangimento para o Brasil, especialmente porque muitas das armas eram brasileiras (e a CIA sabia), exportadas para a Líbia.

O Brasil apoiou a iniciativa de paz do México, discordando da política adotada por Reagan.

Desde que rompera relações com Cuba e enviara tropas para intervenção na República Dominicana, América Latina e Caribe passaram a ser prioridade securitária para a diplomacia brasileira. "Para as autoridades militares do período (Geisel), a lógica da segurança nacional aconselhava conservar certa distância daqueles governos latino-americanos que não se adequavam, ideologicamente, às orientações do governo brasileiro e se aproximar, prioritariamente, dos regimes militares da região"[276]. Esta orientação pautou nitidamente as relações com Cuba. No início da década de 1980, todavia, o agravamento da crise centro-americana e, sobretudo, a questão da Nicarágua, passaram a exigir da diplomacia brasileira um exame mais rigoroso dos problemas da região. Neste sentido, o Itamaraty conduziu negociações que culminaram na ruptura das relações com o regime de Somoza. Nessa ocasião, seguindo a análise do então chanceler, a ação conjunta dos países andinos estava em seu apogeu, tendo desempenhado papel essencial no encaminhamento de uma solução negociada.

Conforme Guerreiro, "nas etapas da negociação em diversos momentos chegava-se a um aparente impasse. Graças à ação do grupo andino formou-se um núcleo que via para a solução da questão dois requisitos básicos: 1º) Somoza teria de sair do poder; 2º) os rebeldes sandinistas tinham de assumir o compromisso pela democratização representativa e plural do país". "Como disse, evitáramos um papel destacado, mas nosso apoio" acabou por atribuir à diplomacia brasileira "certa responsabilidade nos resultados". Segundo o Chanceler, a decisão de retirar o embaixador brasileiro na Nicarágua deveu-se à falta de garantias contra invasão da embaixada e à inexistência de contatos com a nova autoridade revolucionária. Após assumirem o poder, os sandinistas "aproximaram-se de Cuba, de quem recebiam armas de origem soviética. Passavam armas para os rebeldes de El Salvador". Diante disso, os EUA pressionaram o Brasil para que apoiasse uma ação multilateral na OEA ou ONU.

Para o ministro, "tratava-se de uma maneira de abordar o problema que me parecia fora do foco. Em primeiro lugar, a América Central não era nossa fronteira norte; é a fronteira sul dos EUA e México. Em segundo lugar, não tínhamos uma posição na sub-região que nos permitisse influência e o desempenho de um papel próprio". Enfim, o Brasil limitava-se

---

[276] Camargo, op. cit., p. 148-9.

a dar um apoio político ao Grupo de Contadora. Cabe ressaltar que "quando o governo Alfonsín (...) procurou ter uma participação mais direta no processo de Contadora, (...) foi gentilmente desencorajado. (...) porque não convinha alargar o grupo negociador. Em anos posteriores, no governo Sarney, encontrou-se a fórmula de um 'grupo de apoio' em que estavam inclusive Brasil e Argentina"[277], conclui Saraiva Guerreiro.

Entretanto, a crise da América Central não era restrita à Nicarágua, já que outras questões começavam a chamar a atenção. Em que pese uma retórica oficial que visava à afirmação da orientação brasileira, várias razões existiam para que, mesmo conhecendo a gravidade das tensões, o Itamaraty não se julgasse com condições de atuar na região centro-americana com perfil próprio, de maneira abrangente. Com efeito, fatores internos e externos dificultavam a tomada de posição em certas questões para o Brasil. Ressalta-se, entre eles, o jogo dentro da estrutura estatal, cuja composição de forças impunha ao Brasil uma posição cautelosa ante o drama centro-americano. Na verdade, havia "uma diferenciação de posições entre setores ligados à segurança nacional, de um lado, e a setores especificamente diplomáticos, de outro. (...) Apresentavam-se, portanto, duas lógicas, nem sempre coincidentes. Uma, a do Ministério das Relações Exteriores, que apostava numa solução negociada para a crise da América Central e jogava, em termos de política externa, uma carta essencialmente voltada para a América Latina. Outra, a do Conselho Nacional de Segurança, que, questionava a prioridade desta carta, apostava numa aliança do Brasil com as potências industriais do Norte"[278].

Como reforço à tese do CSN, o Brasil desenvolvia a política de exportação de armas, nos últimos dez anos, demonstrando um bom exemplo da indefinição e das contradições da política externa do Brasil, em especial a venda de aviões Tucano à Honduras. Nessa política, havia uma coincidência de interesses de segurança nacional e comerciais. No terreno diplomático, a invasão de Granada por tropas americanas exigiu da diplomacia brasileira esforço que resultou no repúdio da invasão. Diante disso, o apoio da diplomacia brasileira ao trabalho do Grupo de Contadora representou um meio efetivo de atuação, visando a uma solução negociada para a crise da América Central. A iniciativa da diplomacia brasileira se enquadrava perfeitamente no novo projeto de moderação e de diálogo.

---

[277] Guerreiro, op. cit., p. 136-142.
[278] Camargo, op. cit., p. 150.

Contudo, os EUA pressionavam para criar um impasse nas negociações do Grupo de Contadora, sobretudo para impedir a aplicação da Ata para a Paz e Cooperação na América Central, que obrigaria os EUA a fechar suas bases militares e centros de treinamento e a retirar seus assessores militares dos países da região. Utilizando países centro-americanos, como Honduras, El Salvador, Guatemala e Costa Rica, os EUA ainda impuseram reivindicações cuja intenção era abrir novos espaços de negociação, definidos a partir de premissas distintas das de Contadora, apostando ainda no desgaste do Grupo.

A possibilidade de reatamento com Cuba levantou divergências, sobretudo no Conselho de Segurança Nacional (e outros segmentos militares "ideológicos") e no Congresso, resultando na normalização das relações diplomáticas apenas no governo Sarney. Segundo Saraiva Guerreiro, durante o Governo Figueiredo, houve uma redução de agressividade verbal de parte do Brasil, permitiu-se o início de um comércio por triangulação, enquanto se buscava mais informações. Na questão da América Central, porém, houve maior grau de unanimidade. Além disso, a transição democrática propiciou outros avanços no reatamento com Cuba. Novas iniciativas caracterizaram a busca de uma ação externa mais independente, capaz de produzir dividendos favoráveis em sua política latino-americana e em sua disputa com os EUA.

Em 1979, o Brasil recebeu a visita do presidente da Costa Rica, e a Junta do Acordo de Cartagena realizou visita oficial ao Brasil, durante a qual foram trocadas informações sobre a reestruturação da ALALC, a situação do Grupo Andino e foram estudadas as perspectivas de cooperação mais íntima entre o Brasil e o grupo. Em junho de 1979, o Brasil suspendeu relações com o governo Somoza, pois a XVII Reunião de Consulta dos chanceleres da OEA já havia condenado o regime somozista e propusera sua imediata substituição, como solução para a crise. No mesmo ano, o Brasil aderiu à mobilização internacional para ajudar na reconstrução da Nicarágua, através do envio de alimentos e da participação nos trabalhos do Comitê de Ação do SELA para a Reconstrução da Nicarágua. A ajuda brasileira à Nicarágua, devastada pela guerra civil, bem como à República Dominicana, assolada por catástrofe natural, fazia parte de um programa de assistência internacional na região.

Com relação ao Caribe, em 15 de abril de 1980, foi realizado o estabelecimento de relações diplomáticas entre Brasil e São Vicente e Granadinas. Nos dias 7 a 8 de julho de 1980, o ministro dos Negócios Estrangeiros de Trinidad e Tobago visitou o Brasil, em busca de cooperação no setor pesqueiro. Em fevereiro de 1981, Brasil e Dominica estabelecem relações diplomáticas e em janeiro de 1982 o empresário carioca Ruy Barreto chefiou a primeira missão empresarial brasileira a visitar Cuba, desde o rompimento das relações diplomáticas entre os dois países em 1962. Brasil e Belize estabeleceram relações diplomáticas em 1º de março de 1983. O Secretário dos Negócios Estrangeiros do Haiti, por sua vez, realizou visita ao Brasil, durante a qual foi assinado o Acordo Básico de Cooperação Técnica e Científica, em outubro de 1982. A postura brasileira na questão de El Salvador foi marcada pela discrição diplomática. Tal cautela, de certa forma, advinha da situação do governo brasileiro de exportador de material bélico para a área.

O APOGEU DAS RELAÇÕES BILATERAIS EXTRA-HEMISFÉRICAS

Europa Ocidental e Japão

As relações com os demais Estados do Primeiro Mundo continuaram sendo um ponto importante da política externa brasileira, como alternativa aos crescentes problemas existentes em relação aos Estados Unidos. Todavia, esses eixos de cooperação eram cada vez mais afetados por tendências desfavoráveis, decorrentes das mudanças então em curso no sistema internacional. Segundo o chanceler Saraiva Guerreiro, "no sexênio Figueiredo aumentou o ritmo das visitas do chefe de Estado à Europa e o das visitas dos chefes de Estado europeus ao Brasil. Em nível de ministros os encontros eram frequentes. (...) Até 1982, o público compreendia tais viagens, porque geralmente se concluíam grandes empréstimos, financiamentos, etc. Os bancos estavam empenhados em reciclar seus petrodólares. A tal ponto que as viagens de Figueiredo ficavam muito marcadas como viagens de Delfim Netto. Era natural, pois não havia uma confrontação política, nem tampouco o arranjo de esquemas para ação regional ou mundial (...). Sem dúvida, o diálogo seguia desimpedido"[279]. Contudo, a partir de 1981 tal cooperação não apresentava mais resultados expressivos, pois a parte dos governos da Europa ocidental era limitada, sobretudo no campo econômico.

---

[279] Guerreiro. Op. Cit., p. 162.

Em outubro de 1981, O ministro do Planejamento, Delfim Netto, esteve na Europa para firmar acordos financeiros, na ordem de US$ 2,44 bilhões. Após lo dias na Europa, o ministro anunciou haver obtido US$ 1,23 bilhão em créditos comerciais e empréstimos na França, e cerca de US$ 500 milhões da CEE para aplicação na infraestrutura das minas de ferro de Carajás. Em 1982 houve a Assinatura do Acordo Marco de Cooperação com a Comunidade Europeia, pelo qual setores exportadores brasileiros puderam discutir de forma institucional o relacionamento comercial bilateral. Mas a cooperação Brasil-Europa ocidental foi mais intensa no plano bilateral nacional. Em 1979, o Brasil recebe a visita do chanceler da RFA, Helmut Schmidt, sendo assinados dois protocolos de cooperação financeira.

O presidente Figueiredo realizou visita a Paris em janeiro de 1981, visando à ampliação das relações franco-brasileiras, desenvolvendo a perspectiva de cooperação nas áreas energética, de telecomunicações e de informática. Outros projetos referiam-se a transportes ferroviários e marítimos, transporte urbano, projeto Carajás, complexo industrial e portuário de Suape e desenvolvimento econômico de várzeas irrigáveis e de cerrados. Nessa ocasião aconteceu a assinatura da Delimitação Marítima entre o Brasil e a França, ao largo do Departamento da Guiana. Também foram assinados outros acordos, tais como o de cooperação judiciária em matéria civil, comercial, trabalhista e administrativa, de propriedade industrial, de pesquisa em meio-ambiente tropical (CNPq-ORSTOM) e de cooperação tecnológica e industrial no campo do carvão mineral.

Em fevereiro de 1981, Figueiredo retornou à França, buscando aproximar o Brasil de uma das dez maiores economias do mundo. O governo brasileiro conseguiu empréstimos da ordem de US$ 1,5 bilhão para aplicação na área de energia. Em Paris, Figueiredo anunciou que não permitiria a participação de capital estrangeiro no PROÁLCOOL. Ainda foram liberados créditos franceses para a construção de uma termelétrica de carvão, três hidrelétricas, dois navios para produtos petroquímicos, o sistema ferroviário para Belo Horizonte e a instalação de complexo equipamento de controle do tráfego aéreo na região Sul. Além disso, os franceses demonstraram interesse na importação de álcool.

Para intensificar os contatos com países europeus, o vice-presidente Aureliano Chaves realizou visitou os Países Baixos, Hungria e RFA, em outubro de 1982. O chanceler Saraiva Guerreiro, por sua vez, visitou a Itália, pois o chanceler italiano havia visitado o Brasil em 1979. Dias depois, Saraiva Guerreiro visitou Viena, com o objetivo de aprofundar o diálogo austro-brasileiro, destacando que a complementaridade existente entre as duas economias. Saraiva Guerreiro reuniu-se com o secretário de Estado da Santa Sé, cardeal *Agostino Casaroli*, na busca do apoio do papa em favor da paz. O ministro dos Negócios Estrangeiros da Áustria, Willibald Pahr, por sua vez, estivera no Brasil em maio de 1980.

Em fevereiro de 1981 Figueiredo visitou Portugal para reforçar os laços luso-brasileiros. Nessa ocasião, Brasil e Portugal firmaram o Acordo sobre Cooperação Econômica e Industria. Em 1979 o Brasil recebeu a visita de Adolfo Suárez, presidente do Conselho Espanhol. Um Ajuste complementar entre Brasil e Espanha, firmado em abril de 1980, tinha como objetivo desenvolver a pesquisa científica e tecnológica.

Com relação ao Japão, as relações continuaram importantes, mas a complementaridade entre os dois países tendeu a diminuir, face às mudanças em curso na economia mundial. Em 1979 foi realizada a II Reunião Consultiva Ministerial Brasil-Japão. Na ocasião, identificaram-se novas áreas de investimento para os japoneses, entre as quais destacaram-se o desenvolvimento das exportações agrícolas brasileiras, a exploração de minério de ferro de Carajás. Uma comitiva japonesa visitou o Brasil em novembro de 1979, sendo composta por membros da Federação das Organizações Econômicas do Japão (Keidanren), integrada por diretores das maiores *tradings* e empresas industriais nipônicas. A comitiva manteve contato com oito ministros brasileiros e com diretores das empresas públicas com interesses exponenciais na cooperação econômica Brasil-Japão. Marcando as relações nipo-brasileiras, e em outubro de 1982, o príncipe Naruhito visitou o Brasil. Mas, da mesma forma que em relação à Europa, após 1981 as relações bilaterais declinaram.

Europa Socialista (URSS e leste europeu)

O relacionamento da diplomacia brasileira com os países socialistas, durante o governo Figueiredo, caracterizou-se pela manutenção das tendências anteriores: busca de expansão do intercâmbio comercial e contatos de caráter político restritos e vagos. Houve, contudo, uma significativa ampliação das relações comerciais em comparação com o período Geisel. As observações de Saraiva Guerreiro (redigidas após a dissolução da URSS) são emblemáticas para a compreensão da visão brasileira: "quanto ao ex-Segundo Mundo, hoje numa posição de aspirante ao Primeiro, em vez de se apresentar como alternativa, o relacionamento era essencialmente com os governos. Em países que tinham, então, economias centralmente planificadas, as comissões mistas oficiais adquiriam fundamental importância, embora do lado brasileiro, além das grandes companhias estatais, houvesse considerável quantidade de operadores privados. O comércio, pois, era regulado e previsto. Foi, por vezes, motivado pela busca de fontes alternativas de suprimento. No período Figueiredo, desenvolveu-se muito o comércio, com resultados variados"[280].

Em dezembro de 1979, segundo o Itamaraty o Brasil deveria adotar medidas fundamentais com relação aos países do Leste Europeu, no sentido de alcançar a meta de 40 bilhões de dólares em exportações em 1985 fixada pelo governo brasileiro: coordenação entre os setores governamental e privado, a reorientação seletiva das importações e maior exportação de produtos agrícolas, materialização de negócios vinculados e formas de associação em terceiros mercados para possibilitar a exportação de serviços. Em 1979 foram regulamentados os escritórios comerciais da Tchecoslováquia e da RDA em São Paulo e no Rio de Janeiro.

Em agosto de 1979, a partir da remessa de madeira brasileira para testes na União Soviética, o Brasil obteve informações definitivas para a produção de etanol a partir do eucalipto, prevendo a produção de uma unidade com capacidade para 120 mil litros/dia, primeiro passo para a implantação em cinco anos de 160 fábricas semelhantes. Em outubro de 1979, uma delegação soviética, chefiada pelo vice-ministro de Comércio Exterior, Alexei Manjulo, visitou Brasília, e discutiu detalhes da participação soviética na construção da usina hidrelétrica de Porto Primavera, no Rio Paraná, cujas operações deveriam iniciar em 1985.

Em janeiro de 1980, o Brasil evidenciou que pretendia aprofundar relações comerciais com a URSS, mesmo afetando compromissos políticos com países ocidentais. Saraiva Guerreiro recebeu carta do secretário de Estado norte-americano, Cyrus Vance, na qual convidava o Brasil a participar da reunião que discutiria a inclusão da soja no embargo à URSS, como resposta à intervenção soviética no Afeganistão. A diplomacia brasileira decidiu que um ministro conselheiro da Embaixada brasileira em Washington assistiria à reunião, mas o Itamaraty já decidira que o Brasil não aderiria a um embargo à URSS, a menos que a ONU o aprovasse.

---

[280] Ibid, p. 168.

Na concepção do ministro da Fazenda, Carlos Rischbieter, o Brasil poderia tirar proveito da situação criada pelo embargo, vendendo soja.

No dia 15 de janeiro de 1980 de Saraiva Guerreiro declarou que "vamos continuar normalmente nosso comércio com a URSS". No Itamaraty, assessores garantiam, em tom irônico, que o Brasil faria exatamente o que os EUA fizeram, ao declarar boicote à URSS: suspender a transferência de tecnologia sofisticada em matéria de computadores; não se compromete a interromper a produção doméstica de mísseis balísticos intercontinentais; limitar a oito milhões de toneladas o volume de suas vendas de cereais por aos soviéticos; reduzir à metade a frequência dos voos da Aeroflot para o Rio de Janeiro. Em resposta à decisão brasileira, no dia 16, embaixador da União Soviética no Brasil, Dmitri Jukov, declarou que "a política brasileira é clara e exata[281]", ao comentar a posição do Brasil contra o boicote norte-americano a seu país. Assim, as exportações brasileiras para o COMECON aumentaram 74% entre 1979 e 1981.

Finalmente, no dia 26 de janeiro, a Embaixada brasileira em Washington comunicou ao governo norte-americano que o Brasil não interromperia fornecimentos à URSS, ao mesmo tempo em que não pretendia adotar medidas específicas para substituir as exportações norte-americanas suspensas pelo boicote comercial. E, definitivamente, "o Brasil não vai mudar a posição quanto ao boicote de cereais contra URSS, pois a decisão de não aderir à medida proposta pelo presidente Carter, dos EUA, é de interesse nacional"[282], segundo o Itamaraty. Assim mesmo, um enviado especial de Carter para negociar o boicote, Gen. Andrew Jackson Googpaster, veio a Brasília e encontrou-se com Figueiredo, sem sucesso. A mesma coisa ocorreu em relação às Olimpíadas de Moscou, que o Brasil se recusou a boicotar.

O ano de 1979 foi marcado por vários contatos com autoridades do comércio internacional polonês. Neste ano, o Brasil recebeu as visitas do ministro do Comércio Exterior e Economia Marítima da Polônia, Jersy Olszewski, e do vice-ministro Ryszard Karski. No mês de março foi realizada a visita do vice-primeiro-ministro polonês, Edward Babruch. Com vistas à ampliação do intercâmbio comercial, foi realizada em março de 1980 a VI Reunião da Comissão Mista Brasil-Polônia. Marcando o interesse polonês em intensificar o comércio bilateral, em junho de 1980, durante a Feira de Poznan, os

---

[281] MRE. Resenha de Política Externa do Brasil. Brasília, 1980.
[282] Ibid.

poloneses manifestaram a intenção de estreitar relações comerciais com o Brasil, no campo da mineração do cobre e carvão, bem como na metalurgia. É importante ressaltar que durante este período o confronto entre o governo polonês e o Sindicato Solidariedade atingia o clímax, o que dava à posição diplomática brasileira um significado particular.

Em 1979, as iniciativas para ampliação das relações comerciais com a República Democrática Alemã foram concretizadas com a visita do vice--ministro do Comércio Exterior da RDA, Wilhelm Bastian, e em novembro de 1980 o Secretário de Comércio Exterior da RDA, Gerhard Beil, visitou Brasília. Nesta época, a RDA atingiu a posição de terceiro parceiro comercial do Brasil no Leste Europeu. O governo brasileiro procurava o incremento do intercâmbio bilateral, principalmente nos setores de mineração, transporte e gaseificação do carvão. Outras áreas comerciais de interesse eram a exportação de vagões de carga brasileiros, a exportação de farelo de soja brasileiro e o fornecimento de cloreto de potássio, a longo prazo, pela RDA ao Brasil. Por ocasião da visita, foi assinado um Acordo de Cooperação entre a CNI e a Câmara de Comércio Exterior da RDA e fixadas as bases de uma cooperação técnica e de intercâmbio dos resultados de pesquisas científicas e tecnológicas[283]. Foi implantada em Cachoeirinha, região metropolitana de Porto Alegre, uma fábrica alemã-oriental de motocicletas MZ Simson, as quais foram adotadas pela Brigada Militar do Rio Grande do Sul nos anos 1980.

No tocante à Romênia, em 1979 a Resenha de Política Externa do Brasil destacou que, para alcançar uma maior cooperação comercial entre o Brasil e os países socialistas, várias missões comerciais de companhias estatais e privadas brasileiras estavam visitando o Leste Europeu, entre as quais deve ser ressaltada a Missão à Romênia, pelos resultados alcançados. No mês de julho deste ano, o Brasil já recebera visita oficial do ministro das Minas e Energia da Romênia. Em 1980, ponto de relevo nas tentativas de aproximação da diplomacia brasileira com a Iugoslávia foi marcado pela carta do presidente Figueiredo ao governo iugoslavo, lamentado o falecimento do presidente Josip Broz Tito, representante dos países defensores da não-intervenção e da soberania, segundo o Itamaraty.

---

[283] Resenha de Política Exterior do Brasil. Brasília: MRE, n.º 27, out-dez. de 1980, p. 31.

África subsaariana

A política africana do Governo Figueiredo deu continuidade e ampliou a orientação implementada pelo Governo Geisel. A prioridade da Diplomacia do Universalismo era a África lusófona. Merece destaque particular a aproximação do governo brasileiro com o angolano, que mencionou a possibilidade de enviar tropas brasileiras para defender Angola da África do Sul, em 1981. Segundo o chanceler Saraiva Guerreiro, não era possível explicar a política externa africana do Brasil em termos puramente econômicos, embora as possibilidades de relações econômicas com países como Nigéria, Gabão, Angola, Moçambique, entre outros, fossem significativas. Com argumentos para a política de aproximação com países africanos veiculados por Celso Lafer, Guerreiro defende "a presença qualitativa do Brasil a África" como contrabalança da carência de recursos no cenário internacional. Com relação ao reconhecimento do MPLA em Angola, o chanceler brasileiro argumentava que, "para nós, a situação era clara: o fato era o controle pela MPLA e a probabilidade de sua permanência no poder. A circunstância de sua liderança ser marxista-leninista não alterava este fato, nem deveria levar-nos a abrir mão de um relacionamento. Quando fui ministro, a situação era de prolongada guerra civil. Evitamos qualquer interferência, ou sequer comentários em qualquer sentido".[284]

Finalizando a análise, Saraiva Guerreiro expõe a orientação em relação a África: "No governo Figueiredo, continuamos e expandimos o relacionamento com esse continente e creio havermos dissipado as últimas desconfianças"[285]. Sendo assim, ocorrem os contatos e viagens aos países africanos, sobretudo os chamados Estados da Linha de Frente, que sofriam ameaças militares pela África do Sul. Cabe dizer que, em especial, as viagens a Moçambique e Angola foram as primeiras de um chanceler brasileiro: embora em Angola fosse muito bem recebido, Guerreiro encontrou certa desconfiança em Moçambique.

Por fim, existiam pressões opostas no Brasil sobre a política brasileira em relação à África do Sul. À esquerda, o governo era criticado por não ter rompido relações com àquele país, enquanto à direita, havia pressão pela manutenção de laços comerciais, bem como de segurança. Além de não satisfazer plenamente a ambas correntes, a diplomacia brasileira recusava

---

[284] Guerreiro, op. Cit, p. 154.
[285] Ibid., p. 190-1.

os pedidos que os líderes africanos faziam, no sentido de uma pressão formal sobre a África do Sul. Face ao crescente isolamento regional mundial, Pretória realizou esforços para ampliar as relações político-econômicas com os regimes militares sul-americanos. Neste contexto, as relações com a África do Sul envolviam outro problema delicado: a militarização do Atlântico Sul. A propósito deste tema, a posição brasileira foi de evitar o estabelecimento de qualquer pacto militar na região, o que era pretendido pelo governo sul-africano e por alguns dos regimes militares do Cone Sul[286].

Os contatos entre representantes brasileiros e africanos, em nível político e comercial, foram intensos durante o Governo Figueiredo. Em 1979, a diplomacia brasileira adotou posição firme a favor da instalação de "um verdadeiro regime de maioria" no Zimbábue e da autodeterminação e independência da Namíbia. Como efeito desta posição firme, que marcava a política africana do Brasil, e da decisão do o governo de criar Embaixadas em Lomé e Dar-Es-Salaam, o país recebeu várias autoridades de países africanos no ano de 1979: o Brasil foi visitado por 18 delegações da Nigéria; o presidente da Zâmbia, Kenneth Kaunda, realizou visita oficial ao Brasil; e o ministro dos Negócios Estrangeiros do Senegal. Em março de 1979, o Brasil recebeu a visita do ministro do Comércio Exterior de Angola, como forma de estabelecer relações privilegiadas com o Brasil. Nesta ocasião, obteve o restabelecimento da linha aérea comercial Rio-Luanda, o que significava a ampliação das perspectivas para o comércio recíproco. Também visitou o Brasil o ministro do Petróleo de Angola, firmando acordos entre a Sonangol e a Petrobras.

Como parte da intensa agenda bilateral com os países africanos, realizou-se em Brasília a II Reunião da Comissão Mista Brasil-Costa do Marfim, ainda no mês de setembro de 1979, com a presença do ministro dos Negócios Estrangeiros do país africano. Neste mesmo ano, também estiveram no Brasil os ministros da Agricultura e da Produção Animal da Costa do Marfim. Além disso, o Brasil recebeu, em janeiro de 1980, o ministro do Desenvolvimento Industrial do Mali, Lamine Keita. Ainda no mesmo mês, realizou-se a II Reunião da Comissão Mista Brasil-Senegal, em Brasília, e no mês seguinte ocorreu a visita do presidente da Guiné, Sékou Touré. Em março de 1980 foi formalizado o estabelecimento de relações diplomáticas entre Brasil e Congo e entre Brasil e Burundi.

---

[286] Ver ABREU, Fernando Marroni de. *L'évolution de la politique africaine du Brésil.* Paris: Sorbonne, 1988, p. 119 e seguintes.

Em maio o embaixador do Congo na ONU, Nicolas Modjo, visita Brasília para estreitar relações e em janeiro de 1981, Brasil e Ruanda estabelecem relações diplomáticas, em nível de embaixada.

Com relação aos demais países de língua portuguesa, os contatos bilaterais também foram intensificados. No que tange à Moçambique, em março de 1980 foi assinado o Acordo de Cooperação bilateral para a formação de profissionais de administração em Moçambique. No mês de abril de 1980, Brasil e Zimbábue estabeleceram relações diplomáticas. O ministro da Agricultura de São Tomé e Príncipe, Arlindo Gomes, realizou visita oficial ao Brasil em maio de 1980 visando estreitar os laços de cooperação. Há pouco uma delegação brasileira havia visitado o país e firmado atos de cooperação em vários níveis e em vários setores: no SENAC, SENAI, agricultura, turismo e comércio. Durante a visita, sustentaram-se discussões sobre o comércio de cacau, que é a principal produção de São Tomé e Príncipe. O presidente de Guiné Bissau, Luiz Cabral, visitou o Brasil em junho de 1980. Marcando a intenção de aproximação com os países africanos, no dia 24 de setembro 1980, Saraiva Guerreiro recepcionou os chanceleres africanos, num almoço na ONU.

Em junho de 1980 ocorreu a viagem de duas semanas de Saraiva Guerreiro à Tanzânia, Zâmbia, Moçambique, Zimbábue e Angola, durante a qual o Brasil ratificou sua posição de condenação ao apartheid e à proliferação de armas nucleares de destruição em massa. Em junho de 1980, durante visita à Angola, Saraiva Guerreiro reuniu-se com o presidente José Eduardo dos Santos. Os interesses brasileiros em Angola eram expressivos e tendiam a crescer, uma vez que a Petrobras ainda tinha uma presença modesta, que devia ser ampliada. Além disso, o Grupo Pão de Açúcar organizava o abastecimento da capital angolana e ajudava o governo a tornar eficientes as suas *Lojas do Povo*. A Sisal preparava pessoal e reformava hotéis para tornar a capital angolana viável a estrangeiros. Na viagem, o Brasil comprometeu-se a enviar técnicos e empresários para auxiliar na recuperação do país.

Em março de 1983, novamente o chanceler Saraiva Guerreiro esteve na África, visitando Gabão, Costa do Marfim e Guiné Bissau. Em Libreville, no dia 15, ocorre a I Sessão da Comissão Mista Brasil-Gabão, em busca de intensificação do diálogo bilateral, fato que não era tão recente, já que, em 1975 o presidente El Hadj Omar Bongo visitara Brasília, e em 1982 uma corveta (Imperial Marinheiro) da Marinha brasileira acompanhara a delegação da ESG ao Gabão. Em Abdijan, no dia 18, ocorreu a III Reunião da

Comissão Mista Brasil-Costa do Marfim, na qual foi reafirmada a cooperação bilateral nas áreas de serviços de saneamento básico e construção civil. chanceleres brasileiros já haviam estado na Costa do Marfim, nos anos de 1972 e 1975. Na oportunidade, condenou-se toda forma de discriminação racial. Em Bissauhouve a III Reunião da Comissão Mista Brasil-Guiné Bissau, na qual apelou-se para o aprofundamento do intercâmbio universitário e de formação no SENAI/SENAC e reafirmou-se a possibilidade de cursos especiais na ECT e no Instituto Brasileiro de Administração Municipal.

Como coroamento da política africana do Brasil, o presidente Figueiredo realizou visita à vários países do continente em novembro de 1983, num roteiro que incluiu Nigéria, Guiné Bissau, Senegal, Argélia e Cabo Verde. Segundo o diplomata Fernando Marroni de Abreu, "esta foi a primeira viagem oficial de um chefe de Estado sul-americano ao continente africano. Este foi, na época, o passo mais importante em direção à fronteira leste brasileira. A visita reforçou consideravelmente a política africana, na medida em que o presidente da República não deixava qualquer dúvida à propósito dessa prioridade. O apoio pessoal do presidente Figueiredo afastaria as críticas de 'terceiro-mundismo' de que era objeto o Itamaraty, 'antes um laboratório de análise política e hoje uma fábrica de slogans'. Esta visita reforçava também a política brasileira face ao Terceiro Mundo, no qual a África tinha um papel privilegiado"[287].

Oriente Médio

A política externa brasileira para o Oriente Médio também conheceu forte incremento durante o governo Figueiredo. Contudo, muitos aspectos da cooperação bilateral permaneceram, e ainda permanecem, obscuros, devido a interesses de segurança nacional e de implicações diplomáticas. É o caso principalmente das exportações de armamentos e da cooperação no campo tecnológico e nuclear, sobretudo porque tal política correspondia a uma forma de cooperação entre países de porte médio, que não envolvia relações de dominação/subordinação. Isto representava, também, uma forma destacada de inserção mundial, na medida em que o Brasil se tornava, ainda que de forma discreta, como protagonista da política de uma das regiões mais sensíveis e importantes do planeta em termos

---

[287] Ibid, p. 115 (tradução nossa).

estratégicos. Dessa forma, a relação do Brasil com o Oriente Médio estava longe da mera, embora importante, relação comercial ou de abastecimento de petróleo.

O chanceler Saraiva Guerreiro era claro ao expressar a orientação brasileira com relação ao Oriente Médio: "das áreas de turbulência política é impossível excluir a situação do Oriente Médio (...). Domina esse quadro regional o problema de Israel. Para resumir, sempre me orientei pela posição tomada pelo Brasil na primeira oportunidade em que se teve de manifestar a respeito. Foi, principalmente, na Assembleia-Geral sobre a Palestina, em 1948". Assim, o chanceler declarava-se favorável à partilha da região em dois Estados, árabe e judeu. Após a Guerra dos Seis Dias, o Brasil tentou na ONU manter "a busca de um ponto de equilíbrio" mediante uma resolução conjunta, formulada com México e Argentina, que visasse ao entendimento. Em relação a Israel, embora a diplomacia brasileira condenasse na resolução suas ações, segundo Guerreiro, "evitamos, porém, agressões verbais e desestimulamos textos violentos que (...) em nada ajudariam". Assim, como foi visto em relação ao governo Médici, a neutralidade brasileira era mais favorável à Israel. Contudo, depois das crises do petróleo, "os Estados árabes grandes produtores de petróleo adquiriram importância internacional excepcional"[288].

Diante da crise econômica, o Brasil desenvolveu contratos de prestação de serviços com países como Argélia e Iraque e outros projetos com Irã e Arábia Saudita, além da exportação de equipamentos bélicos. Cabe ressaltar que "durante a guerra Irã-Iraque, tivemos posição muito clara (...). Não estávamos vendendo armas ao Iraque por causa de novos contratos, mas em execução de compromissos estabelecidos em programas de longo prazo". Por fim, o chanceler brasileiro focaliza a questão da OLP: embora reconheça, "como a ONU, a OLP como um movimento legítimo de libertação nacional. Não aceitamos como representante de um Estado, com direito a imunidades diplomáticas"[289]. Assim, não há pleno reconhecimento de *status* diplomático. Desse modo, a diplomacia brasileira persiste na orientação de aumentar da densidade da política externa brasileira em substituição à inexistência de uma política externa brasileira para o Oriente Médio até os anos 1970. As iniciativas do Governo Geisel foram, então, confirmadas pelo Governo Figueiredo.

---

[288] Guerreiro, op. Cit., p. 172-177.
[289] Ibid, p. 180-1.

Em 1979, seguindo a orientação da política externa brasileira de aproximação com países árabes, foram enviadas delegações brasileiras à Argélia, Iraque e Arábia Saudita, com o objetivo de intensificar as relações diplomáticas. Em setembro de 1979, com a nova crise do Petróleo a ameaçar o fornecimento ao Brasil, a Líbia garantiu que país não ficaria sem petróleo. Segundo as palavras do embaixador Líbio, "ainda que o mundo caia aos pedaços, nós jamais deixaremos que o Brasil fique sem energia", segundo afirmou durante o festejo do 10º aniversário da revolução que levou ao poder o coronel Muamar Kadafi. Mesmo não podendo reduzir o preço do seu petróleo, por imposição da OPEP, a Líbia se dispunha a ajudar o Brasil no que fosse possível, quer facilitando as condições de pagamento, quer realizando investimentos, o que ficaria para ser examinado na reunião seguinte da Comissão Mista Brasil-Líbia. Exemplificando a boa vontade da Líbia com o Brasil, o embaixador recordou que a Petrobras, através da Braspetro, era a única empresa latino-americana autorizada a operar em seu território em atividades de sondagens e de exploração de petróleo.

Em 1980 o Chefe da Delegação e do Projeto do Centro de Desenvolvimento das Energias Renováveis do Marrocos, com uma comitiva, realizou visita ao Centro Técnico Aero-Espacial-CTA, em São José dos Campos, que desenvolvia programa de conversão de motores para a utilização de álcool hidratado no país[290]. Em maio do mesmo ano o Brasil recebeu a visita do primeiro-ministro marroquino, Maáti Buabide. Na ocasião, o presidente Figueiredo ressaltou o fato de ter sido o Marrocos o primeiro país africano e do mundo árabe a estabelecer relações diplomáticas com o Brasil, em 1906. Os contatos anteriores entre autoridades brasileiras e marroquinas culminaram na assinatura de um Acordo Comercial, no dia 17 de fevereiro de 1983.

Em 1979, o Brasil recebeu também a visita do vice-presidente do Iraque, Taha Maa'rouf. Um comunicado conjunto dava conta que seria autorizada em breve a instalação de um escritório de representação da OLP em Brasília. Segundo divulgou o Itamaraty, o Brasil reconhecera a OLP em 1975, quando votou na ONU a favor da moção que a declarava representante legítimo do povo palestino. Tratava-se, agora, de formalismo diplomático, autorizando a instalação de um escritório. Nesta ocasião, o embaixador de Israel, Moshe Erell, disse ter esperanças de que o Brasil não reconhecesse uma "organização terrorista", cedendo a "pressões menores". Para o Itamaraty,

---

[290] Resenha de Política Exterior do Brasil. Brasília: MRE, n.º 25, 1980, p. 229.

porém, os argumentos da missão do Iraque não podem ser considerados menores, uma vez que o país fornecia 48% do petróleo importado pela Petrobras. Em julho de 1979 o Itamaraty deu início a elaboração de um parecer que ajudaria o presidente Figueiredo na decisão de como funcionaria a representação da OLP no Brasil.

Em 18 de maio de 1979, o presidente da Federação das Entidades Árabes do Brasil (Fearab) e Secretário-Geral da Federação das Entidades Árabes da América Latina, Rezkallah Tuma, em retorno a São Paulo de viagem ao Oriente Médio, disse que "no encontro que manteve com o Ayatollah Khomeini e com mais três representantes da Fearab, ficou acertado que o Brasil terá seu suprimento de petróleo garantido pelo governo iraniano". Anunciou também que a barragem do Rio Eufrates entre Síria e Iraque poderia ser construída por uma empresa brasileira. Tuma participara, em Bagdá, de uma Reunião da Federação das Entidades Árabes, na qual ficara acertado que seria dada preferência à compra de tecnologia, alimento e equipamentos para o Brasil.

No dia 23 de maio de 1979, o Jornal do Brasil noticiou que "o Jornal Al Qabas, do Kuwait, informou que um 'entendimento secreto', firmado na semana anterior, previa o fornecimento de plutônio ao Iraque pelo Brasil. O Itamaraty desmentiu a notícia, mas uma fonte do Ministério das Minas e Energia admitiu negociações para uma futura assistência brasileira ao programa nuclear iraquiano". Segundo esta fonte, o governo brasileiro poderia vender urânio, e não plutônio, para abastecer as usinas que o Iraque começava a construir com equipamentos produzidos na França[291]. Em junho do mesmo ano, o Iraque manifestou o desejo de firmar um acordo de cooperação nuclear com o Brasil, conforme revelou Saraiva Guerreiro. Nesta ocasião o governo, acrescentou o chanceler, estava preparando um modelo de acordo padronizado, para firmar com todos as nações interessadas, que até então eram Argentina, México, Peru e Venezuela.

Em julho de 1979, o coordenador de Assuntos Internacionais do Ministério da Indústria e Comércio informou que representantes da Arábia Saudita se definiram por 13 setores para intensificação do intercâmbio bilateral, com destaque para a produção de alimentos, onde queriam a participação de empresas brasileiras em projetos de desenvolvimento naquele país. Os sauditas desejavam investir US$ 150 milhões na instalação de uma fábrica de cimento com capacidade para 800 tonelada/ano,

---

[291] Jornal do Brasil, 23/5/1979, p. 1.

na implantação de unidades para produção de alimentos e na assistência técnica para a comercialização de produtos agrícolas, entre outros investimentos voltados para agricultura.

Contudo, muitos dos projetos para a região sofriam retrocessos bruscos. Em julho de 1979, a Iraq National Oil Company retirou praticamente todos os privilégios de que gozava a Braspetro sobre o Campo de Majnoon, descoberto pela empresa brasileira em junho de 1976, à exceção do direito de comprar toda a produção. Segundo estabelecido no contrato original com a INOC, parte do petróleo iraquiano seria vendido ao Brasil a preço especial. Desta forma, o petróleo do Campo de Majnoon teria preço médio inferior a US$ 10 por barril, caso tivesse prevalecido o contrato original. No Rio de Janeiro, contudo, a Petrobras desmentia que a subsidiária tivesse perdido os privilégios da descoberta do campo. As reservas recuperáveis do campo eram estimadas em 6,5 bilhões de barris. Neste contexto, em agosto de 1979 a Petrobras desmentiu que a crise iraquiana prejudicaria o fornecimento de petróleo ao Brasil. Segundo a empresa, os acontecimentos no Iraque — com a execução de 21 pessoas, entre elas 5 integrantes do Conselho do Comando da Revolução — não causam preocupações no Brasil, porque não afetam o regime iraquiano, altamente institucionalizado e com uma estrutura de poder colegiado. De acordo com a empresa, nenhum dos fuzilados tinha participação nos contratos de fornecimento de petróleo ao Brasil. No entanto, a situação era preocupante, visto que o Brasil recebia do Iraque quase metade do óleo importado.

Mesmo assim, a diplomacia brasileira permanecia simpática aos árabes. Ao abrir a XXIV Assembleia Geral da ONU, em setembro de 1979, o chanceler brasileiro, Saraiva Guerreiro, criticou a posição israelense quanto aos palestinos, ao afirmar que "alguns Estados (...) insistem em fechar os olhos ao fato básico de que não haverá paz na região até que todos os territórios ocupados pela força sejam devolvidos"[292]. Os termos usados para defender os direitos palestinos à autodeterminação, independência e soberania não diferem daqueles do comunicado conjunto brasileiro-iraquiano, que desatou a polêmica sobre o reconhecimento da OLP pelo Brasil. O chanceler afirmou que não haveria êxito nas negociações de paz para o Oriente Médio, uma vez que não contavam com a participação da OLP. O Representante Permanente da OLP na ONU, Zehdi Terzi, elogiou o chanceler Saraiva Guerreiro afirmando que, "por ter sido o primeiro orador,

---

[292] Resenha de Política Exterior do Brasil. Brasília: MRE, n.º 25, 1979.

o Brasil estabeleceu o roteiro e forneceu o tom para os outros pronunciamentos" (Ibid). Estranhou, contudo, que até então não fora autorizado o funcionamento do escritório da OLP em Brasília.

Em setembro de 1979, a Braspetro foi autorizada a criar uma nova empresa subsidiária e a buscar no exterior um empréstimo de 1,5 bilhão de dólares para executar os investimentos para explorar o supercampo petrolífero de Majnoon, no Iraque. Segundo informe do vice-presidente da Braspetro, a Iraq National Oil Company aprovou o projeto sob duas condições: a política de alinhamento brasileiro com a causa árabe, e a técnica, nas concorrências para a exploração, teriam prioridade, pela ordem, as empresa iraquianas, árabes e, por fim, as do Brasil. No mesmo mês, o presidente da Nuclebrás, embaixador Paulo Nogueira Batista, realizou viagem cercada de sigilo a Bagdá, a fim de negociar com o governo do Iraque um plano de cooperação nuclear. Segundo algumas fontes, tecnologia e fornecimento de equipamentos não seriam incluídos na negociação. A viagem sigilosa de Nogueira Batista coincidiu com a realização da reunião da Comissão Mista Brasil-Iraque.

No tocante à venda de armamentos, embora muito da informação essencial não se encontre disponível, os fatos conhecidos permitem uma avaliação aproximada da importância desse item. O Brasil, em outubro de 1979, preparava uma venda maciça de armas para a Arábia Saudita, segundo o semanário Saudi Arábia Newsletter informava em Nova Iorque. Acrescentou que o avião Embraer II M, de patrulha marítima, também teria interessado aos sauditas. O Brasil estaria fazendo contatos com o Ministério da Defesa da Arábia Saudita, oferecendo armas, foguetes e submarinos. O tanque ligeiro X — 142 custava a metade de um tanque produzido nos EUA (US$ 500 mi). Fontes ligadas ao Mundo Árabe na ONU afirmaram que havia otimismo entre os industriais de armamentos e equipamentos brasileiros em relação à penetração no mercado saudita, pois a Arábia Saudita tinha demonstrado desejo de diversificar seus fornecedores para não depender mais dos EUA como única fonte de materiais bélicos. O Brasil já vendera tanques ao Qatar e tentava persuadir o Kuwait a fornecer ajuda financeira para a expansão de seu comércio no Golfo. Segundo o semanário, "o Brasil fornece armas sem fazer muitas perguntas. O Brasil seria manejável a suaves ofertas de barganhas por petróleo, em vez de vendas a dinheiro corrente"[293].

---

[293] Correio do Povo, 22/10/1979, p.5.

As estreitas relações com os países árabes, por outro lado, produziam grande quantidade de atritos diplomáticos, particularmente com Israel. Em dezembro de 1979, o Itamaraty divulgou que não deveriam ser dignas de crédito as informações do especialista inglês Robert Moss ao Jornal israelense Yediot Aharonot, de que a Frente Popular para Libertação da Palestina estaria treinando brasileiros ligados a VPR. O embaixador da Líbia, Bashin Khalil Fadel, desmentiu categoricamente que seu país estivesse financiando movimentos subversivos na América do Sul, enquanto a embaixada do Iraque atribuía as declarações de Moss a "um grande plano sionista agressivo". Em dezembro de 1979, a proposta de abertura de um escritório da OLP em Brasília suscitou discussões: a embaixada de Israel protestou, pois considerava tal providência a abertura de um espaço aos terroristas[294]. No início de 1980, o Brasil se posicionou a favor da implementação das resoluções 242 e 338 do Conselho de Segurança da ONU, manifestando desejo de que fosse concretizada também a desocupação dos territórios árabes conquistados pela força, considerando que todos os países da região tinham o direito de subsistir dentro de fronteiras internacionalmente reconhecidas e negociadas, defendendo os direitos do povo palestino à autodeterminação, à constituição de um Estado soberano e ao retorno ao seu lar, reconhecendo que a OLP representa o povo palestino e que deveria estar presente no processo de negociação que viesse a decidir o destino da Palestina.

As empresas Petrobras e INOC reviram, em janeiro de 1980, o contrato de exploração do Campo de Majnoon, noticiando-se que o fornecimento de petróleo iraquiano ao Brasil, após o primeiro trimestre no ano, cairia para 400 mil barris/dia, embora a Petrobras tivesse cedido seus direitos de descobridora dos campos petrolíferos de Majnoon e Narh Umr em troca de garantias de maior suprimento pelo Iraque. Na ótica do presidente da Petrobras, Shigeaki Ueki, o acordo era classificado de "muito bom". Pelo contrato original a Petrobras teria direito a adquirir no mínimo 405 mil barris/dia da produção dos campos — 105 mil barril a preços privilegiados e 300 mil a preços normais — até 1988. Porém, com a renegociação, o privilégio foi reduzido ao direito de compra de 160 mil barris/dia, durante 13 anos, a preço oficial. Uma única vantagem adicional foi a concorrência do Iraque em vender mais 230 mil barris/dia neste trimestre. Os dois contratos da renegociação de Majnoon somaram-se às compras normais de

---

[294] Veja, 12/12/1979, p. 16.

petróleo iraquiano. Em 1979 elas teriam se elevado a 400 mil barris/dia. Contudo, foram reduzidas para 240 mil barris/dia no ano de 1980, segundo explicou Ueki. O suprimento adicional no trimestre, elevando o fornecimento a 630 mil barris/dia, daria à Petrobras uma margem de manobra para renegociar contratos com outras fornecedoras, principalmente o Irã, na primeira quinzena.

Neste campo também as relações do Brasil com o Oriente Médio despertavam manifestações de oposição interna. Em janeiro de 1980, o deputado Maurício Fruet, vice-presidente da Comissão de Minas e Energia da Câmara dos Deputados declarou que a renegociação do campo de Majnoon, no Iraque, entre a Petrobras e a INOC ainda não fora devidamente esclarecida, e que Shigeaki Ueki mentira aos deputados em seu primeiro depoimento à CPI da Petrobras em dezembro, ao afirmar que o campo não estava sendo negociado. Criticou ainda a política da Petrobras no exterior, ao manter uma subsidiária — a Braspetro — para pesquisar petróleo em outros países. Segundo Fruet, a empresa gastou milhões de dólares que poderiam ter sido aplicados para se descobrir petróleo no Brasil e que, na única ocasião em que foi bem-sucedido no Iraque, acabou perdendo todos os privilégios a que tinha direito mediante o contrato original.

Em troca de petróleo, cujo fornecimento estava sendo renegociado em Teerã por uma delegação da Petrobras, o Brasil poderia vender ao Irã equipamentos e produtos agrícolas, que este país não podia obter devido às sanções econômicas norte-americanas. A imprensa iraniana, em janeiro de 1980, anunciara que já houvera um encontro entre diplomatas brasileiros e o vice-ministro do Comércio iraniano, durante o qual o representante brasileiro teria manifestado a disposição do país de vender os produtos necessários ao Irã, em virtude das condições no mercado internacional. Houve na ocasião especulações de que o Brasil poderia pagar o petróleo iraniano não apenas em dinheiro. As renegociações, contudo, eram árduas. O Brasil tentava renegociar o acordo feito em 1977, no governo Geisel, quando estava ainda no poder no Irã o xá Mohammad Reza Pahlavi. A partir da Revolução Iraniana, o volume de petróleo exportado para o Brasil passou a ser de 150 mil barris/dia.

No campo da cooperação tecnológica, o presidente Figueiredo encaminhou à Câmara dos Deputados, em janeiro de 1980, o texto do Acordo de Cooperação Nuclear entre o Brasil e o Iraque, pelo qual o Brasil se comprometia a fornecer urânio natural e urânio de baixo teor de enriquecimento para uso em reatores nucleares, além de equipamentos e serviços de engenharia e construção de reatores. Segundo a exposição de motivos do chanceler Saraiva Guerreiro que acompanhava a mensagem presidencial, a cooperação nuclear com o Iraque não inclui o fornecimento de material ou tecnologia sensível com transferência de instalações ou *know-how* para enriquecimento e reprocessamento de urânio, o fornecimento de urânio de alto teor de enriquecimento.

Finalmente, a missão da Petrobras que fora ao Irã negociar a compra de petróleo com a INOC conseguiu, em janeiro de 1979, fechar as negociações sobre as operações: seriam compradas 60 mil barris/dia, ao preço final de US$ 30 por barril. A Petrobras se comprometeu a refinar no Brasil parte deste carregamento, ficando com o direito de opção para consumo interno. Neste caso, a parte refinada seria paga a preços do mercado de derivados. Embora o negócio tenha sido considerado bom pela cláusula de opção, o preço por barril estava alto. A insistência da companhia estatal de petróleo iraniana, INOC, em fornecer uma quota muito reduzida à Petrobras — 40 mil barris — ameaçava levar ao fracasso as negociações entre as duas empresas, que incluíam a venda de produtos agrícolas brasileiros ao Irã. As conversões foram interrompidas diante de um impasse, no dia 21 de janeiro de 1980: a INOC não cedera em sua pretensão de fornecer apenas 40 barris diários à Petrobras, que, por sua vez, não via vantagem em assumir um negócio com altos riscos políticos em troca de pouco petróleo. Na véspera, os brasileiros puseram na mesa a sua oferta, que pareceu haver sido acolhida com grande interesse pelos iranianos. Na proposta brasileira, a Interbrás ampliaria a pauta e a qualidade de produtos exportados pelo Brasil para o Irã (basicamente, milho, soja e frango congelado). O negócio, porém, envolveria altos riscos políticos, já que o Irã estava ameaçado de sofrer um boicote econômico por parte dos EUA, o qual provavelmente contaria com o apoio dos países europeus.

As necessidades brasileiras de garantir o fornecimento de petróleo durante o segundo choque petrolífero, foram ganhando contornos políticos cada vez mais marcantes. Em setembro de 1980 o ministro do Petróleo dos Emirados Árabes Unidos, Mana Saeed al-Otaiba, recebeu a Grã-Cruz do Ordem de Rio Branco, o que também foi feito em outubro com o ministro das Finanças do Kuwait, Abderramã Al-Atiqui. Segundo a Resenha de Política Exterior do Brasil, "a aproximação do Brasil com os Estados do Golfo é consequência de decisões políticas a que atribuímos a mais alta importância. Separados pela distância geográfica e por barreiras artificiais derivadas do modo pelo qual, historicamente, o sistema internacional se desenvolveu, o Kuwait e o Brasil foram capazes, em anos recentes, de vencer estes condicionamentos desfavoráveis e iniciar um diálogo mutuamente benéfico, que, a cada momento, ganha em intensidade" (1980, p. 27). A Resenha mostrava que investidores kuaitianos adquiriram importante participação na indústria automobilística do Brasil.

Em dezembro de 1980 o presidente, Saddam Hussein convidou Figueiredo a visitar o Iraque, visando afirmar a solidariedade árabe-latino-americana. Contudo, o relacionamento bilateral não era fácil, sendo marcado por periódicos incidentes, que eram minimizados publicamente pela diplomacia brasileira, tal era a importância das relações com a região, para a política externa brasileira. Em 1982 três brasileiros da construtora Mendes Jr. foram presos no Iraque, ficando incomunicáveis sob acusação de desvio de combustível. Além disso, se o prolongamento da guerra Iraque-Irã permitia ao Brasil incrementar a venda de armas para o Oriente Médio, por outro lado o conflito perturbava o mercado e o fornecimento de petróleo, além de desviar investimentos de outras áreas, interrompendo muitos projetos que interessavam a outros ramos da economia brasileira.

Todavia, a cooperação do Brasil com a região manteve-se no essencial, sobretudo em função das necessidades geradas pela crise da dívida externa. Em dezembro de 1982 esteve em visita de seis dias ao Brasil, o ministro do Petróleo da Arábia Saudita, o xeque Ahmed Zaki Yamani. Em outubro de 1984, também o ministro saudita Ibn Abdul Aziz esteve no Itamaraty para assinar um acordo industrial-militar. Segundo dados estatísticos, em 1984 foram vendidos US$ 800 milhões em tanques, blindados e lança mísseis do Brasil para o Iraque. Em 1983, a Embraer vendeu 120 aviões tucano ao Egito — para montagem em território egípcio — por US$ 181 milhões. Na ocasião da visita, o Brasil assinou convênio com a Arábia Saudita, sob contrato renovável a cada cinco anos, envolvendo transferência de tecnologia para indústrias sauditas.

Ásia e Oceania

No conjunto da política externa brasileira para a Ásia, merecem destaque os contatos político-econômicos com a China e alguns outros países da região, enquanto que as transformações econômicas e estratégicas do cenário mundial e as dificuldades internas da economia brasileira, tornaram menos intensas as relações com o Japão. No tocante à República

Popular da China, foram vários os contatos de alto nível, assim como as missões especiais que resultaram, no governo Figueiredo, em acordos de cooperação científica e tecnológica, sobretudo no campo nuclear e espacial, embora o comércio fosse ainda de dimensões limitadas. Em 1979 a R.P. da China enviou ao Brasil uma missão do ministério da Indústria do Petróleo e duas missões do ministério da Conservação de Águas e Energia Elétrica. Em maio de 1979, uma missão brasileira negociou em Pequim os termos de um acordo de cooperação em transporte marítimo para disciplinar o fluxo de comércio bilateral, que foi assinado pelo vice-primeiro-ministro da China, Kang-Shien, e por Saraiva Guerreiro, por ocasião da visita de Shien ao Brasil.

No dia 24 de maio foi finalmente firmado o Convênio sobre Transportes Marítimos, pelo qual se isentaram de impostos as mercadorias e passageiros transportados entre seus portos. De acordo com os termos do acordo, foi dada prioridade aos navios mercantes das duas bandeiras para o transporte de mercadorias. Por ocasião da assinatura do convênio, o ministro dos Transportes do Brasil, Eliseu Resende, sugeriu ao vice-primeiro-ministro, Kang-Shien, a melhoria dos portos de seu país para que estes pudessem receber navios de grande calado, pois interessava ao Brasil que os navios levassem minério de ferro e retornassem com petróleo da China e carvão da Austrália, uma vez que as cargas abaixo de 100 mil toneladas não compensavam os fretes elevados. Durante a visita Kang-Shien admitiu a possibilidade de aumentar os 20 mil barris diários exportados para o Brasil, afirmando ainda o interesse chinês em aumentar as compras de minério de ferro brasileiro. No período de sua estadia no Brasil, o vice-primeiro-ministro encontrou-se com o presidente João Figueiredo, que admitiu a possibilidade de visitar a China. Visitou, ainda, o canteiro de obras da hidrelétrica de Itaipu. Em suas declarações, observou que Brasil e China possuíam problemas parecidos, especialmente por haverem concentrado na indústria e negligenciado a agricultura.

As operações comerciais com a China correspondiam à compra pela Petrobras de 20 mil barris/dia de petróleo, enquanto a Companhia Vale do Rio Doce vendia o minério de ferro. Por fim, anunciou uma missão da Associação dos Exportadores Brasileiros à China em outubro, para oferecer produtos como café, cacau, soja, equipamentos agrícolas, máquinas operatrizes e serviços de engenharia, e negociar a compra de matéria-prima farmacêutica. Contudo, o crescente adensamento das relações bilaterais também não estava isento de problemas. Uma questão foi levantada no relacionamento entre Brasil e China, quando o presidente da Associação dos Armadores de Pesca de Vitória, José Felipe dos Santos Jr., em dezembro de 1979 denunciou que barcos da China estariam pescando em águas brasileiras com sistema de rede e cano elétrico, "fazendo um verdadeiro vandalismo na região mais piscosa do país, entre o Rio Doce (ES) e Abrolhos (BA)"[295].

Embora seja vizinha da Coréia, a principal rival às exportações brasileiras de tubos de aço carbono, a China triplicou de 1978 a 1979 suas compras do produto (de 5 mil a 15 mil toneladas) no marcado brasileiro e já formalizara, para 1980, uma compra de 30 mil toneladas. Os chineses queriam adquirir cerca de 50 mil toneladas de tubos de diversos tipos, especialmente os de aço carbono com costura, para condução de água e de gás. O Brasil era então fornecedor expressivo do mercado internacional, tendo realizado exportações para todos os continentes, sendo que o maior mercado dos tubos brasileiros eram os EUA. Nos anos seguintes, o Brasil poderia transformar-se num grande fornecedor da China, cujos projetos econômicos em execução requeriam grandes quantidades do produto.

Apesar dos problemas, crescia a cooperação bilateral, e em março de 1980 foi realizada, com grande ênfase pela diplomacia brasileira, a I Reunião da Comissão Mista Comercial Brasil-RPC, em Pequim, consolidando todos esforços anteriores no sentido de intensificação dos intercâmbios bilaterais. Em 1983 o presidente Figueiredo realizou visita à China e à Ásia continental. Nesta ocasião foi montada, paralelamente, a I Feira Industrial Brasileira em Pequim. Em 1984, uma missão chefiada pelo ministro da Fazenda visitou a China com o objetivo de elevar o intercâmbio comercial de US$ 650 milhões para US$ 1 bilhão até o final daquele ano. Neste ano, ambos os países reforçaram a política de diversificação do comércio bilateral, que nesta ocasião girava em torno de 113 produtos, cujo destaque era o intercâmbio de ferro brasileiro por petróleo chinês.

A cooperação bilateral, todavia, não se limitava ao âmbito econômico-comercial. No ano de 1984, a R.P. da China manifestou a intenção de aproximação com o Brasil em questões políticas, manifestando claro apoio ao presidente Figueiredo na questão dos juros altos no mercado financeiro internacional. Nesse mesmo ano foi assinado acordo bilateral prevendo a instalação de um consulado chinês em São Paulo e um brasileiro em Xangai, que sinalizavam a ampliação das relações diplomáticas

---

[295] Correio do Povo, 14/12/1979, p. 3.

e econômicas, considerando-se a importância das duas cidades. Além disso, foi de grande importância na aproximação Brasil-China, a assinatura de um Acordo de Cooperação Científico-Tecnológico em 1982, e de um *Memorandum* de Cooperação sobre o uso pacífico da energia nuclear em 1984. A crescente cooperação tecnológica, especialmente no campo da energia atômica, dinamizou o programa nuclear brasileiro, e progressivamente abrangia também o campo das pesquisas espaciais.

As relações com a China, da mesma forma que as relações com alguns países-chave do Oriente Médio, constituem um elemento estratégico para a política externa brasileira e para as relações internacionais em sentido amplo, como exemplo da Cooperação Sul-Sul. Ainda que o Brasil não fosse membro do Movimento dos Países Não-Alinhados, as relações bilaterais com os países mencionados evidenciavam que a postura da diplomacia brasileira inseria-se numa perspectiva semelhante à daquela Organização. A verdadeira *parceria estratégica* que se esboçava com a China, autonomizava a diplomacia do Brasil no âmbito do cenário mundial, especialmente por tratar-se da cooperação entre dois países de dimensão continental, colocados ambos em posição de autonomia dentro dos sistemas de que ambos faziam parte[296].

As relações com outros países asiáticos também continuaram se desenvolvendo. Em 1979 teve grande destaque a visita do ministro das Relações Exteriores da Malásia, já que este país era membro da ASEAN, que abrangia a área de grande dinamismo econômico e que assumia importância cada vez maior para as atividades comerciais brasileiras na Ásia. No mês de fevereiro de 1981, o ministro das Indústrias Primárias da Malásia, Paul Leong, visitou o Brasil, com o objetivo de examinar os interesses comuns no campo da borracha, óleo de palma, projetos florestais, estanho, tecnologia do álcool carburante e açúcar. Outra iniciativa de contato com os países asiáticos foi marcada pela visita, em janeiro de 1981, do vice-primeiro-ministro de Cingapura, Sinvathamby Rajaratnam.

Em 1979, a diplomacia brasileira manteve igualmente contatos com autoridades da Ásia Meridional, visando à ampliação do comércio brasileiro com esta região. Neste sentido, foi realizada uma visita do chanceler do Sri Lanka, que analisou a possibilidade de intensificação das relações comerciais bilaterais com o Brasil. Com relação à Índia, as relações

---

[296] Ver CABRAL Filho, Severino, e outros. *Brasil-China: 20 anos de relações (1974-1994)*. Rio de Janeiro: Conjunto Universitário Cândido Mendes, 1994.

comerciais e a cooperação tecnológica mantiveram-se, embora sem um grande desenvolvimento. Já a atuação nos organismos multilaterais, ambos países demonstraram forte convergência e protagonismo, na defesa dos interesses das nações dos Terceiro Mundo, como é visto no capítulo sobre a diplomacia multilateral.

Em 1981 o Brasil recebeu a visita oficial do Secretário de Comércio do Paquistão, que buscava incrementar as relações comerciais. É imperativo notar que o Paquistão importava do Brasil óleo de soja, máquinas e acessórios não-elétricos, veículos ferroviários, chá e elementos químicos. Brasil e Paquistão assinaram um Acordo Comercial em novembro de 1982. Nesta ocasião, o governo do Paquistão, representado pelo secretário-geral do ministério do Comércio, Izharul Haq, convidou uma delegação de industriais brasileiros para uma visita à Zona de Processamento de Exportação de Karachi, com vistas à eventual participação brasileira nos empreendimentos a serem implantados.

No tocante aos países socialistas asiáticos menores, segundo um estudo do Itamaraty, datado de abril de 1979, o Brasil deveria estabelecer relações com a Coréia do Norte, Vietnã, Camboja e Laos ainda naquele ano. A proposta tinha o objetivo de sinalizar uma ação externa com atitudes independentes, semelhante às que marcaram o início do governo Geisel, sendo considerada como um primeiro grande passo da política externa do governo Figueiredo. A estratégia era a de marcar presença na região, já que os estudos indicavam que nesses países existiam "mercados potencialmente exploráveis do ponto de vista comercial". No mesmo molde das relações com Angola e Moçambique, o Brasil pretendia colocar no mercado asiático produtos de tecnologia intermediária e vender serviços. Todavia, a deterioração do cenário internacional, com a retomada da Guerra Fria pela administração Reagan, bem como os percalços internos da transição brasileira à democracia, obstaculizaram a concretização de tal projeto.

Marcado as iniciativas da diplomacia brasileira com relação à Oceania, em julho de 1979 foi realizada a sessão inaugural da Comissão Mista Brasil-Austrália, estabelecida pelo Acordo Comercial firmado no ano anterior. Na reunião, identificou-se a perspectiva de criação de novos fluxos de comércio bilateral, bem como áreas de interesse para o estabelecimento de crescente cooperação econômica, industrial e tecnológica bilateral. No ano de 1979, o Brasil recebeu visita dos ministros da Energia da Nova Zelândia e das Filipinas, interessados no Proálcool, já que seus países estavam investindo na substituição do petróleo por fontes alternativas de energia.

DIPLOMACIA MULTILATERAL, ECONÔMICA E DE SEGURANÇA

Organizações Internacionais

A diplomacia brasileira teve atuação destacada nos foros multilaterais durante a vigência diplomacia do Universalismo do governo Figueiredo, com o multilateralismo brasileiro atingindo o apogeu. No ano de 1979, na XXXIV Assembleia Geral da ONU, o Brasil teve participação destacada, com os debates abertos por Saraiva Guerreiro. Em setembro de 1982, Figueiredo esteve na ONU, sendo o primeiro presidente brasileiro a comparecer à sede da organização. Em seu discurso, o presidente levantou o problema da dívida como uma questão de todos os países em desenvolvimento, propondo uma revisão dos mecanismos que regulam a cooperação internacional, inclusive dos procedimentos do FMI e do Banco Mundial. Nesta ocasião, o chanceler Saraiva Guerreiro afirmou que "desde a II Guerra Mundial, nunca houve tanta necessidade de novo alento na cooperação internacional".

O Brasil, em 1979, fez-se representar na VI Reunião de Cúpula dos Países Não-Alinhados, realizada em Havana, na condição de observador. No ano seguinte, a participação brasileira foi destacada na carta enviada pelo presidente Figueiredo à primeira-ministra da Índia, Indira Gandhi, por ocasião da VII Reunião dos Países Não-Alinhados: "O Brasil tem acompanhado o Movimento de Países Não-Alinhados, com interesse e esperança, desde sua criação. Nele identificamos uma intenção justa e necessária em prol da paz e da redução das tensões internacionais. Mais do que nunca, em meio à gravíssima crise internacional que vem pondo por terra os esforços e as expectativas legítimas dos países em desenvolvimento de promover o bem-estar de seus povos e de assegurarem uma ordem econômica internacional mais equitativa, caberá ao Movimento de Países Não-Alinhados, na expressão autêntica dos seus princípios e objetivos originais, procurar novos caminhos que permitam aos países pobres, dentro de uma moldura de cooperação e fraternidade, superar as dificuldades que lhes foram impostas, e trazer inspiração e alento para a revisão das relações internacionais que se faz necessária".[297]

O Brasil enviou como observador à VII Reunião dos Países Não--Alinhados, em Nova Délhi, o diplomata Sérgio Thompson-Flores, em

---

[297] Resenha de Política Exterior do Brasil. Brasília: MRE, 1979.

março de 1983. O observador declarou: "Vivemos um reinado de terror. Os Estados mais poderosos atuam com base na teoria da dissuasão". E repetiu a declaração do presidente Figueiredo na ONU: "A interdependência entre as nações parece por vezes degenerar em tentativas de reconstrução de quadros hegemônicos ou sistemas de subordinação, que em nada constituem prosperidade, seja no mundo industrializado, seja no mundo em desenvolvimento. Como em muitos casos praticada, a interdependência parece reduzir-se a um novo nome para a desigualdade".[298] Em outubro de 1982, o Brasil participou da Reunião Ministerial do Grupo dos 77.

Em 20 de novembro de 1980, o secretário-geral do MRE, João Clemente Baena Soares, em Washington, por ocasião da Assembleia da OEA, manifestou preocupação com o desnível de desenvolvimento entre as nações e as alternativas para resolver esta questão. Até o encerramento do processo, em 1980, o Brasil participou ativamente dos trabalhos relativos à reestruturação da ALALC. Em novembro de 1982, Baena Soares, representando o Brasil na XII Assembleia Geral da OEA, manifestou que sua meta era buscar a afirmação da União Interamericana, considerada uma resposta, segundo o secretário, à crise centro-americana, gerada pelas tensões Leste-Oeste. De 12 a 17 de novembro de 1984, realizou-se em Brasília a XIV Assembleia Geral da OEA. Durante uma semana, representantes diplomáticos dos países membros discutiram, entre outros pontos, a dívida externa dos seus países, a questão do Grupo de Contadora, as ilhas Malvinas e a Guerra na Nicarágua. O chanceler brasileiro, Saraiva Guerreiro, abriu a Conferência Norte-Sul, realizada em outubro de 1981, no México. Nesta ocasião, Guerreiro apelou por mudanças nas regras do jogo no comércio internacional, defendendo a eliminação de barreiras tarifárias para produtos dos países em desenvolvimento.

Diplomacia Econômica

Problema essencial nas relações internacionais do Terceiro Mundo durante a década de 1980, a Questão da Dívida Externa foi componente marcante nas negociações internacionais da diplomacia brasileira no Governo Figueiredo. A princípio, a estratégia brasileira de negociação buscava demonstrar a especificidade do caso brasileiro, ao mesmo tempo em que

---

[298] Resenha de Política Exterior do Brasil. Brasília: MRE, 1983.

tenta realizar programas de ajustamento que convergissem com as exigências do FMI, mediante as Cartas de Intenção. O Brasil, todavia, não era o único afetado por este problema. Desta forma, os países latino-americanos procuraram articular uma ação conjunta com base na ideia de que a crise era um problema político do conjunto de países. Neste sentido, nas reuniões para discussão da crise, a diplomacia brasileira obteve comprometimento com a tese da necessidade do enfoque político nas negociações, descartando, contudo, a proposta da Argentina, Venezuela e Equador, que propunha a constituição de um "clube de devedores", ao mesmo tempo que afastava a possibilidade do pedido de moratória coletiva. Como ressaltou Sônia de Camargo, "com isso, ficou claro que, se por um lado o Brasil defendia a politização da dívida, isto não implicava, necessariamente, confronto com os países credores — leia-se moratória — nem negociações uniformes — leia-se 'clube dos devedores'"[299].

Por outro lado, o contexto internacional de crescente protecionismo dos países desenvolvidos, impôs à diplomacia brasileira a tarefa de conduzir iniciativas que visassem ao pleno desenvolvimento das operações brasileiras de comércio exterior. Desta forma, coube ao Itamaraty a postulação, no âmbito dos organismos multilaterais, da modificação da estrutura comercial e financeira internacionais. Além disso, no Governo Figueiredo, o Brasil persiste na estratégia de diversificação do intercâmbio econômico para pressionar a redução do protecionismo nos países industrializados[300].

Em 1979 foi realizada a Conferência do Cacau, na ONU, cujo objetivo era concluir o III Acordo Internacional do Cacau. Não se produziu, contudo, o entendimento necessário à fixação dos níveis de preços que acionam o mecanismo regulador de preços no mercado internacional. Em 1979, no quadro do Programa Integrado de Produtos de Base, encerraram-se, com êxito, as negociações do Acordo Internacional da Borracha Natural, o primeiro concluído no âmbito daquele programa, prevendo a utilização do mecanismo de estoque regulador para ordenar os preços do mercado. O Acordo Internacional do Trigo foi prorrogado até 30 de junho de 1980. É firmado, no dia 23 de janeiro de 1980, o Acordo entre Brasil e CEE sobre o Comércio de Produtos Têxteis.

---

[299] Camargo, op. Cit., p. 159.
[300] Resenha de Política Exterior do Brasil. Brasília: MRE, n.º 24, 1980, p. 30.

O protecionismo e o estímulo às exportações continuaram marcando a diplomacia econômica do governo Figueiredo. Tais políticas tanto deviam-se a necessidades da economia brasileira como decorriam da crise da dívida, que obrigava o país a manter enormes superávits comerciais para obter moedas fortes. Além disso, gerou uma série de distorções no desenvolvimento brasileiro, como o pouco estímulo dos empresários na questão da renovação tecnológica e qualidade dos produtos, além de propiciar instrumentos de corrupção nas relações entre órgão técnicos do governo e empresários. Muitas das características apontadas como defeitos do estatismo foram, na verdade, decorrentes desse impacto perverso da crise da dívida na economia brasileira e sua inserção internacional[301].

Em novembro de 1981, o ministro interino da Fazenda, Carlos Viacava, assinou uma portaria, contendo normas para a política comercial: a) até 30/3/82 as exportações de manufaturados continuariam a gozar de um incentivo fiscal de 15%, em crédito-prêmio pagável pela rede bancária; e b) depois do dia 29/6/82, o crédito ficaria em 14%; até 29/7/82, em 12,5%; até 30/12/82, em 11%; e em 31/12/82, enfim, o incentivo cairia para 9%. Essas medidas foram tachadas de violadoras do compromisso comercial entre Brasil e EUA. O governo norte-americano resolveu, como represália, sobretaxar os produtos brasileiros (ferro-gusa, algodão, óleo de mamona, calçados e aço-carbono). No fim de 1981, após o governo brasileiro ter prorrogado os subsídios às exportações, foram feitas previsões que apontavam o café como o produto mais importante das exportações brasileiras para o ano de 1982, com receita provável de US$ 3 bilhões.

A crise obrigava igualmente a equipe econômica a buscar recursos alternativos no exterior e a tentar constantemente reescalonar a dívida. O ministro do Planejamento, Delfim Netto, realizou viagem ao Japão, R.F. da Alemanha e EUA, em dezembro de 1981, para tratar de assuntos financeiros. Delfim obteve empréstimos no valor de US$ 1,1 bilhão e acertou a participação japonesa no projeto de minas de ferro de Carajás. No mesmo mês, o ministro da Fazenda, Ernane Galvêas, anunciou um superávit de US$ 988 milhões na balança comercial, nos primeiros onze meses do ano — as exportações do período totalizaram US$ 21,23 bilhões e as importações US$ 20,24 bilhões. A CACEX baixou normas internas limitando as

---

[301] Entrevista concedida ao autor pelo embaixador Jório Dauster, em junho de 1998, como parte do projeto Fontes Vivas da Política Externa Brasileira, do Núcleo de Pesquisas em Relações Internacionais da USP.

importações em julho de 1982, dificultando a compra nos países da ALADI, obstruindo ainda as importações da Zona Franca de Manaus e as aquisições de matérias-primas no exterior pelo sistema *drawback*, para posterior exportação. Em nota divulgada pela Secretaria de Planejamento, Figueiredo determinou o corte de US$ 650 mil nas importações das empresas estatais e dos órgãos da administração direta e indireta previstas para o ano de 1982.

Em setembro de 1982, o presidente discursou na AG da ONU, enfatizando a crítica às barreiras comerciais e à política dos países ricos empregada por Reagan. Em seu discurso, Figueiredo destacou as dificuldades de financiamento e de comercialização no mercado internacional. Na reunião ministerial do GATT, em Genebra, em novembro de 1982, ocorreu algo inédito na história do organismo: uma reunião que não se dedicou ao lançamento de uma ambiciosa rodada de negociações, voltada para um exercício sistemático e linear de liberalização comercial. As discussões buscaram a reversão do processo de retração generalizada das atividades econômicas e do protecionismo desmedido.

A moratória mexicana, por sua vez, sacudiu o mundo financeiro e pôs fim ao financiamento voluntário da dívida latino-americana, modificando ainda totalmente os condicionamentos políticos da gestão econômica brasileira. Dentre as modificações, pode-se ressaltar a necessidade de convencer o público interno e os credores privados das possibilidades de solvência a longo prazo da economia brasileira (o público interno deveria convencer-se de que a moratória unilateral não seria a melhor solução para o país) e o interlocutor externo passou a ser o FMI, gestor do penoso processo de direcionamento dos fundos privados e multilaterais para as necessidades de financiamento do Terceiro Mundo. Em 6 de janeiro de 1983, o Brasil apresentou o que seria a primeira de uma série de cartas de intenções ao FMI, nela solicitando recursos por três anos, na modalidade de crédito ampliado (*extended facility*), comprometeu-se com uma política de estabilização, em tese voltada a um ajuste estrutural a fim de reduzir seus desequilíbrios internos e externos no período 1983-1985. Mas a própria concepção do programa da primeira Carta de Intenções continha uma série de equívocos, os quais, pelo menos em parte, explicam a longa trajetória de negociações que caracterizaram os anos de 1983 e 1984.

O programa de estabilização voltava-se para um ajuste estrutural, com uma concepção muito estreita: redução dos investimentos públicos, aceleração de minidesvalorizações e correções de preços com o objetivo de aumentar as exportações, sem levar em conta que as exportações do ano anterior (1982) haviam caído, não por problemas internos da economia, mas por queda da demanda externa, em decorrência da recessão internacional. A resistência da taxa de inflação aos cortes de demanda global nos dois anos anteriores não foi suficiente para chamar a atenção para o papel dos mecanismos de indexação na dinâmica da inflação brasileira. Os desequilíbrios internos, dos quais a inflação e o déficit público eram vistos como os mais claros sintomas, seriam combatidos pelo remédio usual do Fundo — os critérios de desempenho representados pelos tetos de crescimento nominal do crédito doméstico líquido e das necessidades de financiamento do setor público não-financeiro. A meta para a taxa de inflação no primeiro ano de aplicação do "ajuste" era de 70%. Em 15 de março de 1984, o Brasil assinava já a quinta Carta de Intenções com o FMI, que incluía metas para a base monetária e para meios de pagamento, conciliando o formulário do Fundo e as prescrições tradicionais dos monetaristas brasileiros[302].

Em Washington, o ministro da Fazenda, Ernane Galvêas, no mês de setembro de 1984, concluiu com o FMI uma nova revisão do programa econômico brasileiro daquele ano, que projetou uma inflação de 194% até o mês de dezembro, além de um PIB de US$ 380 bilhões. Esta revisão reformulou metas do déficit orçamentário acertado com o Fundo. Ainda no mês de setembro, foi divulgada a sexta Carta de Intenções Brasil-FMI, na qual o país se comprometia a reduzir as despesas do setor público até o final do ano. Em dezembro de 1984, a imprensa divulgou um acordo que o ministro do Planejamento, Delfim Netto, fechou com o FMI em Nova Iorque, em caráter sigiloso. Nele estava contido o fim dos subsídios a produtos como o trigo. O acordo ia ao encontro às metas que o governo brasileiro considerava apropriadas ao seu salto operacional, que deveria ficar entre 2% e 4% do PIB. No dia 12, o governo acertou com o FMI uma inflação de 120% para 1985. Em janeiro de 1985, o presidente do Banco Central, Afonso Celso Pastore, reiniciou em Nova Iorque os entendimentos para a renegociação da dívida externa brasileira.

---

[302] CARNEIRO, Dionísio Dias. "Perspectivas do endividamento externo brasileiro (1986-1990)". In *Contexto Internacional*. Rio De Janeiro: IRI-PUC/RJ, n.º 3, 1986, p. 56-59.

Segurança, energia nuclear e informática

Durante o Governo Figueiredo, a diplomacia brasileira viu-se envolvida na tarefa de preservar a autonomia do Brasil na questão de segurança. Na década de 1980, o Brasil rejeitou a ideia norte-americana da criação da OTAS, já que esta contrariava a estratégia brasileira de defesa da região. Tal ideia foi rechaçada por completo após a Guerra das Malvinas, quando se evidenciou que a defesa marítima brasileira estaria mais vulnerável com a internacionalização do Atlântico Sul. O projeto dos EUA, além disso, prejudicava as relações brasileiras com a África, uma vez que ao Brasil não interessava mais a aliança anticomunista. Interessava, isto sim, cultivar os mercados consumidores e livrar a rota do petróleo (Rota do Cabo) de bloqueios que pudessem causar prejuízo ao consumo nacional. Além disso, a diplomacia manteve a orientação de assegurar ao Brasil o acesso à energia nuclear e à ciência & tecnologia de ponta, concretizando várias iniciativas neste sentido. Paralelamente, o governo deu continuidade ao esforço de desenvolvimento da indústria armamentista brasileira, como fornecedora de material bélico a países do Terceiro Mundo.

O presidente Figueiredo afirmou, na XIII Conferência dos Exércitos Americanos, realizada na Venezuela em novembro de 1979, que o caminho democrático não resultaria em distanciamento dos regimes autoritários da área, tanto que o Brasil apoiou as propostas de articulação de um exército regional na luta antimarxista, de intensificação da formação ideológica das tropas e da criação de uma força de paz latino-americana. Em 1982, foi noticiado o interesse dos EUA em assinar um acordo de cooperação industrial militar com o Brasil, sob licença, como o país já possuía com a Alemanha, a Inglaterra e a Itália, além de outros países.

Contudo, a prioridade acordada à indústria bélica nacional continuou sendo um dos eixos da política governamental. Figueiredo sancionou, junho de 1982, a lei que criava a Empresa Gerencial de Projetos Navais (Engepron), vinculada ao ministério da Marinha e sediada no Rio de Janeiro. A Engepron completava, ao lado da IMBEL e da EMBRAER, o tripé do nascente complexo industrial-militar brasileiro.

A propósito da questão da Antártica, em março de 1983 foi realizada a III Sessão da CONANTAR, em Brasília. O chanceler Saraiva Guerreiro afirmou a respeito que "o Brasil não mais se situa entre os países aspirantes à Antártica, mas já começa a se integrar efetivamente à comunidade de países que se fazem presentes na região"[303]. Durante a XXXVII Sessão da Assembleia Geral da ONU, a delegação da Malásia, com o respaldo da Índia, afirmou que na medida em que as Nações Unidas proscreveram atividades militares na região e estimularam a cooperação científica internacional, tornava-se necessário que se processe a uma nova negociação, aberta a todos os países, sob a égide da ONU. A proposta foi apresentada novamente pela Malásia na reunião de cúpula dos países Não-Alinhados, realizada em 1983 na Índia.

Outro problema de segurança que emergiu no governo Figueiredo foi a crise do Suriname, que, após um golpe de Estado, perdeu o apoio da Holanda e solicitou ajuda cubana. Visando evitar tal acercamento, o governo brasileiro resolveu oferecer alternativas ao regime surinamês. O Brasil recebeu a visita oficial do chefe do Estado Maior do Suriname, em 1983, resultando na assinatura de uma série de contratos militares com o Brasil. Segundo estabelecido, o Suriname compraria desde mochilas e capacetes a carros de combate. Este equipamento seria destinado a aumentar as Forças Armadas do país de 1600 efetivos para 3000. O montante da compra pago seria pago parte em produtos agrícolas e bauxita. Contudo, os detalhes do contrato não foram completamente divulgados. Por estes acordos, o Exército Brasileiro comprometeu-se a dar apoio ao Suriname e a transferir *know-how* administrativo ao país vizinho. É importante notar que, desde então, oficiais e suboficiais do Suriname passaram a receber instrução militar em instituições militares brasileiras, como a AMAN.

Em abril de 1983, aviões líbios, que transportavam armas para a Nicarágua, foram detidos no Recife, envolvendo o Brasil no conflito da América Central. Configura-se, assim, o incidente diplomático entre o Brasil e a Líbia, devido a quatro aeronaves de transporte líbias detidas nos aeroportos de Recife e Manaus por "carga ilegal". Em 16 de abril de 1983, um cargueiro "Hércules" pertencente a empresa estatal líbia "Jamahiriya Air Transport" foi obrigado a descer, por causa de uma pane, em Recife. Após a inspeção da aeronave pelas autoridades brasileiras, comprovou-se que o alegado carregamento de "medicamentos e material sanitário" era, na verdade, armas e suprimentos militares para o governo da Nicarágua. Assim, foi retido pelas autoridades brasileiras, pois a declaração formal de carga estava "incorreta". Em Manaus foram retidos outros 3 aviões com o

---

[303] Resenha de Política Exterior do Brasil. Brasília: MRE, n.º 36, 1983, p. 41.

mesmo carregamento que, segundo rumores, seriam armas de fabricação brasileira, exportadas para a Líbia.

A retenção dos aparelhos provocou a atenção da imprensa internacional, e levantou a suspeita, segundo o periódico *The New York Times*, de que os brasileiros teriam sido alertados pela CIA sobre o "carregamento ilícito". Havia indício de que as autoridades brasileiras já sabiam do apoio de Khadafi à Nicarágua, e de que a retenção dos aviões deu-se apenas em virtude de ser um transporte "ilegal". É importante notar que o fato ocorreu em um momento em que as autoridades brasileiras procuravam demonstrar uma posição de neutralidade no conflito na América Central, apesar de acusações de apoio à Honduras e Guatemala.

Os grandes prejudicados neste impasse foram a Engesa e a Embraer, que já tinham acertado contratos milionários com a Líbia, os quais foram imediatamente suspensos pelo governo de Khadafi. Após dois meses de negociações diplomáticas, sob pressão forte das companhias brasileiras, que temiam perder um grande cliente, o impasse foi resolvido com a devolução dos aviões e sua carga aos líbios, mas o governo brasileiro impediu que estes continuassem sua viagem rumo à Manágua. Por fim, merecem destaque dois detalhes envolvidos na questão: primeiro, a importância dada por Washington ao incidente, pois, desde o início, um avião-patrulha da marinha americana permanecia oficialmente para "pesquisa oceanográfica" em Recife; segundo, as autoridades brasileiras haviam "fechado os olhos" para outras missões líbias de transporte de armas. Mas estas eram para o regime militar argentino na época da Guerra das Malvinas[304].

A cooperação militar com a África subsaariana também merece destaque. Técnicos das Forças Armadas do Gabão concluíram em São Paulo, na sede da empresa Siteltra, em junho de 1983, um curso de operação e manutenção de equipamentos militares de telecomunicações (rádios de companha de diversos tipos). A Siteltra S.A. detinha, no Brasil, os direitos de fabricação e utilização da tecnologia Telefunken, a cujo grupo estava ligada.

Ocorreu, em junho de 1983, encontro entre representantes das Forças Armadas, de órgãos de pesquisa e de empresas privadas, que foi patrocinado pela firma alemã Gesellschaft für Systemtechnik. O encontro foi considerado de vital importância para o desenvolvimento da indústria bélica nacional. A reunião promoveu a troca de informações sobre sistemas desenvolvidos em outros países, sobretudo na Europa, facilitando

---

[304] Revista *Tecnologia e Defesa*, n.º 4, junho de 1983, p. 10-11.

um diálogo direto entre especialistas militares e técnicos civis das empresas ligadas ao aperfeiçoamento dos equipamentos militares. Segundo um porta-voz do Exército sobre o evento ressaltou "as informações transmitidas pelos técnicos alemães representam um importante subsídio para o desenvolvimento de projetos de equipamentos em nossas Forças Armadas, que vêm ampliando sua atividade nesse campo, mediante a absorção de tecnologia estrangeira, importada sob licença". Vale ressaltar que, nessa época, diversos convênios firmados com firmas estrangeiras foram assinados, como por exemplo Embraer-Shorts e Siteltra-Ferranti[305].

No fim de 1983, foi concretizada a venda de oito aviões Tucano (EMB 312 da Embraer) ao Governo Hondurenho. O pacote comercial incluía material de apoio e treinamento dos pilotos e mecânicos hondurenhos, a ser dado por elementos da FAB e da empresa Embraer. A transação marcou o início da participação direta do Brasil nos conflitos da América Central, embora já no início de 1983, o Panamá tivesse adquirido alguns foguetes da Avibras Aeroespacial, em parte repassados aos hondurenhos logo em seguida. Mas isto não representava uma participação importante do ponto de vista militar ou econômico. É interessante notar que "a venda dos Tucano para um país da América Central foi na época considerada como 'classificada', nem sequer sendo admitida a realização da transação, apesar dos aparelhos vistos em São José dos Campos (sede da Embraer), ostentando a pintura camuflada para a operação em selva e as inscrições FAH (Força Aérea de Honduras) nos lados da fuselagem. Segundo o ministério da Aeronáutica, o 'segredo' foi imposto pelos próprios compradores e adotado porque também atendia as diretrizes da diplomacia brasileira que procurou a todo custo evitar que o Brasil se visse envolvido nos conflitos daquela explosiva região americana"[306]. O contrato, da ordem de US$ 10 milhões, foi financiado pelos EUA, através de uma linha especial, cujos recursos eram destinados à ajuda militar para países aliados da América Central.

Em 1984, a indústria bélica nacional bateu o recorde de exportação, vendendo cerca de US$ 1,2 bilhão em armamentos. Em janeiro de 1984, foi firmado contrato de US$ 181 milhões, assinado pelo Ministério de Defesa egípcio com o Brasil para produzir, sob licença, o avião Tucano da firma brasileira Embraer. A Organização Árabe para a Industrialização seria

---

[305] MOURÃO, J. P. "Simpósio sobre sistemas de armas", in Revista *Tecnologia e Defesa*, n.º 4, junho de 1983, p. 24.

[306] SALVADO, Paulo G. D. "Tucano contra a guerrilha na América Central", in *Defesa Latina*. N.º 30, julho de 1984, p. 18.

responsável pelo programa de montagem dos aviões em solo egípcio, uma vez que os aviões, inicialmente, chegariam em *kits*. O total estimado do contrato previa 120 aviões. Este lote inicial, seria dividido entre Egito e Iraque, 40 e 60 aeronaves, respectivamente. Os próximos 60 aviões seriam também compartilhados entre Egito (40) e Iraque (20). O acordo, por outro lado, permitiria a competição entre as duas firmas para vendas no Oriente Médio e África. Assim, a Embraer, além de garantir ganhos sobre os direitos de fabricação, não perderia direito de vendas no mercado africano e árabe, competindo diretamente com sua associada egípcia. Além do Egito, outros países e empresas estariam interessados na compra, montagem ou produção sob licença do avião brasileiro.

A política nuclear revelou-se uma área cada vez mais sensível para a diplomacia brasileira, em meio às pressões externas e às dificuldades econômicas. No ano de 1979, foi consolidada a implantação do Sistema de Informação Científica e Tecnológica no Exterior. Neste mesmo ano, foram negociados, bilateralmente, com França, Bolívia, Chile, Bélgica, Índia e Itália, ajustes complementares de cooperação científica e tecnológica. Em 1979, contudo, acontece a conclusão, no âmbito da AIEA, das negociações para a convenção sobre Proteção Física do Material Nuclear. O texto final atingiu os interesses brasileiros. Ainda sob a égide da AIEA e sob a presidência do Brasil, realizaram-se mais duas reuniões do Grupo de Consultores para o estabelecimento de um regime internacional de armazenamento de plutônio. No âmbito da cooperação nuclear Brasil-RFA, cabe destacar o prosseguimento, no ano de 1979, das obras da central nuclear Angra II, bem como a implementação dos demais aspectos do Acordo de Cooperação Nuclear, incluindo a transferência de tecnologia, que permitiria ao Brasil o domínio do ciclo completo do combustível nuclear. A política nuclear brasileira, contudo, enfrentava crescentes dificuldades, quando ocorriam manifestações contra a construção de mais duas usinas nucleares. Em junho de 1980 foi encontrado um 'lixão atômico', nas proximidades de Itu, no interior de São Paulo. Além disso, o programa nuclear brasileiro enfrentava problemas com a falta de tecnologia.

O governo procurou, então, explorar outras alternativas de cooperação. Em maio de 1980, Brasil e Argentina assinaram acordos de cooperação, que incluíam: a) intercâmbio de técnicos, treinamento de pessoal e intercâmbio de informações sobre fabricação de componentes para usinas nucleares; b) proteção física de material nuclear; c) exploração e procura de urânio; d) segurança e pesquisas sobre desenho de reatores;

e) acesso argentino ao Centro de Informação Computadorizada do Brasil; f) abastecimento de zircônio argentino ao Brasil; g) abastecimento de urânio enriquecido brasileiro para alguns reatores de pesquisa argentinos; e h) acordo pelo qual o Nuclep do Brasil construiria parte do recipiente de pressão para o terceiro reator argentino, fornecido pela RFA. Nesta época, a Guerra das Malvinas ressuscitou receios brasileiros sobre as verdadeiras intenções dos militares argentinos, o que gerou o retraso da aplicação dos acordos de cooperação na área nuclear. Somente a partir de 1983, as situações políticas e econômicas internas contribuíram para que a cooperação nuclear argentino-brasileira mantivesse uma tendência declinante[307].

Desde 1981, a reformulação das previsões de demanda energética nacional e um maior realismo na avaliação dos custos das usinas nucleares projetadas fizeram com que o ritmo de construção e, consequentemente, a transferência de tecnologia da Alemanha para o Brasil caíssem verticalmente. O medo, implícito nas principais críticas norte-americanas ao Acordo Nuclear Brasil-RFA, de que o Brasil chegasse rapidamente ao domínio completo do ciclo de produção nuclear desvaneceu-se, atropelado pela semiparalisia das obras. Por outro lado, constatou-se a decadência da opção nuclear como única saída energética possível, tal como se vislumbrara em princípios da década de 1970[308].

No contexto da busca de novas parcerias, em 5 de janeiro de 1980 foi firmado o Acordo Brasil-Iraque sobre cooperação no campo de usos pacíficos da Energia Nuclear, que abrangia estudos de viabilidade de exploração de reservas de urânio, fornecimento de urânio natural e levemente enriquecido, fornecimento de equipamentos e de serviços de engenharia, segurança de reatores e treinamento de recursos humanos, entre outros pontos. Em janeiro de 1981 foi também assinado o Acordo Brasil-França para aplicação de salvaguardas à usina de conversão de hexafluoreto de urânio, com referência aos contratos de licença e de cooperação técnico-industrial, firmados em dezembro de 1978, entre a Nuclebras e a Uranium Pechiney Ugine Kuhlmann, para a instalação no Brasil de uma usina de fabricação

---

[307] HIRST, Mônica, e BOCCO, Héctor Eduardo. "Cooperação Nuclear e integração Brasil-Argentina", in *Contexto Internacional*. Rio de Janeiro: IRI/PUC-RJ, , n.º 9, 1989, p. 37.
[308] MOURA, Gerson, KRAMER, Paulo, e WROBEL, Paulo. "Os caminhos (difíceis) da autonomia: as relações Brasil-EUA", in *Contexto Internacional*. Rio de Janeiro: IRI/PUC-RJ, , n.º 2, 1985, p. 45.

de hexafluoreto de urânio, então em curso de negociação, sobre a conversão, na França, de *yellow-cake* brasileiro[309].

Apesar das crescentes dificuldades financeiras e políticas internas e externas, no dia 12 de março de 1982 começaram os testes para a entrada em operação da usina nuclear Angra I, com o levantamento das barras de controle do reator, e no dia 15, teria início a fissão nuclear. Em 1984, a França impôs exigências severas para o fornecimento de compressores de UF 6 para a unidade de enriquecimento de urânio da Nuclebras, não permitindo sua reprodução no Brasil. O mesmo ano de 1984 foi marcado pela impossibilidade de adquirir materiais para moderadores e combustível no mercado internacional, bem como as matérias-primas e componentes necessários à sua reprodução.

Apesar das crescentes dificuldades, tanto o projeto nuclear como o de informática, seguiam seu desenvolvimento. A Usina Nuclear Angra I foi inaugurada no dia 17 de janeiro de 1984, pelo ministro das Minas e Energia, César Cals, e em 3 de outubro do mesmo ano, o Congresso Nacional decretou a Lei de Informática, sancionada pelo presidente Figueiredo em 27 de dezembro do mesmo ano. Contudo, em 1985, evidenciando as difíceis relações entre Brasil e Estados Unidos, os EUA recusam-se a fornecer computador CYBER 860 para o IEAv, computadores WAX 11/785 para o CTA, analisadores multicanais para o Laboratório Nacional de Salvaguardas — CNEN e alvos para o uso de pesquisa da UFRJ.

Em 1979, a Coordenação das Atividades de Processamento de Dados (CAPRE) foi transformada em Secretaria Especial de Informática (SEI), subordinada ao Conselho de Segurança Nacional. A questão da informática passou a receber maior atenção na grande imprensa e a sofrer ataques mais organizados por parte das forças contrárias à reserva de mercado. Em fins de 1982, o presidente Reagan, ao visitar o Brasil, colocou na pauta de negociações a questão da Política Nacional de Informática e conseguiu do governo brasileiro a inclusão deste tema no grupo de trabalho que trataria das relações comerciais e financeiras entre os dois países. No primeiro semestre de 1983, o clima tornou-se tenso nas relações Brasil-EUA, em função da Política Nacional de Informática: as ameaças de retaliação por parte do governo dos EUA eram veementes. No mês de março, foi divulgado no Brasil um documento do Departamento de Comércio dos EUA, contendo críticas à reserva de mercado brasileira. Nele, criticava-se

---

[309] Resenha de Política Exterior do Brasil. Brasília: MRE, n.º 28, jan-mar. de1981, p. 135.

o excesso de protecionismo brasileiro e acusavam-se as empresas brasileiras de se encontrarem em estágio de atraso tecnológico e de praticarem altos preços, qualificando o conceito de empresa nacional adotado pela PNI como "estreito".

Em abril, a FIESP divulgou um documento com críticas à PNI, usando os mesmos argumentos do governo norte-americano: "Na medida em que a informática permeia a tecnologia de produção dos demais setores, um país que não esteja desenvolvido neste ramo tende a ver perpetuar-se a sua dependência da tecnologia externa". No mês de junho, anunciou-se a reunião entre empresas norte-americanas do setor de informática com subsidiárias no Brasil e o governo dos EUA, em Washington. O objetivo teria sido, segundo boatos, a organização de um boicote no fornecimento de componentes e matérias-primas para a indústria nacional de informática. Porém, boato ou tentativa, o boicote não se concretizou. Em julho de 1983, a deputada Cristina Tavares apresentou o primeiro projeto de lei que visava a institucionalizar a política nacional de informática, e então, ao senador Roberto Campos e alguns outros parlamentares, juntaram-se as forças antagônicas ao processo, com o apoio do Departamento de Estado e da Câmara de Comércio Exterior dos EUA. Entre as elas, estavam o governo alemão, as multinacionais de todas as nacionalidades (de dentro e de fora da área da informática), alguns setores do governo brasileiro (Ministérios das Comunicações e da Indústria e Comércio), a FIESP, a Febraban, a Associação dos Proprietários de Jornais e o Conselho Empresarial Brasil-EUA. As forças apoiadoras da política nacional de informática reuniam os técnicos do governo, significativo número de parlamentares (de todos os partidos), centenas de entidades da sociedade (que se organizaram no Movimento Brasil Informática). O MBI buscou levar ao Congresso Nacional e a todo o país as teses que justificam a adoção da reserva de mercado.

CONCLUSÃO

Na historiografia da política externa brasileira, uma análise profunda do regime militar ainda está por ser feita. Mais do que qualquer época, ela ainda é objeto de disputas acirradas, bem como de silêncios. Mas, em primeiro lugar, é possível identificar fases bem definidas, com características próprias, apesar da existência de diversidades internas e de determinados traços comuns entre elas. A primeira fase constitui um período de ajuste e experimentação, que abarca os governos Castelo Branco e Costa e Silva (1964-1969). Com as presidências Médici e Geisel (1969-1979) a diplomacia brasileira ganha autonomia e projeção mundial, com o desenvolvimento econômico atingindo seu apogeu. No governo Figueiredo (1979-1985) a projeção internacional mantém seu alto perfil, mas as dificuldades externas e internas provocam seu enfraquecimento, mas ainda se manterá, parcialmente, no Governo Sarney.

A presidência Castelo Branco (1964-1967) marca um período atípico, com alinhamento automático face aos EUA, formalmente dentro da concepção de fronteiras ideológicas da Doutrina de Segurança Nacional antiesquerdista. Houve um nítido refluxo diplomático para o âmbito hemisférico, recuando das iniciativas esboçadas pela Política Externa Independente, com a primazia da ordem interna e saneamento econômico nos moldes do FMI. Durante esta fase foi dominante a concepção "liberal-imperialista", calcada no princípio de uma diplomacia interdependente (ou seja, *dependente*). Contudo, é preciso reconhecer que o alinhamento brasileiro foi menos profundo do que se pode pensar, pois muito da aquiescência externa foi resultante de problemas internos. Durante a "correção de rumos" de Castelo Branco, igualmente estavam sendo lançadas as bases de um novo ciclo de desenvolvimento. Portanto, muito das características de sua política externa pode ser considerado um efeito conjuntural.

Nos governos Costa e Silva, Junta Militar e Médici (1967-1974), houve o retorno a uma diplomacia voltada ao "interesse nacional" do desenvolvimento, embora ainda marcada por um discurso aparentemente baseado na noção de fronteiras ideológicas. Este último aspecto deveu-se, sobretudo, a elementos de política interna, como os confrontos abertos com os setores de oposição e, inclusive, luta armada. Consistia, pois, em uma forma de legitimação política interna. Iniciando com uma série de confrontos com a Casa Branca (governo Costa e Silva), houve posteriormente uma relativa margem de iniciativa autônoma nas relações com os EUA, mas ainda situadas no âmbito regional. A conjuntura interna, marcada pela luta contra os grupos de esquerda, fez do Brasil um "problema" e permitiu certa convergência com Washington, ao mesmo tempo em que o "milagre econômico" era impulsionado. Esta *aliança com autonomia* foi também possível devido ao redimensionamento da estratégia americana pela administração Nixon-Kissinger, que se apoiava em aliados regionais, os quais desempenhavam o papel de "potência média".

Os governos Geisel e Figueiredo (1974-1985) marcam o apogeu e o declínio da Diplomacia do Regime Militar. O *Pragmatismo Responsável* retomou as linhas gerais da Política Externa Independente e, embora adotasse uma postura menos politizada e mais conservadora (ausência de referência a reformas sociais internas), avançou muito mais em termos práticos. Trata-se do apogeu da multilateralização e da mundialização da política externa brasileira. A redemocratização pouco viria a alterar a linha diplomática na década de 1970, embora a segunda metade dos anos 1980 tenha presenciado a afirmação de uma conjuntura internacional adversa, que desembocaria na crise do modelo a partir de 1990.

A política externa do período, excetuados alguns aspectos do Governo Castelo Branco, constitui um instrumento de apoio ao desenvolvimento econômico industrial e da construção do *status de potência média*, representando o ponto alto de uma estratégia iniciada com Vargas, mas cujas origens mais remotas encontram-se na ideologia tenentista. Tal política, ao longo do regime militar, conduziu à busca de uma maior autonomia na cena internacional, produzindo-se uma crescente multilateralização e mundialização, de dimensão tanto econômica como política. Neste processo, o país necessitava exportar produtos primários de colocação cada vez mais difícil no mercado mundial, e para tanto as relações com as Europas capitalista e socialista, com a China Popular e com o Japão foram particularmente importantes.

Mas a recente industrialização tornava necessário buscar mercados também para os produtos manufaturados e serviços e, para tanto, as relações com a América Latina, África, Oriente Médio e Ásia foram decisivas. Contudo, o país necessitava também importar capital, tecnologia e máquinas, implicando em manter boas relações com o Norte capitalista, especialmente com os polos emergentes europeu e japonês, mas também com o Campo Soviético. Com o primeiro choque petrolífero, também a importação de petróleo se tornou uma questão estratégica, implicando num estreitamento de relações com os países produtores, especialmente do Oriente Médio.

A utilização da política externa como instrumento de desenvolvimento, aliada às consequências do desgaste das hegemonias no sistema mundial, configuram a necessidade de redefinir as relações com os EUA, imprimindo maior autonomia à diplomacia brasileira frente ao "aliado privilegiado". Para escapar à acentuada dependência frente aos Estados Unidos e para barganhar termos mais favoráveis para essa relação, o Brasil ampliou sua diplomacia para outros polos capitalistas (Europa Ocidental e Japão), aprofundou sua atuação nas OIG e buscou estreitar ou estabelecer vínculos com o Terceiro Mundo e com o mundo socialista. Assim, a *verticalidade Norte-Sul* passou a coexistir com a *horizontalidade Sul-Sul* e a *diagonal Sul-Leste*. Tratava-se do apogeu do processo de multilateralização. Ultrapassando a dimensão de mero campo de barganha, a multilateralidade conduziu efetivamente à mundialização da diplomacia brasileira, introduzindo mudanças qualitativas. Os vínculos com alguns países socialistas, com a China Popular e com países-chave do Oriente Próximo, constituíram relações autônomas e equitativas entre potências de porte médio, contrariando alguns pressupostos de um sistema internacional sob hegemonia do Norte capitalista e industrial.

Apesar do inegável avanço que esta política representou, ela ficou aquém de suas possibilidades, considerando-se as brechas existentes no sistema internacional de então e as potencialidades político-diplomáticas do país. Tal "timidez" se deveu principalmente às decorrências de uma estrutura social excludente, o que limitou a ação internacional do país. Aliás, o adjetivo "responsável" agregado ao pragmatismo, também pode ser interpretado como um elemento de política interna conservadora (modernização econômica sem reforma social), ao contrário da Política Externa Independente, que teria sido "irresponsável" por associar a diplomacia autônoma a mudanças sociais domésticas. Mais ainda, muito da mobilização externa de recursos se deveu à tentativa de manter uma *pax conservadora* internamente. *Dialeticamente, era preciso ser ousado externamente para conservar internamente.*

Por outro lado, o elevado grau de internacionalização da economia brasileira, fez com que diversos setores empresariais, governamentais e políticos preferissem apostar em vínculos dependentes, inclusive como condição para manter intocadas certas estruturas sociais internas. Além disso, quando as dificuldades externas cresceram na passagem dos anos 1970 aos 1980, foi necessário negociar uma acomodação com o hegêmona, em lugar de prosseguir numa estratégia autonomista cada vez mais onerosa.

Contudo, é forçoso reconhecer que o paradigma das relações exteriores voltadas a dar suporte ao desenvolvimento econômico-industrial, logrou alcançar grande parte de seus objetivos. O Brasil, ainda que marcado pelas deficiências sócio-políticas bem conhecidas, se converteu no único país ao sul do Equador a possuir um parque industrial completo e moderno, posicionando-se entre as maiores economias do mundo. Este sucesso do nacional-desenvolvimentismo foi, todavia, obscurecido pelas transformações do cenário mundial nos anos 1980, bem como por suas repercussões internas. Mesmo assim, o modelo ainda resistiu durante parte do primeiro governo pós-regime militar. Mas nos anos 1990 o desenvolvimentismo e sua diplomacia entraram em crise, com o fim da Guerra Fria e o advento das políticas globalistas e neoliberais.

REFERÊNCIAS

ABDENUR, Roberto. "Política externa e desenvolvimento". In: *Política Externa*. vol. 3, nº 3. São Paulo: Paz e Terra, 1994.

ABREU, Fernando Marroni de. *L'évolution de la politique africaine du Brésil*. Paris: Sorbonne, 1988.

ALBUQUERQUE, José Guilhon. (org.) *Crescimento, Modernização e Política Externa. Sessenta anos de política brasileira (1930-1990)*. 4 vol. São Paulo: Cultura, 1996.

ALMEIDA, Paulo Roberto de, e BARBOSA, Rubens Antônio. *Relações Brasil-Estados Unidos: Assimetrias e convergências*. São Paulo: Saraiva, 2006.

AMADO, Rodrigo. *Araújo Castro*. Brasília: Ed. da UnB, 1982.

ANGLARIL, Nelda Beatriz e KERZ, Mercedes M. G. "A política externa brasileira para a América Latina e África". *Estudos Afro-Asiáticos*, n. 6-7, Rio de Janeiro, 1983.

ARAUJO CASTRO, Luiz Augusto de. *O Brasil e o novo direito do mar: mar territorial e zona econômica exclusiva*. Brasília: Fundação Alexandre de Gusmão, IPRI, 1989.

ARNT, Ricardo (Org.). *O armamentismo e o Brasil*. São Paulo: Brasiliense, 1985.

AURELIANO, Liana. "Economia, 1960/1964: entre a crise e a preparação do milagre". In: *Nosso Século, 1960/1980*. São Paulo: Ed. Abril, 1980, p. 168-177.

BAER, Werner. "O crescimento brasileiro e a experiência desenvolvimentista: 1964-1974". In: *ESTUDOS CEBRAP* 20, São Paulo, abr/jun. 1977.

BANDEIRA, Moniz. *Brasil — Estados Unidos: a rivalidade emergente (1950-1988)*. Rio de Janeiro: Ed. Civilização Brasileira, 1989.

BANDEIRA, Moniz. *Estado nacional e política internacional na América Latina: o continente nas relações Argentina-Brasil (1930-1992)*. Brasília: EdUnB/Ensaio, 1995.

BANDEIRA, Moniz. *O Milagre Alemão e o Desenvolvimento do Brasil: as relações da Alemanha com o Brasil e a América Latina (1949-1994)*. São Paulo: Ensaio, 1994.

BANDEIRA, Moniz e SOARES, Gláúcio Ary Dillon (orgs.). *21 anos de regime militar: balanços e perspectivas*. Rio de Janeiro: Editora da Fundação Getúlio Vargas, 1994.

BARBOSA, Antônio José. "Outros Espaços: África do Norte, Oriente Próximo, Continente Asiático e Japão nas relações internacionais brasileiras". In: CERVO, Amado (org.). *O Desafio Internacional*. Brasília: Ed. Universidade de Brasília, 1994.

BARBOZA, Mário Gibson. *Na diplomacia, o traço todo da vida*. Rio de Janeiro: Ed. Record, 1992.

BARROS, Alexandre de. "A formulação e implementação da política externa brasileira", in MUÑOZ, Heraldo, e TULCHIN, Joseph (Orgs). *A América Latina e a Política Mundial*. São Paulo: Convívio, 1986, p. 36.

BARROS, Edgard Luiz de. *Os governos militares*. São Paulo: Contexto, 1994.

BETHELL, Leslie e ROXBOROUNGH, Ian. *A América Latina: entre a Segunda Guerra Mundial e a Guerra Fria*. São Paulo: Paz e Terra, 1996.

BIEBER, León. "Brasil e Europa: um relacionamento flutuante e sem estratégia". In: CERVO, Amado (org.). *O Desafio Internacional*. Brasília: Ed. Universidade de Brasília, 1994, p. 209-161.

BOER, Nicolas. "A influência do pensamento militar na conduta da política internacional". In: *Política e Estratégia*. vol. 1, nº 1, out/dez-1983.

BUENO, Clodoaldo. "A política multilateral brasileira". In: CERVO, Amado (org.). *O Desafio Internacional*. Brasília: Ed. Universidade de Brasília, 1994.

CABRAL Filho, Severino Bezerra, e outros. *Brasil-China: 20 anos de relações (1974-1994)*. Rio de Janeiro: Cândido Mendes, 1994.

CAMARGO, Sônia de. "Brasil-Argentina: a integração em questão", in *Contexto Internacional*. Rio de Janeiro: IRI-PUC/RJ, nº 9, 1989.

CAMARGO, Sônia e OCAMPO, José Maria Vasquez. *Autoritarismo e Democracia na Argentina e no Brasil. Uma década de política exterior (1973-1974)*. São Paulo: Convívio, 1988.

CAMPOS, Roberto. *Ensaios de História Econômica e Sociologia*. Rio de Janeiro: APEC, 1976.

CANÍSIO, Márcia Jabôr. "A dupla dialética das relações internacionais: elementos para a elaboração de uma visão do sul". In: *Revista Brasileira de Política Internacional*, ano 39, nº 2, 1996.

CANO, Wilson. Reflexões sobre o Brasil e a nova (des)ordem internacional. São Paulo: Ed.Unicamp, 1994.

CARDOSO, Fernando Henrique. *Autoritarismo e Democratização*. Rio de Janeiro: Paz e Terra, 1975.

___. *O modelo político brasileiro*. Rio de Janeiro: Ed. Difel, 1973.

___. "Da caracterização dos regimes autoritários na América Latina". In: COLLIER (org.) *O novo autoritarismo na América Latina*. São Paulo: Paz e Terra, 1982.

CARNEIRO, Dionísio Dias. "Perspectivas do endividamento externo brasileiro (1986-1990)". In *Contexto Internacional*. Rio De Janeiro: IRI-PUC/RJ, n.º 3, 1986.

CARVALHO, Joaquim Francisco de. *O Brasil Nuclear: uma anatomia do desenvolvimento nuclear brasileiro*. Porto Alegre: Tchê!, 1987.

CASTELLO BRANCO, Carlos. *Os militares no poder: o ato 5*. Rio de Janeiro: Edit. Nova Fronteira, 1977.

CASTRO, Araújo. *Relações Brasil-Estados Unidos à luz da problemática mundial*. Exposição aos estagiários da Escola Superior de Guerra, em 22/6/1974, mimeo.

CASTRO Martínez, Pedro. *Fronteras abiertas: expansionismo y geopolítica en el Brasil contemporáneo*. Cidado do México: Siglo XXI, 1980.

CAUBET, Chistian G. *Diplomacia, Geopolítica e Direito na Bacia do Prata*. In Política e Estratégia, II, v.2, 1984.

CERVO, Amado Luiz (org.). *O desafio internacional*. Brasília: Ed. Universidade de Brasília, 1994.

CERVO, Amado Luiz e BUENO, Clodoaldo. *História da Política Exterior do Brasil*. São Paulo: Ática, 1992.

CHAGAS, Carlos. *A guerra das estrelas: os bastidores das sucessões presidenciais (1964/1984)*. Porto Alegre: L&PM, 1985.

CIPOLLA, Francisco Paulo. "Proporções do capitalismo de estado no Brasil pós-64". In: *ESTUDOS CEBRAP 25*, Rio de Janeiro: CEBRAP, 1980

COLEMAN, Kenneth M. "Comparando Políticas Externas". In: MUÑOZ, Heraldo e TULCHIN, Joseph S. *A América Latina e a política mundial*. São Paulo: Convívio, 1986.

COLLIER, David. "Resumo do modelo Autoritário-Burocrático na América Latina". In COLLIER, David (org.). *O novo autoritarismo na América Latina*. São Paulo: Paz e Terra, 1982.

COMBLIN, Pe. José. *A ideologia da Segurança Nacional*. Rio de Janeiro: Civilização Brasileira, 1977.

CORRÊA, Marcos Sá. *1964 visto e comentado pela Casa Branca*. Porto Alegre: Ed. L&PM, 1977.

CORSI, Francisco Luiz. *Estado Novo: política externa e projeto nacional*. São Paulo: Ed. Unesp, 2000.

COZENDEY, Carlos Márcio Bicalho. "A política externa da revolução e a crise dominicana de 1965". In: *Ensaios de História Diplomática do Brasil*. RJ: IUPERJ, 1993.

CRAVO, Arnaldo A. Godoy Barreira. *A política internacional da Revolução (1964--1985)*. São Paulo: Editado pelo Autor, 2003.

CRUZ, Sebastião C. Velasco e MARTINS, Carlos Estevam. "De Castello a Figueiredo: uma incursão na pré-história da "abertura"". In: SORJ, Bernardo e ALMEIDA, Maria Hermínia Tavares (orgs.) *Sociedade e Política no Brasil pós-64*. São Paulo: Brasiliense, 2ª edição 1984.

CUNHA, Vasco Leitão d. *Diplomacia em Alto-Mar*. Rio de Janeiro: Fundação Getúlio Vargas, 1994.

D'ARAÚJO, Maria Celina; CASTRO, Celso e SOARES, Gláucio Ary (Orgs.). *Visões do Golpe: a memória militar sobre o golpe de 1964.* Rio de Janeiro: Relume Dumará, 1994.

___. Os anos de Chumbo: *A memória militar sobre a repressão.* Rio de Janeiro: Relume Dumará, 1994.

___. *A volta aos quartéis: a memória militar sobre a abertura.* Rio de Janeiro: Relume Dumará, 1994.

D'ARAÚJO, Maria Celina, e CASTRO, Celso. *Ernesto Geisel.* Rio de Janeiro: Edit. da Fundação Getúlio Vargas, 1997.

DANTAS, San Tiago. *Política Externa Independente.* Rio de Janeiro: Civilização Brasileira, 1962.

DECUADRA, Daniel Rótulo. Geopolítica, Política Externa e Pensamento Militar Brasileiros em relação ao Atlântico Sul (1964-1990). Dissertação de Mestrado, PUC-Rio, Rio de Janeiro, 1991.

DOMINGUES, Beatriz Helena. *Reinventar a roda: a política nuclear entre 1964 e 1968.* Rio de Janeiro- Juiz de Fora: COPPE-UFRJ/ EDUFJF, 1997.

DREIFUSS, René Armand. 1964: *A conquista do estado — ação política, poder e golpe de classe.* Petrópolis: Vozes, 1981

DULLES, John W. F. *Castelo Branco: o presidente reformador.* Brasília: Ed. da UnB, 1983.

FERREIRA, Oliveiros S. "As forças Armadas como instrumento de política externa". In: *Política e Estratégia.* vol. 4, nº 4, out/dez-1986

FERREIRA, Oliveiros. *Vida e morte do Partido Fardado.* São Paulo: Editora SENAC-SP, 2000.

FISHLOW, Albert. "Algumas reflexões sobre a política econômica brasileira após 1964". In ESTUDOS CEBRAP 7, São Paulo: CEBRAP, jan/mar. 1974

FREGNI, Edson. "A informática no Brasil", in *Contexto Internacional.* Rio de janeiro: IRI-Puc/RJ, Nº 3, 1986.

FONSECA, Pedro Cezar Dutra. *Vargas: O capitalismo em construção 1906-1954.* São Paulo: Editora Brasiliense, 1989.

FONSECA JR. Gelson. *Constantes e Variações. A Diplomacia Multilateral do Brasil.* Porto Alegre: Ed. Leitura XXI/NERINT-UFRGS, 2015.

___. "Estudos sobre a Política Externa no Brasil: os tempos recentes (1950-1980)". In FONSECA JR. Gélson e LEÃO, Valdemar Carneiro. *Temas de Política Externa Brasileira.* Brasília: Funag/IPRI/Ática, 1989.

FONSECA Jr., Gélson, e LEÃO, Valdemar Carneiro (Orgs.). *Temas de política externa brasileira.* São Paulo: Ática, 1989.

FONSECA Jr., Gélson, e CASTRO, Sérgio Nabuco de (Orgs.). *Temas de política externa brasileira II.* Vol. 2, São Paulo: Paz e Terra, 1994.

FONSECA Jr., Gelson. "Mundos diversos, argumentos afins: notas sobre aspectos doutrinários da Política Externa Independente e do Pragmatismo Responsável", in ALBUQUERQUE, José Guilhon (Org.)., Op. Cit.,1996, p. 299-336.

FUNDAÇÃO GETÚLIO VARGAS/Centro de Pesquisas e Documentação de História Contemporânea do Brasil. *Dicionário Histórico-Biográfico Brasileiro: 1930-1983*. Equipe do Centro de Pesquisa e Documentação de História Contemporânea do Brasil; coordenação de Israel Beloch e Alzira Alves de Abreu. Rio de Janeiro. Ed. Forense Universitária: FGV/CPDOC: FINEP, 1984.

FURTADO, Celso. *O Brasil pós-"milagre"*. Rio de Janeiro: Paz e Terra, 1981.

GARCIA, Eugênio Vargas. "O Pensamento dos Militares em Política Internacional (1961-1989)" in *Revista Brasileira de Política Internacional*, ano 40, n. 1, 1997, p. 18-40.

GHISLENI, Alexandre Peña. A diplomacia do interesse nacional: aspectos da política externa do governo Médici. Brasília: Instituto Rio Branco/ MRE, 1995, p. 5

GÓES, Walder. *O Brasil do general Geisel*. Rio de Janeiro: Ed. Nova Fronteira, 1978.

GOMES, Lúcia Maria Gaspar. "Cronologia do 1º ano do governo Costa e Silva". In: *Dados*, Rio de Janeiro, nº 04, pp- 199-220, 1968.

GONÇALVES, Williams da Silva e MIYAMOTO, Shiguenoli. "Os militares na política externa brasileira: 1964-1984". In: *Estudos Históricos*, RJ, vol. 6, nº 12, 1993.

GORENDER, Jacob. *Combate nas Trevas. A esquerda brasileira: das ilusões perdidas à luta armada*. São Paulo: Ática, 1987.

GUERREIRO, Ramiro Saraiva. *Lembranças de um empregado do Itamaraty*. São Paulo: Siciliano, 1992.

HIRSCHMAN, Albert O. "A mudança para o autoritarismo na América Latina e a busca de suas determinantes econômicas". In: COLLIER (org.) *O novo autoritarismo na América Latina*. São Paulo: Paz e Terra, 1982.

HIRST, Mônica (Org.). *Brasil-Estados Unidos na transição democrática*. Rio de Janeiro: Paz e Terra, 1985.

HIRST, Mônica, e BOCCO, Héctor Eduardo. "Cooperação Nuclear e integração Brasil-Argentina", in *Contexto Internacional*. Rio de Janeiro: IRI/PUC-RJ, n.º 9, 1989, p. 37.

HOUAISS, Antonio, e outros. *Brasil-URSS: 40 anos do restabelecimento de relações diplomáticas*. Rio de Janeiro: Revan, 1985.

HURRELL, Andrew James. *The quest for autonomy. The Evolution of Brazil's role in the international system, 1944-1985*. Brasília: FUNAG, 2013.

IANNI, Octavio. *Ditadura e Agricultura: o desenvolvimento do capitalismo na Amazônia (1964-1978)*. Rio de Janeiro: Civilização Brasileira, 1979.

___. "Diplomacia e Imperialismo na América Latina". In: *Cadernos CEBRAP 12*, São Paulo, 1973.

JAGUARIBE, Hélio. *Brasil: crise e alternativas*. Rio de Janeiro: Ed. Zahar, 1974.

___. *Novo Cenário Internacional*. Rio de Janeiro: Ed. Guanabara, 1986.

KAUFMAN, Robert R. "Mudança industrial e governo autoritário na América Latina: Uma crítica concreta do modelo autoritário-burocrático" In COLLIER (org.) *O novo autoritarismo na América Latina*. São Paulo: Paz e Terra, 1982.

LAFER, Celso. "Política Exterior Brasileira: balanços e perspectivas" In *Dados*, Rio de Janeiro, n. 22, 1979, p. 49-64.

___. *O Brasil e a crise mundial*. São Paulo: Perspectiva, 1984.

LAFER, Celso, e PEÑA, Felix. *Argentina e Brasil no sistema de Relações Internacionais*. São Paulo: Duas Cidades, 1973.

LEACOCK, Ruth. *Requiem for Revolution: The United States and Brazil, 1961-1969*. Kent, Ohio/ London: The Kent State University Press, 1990.

LESSA, Antônio Carlos Moraes. "Da apatia recíproca ao entusiasmo de emergência: as relações Brasil-Europa Ociental no governo Gueisel (1974-1979)". in *Anos 90*. nº 5. Porto Alegre: Pós-Graduação em História da UFRGS, 1995, p. 89-106.

LIMA, Maria Regina Soares de, MOURA, Gerson. "A Trajetória do Pragmatismo — uma análise da política externa brasileira" In *Dados*, Rio de Janeiro, v. 25, n. 3, 1982.

MAGALHÃES, Irene Maria *et al.* "Segundo e terceiro ano do governo Costa e Silva". In *Dados*. Rio de Janeiro, nº 8, 1971.

MAGALHÃES, Juracy. *Minha experiência diplomática*. Rio de Janeiro: José Olympio, 1971.

MARTINS, Carlos Estevam. "Brasil-Estados Unidos: Dos 60 aos 70". In *Cadernos CEBRAP*. nº 9, 1975.

___. "A evolução da Política Externa Brasileira na década 64/74" In *Estudos CEBRAP* nº12, abril-maio-junho, 1975.

___. *Capitalismo de estado e modelo político no Brasil*. Rio de Janeiro: Graal, 1977.

___. "A "liberalização" do regime autoritário no Brasil" In O'DONNEL, G.; SCHMITTER, P.; WHITEHEAD, L. *Transições do Regime Autoritário*. São Paulo: Ed. Vértice, 1988.

MARTINS Fº, João Roberto. *O Palácio e a Caserna: a dinâmica militar das crises políticas na ditadura (1964-1969)*. São Carlos: Editora da UFSCar, 1995.

MELLO, Jayme Portella de. *A revolução e o governo Costa e Silva*. Rio de Janeiro: Guavira editores, 1979.

MELLO, Leonel Itassu Almeida. *Argentina e Brasil: a balança de poder no Cone Sul*. São Paulo: Ed. Annablume, 1996.

MENEZES, Alfredo da Mota. *A herança de Stroessner: Brasil-Paraguai (1955-1980)*. Campinas: Papirus, 1987.

MIYAMOTO, Shiguenoli. Do Discurso Triunfalista ao Pragmatismo Ecumênico (geopolítica e política externa no Brasil pós-64). Tese de Doutoramento, USP, 2 vols, 1995.

___. *Geopolítica e Política Externa Brasileira*. Marília: Unesp, 1987 (Séries Monográficas. Relações Internacionais)

___. *Geopolítica e Poder no Brasil*. Campinas: Ed. Papirus, 1995.

MIYAMOTO, Shiguenoli, e GONÇALVES, Williams. "Os militares na política externa brasileira: 1964-1984", in *Estudos Históricos*. Rio de Janeiro: Fundação Getúlio Vargas, 1992, vol. 12, p. 220.

MOURA, Gerson. *Autonomia na dependência: a política externa brasileira de 1935 a 1942*. Rio de Janeiro: Nova Fronteira, 1980.

MOURA, Gerson, KRAMER, Paulo, e WROBEL, Paulo. "Os caminhos (difíceis) da autonomia: as relações Brasil-EUA", in *Contexto Internacional*. Rio de Janeiro: IRI/PUC-RJ, n.º 2, 1985.

MOURÃO, J. P. "Simpósio sobre sistemas de armas", in *Revista Tecnologia e Defesa*, n.º 4, junho de 1983.

O'DONNELL, Guilhermo. *Reflexões sobre os estados burocráticos-autoritários*. São Paulo: Vértice, Editora Revista dos Tribunais, 1987.

OLIVEIRA, Eliézer R. *As forças armadas: política e ideologia no Brasil (1964-1969)*. Petrópolis: Vozes, 1978.

OLIVEIRA, Henrique Altemani. "As relações comerciais Brasil-África nos governos Médici e Geisel" In *Política e Estratégia*, v. VIII, n. 2, 1989, p. 189-215.

OLIVEIRA, Otávio G de. "A energia atômica no Brasil" In *Revista Civilização Brasileira*. Rio de Janeiro, nº (procurar), pp- 189-198, 1967.

PARKER, Phyllis R. *1964: O papel dos EUA no golpe de estado de 31 de março*. Rio de Janeiro: Civilização Brasileira, 1977.

PEDRAZA, Luís Dallanegra. "Bases para uma teoria das relações internacionais a partir da visão dos países do sul" In *Política e Estratégia*. vol. 4, nº 4, out/dez-1987.

PEREIRA, Analúcia Danilevicz. *Política Externa do Brasil III (1964-1985). Do Regime Militar à "Nova República"*. Petrópolis: Ed. Vozes, 2010.

PINHEIRO, Letícia. *Foreign Policy decision-making under the Geisel government: the President, the military and the foreign ministry*. Londres: London School of Economics and Political Science, 1994.

PINHEIRO, Letícia. "Restabelecimento de relações diplomáticas com a RPC: uma análise do processo de tomada de decisão", in *Estudos Históricos — Globalização*. vol. 12, Rio de Janeiro: Fundação Getúlio Vargas, 1993, p. 249.

PINTO, Magalhães. *A política externa do Brasil*. Conferência na Escola de Aperfeiçoamento de Oficiais do Exército, Rio de Janeiro, 29/11/1968.

QUINTANEIRO, Tânia. *Cuba e Brasil: da revolução ao golpe (1959-64)*. Belo Horizonte: Ed. UFMG, 1988.

RICUPERO, Rubens. *A diplomacia na construção do Brasil (1750-2016)*. Rio de Janeiro: Versal Editores, 2017.

RIZZI, KAMILLA. *O GRANDE Brasil e os pequenos PALOP. A política externa brasileira para Cabo Verde, Guiné-Bissau e São Tomé e Príncipe (1974-2010)*. Porto Alegre: Leitura XXI, 2014.

RODRIGUES, José Honório. *Interesse Nacional e Política Externa*. Rio de Janeiro: Civilização Brasileira, 1966.

RODRIGUEZ, Carlos C. "O Problema do Mar Territorial" In *Revista Brasileira de Política Internacional*, Brasília, ano XIII, n. 49-50, 1970.

ROUQUIÉ, Alain. *O estado militar na América Latina*. São Paulo: Alfa-Ômega, 1984.

SAES, Guillaume Marques de. *O desenvolvimento brasileiro segundo a visão militar (1880-1945)*. Curitiba: Prismas, 2015.

SALVADO, Paulo. "Tucano contra a guerrilha na América Central", in *Defesa Latina*. N.º 30, julho de 1984.

SARAIVA, Miriam Gomes. "A Opção Europeia e o Projeto Brasil Potência Emergente" In *Contexto Internacional*, n. 11, 1990.

SCHILLING, Paulo. *O expansionismo brasileiro: a geopolítica do general Golbery e a diplomacia do Itamarati*. São Paulo: Global, 1981.

SELCHER, Wayne. "Brazilian Relations Whit Portuguese Africa in the context of the elusive 'Luso-Brazilian Community'" In *Journal of Interamerican Studies and World Affairs*, v. 18, n. 1, 1976.

___. *Brazilian Multilateral Relations*. Boulder: Westview Press, 1978.

SENNES, Ricardo Ubiraci. As mudanças da política externa brasileira na década de 1980: uma Potência Média Recém-Industrializada. Porto Alegre: Ed. UFRGS, 2003.

SOARES, Teixeira. *O Brasil no conflito ideológico global (1937-1979)*. Rio de Janeiro: Civilização Brasileira, 1980.

SOUZA. Rodrigo do Amaral. "Da política externa independente à política externa interdependente: o governo Castello Branco" In *Ensaios de História Diplomática do Brasil*. Rio de Janeiro: IUPERJ, 1993.

SOUTO MAIOR, Luiz Augusto. "O 'Pragmatismo Responsável'", in ALBUQUERQUE, José Guilhon (Org). Sessenta anos de política externa brasileira (1930-1990). São Paulo: Cultura, 1996. Vol 1.,

SILVA, André da. *A diplomacia brasileira entre a Segurança e do Desenvolvimento: a política externa do Governo Castello Branco (1964-1967)*. Porto Alegre: Editora da UFRGS, 2004.

SILVA. Hélio. *O poder militar*. Porto Alegre: L&PM, 2 ª edição, 1984.

SILVA, José Luis Werneck da. *A outra face da moeda: a política externa do Brasil monárquico*. Rio de Janeiro: Univerta, 1990.

SILVA., Silas Leite da. A "Diplomacia da Prosperidade". In *Ensaios de História Diplomática do Brasil*. Rio de Janeiro: IUPERJ, 1993.

SILVA NETO, Antônio da Costa e. "A evolução dos conceitos de desenvolvimento e seu reflexo na política externa brasileira" In *Ensaios de História Diplomática do Brasil*. Rio de Janeiro: IUPERJ, 1993.

SINGER, Paul. "Evolução da Economia brasileira: 1955-1975" In *ESTUDOS CEBRAP*, n.17, São Paulo: CEBRAP, 1976.

SKIDMORE, Thomas. *Brasil: De Castello a Tancredo (1964-1985)*. São Paulo: Paz e Terra, 1988.

SODRÉ, Nelson Werneck. *Vida e morte da ditadura: 20 anos de autoritarismo no Brasil*. Petrópolis: Vozes, 1984.

SOUTO, Cíntia Vieira. *A Diplomacia do Interesse Nacional: a política externa do governo Médici (1969-1974)*. Porto Alegre: Editora da UFRGS, 2003.

SOUTO MAIOR, Luiz A. P. "O 'pragmatismo responsável'", in ALBUQUERQUE, José Guilhon (Org.). *Crescimento, modernização e política externa. Sessenta anos de política externa brasileira/ 1930-1990*. vol. 1. São Paulo: Cultura, 1996.

SPEKTOR, Matias. *Kissinger e o Brasil*. Rio de Janeiro: Zahar, 2009.

STEPAN, Alfred. *Os militares na política: as mudanças de padrões na vida brasileira*. Rio de Janeiro: Editora Artenova, 1975.

___. *Estado, Corporativismo e Autoritarismo*. Rio de Janeiro: Paz e Terra, 1980.

TAVARES, José Antônio Giusti. *A estrutura do autoritarismo brasileiro*. Porto Alegre: Mercado Aberto, 1982.

TEIXEIRA, Ivana Pedroso. *Universalismo diante da possibilidade europeia: A política externa do Governo Figueiredo (1979-1985)*. Itajaí: Univali, 2002.

TOLEDO, Caio Navarro et al. *1964: visões críticas do golpe: democracia e reforma no populismo*. Campinas: Edit. da UNICAMP, 1997.

TREIN, Franklin. "Europa 92: suas conseqüências para as relações CE-Brasil", in *Contexto Internacional*. Rio de Janeiro: IRI-PUC/RJ, nº 9, 1989.

TYLER, William G. "A política norte-americana e o impasse do café solúvel" In *Revista Civilização Brasileira*. Rio de Janeiro, nº 18, 1968, pp- 87-98.

VIANA FILHO, Luís. *O governo Castelo Branco*. 2 ed. Rio de Janeiro: Ed. José Olympio, 1975.

VIEIRA, Evaldo. *A república brasileira: 1964-1984*. São Paulo: Ed. Moderna, 1985.

VIGEVANI, Tullo. "Interesse nacional e fundamentos da política exterior do Brasil: Ruy Barbosa e sua ação a favor da participação na grande guerra" In *História*. São Paulo, v. 15, 1996.

___. *O contencioso Brasil x Estados Unidos. uma análise sobre formulação da política exterior*. São Paulo: Alfa-Ômega/ EDUSP, 1995.

VILLA, Marco Antônio. *Ditadura à Brasileira (1964-1985): A democracia golpeada à esquerda e à direita*. São Paulo: LeYa, 2014.

VISENTINI, Paulo Fagundes. *A Política Externa do Regime Militar Brasileiro: Multilateralização, desenvolvimento e construção de uma potência média (1964--1985)*. Porto Alegre: Editora da UFRGS, 2004. 2ª ed.

___. *Relações Exteriores do Brasil: o nacionalismo, da Era Vargas à Política Externa Independente (1930-1964)*. Petrópolis: Vozes, 2009.

___. *A relação Brasil-África: prestígio, cooperação ou negócios?* Rio de Janeiro: Alta Books, 2016.

WERNECK da SILVA, José Luís. *As duas faces da moeda: a política externa do Brasil Monárquico*. Rio de Janeiro: Univerta, 1990.

Fontes e Documentos Impressos

Ministério das Relações Exteriores. *Documentos de Política Externa*. 1964 a 1985. Rio de Janeiro e Brasília.

Ministério das Relações Exteriores. *Relatório do Ministério das Relações Exteriores*. 1964 a 1985. Rio de Janeiro e Brasília.

Ministério das Relações Exteriores. Textos e Declarações sobre Política Externa (abril de 1964 até abril de 1965). Rio de Janeiro: MRE, 1965.

Ministério das Relações Exteriores. *Resenha de Política Externa do Brasil*. Brasília: MRE, 1974 a 1985.

Presidência da República. *Mensagens Presidenciais*. Rio de Janeiro e Brasília: Departamento de Imprensa Nacional e Diário Oficial, 1964 a 1985.

Presidência da República. *Metas e Base para a Ação do Governo*. Brasília, 1970.

Imprensa

Correio Braziliense (Brasília)
Correio do Povo (Porto Alegre)
Correio da Manhã (Lisboa)
Diário de Notícias (Rio de Janeiro)
Jornal do Brasil (Rio de Janeiro)
O Estado de São Paulo (São Paulo)
Revista Isto é (São Paulo)
Revista Veja (São Paulo)
Zero Hora (Porto Alegre)